在线教育理论与实践

主　编◎赵洪利
副主编◎朱　军　熊龙飞　方家银

ONLINE EDUCATION:

THEORY AND PRACTICE

北京理工大学出版社
BEIJING INSTITUTE OF TECHNOLOGY PRESS

内 容 简 介

本书全面介绍了在线教育理论和实践应用方法，是学习各类典型在线教育课程开发与建设以及在线教育教学与管理的工具用书。

全书从教、学、管视角系统提炼了在线教育的基本理论；分类介绍了网络课程、视频公开课、慕课、微课和翻转课堂等在线教育模式的课程设计、内容制作和教学实施等实践操作，剖析了在线教育课程的开发思路及运用方法。

本书逻辑关系清晰，理论阐述翔实，实践指导可操作性强，适合在线教育机构管理者、在线教育课程建设者、在线教育教学者和学习者学习借鉴。

版权专有　侵权必究

图书在版编目（CIP）数据

在线教育理论与实践 / 赵洪利主编. —北京：北京理工大学出版社，2018.9（2021.3重印）
ISBN 978-7-5682-6347-4

Ⅰ.①在… Ⅱ.①赵… Ⅲ.①网络教育–研究 Ⅳ.①G434

中国版本图书馆 CIP 数据核字（2018）第 212084 号

出版发行 /	北京理工大学出版社有限责任公司
社　　址 /	北京市海淀区中关村南大街 5 号
邮　　编 /	100081
电　　话 /	（010）68914775（总编室）
	（010）82562903（教材售后服务热线）
	（010）68948351（其他图书服务热线）
网　　址 /	http://www.bitpress.com.cn
经　　销 /	全国各地新华书店
印　　刷 /	北京虎彩文化传播有限公司
开　　本 /	787 毫米×1092 毫米　1/16
印　　张 /	17.5
字　　数 /	404 千字
版　　次 /	2018 年 9 月第 1 版　2021 年 3 月第 2 次印刷
定　　价 /	56.00 元

责任编辑 / 李慧智
文案编辑 / 李慧智
责任校对 / 周瑞红
责任印制 / 王美丽

图书出现印装质量问题，请拨打售后服务热线，本社负责调换

序

党的十九大报告提出"优先发展教育事业,办好网络教育。办好继续教育,加快建设学习型社会,大力提高国民素质"。大力推进教育理念、教学模式变革,实现教育现代化,就必须加强教育理论研究,深化教育改革和实践。

当前,社会信息化程度不断加深,信息技术对教育的革命性影响日趋明显。我国《国家中长期教育改革和发展规划纲要(2010—2020年)》指出,"信息技术对教育发展具有革命性的影响,必须予以高度重视"。信息技术将促使教育的各个方面、各个环节产生深刻变革,它正改变着我们的学习习惯和学习方式,也正改变着学校的教学模式。在这个数字化、信息化时代的转型时期,我们需要重新审视教育制度和教学模式,思考如何在教育教学中充分利用现代技术并最大化地发挥教育技术的有效性。

作为教育信息化的产物,在线教育应该实现对学习者全面发展的促进作用,对深化教育领域综合改革的支撑作用和对教育创新发展、均衡发展、优质发展的提升作用。要深入研究在线教育规律,重视慕课、微课建设和翻转课堂的运用,统筹学历教育和非学历教育资源建设,适应固定端和移动端在线学习需要,努力营造"处处可学、时时能学"的泛在学习环境。

《在线教育理论与实践》一书从"教、学、管"3个视角对在线教育的理论进行系统阐述,用现代教育理论指导典型在线教育模式的实践应用,详细展示了典型在线教育模式的课程设计、课件制作和教学实施等实践操作。全书编写上做到了在系统性基础上突出重点,即在在线教育系统理论研究上把握发展趋势,突出在线教育课程建设、平台建设等关键环节,在实践应用方面注重可操作性。该书还展现了军队在线教育的特色,在尊重军事教育基本规律基础上,借助在线教育技术,进行军事职业教育课程设计和运用模式创新。

《在线教育理论与实践》对在线教育理论和实践运用进行了系统全面的讲解,具有较强的系统性、创新性和实用性,对国内在线教育的展开、军事职业教育的发展都具有很好的借鉴和参考作用。

国家综合实力之争实际上是人才的竞争,人才的竞争最终是教育的竞争。中国要引领世界,必须要实现教育的变革。教育工作者要以对教育事业无限的热爱、饱满的热情、创新的技术、加倍的努力,开拓中国现代教育的新局面。

全国高校远程教育协作组秘书长 严继昌

2017年12月

前　言

在线教育，作为远程教育的一种崭新形式，将以教师为中心的教学模式转变为以学习者为中心的教学模式，能满足各种学习者碎片化、多样化、个性化、自主化的学习需求。此外，在线教育具有开放共享特性，可使知识通过网络跨越时间、空间甚至语言障碍和经济能力等限制，实现优质稀缺教学资源的最优化利用。因此，大力发展在线教育，既是顺应教育、技术和经济发展趋势的必然途径，也是贯彻习近平总书记"构建网络化、数字化、个性化、终身化的教育体系，建设'人人皆学、处处能学、时时可学'的学习型社会"指示要求的重要举措。

面对新使命和要求，在线教育如何定位？未来该如何发展？在线教育的优势和不足是什么？在线教育有哪些形式，它们之间的区别是什么？如何针对学习者的需求从供给侧建设好在线教育？如何保障在线教育的质量？如何开展在线学习？这些问题既是广大教学工作者存在的困惑，也是各级教育管理者关心的难点。为了全面系统地探析、利用在线教育这种新型远程教育模式，充分发挥其教育、经济效益，编写组在总结多年继续教育研究成果和在线教育实践经验的基础上，搜集和整理了大量一手资料，经过深入研究和综合集成，并广泛征集各专家意见，完成了本书的编写工作。

本书第一至第四章从在线教育的概念内涵、要素模式、现状与发展，以及教、学、管三个视角进行总体介绍。第一章概述，概括地介绍了在线教育的内涵、特点、要素、模式以及现状和发展趋势等；第二章在线教育的教学设计与课程开发，从"教"的角度总体上介绍了在线教育的教学设计理论模型、在线教育教学设计、在线教育课程开发、课程开发应注意的问题等内容；第三章在线学习与支持服务，从"学"的角度在理论层面介绍了在线学习的理论、在线学习者的元认知、学习特征和学习动机，以及在线学习支持服务和泛在学习；第四章在线教育教学管理和质量控制，从"管"的角度介绍了线教育教学管理的理论与内容、教师的管理，以及在线教育质量管理理论、质量保证、质量评估和质量认证。第五至第十章分别介绍各种典型在线教育模式的设计、开发、制作、使用、评价等内容。第五章网络课程，介绍了网络课程的基本情况、课程开发、教学平台管理和网络课程的典型案例；第六章视频公开课，介绍了视频公开课的基本情况及其设计、制作的流程、要求和标准，并以视频公开课"精确制导新讲——武器 技术 正道"为典型案例，介绍了视频公开课教学设计和制作技术；第七章慕课，介绍了慕课的基本情况、慕课课程的设计，并以《航天发射系统》慕课为例，介绍如何设计制作一门慕课课程；第八章微课，介绍了微课的基本情况，以及微课的设计、视频微课、动画微课的创作与开发，微课设计典型案例；第九章翻转课堂，介绍了翻转学习的基本情况、翻转学习的教学设计，并以"装备精细化管理"课程为例介绍翻转学习的设计与实施流程。附件部分主要给出了精品在线开放课程建设的标准，并介绍广为流行的在线教育课程多媒体制作软件和平台属性比较，以方便教育工作者选用合适的工具和平台。

本书特点为：

一是系统性与全面性。本书内容从在线教育的基本理论到各类在线教育课程的制作流程与应用,从在线教育的教、学、管等角度进行了介绍,并且基本涵盖了当前国内外在线教育主要模式,具有系统性和全面性。

二是实践性与可操作性。本书在追求理论系统性的同时,也追求实践的可操作性,对在线教育教学设计开发、学习与支持、管理与考核以及课程的软件制作等内容都进行了介绍,可以为教员开发制作在线教育课程提供借鉴,力求读后即可付诸实践,具有较强的指导性。

三是可读性和趣味性。本书撰写风格上力求易懂可读,内容描述上、语言使用上,力求通俗易懂。

四是求新求真。本书查阅了大量最新相关研究资料,力求准确反映在线教育的发展现状和在线教育研究的理论、方向和成果等内容,既不夸大,也不掩盖其缺陷与问题,使读者既能欣赏到在线教育的优势,也能保持冷静、求真务实地搞好在线教育。

本书由赵洪利主编,朱军、熊龙飞、方家银副主编,侯兴明、石靖、唐建、陈亚飞、鲜思德、张永福、张琳琳、唐跃平、赵诚、胥霖、张军奇、杨永志、孙阳、呼凯凯、马昕晖参与了各章节的编写。熊龙飞、侯兴明、朱军、石靖、陈亚飞、李养正参与了全书的修正、统稿和定稿。在本书的编写过程中,还得到了全国高校远程教育协作组严继昌秘书长、原空军预警学院蓝江桥院长、清华大学继续教育学院刁庆军书记、北京大学继续教育学院杨虎副院长,以及国防科技大学汪诗林高工及付强教授等的大力帮助,在此一并表示感谢!

本书适合学历教育和知识技能培训等领域的教师、教育研究人员、在线教育学习者等使用,也适合军队职业教育工作者和军队院校在线教育各类管理人员、教员使用。

由于编写组水平有限,加之在线教育涉及内容广泛、专业性强,且发展迅速,新技术、新理念、新模式不断出现,本书难免存在错误或疏漏之处,敬请广大读者批评指正。

《在线教育理论与实践》编写组

2017 年 11 月

目 录

第1章 概述 ... 1
1.1 引言 ... 1
1.2 在线教育的内涵与特点 ... 2
1.2.1 在线教育的内涵 ... 3
1.2.2 在线教育的特点 ... 3
1.2.3 在线教育的优势 ... 4
1.2.4 在线教育的不足 ... 5
1.3 在线教育的基本要素 ... 6
1.3.1 在线教育的学习者 ... 6
1.3.2 在线教育的教学者 ... 8
1.3.3 在线教育的课程资源 ... 9
1.3.4 在线教育的教学平台 ... 11
1.4 在线教育的主要阶段与环节 ... 13
1.4.1 在线教育的主要阶段 ... 14
1.4.2 在线教育的主要环节 ... 15
1.5 在线教育的模式 ... 15
1.5.1 在线教育的主要形式 ... 15
1.5.2 在线教育的运营模式 ... 19
1.6 在线教育的现状与发展 ... 25
1.6.1 在线教育的现状 ... 26
1.6.2 在线教育的发展 ... 28
1.6.3 在线教育要把握的几个问题 ... 32
1.7 在线教育在军事领域的应用 ... 33
1.7.1 在线教育对军事职业教育的促进作用 ... 33
1.7.2 我军在线教育的现状 ... 34
1.7.3 我军在线教育发展的着力点 ... 35
1.7.4 我军在线教育的学分银行 ... 37
1.7.5 我军在线训练课程的建设 ... 39

第2章 在线教育的教学设计与课程开发 ... 41
2.1 在线教育教学设计 ... 41
2.1.1 理论基础 ... 41
2.1.2 基本要素 ... 44
2.1.3 基本原则 ... 49
2.1.4 基本流程 ... 51

2.2 在线教育课程开发 … 53
2.2.1 梳理课程知识 … 54
2.2.2 选择教学内容 … 55
2.2.3 确定教学策略 … 56
2.2.4 生成在线课程 … 58
2.2.5 形成助学资源 … 60
2.3 在线教育课程开发需要注意的问题 … 61
2.3.1 控制单元时间 … 61
2.3.2 把握讲授语速 … 61
2.3.3 注意动静结合 … 62
2.3.4 善于营造气氛 … 62
2.3.5 讲究教学工具 … 62
2.3.6 把握学习特点 … 63
2.3.7 摒弃传统习惯 … 63

第3章 在线学习与支持服务 … 64
3.1 在线学习的内涵与特点 … 64
3.1.1 在线学习的理论与内涵 … 64
3.1.2 在线学习的分类 … 66
3.2 在线学习的要素 … 68
3.2.1 在线学习的基本要素 … 68
3.2.2 在线学习的影响因素 … 70
3.2.3 在线学习的学习者 … 70
3.3 在线学习支持服务 … 73
3.3.1 在线学习支持服务的概念与作用 … 73
3.3.2 在线学习支持服务构成要素 … 74
3.3.3 在线学习支持服务的分类与功能 … 77
3.4 泛在学习 … 81
3.4.1 泛在学习的内涵与特点 … 81
3.4.2 泛在学习的教学模式 … 86

第4章 在线教育教学管理和质量控制 … 91
4.1 在线教育教学管理 … 91
4.1.1 在线教育教学管理相关概念 … 91
4.1.2 在线教育教学管理基本理念与特征 … 94
4.1.3 在线教育教学管理基本内容 … 96
4.2 在线教育质量管控 … 106
4.2.1 在线教育的质量管理基础 … 106
4.2.2 在线教育的质量保证 … 110
4.2.3 在线教育的质量评估 … 112
4.2.4 在线教育的质量认证 … 120

第 5 章 网络课程 ··· 125
5.1 网络课程的概论 ··· 125
5.1.1 网络课程基本概念 ·· 125
5.1.2 网络课程特点 ·· 126
5.1.3 网络课程构成 ·· 126
5.2 网络课程开发 ··· 128
5.2.1 网络课程开发基本要求 ·· 128
5.2.2 网络课程开发流程 ·· 130
5.2.3 网络课程设计 ·· 132
5.2.4 网络课程开发平台 ·· 136
5.2.5 网络课程评价 ·· 137
5.3 网络课程教学平台管理 ·· 140
5.3.1 网络课程教学平台的内涵与发展 ·· 140
5.3.2 网络课程教学平台的功能 ··· 140
5.3.3 网络课程教学平台主页 ·· 142
5.4 典型案例 ··· 142
5.4.1 案例一——某部队远程学习平台 ··· 142
5.4.2 案例二——"信息战中的网络攻防技术"网络课程 ····························· 146

第 6 章 视频公开课 ·· 150
6.1 视频公开课概论 ··· 150
6.1.1 视频公开课的发展 ·· 150
6.1.2 视频公开课的概念 ·· 151
6.1.3 视频公开课的特点 ·· 152
6.1.4 视频公开课要素与要求 ·· 153
6.1.5 视频公开课的应用模式 ·· 154
6.1.6 视频公开课的平台 ·· 155
6.2 视频公开课的设计 ·· 158
6.2.1 视频公开课的选题 ·· 158
6.2.2 视频公开课主讲教师的确定 ·· 158
6.2.3 视频公开课授课内容的确定 ·· 159
6.2.4 视频公开课教学方法的确定 ·· 159
6.2.5 视频公开课效果评价的确定 ·· 159
6.2.6 视频公开课课程文案的编制 ·· 160
6.3 视频公开课的制作 ·· 161
6.3.1 视频公开课的制作标准 ·· 161
6.3.2 视频公开课的制作流程 ·· 164
6.3.3 视频公开课的制作团队 ·· 167
6.3.4 视频公开课制作的注意事项 ·· 167
6.4 视频公开课的典型案例 ·· 168

6.4.1 "精确制导新讲"的教学设计 ………………………………… 168
　　6.4.2 "精确制导新讲"公开课的制作技术 …………………………… 170

第7章　慕课 …………………………………………………………… 174

7.1　慕课概论 ………………………………………………………… 174
　　7.1.1 慕课概念与特色 ……………………………………………… 174
　　7.1.2 慕课学习与认证 ……………………………………………… 175
　　7.1.3 慕课应用领域 ………………………………………………… 176

7.2　慕课课程设计 …………………………………………………… 177
　　7.2.1 慕课课程教学模式设计 ……………………………………… 177
　　7.2.2 慕课课程学习资源设计 ……………………………………… 178
　　7.2.3 慕课课程学习评价设计 ……………………………………… 178
　　7.2.4 慕课课程交互设计 …………………………………………… 180

7.3　慕课课程制作流程 ……………………………………………… 180
　　7.3.1 确定设计制作团队 …………………………………………… 180
　　7.3.2 确定课程构成要素 …………………………………………… 181
　　7.3.3 设计制作课程学习资源 ……………………………………… 181
　　7.3.4 慕课课程典型案例 …………………………………………… 182

7.4　慕课 VIP——SPOC ……………………………………………… 189
　　7.4.1 SPOC 优势 …………………………………………………… 189
　　7.4.2 SPOC 课程 …………………………………………………… 190
　　7.4.3 SPOC 课程建设 ……………………………………………… 191
　　7.4.4 SPOC 课程教学案例 ………………………………………… 192

第8章　微课 …………………………………………………………… 194

8.1　微课概论 ………………………………………………………… 194
　　8.1.1 微课的基本概念 ……………………………………………… 194
　　8.1.2 微课的教学应用模式分类 …………………………………… 196
　　8.1.3 微课的特色 …………………………………………………… 196
　　8.1.4 微课的核心特征 ……………………………………………… 197
　　8.1.5 微课的影响力 ………………………………………………… 199

8.2　微课的设计 ……………………………………………………… 199
　　8.2.1 微课的选题 …………………………………………………… 200
　　8.2.2 微课目标的确定 ……………………………………………… 200
　　8.2.3 微课内容的确定 ……………………………………………… 201
　　8.2.4 微课表现形式的确定 ………………………………………… 202
　　8.2.5 微课效果评价的确定 ………………………………………… 203
　　8.2.6 微课脚本的设计 ……………………………………………… 204
　　8.2.7 微课版面的设计 ……………………………………………… 204

8.3　视频微课的创作与开发 ………………………………………… 205
　　8.3.1 微课的创作团队与分工 ……………………………………… 205

8.3.2 视频微课的全程录制……206
   8.3.3 视频微课的后期处理……209
 8.4 动画微课的创作与开发……209
   8.4.1 动画微课的开发流程……209
   8.4.2 动画微课的制作技巧……210
   8.4.3 动画微课的配音……211
 8.5 微课的典型案例……214
   8.5.1 微课内容设计……215
   8.5.2 微课教学设计……216
   8.5.3 微课制作设计……216

第9课 翻转课堂……219
 9.1 翻转课堂概论……219
   9.1.1 翻转课堂基本概念……219
   9.1.2 翻转课堂特点……220
   9.1.3 翻转课堂要素……221
   9.1.4 翻转课堂影响力……222
   9.1.5 翻转课堂的发展……222
 9.2 翻转课堂的设计……224
   9.2.1 翻转课堂教学目标……224
   9.2.2 翻转课堂学习内容……225
   9.2.3 翻转课堂的教学时间……227
   9.2.4 翻转课堂的学习环境……227
   9.2.5 翻转课堂学习者……229
   9.2.6 翻转课堂的组织者……230
   9.2.7 翻转课堂的学案设计……231
   9.2.8 翻转课堂教学评价……233
 9.3 翻转课堂案例……237
   9.3.1 课程定位……237
   9.3.2 教学对象分析……238
   9.3.3 教学目标分析……238
   9.3.4 教学内容分析……239
   9.3.5 课程学案设计……240
   9.3.6 教学组织实施……242

附1 省级精品在线开放课程建设标准（试行）……244
附2 多媒体技术及工具软件介绍……248
附3 在线教育平台介绍……254
附4 国内主要在线教育配套基本属性比较……259
参考文献……261
重要术语索引……264

第 1 章 概 述

在线教育是以网络为介质的新型教育形态,创新了教育的组织模式、教学模式、服务模式,构建了数字时代的新型教育生态体系。在线教育深入融合了课程、技术和空间,将以教师为中心的教育主导模式转变为以学习者为中心的模式,满足了学习者碎片化、多样化、个性化、自主化的学习需求。

随着我国"互联网+"行动计划、促进大数据发展行动纲要等有关政策的密集出台,互联网、大数据、云计算、移动计算等现代信息技术广泛应用,在线教育得到快速发展。大力发展在线教育,推动各类优质教育资源开放共享,到2020年基本建成"人人皆学、处处能学、时时可学"的教育信息化体系,基本形成与学习型社会建设需求相适应的信息化支撑服务体系,是我国教育发展的重要举措。

1.1 引言

近几年,以互联网为代表的现代信息技术给教育带来强烈冲击,让教育走向信息化、现代化,并将迈向智能化。为此,世界各国纷纷将教育信息化发展作为促进教育发展变革的战略与提升国家综合竞争力的前瞻性选择。2015年5月,国家主席习近平在致首届国际教育信息化大会的贺信中强调,互联网、云计算、大数据等现代信息技术,深刻改变着人类的思维、生产、生活、学习方式。因应信息技术的发展,推动教育变革和创新,构建网络化、数字化、个性化、终身化的教育体系,建设"人人皆学、处处能学、时时可学"的学习型社会,培养大批创新人才,是人类共同面临的重大课题。目前,教育信息化已经进入互联网技术与教育深度融合阶段,在互联网思维引领下,在线教育走向了新一轮的发展。基于互联网的在线教育,撬动了传统学校教育封闭的大门,重构了教育服务体系。

2017年党的十九大报告提出优先发展教育事业,办好网络教育,办好继续教育,加强建设学习型社会,大力提高国民素质,为我国的教育事业发展指明了方向,突出彰显了网络教育在我国学习型社会建设中的重要地位。

互联网的快速发展给人类的生产生活、思维习惯都带来了深刻变化,也给社会带来了一系列新机遇和新挑战。2015年3月,李克强总理在《政府工作报告》中提出制订"互联网+"行动计划,同年7月国务院印发《关于积极推进"互联网+"行动的指导意见》,"互联网+"成为我国创新驱动发展战略的重要推动力。

"互联网+"即"互联网+传统行业",就是利用互联网信息技术、大数据平台等与传统行业的融合,提高传统行业的科技含量,促进传统行业的转型升级,创造新的发展业态。"互联网+"是互联网思维的实践成果,它既是一种新的经济形态,也是一种新的思维方式,具有跨界融合、惠及大众、开放共享、用户主导、参与协作互动、深度体验、大数据应用等特征。在"互联网+"这种经济形态下,互联网为所有的行业领域提供了零距离接触的平台,促进行业之间、行业与互联网之间的融合,能够提升实体经济的创新力和创造力;同时,互联网渗透到生产要素资源配置的各个环节,有利于资源的优化重组,产生规模效应和集聚效应,从而促进创新潜力的激发,形成经济发展新态势。

　　教育与政治、经济、文化、社会发展息息相关,"互联网+"又将为其发展带来哪些改变呢?"互联网+"与教育融合,变革与创新了现有教育形态,对传统教育的育人理念、课堂模式、学习方式、资源建设、师生关系,甚至对校园形态都产生了巨大的影响。"互联网+教育"或者说在线教育,本质就是在师生分离的状态下,借助互联网和 IT 技术,有效实施教学和学习活动的新型教育形式。它使教育的一切教学活动都围绕网络进行,教师在网络上授课、学习者在网络上学习,资源在网络上流动,知识在网络上建构,线下课堂与线上学习互为补充与拓展,传统意义上学校的不少功能可以由在线教育取代。"互联网+教育"的教学形式,打破了时空限制,彰显了优质教育资源开放共享与节约时间、路程、费用等优势,对原有教育模式的冲击与颠覆是必然的。

　　在"互联网+"的大趋势下,不少教育机构将眼光投向了在线教育。中国互联网教育的热度从 2012 年开始发酵,呈蓬勃发展之势。2013 年在线教育投资出现井喷,该年年初平均每天都有多家在线教育公司诞生;清华大学、北京大学、上海交通大学、复旦大学等著名高校纷纷加盟全球在线教育,并建立自己的在线教育平台。我军在"十二五"期间全面启动军队现代远程教育平台建设工程,建立在线教育教学环境,构建在线教育办学模式,形成在线教育运行机制。全军多个院校和单位先后建立了网络学院、网络教育平台、在线教育系统等。如今,我军的在线教育利用军队网络环境和在线教育系统,向官兵提供开放式、自主性的在线教育服务,对提升军事人才的能力和素质发挥了很好的作用。

　　2012 年被教育界誉为"慕课元年",在这一年,世界顶尖大学和教育机构纷纷建立慕课平台,将优质教育送到世界的每个角落,主要慕课平台的学习人数突破百万甚至千万,各平台提供的课程超过千门,使社会大众可以免费接受高等教育。慕课从传统课堂蜕变而来,课程时间与校园教育相似,按周开课,持续几到十几周时间,教学按模块进行并要求完成作业,授课以在线观看教学微视频为主,每个视频几分钟,视频后辅以小测试检验知识的掌握程度。慕课除了学生在线自主学习外,还有教师的在线指导和帮助、学生间的在线互教互学互助。短短几年的发展,慕课及衍生的微课、翻转课堂等已对传统教育体系带来了巨大冲击和变革。

1.2　在线教育的内涵与特点

　　在线教育是"互联网+教育"的产物,目前这一全新的教育形态,正在成为教育领域发展改革的热点和方向,要想了解在线教育,必须对在线教育的内涵、特点以及在线教育的优势、不足有所认识。

1.2.1 在线教育的内涵

在线教育也称"互联网教育""在线学习""网络教育""网络远程教育",是指通过互联网等数字化媒介手段进行学习和教学的教育形态。

国外将"在线教育"称为 E-Learning,一般指基于网络的学习行为,简单而言就是使用个人电脑、移动智能终端等,在网上完成上课、练习、讨论、考试等环节,具体通过慕课、微课、视频、实时互动问答等方式学习相关知识。E-Learning 中的"E"代表着电子化的、有效率的、拓展的、延伸的、增强的、探索的、经验的、易使用的等含义。

在线教育充分利用互联网思维及技术创新,突破时间、空间、地域的界限,形成不同于传统面对面授课的全新教育方式,是基于网络的教学模式和学习方式。借助网络的便利性,学习者可以随时随地进行学习,真正打破了传统教育的时空限制,一门慕课课程能吸引成千上万学习者注册学习,远隔万里的学习者可以实时聆听名校名师的精彩授课,遇到难题可以请求教师或同学的帮助,或是手机扫一扫即可得到答案,对于工作繁忙、学习时间不固定的人士而言,在线教育是最便捷、最适合的学习方式。

在线教育不是简单地将传统课堂搬到网上,其内涵十分丰富:

第一,在线教育充分体现了互联网"开放、共享、参与、互动"的核心价值,教学从学校向社会扩展,改变了知识的获取方式、教学模式和学习模式,并利用技术建构了以学习者为中心、以教师为主导的教学行为,学习者参与教学,实现了教学互动和协作学习。

第二,在线教育有完整的教学过程,即学、测、评、导过程;在线教育的内容经过精心梳理和重构,更加符合人们的认知规律和碎片化学习、泛在学习的需要,实现个性化学习和自适应学习,提高了学习效率,让学习者更有成就感。

第三,在线教育教、学、管、服务四位一体,更加强调学习支持服务的作用,包括教师导学、有效互动、学习测评,以及在线教育条件建设、平台服务和公共服务等。在线教育基于教育平台开展教学,平台除在线课程和提供教、学、管、服务功能外,还需要建立有助于教师分析学习者学习行为和有效进行导学的学习信息库、有助于实施个性化教学的教学素材库、有助于应用型人才培养的教学案例库、有助于混合式教学的虚拟实验库、有助于过程测评的题库、有助于经常性问题解答的智能答疑库等。

第四,在线教育开放教育资源,让学习者能多元选择,按照自己的兴趣和需要在网上选修各种课程,获得不同的学位、证书或学分认证,降低学习的成本。教育机构利用开放教育资源,实施混合式教学,支持翻转课堂,解决课程结构短板问题,弥补知识快速更新中教师短缺问题,并实行学分互认,推动高校间、高校与行业/企业间、学历与职业教育间的学习成果积累与认证转化。

1.2.2 在线教育的特点

在线教育是互联网与传统教育深度融合形成的一种教育形态,其特点来自两者的结合,既不能简单地按互联网的常规思维去理解,也不能片面地从传统教育角度去看待。

从互联网角度看,在线教育的特点可归纳为 5 个"Any",即在线教育通过网络,让任何学习者(Anyone),能够在任何时间(Anytime)、任何地点(Anywhere)去学习任何课程(Any Course)的任何章节(Any Chapter),完全体现了随时、随地、灵活的特点。

从互联网与教育相结合的角度看，在线教育的特点体现在如下5个方面：

一是资源利用最大化。在线教育中，学校等教育机构通过网络把最优秀的教师、最优质的课程、最好的教学成果等多样化的教育资源（也称为富媒体内容），传播到四面八方，实现教育资源的开放与共享。教育资源跨越了时空的限制、突破了校园的藩篱，使教育的影响超出传统校园的范围。

二是学习行为自主化。在线教育将学习模式由"以教师为中心"转变为"以学习者为中心"，学习者根据自身发展目标或兴趣需要，自行在线学习。学习者充分发挥积极、能动的意志力，自觉、自发地进行自主学习，学什么、什么时间学、怎么学、做哪些练习完全由学习者自主决定。

三是学习过程互动化。在线教育师生时空分离，通过网络和学习平台采用文字、图片、语音、视频等媒体形式，进行同步或异步的双向沟通、合作学习、答疑解惑、问题研讨、信息交流等，激发了教学双方的主动性和探索性、拉近了教师与学习者的心理距离、扩大了教师与学习者的交流范围。同时，通过学习平台还可充分了解教学双方需求，对学习情况进行统计分析，使教师掌握学习者学习中的疑点、难点和问题，全方位把握学生的整体学习状态，从而有针对性地进行指导。

四是学习内容个性化。在线教育弱化了学习起点、目标、内容、进度等的一致性要求，为学习者创造符合其个性需求的学习环境，真正实现"因材施教"、趋于"因人设计"。学习平台对每个学习者的学习阶段、过程情况等都能实现系统完整的跟踪，按需"推送"学习资源；同时，完善的学习支持服务系统可根据系统记录的个人资料，针对不同学习者给出个性化的学习建议，为个性化教学提供了实现途径。

五是教学管理网络化。基于网络的教学管理平台具有自动管理和交互处理功能，使在线教育中学习者的咨询、注册、交费、学籍、查询、选课、作业与考试、学分与证书等都能实现自动管理；教学过程中的教学计划管理、教学过程管理、教学质量管理与评价以及教学课程、教学资源、教学队伍等管理，都可以通过网络的远程交互方式来完成，实现网络化的教学管理。

1.2.3 在线教育的优势

在线教育是一种新的教育方式，也是一种新的教育形态，给所有的教育机构提供体现其价值的机会，也为所有的学习者提供提升自我价值的机会。尽管在线教育不可能完全替代传统教育，但相对传统教育而言，具有创新性和独特优势。

在线教育促进了传统教育的改革与创新，其创新性体现在以下4个方面：

一是教育思维的创新。传统教育一直沿袭着以教为中心的理念与方式，互联网时代的变革，将教育的中心从"教"革命性地转化为"学"。以教为中心的教育，以教师作为主体，以教材和课堂作为主导，注重知识的传授与灌输，学习者被动学习和接受知识，常常忽略学习者主动性、积极性、创造性。以学为中心的教育，以学习者作为主体，学习者是知识、技能的构建者，自主学习、主动思考、独立提出和解决问题、发表不同见解；教师承担引导和指导的作用；课堂以培养学习者的自主学习能力、知识应用能力和创造力为根本。

二是资源利用的创新。教育资源是开展教育的基础和条件，资源共享是实现教育公平的有力保障。打破教育资源在地域空间上的不平衡，实施共建共享，让学校、政府、行业、企业甚至全球的各类优质教育资源从封闭走向开放，使学习者有更多的学习机会和多元化、个性化的选择，这是在线教育一出现就锁定并已经实现的主要目标。

三是教育环境的创新。良好的教育环境不仅包括优良的师资队伍和教育设施设备，也包括科学的教育理念、教育制度、教育方法和教育手段，以及良性开放的教育氛围等。传统教育模式下，教学活动常常禁锢在校园内，教育资源有限且参差不齐，教育形式和手段有限，师生交流的手段、渠道和范围有限，缺少和谐、开放、创新的教育氛围。在线教育构建的网上虚拟校园，能够改变教育环境，弥补上述短板。借助社会化的教育资源、教学产品以及自由和个性化的学习，在线教育可更好地传播知识和养成能力，这也是在线教育发展的最大动力。

四是学习形态的创新。传统教育模式下，知识学习主要通过课堂的班级学习完成。互联网时代连通一切、跨界参与、释放潜能、个性化定制，动摇了传统知识学习的根基，使知识学习更具社会性、规模性、连通性、延伸性、拓展性、反馈性、具身性、媒体化、碎片化和个性化等特性，具有时代特征和价值的规模学习、跨界学习、定制学习、众创学习、自主学习、混合学习、翻转学习、多维学习、仿真学习、移动学习、泛在学习等成为在线教育的学习形态。

在线教育的优势主要体现在以下4个方面：

一是开放共享。在线教育秉承了互联网的原动力即开放性，可随时随地开展学习，并且学习环境也变得更加宽松，更能激发学习者的主动性和积极性。共享的资源，使优质的课程和技术资源不再是教育机构的专属而变成全社会共享，是在线教育最基本的优势所在。

二是随意灵活。相较于传统线下教育，在线教育灵活随意，只要有网络和智能设备，无论在任何时间和地点，学习者都能自由学习任何课程的任何章节。这种随意灵活的学习方式是在线教育最大的优势。

三是高效便利。互联网下的在线教育，知识随处可寻，获取知识的渠道变得多样，可通过电脑、手机和其他移动终端学习知识；知识传播速度惊人，可为学习者节省大量时间和费用；信息更新极快，学与教成果的实时/准实时的反馈和评价，可确保知识的及时性和学习效果的提升；知识碎片化，可确保学习者灵活利用碎片时间完成某个知识点的学习，提升学习效率；远程互动交流，消除了学习者的心理障碍，可确保师生之间的互动交流更加有效。

四是全面多元。宏观上，从早期教育、基础教育、高等教育、职业教育，到政府培训、行业培训、企业培训、机构培训，再到特殊教育、终身学习，多层次、多元化的在线教育，能为建设学习型社会提供多样化服务；在线教育的海量内容，涵盖了广泛的知识领域，包罗万象，通过互联网可为全社会乃至全球的教育与文化传播提供服务。微观上，在线教育教师来源多元化、课程资源多元化、教学平台多元化、学习方式多元化、教学方式多元化、互动交流多元化、管理运营多元化，为学习者提供了更多的选择；在线教育教学平台，能够跟踪记录所有教学活动，通过平台大数据分析，全面了解学习者的学习情况和效果，了解教育者的指导服务和监控情况，分析评估学习资源，为提升学习体验和教学质量与管理水平提供重要参考。

1.2.4 在线教育的不足

在线教育虽然有诸多优势，但在线教育自身也存在先天不足。

首先，缺乏面对面的交流。教学过程中，教师和学习者之间的沟通和反馈是非常重要的环节。由于在线教育的学习者是自己在电脑和移动设备前独自进行学习，和线下的面授学习形式相比，缺乏教师和学习者之间直接、及时的沟通和反馈，教师不能实时了解所讲内容是否对学习者有用、学习者理解了多少、哪些地方有问题，无法实时进行针对性的调整，很难做好因材施教；学习者遇到不明白的问题无法立时解惑，对接下来的课程也会造成障碍，从而影响学习效果。这一环节的缺失，是在线教育的最大弱点。

其次，缺乏学习环境和氛围。由于在线教育的学习者都是在电脑或其他电子工具前独自学习，学习环境单一，没有传统课堂的学习氛围，没有面对面的教师和同学，没有同伴一起学习，也没有教师在旁督导，主要靠学习者自身的主动性、自觉性和毅力与耐心坚持完成学习，很难保证学习者一直保持持续的、充满积极情感的学习状态，中途辍学者不在少数。在线教育目前尚难以达到传统教育的学习成效。

再次，缺乏学习督导和监控。目前，在线教育学习者的在线学习缺乏教师的督导等外在的约束力量，学习者的学习活动一般没有事先的计划，学习进度和学习节奏安排缺少监控，随意性较大；教师缺少对学习者学习督导的方法和手段，在学习者自主学习的活动中不能根据需要适时地给予监督、引导和帮助，影响了在线教育学习的效果与质量。

在线教育的这些先天缺陷，会造成学习者在线上学习体验不好，很容易产生枯燥和孤独感，导致学习行为难以持续。这也意味着在线教育，对课程、教师和学习者的要求要远远高于面授。因此，在线教育需要高质量的课程资源和服务来保障，并且学习者只有学习主动、自制力强，才容易通过在线教育获得好的学习效果和成果。另外，各在线教育机构已意识到在线教育的先天不足，尝试在教育平台中附加有针对性的功能来激发学习者的持续兴趣，但目前来看效果仍不够理想。

1.3 在线教育的基本要素

在线教育的基本要素就是在线教育系统的主要组成成分。传统教育强调教师、学生和教材三大要素，在线教育对这些要素进行了扩展，形成教学者、学习者、课程资源和教学平台的四大要素（如图1-1所示）。学习者是中心、教学者是关键、课程资源是核心、教学平台是基础，四位一体，共同构成在线教育系统。

传统教育中的学习者与教学者，同样是在线教育不可缺少的要素，但是因为互联网的影响，教学者与学习者均不再是传统意义上的范畴。课程资源、教育平台是在线教育的独特要素，课程资源是在线教育能否获得大众的认可，并最终取得成功的核心要素；教学平台提供学习支持服务和教学管理、提供支持服务与管理的工具和软件，是在线教育的基础和条件保障。

1.3.1 在线教育的学习者

学习者是在线教育的中心，是知识学习和探索的主体。与传统教育相比，在线教育的学习者数量庞大，主要为在校学生和在职人员，也包含自由职业者、退休

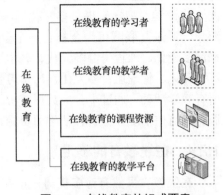

图1-1 在线教育的组成要素

与赋闲在家者等其他人员。

在线教育学习者的构成多元，学习者之间的年龄与性别、学历与专业、职业与经历、素质与能力、兴趣与爱好、个性与习惯差异明显，学习者的学习动机与目标、学习能力与态度、学习策略与方法各不相同。2015 年，果壳网针对我国幕课学习者的调查数据（见表1-1），反映出在线学习者的基本情况，高学历的学生与在职人员是在线学习者的主力。

表1-1　2015 年果壳网幕课学习者调查数据

调查项目	调查内容	调查结果
学习者是谁	类别性别	在校学生占 53%、在职人员占 41%、自由职业和其他占 6%；男性比例高于女性
	职业分布	教育科研机构占 20%、计算机互联网企业占 16%、政府公益组织占 9%、金融贸易行业占 9%，其他占 46%
	地域分布	主要为北上广以及江浙等教育经济发达地区
	年龄分布	集中在 18～45 岁之间，"90 后"是主流。18～25 岁占 45%、26～45 岁占 36%
	学历分布	80%以上拥有本科或以上学历。高中及以下占 5%、大专占 7%、本科占 66%、硕士占 19%、博士占 3%
为什么学	学习动机	了解新领域新知识占 69%、满足个人兴趣爱好占 47%、提高职业技能占 42%
	学习动力	获得单位认可占 80%、获得大学学分占 57%、获得奖学金占 52%、他人要求监督占 28%
学习行为习惯	学习内容	人文占 50%、计算机科学占 33%、语言占 28%、自然科学占 27%、社会科学占 26%、经济与金融占 26%、商务与管理占 18%、数学与统计占 15%、医药与健康占 14%、职场技能占 14%、教育占 13%、认证考试相关占 9%。在校学生偏爱计算机科学、语言和自然科学的学习，在职人员偏爱经济、金融和商务管理的学习
	学习完成	24%的一门也没有完成，76%完成至少一门课程的学习，全部完成占 17%、大部分完成占 31%、完成不到一半占 28%
	未完成原因	"拖延症"/自制力差占 54%、太忙没有时间占 51%、课程内容与预期不符占 26%、课程难度高于预期占 18%、网络问题占 13%、找不到学习伙伴占 13%、语言障碍占 11%。82%希望有中文字幕，以便跟上教师的讲述
	学习方式	PC 学习占 90%、移动学习占 64%。移动学习中，手机学习占 47%、PAD 学习占 21%。业余学习为主
	学习平台	最常用 10 个学习平台。网易公开课占 53%、Coursera 占 52%、中国大学 MOOC 占 53%、网易云课堂占 44%、学堂在线占 40%、江沪网占 23%、edX 占 21%、幕课网占 21%、可汗学院占 13%、新浪公开课占 8%
	组队学习	超过 80%参加过学习小组。参加理由，得到教师或助教指点占 62%、与其他学习者讨论占 61%、一个人学习孤单占 40%。组队方式，QQ 群占 44%、微信群占 36%、线下学习小组占 33%、MOOC 同学占 18%
	学习付费	愿意为优质学习内容付费占 81%、愿意为有价值的学习证明付费占 49%、最好免费但可接受付费占 41%、不愿意付费占 19%。为在线学习付过费占 26%，付费 100 元以下占 31%、100～500 元占 28%、500～1 000 元占 13%、1 000 元或以上占 8%

在线教育在开放、自主、个性化的环境中完成教与学，学习者主导学习过程并独立自主学习，缺乏学习氛围、缺少指导监督、没有面对面交流，容易迷失方向，失去学习的主动性和积极性，对学习者的意志力和自制力、学习能力和学习情感是个考验。与传统课堂相比，自主学习能力对在线学习质量和效果的影响更大。因此，在线教育的学习者，必须扔掉传统教育中形成的被动接受知识、依赖教师与课堂等习惯，养成在线学习习惯和能力，变被动消极地学习为主动创新地学习，实现从"学会"到"会学"转变。

一要掌握网络学习的基本技能。学习者除了能熟练操作个人电脑和智能终端外，还必须具备教育信息和学习资源获取与应用技能、学习平台和交流工具操作技能、与教师和学习伙伴沟通技能、合作学习的技能、自我学习管理技能、时间管理技能等。

二要提升自主学习的内驱力。内驱力是在需要基础上产生的满足需要的内部动力。学习内驱力是激发学习者学习的内部动力。在线教育中，要提升学习者自主学习的内驱力。首先，学习者要自我提高学习内驱力，充分认清学习是自我发展的内在需求、自己是自主学习的主体，并保持学习和掌握知识的强烈愿望，从而以主动积极的态度、良好的学习情感、克服困难的意志完成学习。其次，通过构建良好学习氛围、教学者与学习伙伴评价、相关激励机制，激发学习者的学习内驱力。

三要养成探索创新的学习能力。在线学习是探索性创新性的学习。探索性学习是学习者自己探索问题的一种学习方式，也是学习者主动获取新知识、新方法、新技能，不断开拓新视野的一种途径。创新性学习在学习过程中不是墨守成规，而是大胆探索，用新思路、新方法、新途径开展学习。在线学习中，学习者需要养成互联网思维、开放性思维、动态性思维和独立思考的习惯，主动获取知识，应用知识解决问题。

1.3.2　在线教育的教学者

教学者是在线教育的关键，是在线教学活动的主导。在线教育的教学者不仅包括教师，还包括咨询人员、管理人员、技术保障人员等。

与传统教育相比，在线教育中的教师除了具有传统教学中的传道、授业、解惑的职责外，更重要的还具有学习指导、服务和监督的职责。因此，在线教育中教师被定位为知识的阐释与传导者、教学活动的组织者、学习者学习的指导与服务者、在线课程资源的设计和构建者，并特别强化了教师的指导和服务作用。

对教师而言，在线教育不仅仅只是让其更换一下教学方式那么简单，教师需要转变教育理念，认可网络环境下的新教育模式，适应新的教学方法与手段。

一是认可在线教育的模式。在传统教育的模式下，以教师为中心，教师处于整个知识传播过程中的绝对主导位置。在线教育改变了传统的以教师为中心、以课堂为中心的教育模式。在线教育中，以学习者为中心、以自主学习为中心，教师的作用不再仅是传授者，更是学习伙伴，帮助学习者获得更好的学习体验。在线教育中，学习者对教师的依赖明显减弱，其教学从教师主导课堂和单向传授知识的"满堂灌"，向学习者自治与"自主学习"、更加强调双向对话交流与互动的"翻转课堂"转变，教师的作用从教学的主导者变成了学习者自主学习的指导者、服务者。如何为不同层次的学习者设计合适的学习内容和学习活动，提供多样化的学习资源，引导和促进学习者个性化的自主学习，调动学习者积极参与和互动交流，与学习者平等对话，及时了解学习者的学习进度、知识掌握情况并给予积极的评价和反馈等，对教师教育理念和素质能力都有新的要求。

二是适应在线教学的方式。传统教育中，教师课堂上的教学，讲授知识、案例分析、操作示范、讨论问题、练习测试等，都是直面学习者。在线教育往往需要事前将教师的授课完整地录制下来形成优质资源，提供给学习者自主学习。在线教育师生时空分离，整个录课过程或许没有任何学习者，教师很可能失去讲课的兴奋状态，变得兴味索然，需要教师适应在摄像机前讲课的方式。为消除教师在接触在线教育初期遇到的这种问题，现在有的课程录制采用现场授课的方式，通过营造教室氛围缓解教师的孤独感。另外，在线教育自主学习的特点，要求网上课程的内容、形式和学习体验都要充分吸引人，才能激发学习者的学习兴趣。因此，教师还必须掌握一定的网络教学艺术，形成自有风格且语言美、观感美的教学境界。

三是应用数字化教学的手段。传统教学中，教师只需要熟练运用 PowerPoint（即 PPT）等软件制作课件，搜集相关教学素材，建立相应试题库。在线教育中，需要大量使用视频、声音、图片、图形、动画、文字、表格等数字化教学素材，教师不仅需要熟练运用音视频处理、课程制作等相应软件，还需要搜集、掌握大量网络优质教育资源、教育平台的信息。此外，丰富的题库资源是在线教学的特色之一，教师应该遵循在线教育特点和规律，学习借鉴网络上题库建设、测试考核的经验做法，提升试题筛选、审核、编制和维护的技能。

除了教师以外，在线教育对教学管理者、咨询人员、技术保障人员也提出更高的要求。

教学管理者，担负着在线教育教学管理职责，负责在线教学的标准规范、课程设置与资源开发管理，在线教学过程的监控与管理，在线教学质量监督、评价与反馈等。教学管理者要适应开放共享、个性化学习和大数据环境下的教学管理模式，更新管理观念，树立管理就是服务的思想，遵循在线教育教管结合的原则，采用信息化、个性化、动态化管理手段，重点做好对学习者及其学习过程与学习认证评估的管理、对教师学习指导和督导过程的管理、创造良好学习条件和环境的管理，并处理好服务与管控、放开与约束、静态刚性与动态针对性的管理关系。

咨询人员，为学习者提供各类与特定课程内容无关的学习问题解答、帮助和建议服务，如在线学习中的学习情感、学习策略、学习指南、媒体平台与资源使用、沟通交流机制等问题。咨询人员必须对在线教育的政策规定、行政与业务流程、具体技术操作十分熟悉，掌握一定的心理学知识和沟通技能，并及时跟踪了解学习者的学习行为和常见问题，才能为学习者提供高质量的支持服务。

技术保障人员，担负着在线教学环境的技术保障工作，主要是保障在线学习的网络系统、教学平台、虚拟校园和虚拟教室的设施设备及软件系统的正常运行，参与在线课程与教学资源建设开发与维护，按需推送个性化的学习资源等。技术保障人员必须按照工作分工不同，各有侧重地掌握网络技术、计算机技术、数据库技术、教育技术、多媒体技术、虚拟现实技术、资源开放技术、视听技术等，才能为在线教育提供多元化的技术保障。

1.3.3 在线教育的课程资源

课程资源是在线教育的核心，在线教育能否成功，与课程资源是否丰富有着直接关系。

一、在线教育课程资源的内涵

资源是为实现某个目标而直接可利用的物质、能量和信息。课程资源是指课程的要素来源以及实施课程所必要且直接的条件。课程资源分广义和狭义两种，广义的课程资源是指素材性课程资源和条件性课程资源的总和；狭义的课程资源仅指素材性课程资源。

传统教育中的课程资源一般是指广义的课程资源，并分为校内课程资源和校外课程资源两类。校内课程资源，包括教师、教科书、课件、教案、教学素材，教师的教学策略、教学方法和教学经验，学生的学习方法和学习经验等素材性课程资源，以及学校的各类教室与实验室、图书馆，校内的各种活动等条件性课程资源。校外课程资源，主要包括校外的图书馆、科技馆、博物馆、网络资源、家庭资源等条件性课程资源。

在线教育的课程资源在资源范围上相对较小。目前，公认的在线课程资源主要指网络上的各种数字化内容资源，包括在线学习过程中需要使用的课件、教学大纲、讲义、案例、媒体素材、习题与试题库、常见问题解答库、参考文献资料等。其中，课件包含网络课件、视频课件、PPT 课件等，媒体素材包含文本类、图形/图像类、视频类、音频类、动画类素材等。

二、在线教育课程资源的类别

在线教育的课程资源可以按照不同的标准进行分类。根据使用方式不同，在线课程资源可分为即时性和延时性课程资源。根据使用环境不同，在线课程资源可分为 PC 版、移动版和两者通用的课程资源。根据用途不同，在线课程资源可分为三类：一是学习类资源，如视频、三分屏、Flash、HTML 及自定义格式的课件，案例、媒体素材等；二是考试类资源，如练习、测试与题库等资源；三是其他资源，如参考文献资料、问题解答库。

三、在线教育课程资源的格式

在线教育的课程资源中，课件是最主要的资源。目前，在线教育的课件按照数据格式的类型，可分为高清视频类、动画类、三分屏类、HTML/HTML5 类、自定义类、特殊类 6 个类别。

高清视频类：高清视频课件是目前使用最广泛的形式，教学效果较好，但课件录制与使用条件要求较高，需要由一个团队才能完成制作，必须有专门的摄录室、传输速度较快的网络设施和高配置的视频服务器。

动画类：该类课件能够更加生动形象地表现内容，但其开发成本极高，每小时的成本达数万元，而且一门课件需要课程负责人、教学设计团队、美工、动画制作、软件工程师等多种角色参与。

三分屏类：把教师授课视频与 PPT 或其他电子文档课件一并录制下来生成课件，通过浏览器进行播放。生成的课件包括教师的视频、讲课的内容、课程的纲要，因此称之为三分屏课件。

HTML/HTML5 类：这类课件是以网页的形式呈现的，主要以文本和图片为主，内容与交互感有限，但需要的网络传输速度较低，较适合在移动终端使用。

自定义类：在通用的课程格式无法满足实际需求时，可自定义课件资源格式，一般使用专用的播放器播放，多应用于语言学习领域。

特殊类：随着技术的发展，现在出现了虚拟现实、仿真和模拟操作等学习方式，针对这类学习，课件采用的是 VRML 等特殊格式。

此外，试题库也是重要的在线教育课程资源。试题库为特定学科的知识和技能测试提供备选试题，通常为计算机软件系统，具有试题录入与存储、查询、智能组卷、分析反馈等功能。目前由于在线教育知识的碎片化与异构化，在线教育的试题库多为智能试题库系统，一般支持单选题、多选题、判断题、填空题、问答题，以及图片题、视频题等试题类型。

1.3.4 在线教育的教学平台

在线教育的教学平台简称在线教学平台，是在线教育的技术承载媒介和实施在线教学的支撑系统，是开展在线教育教学活动的基础条件。在该平台上，教师利用先进的技术和工具，开展教学资源建设，进行网上教学，提供多种多样的学习支持服务，实现师生交流等；学习者利用丰富的课程资源，进行个性化自主学习与协作学习，实现师生、生生之间的交流，完成网上作业、测试或考试等；教育管理者运用相关工具，完成学习者及其学习的管理、教师学习支持服务的管理、教学资源管理等。

一、在线教学平台的内涵

在线教学平台是运用信息网络与软件工程技术，实现在线教育的硬件设施和工具软件系统，是具有定制拓展特征的"远程教育学院"。狭义的在线教学平台是指建立在网络基础上，为在线教育教学提供全面服务的软件系统的总称。

在线教学平台模拟了真实的学习环境，一个完整的在线教学平台应由课程开发与管理、教学支持与服务、学习与教学管理等部分组成，如图1–2所示。

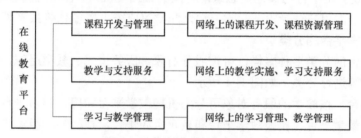

图1–2 在线教学平台的组成

学习资源是否丰富、界面是否美观、操作是否简单、注册用户是否多、口碑是否好、品牌是否知名、是否需要付费购买、学习目的能否达成等，是影响在线教学平台使用的主要因素。

二、在线教学平台的作用

在线教学平台的作用主要体现在3个方面：

第一，提供学习环境。在线教学平台为使用者提供了一个完成网上教与学及其管理的环境。不同的在线教学平台，其功能会存在一定的差异，但是整体而言大致相同，一般具有课程制作、课程学习、学习监控、考试与评价等功能，如图1–3所示。

图1–3 在线教学平台一般功能

第二，提供海量资源。在线教学平台的课程与教师资源，面向全球开放共享，形成海量的资源超市，为学习者提供更多的选择。每个学习者可根据自身的个性化需要，采用菜单式服务方式,点播和学习课程。

第三,提供互动学习社区。在线教学平台为师生提供不受地域和空间限制的互动交流桥梁。在这个社区中,教师与学习者可以进行学习互动和合作学习、解答问题、开展研讨,也可以开设学习论坛、个人空间等。

三、在线教学平台的特点

一是功能的多样性。在线教学平台的功能,覆盖了在线教育的主要需求,从选课、自主学习、互助学习、互动交流,到作业、测验、考试、评价,再到学习资源制作、题库建立、教学活动设计、学习指导、学习服务、学习监控、学习认证、教学管理、资源管理、大数据分析等功能一应俱全。

二是使用的便捷性。为了尽可能地方便用户使用、获得用户支持,在线教学平台在易用性方面要求较高,在设计平台时就要充分考虑人机交互的友好性。易用性好意味着用户使用平台时操作更加便捷、更加有效,效率更高,用户的满意度也更高。

三是数据的互通性。数据互通性主要针对信息系统之间而言。数据互通是指在线教学平台之间,或者在线教学平台与其他信息系统之间的数据交换,如各系统间有统一的信息接口、多个系统使用统一的用户登录验证、学习记录和学习成绩可以多系统共享等。

四、在线教学平台的分类

在线教学平台的分类多种多样,可按服务对象、服务模式、教学组织、操作系统、平台构架、开发形式等进行分类,如图1-4所示。

在线教学平台,按教学的服务对象可分为机构教学平台和门户学习平台,按教学的服务模式可分为理论教学平台、实践教学平台和教育资源平台,按教学的组织方式可分为点播式和直播式的教学平台,按平台的终端设备可分为PC版和移动版的教学平台,按平台构架可分为传统网络学习平台和慕课学习平台,按平台的开发形式可分为开源教学平台和自研教学平台等。

五、在线教学平台的系统构成

在线教学平台是由软硬件构成的复杂系统,其软件部分由多个子系统构成,每一个子系统提供相对独立的功能。

一般认为,在线教学平台软件系统主要包括6个子系统,即学习子系统、内容管理子系统、学习管理子系统、考试管理子系统、用户管理子系统、运营管理子系统。

学习子系统:是在线教学平台中最重要的子系统,一般以网站页面的形式呈现给学习者使用。学习者在PC端或移动端输入网址之后进入学习子系统的主界面,通过各类导航完成选课、课程注册与学习、作业练习、测验考试、交流讨论、作业互评、课程反馈与评价、获取学分与证书、学习资源共享等学习活动。

内容管理子系统:是在线教学平台中最复杂的子系统,具备课程、教学素材等资源的生成与管理,作业练习生成与管理,论坛、公告管理等功能,提供给教师和系统管理员使用。

学习管理子系统:提供与学习支持服务相关的功能,包括课程设计与开课申请,课程内容设置与发布,学习信息推送,提问与回答,批改作业与试卷,学习情况查看,作业、测试、讨论相关信息统计,学习数据分析等,提供给教师和管理员使用。

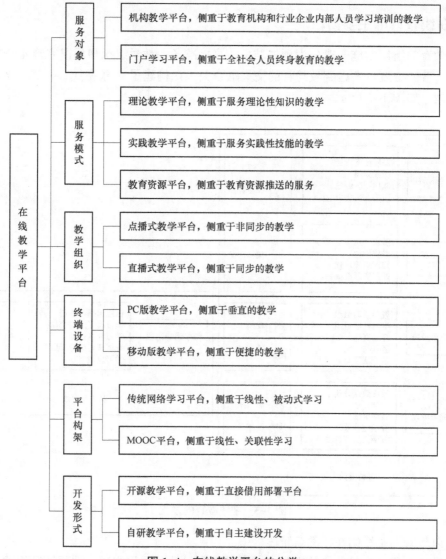

图 1-4 在线教学平台的分类

考试管理子系统：提供与考试相关的功能，包括题库制作和管理、试卷管理、考试管理、成绩管理与证书发放等，主要提供给管理员和教师使用。

用户管理子系统：提供与平台用户相关的功能，包括用户注册与审核管理、角色管理、记录用户的操作信息并进行管理等，提供给系统管理员使用。

运营管理子系统：对于收费的在线教学平台，必须有运营管理的功能，主要提供用户账户信息查看、账户充值、计费与余额查询等功能。

1.4 在线教育的主要阶段与环节

把握在线教育的主要阶段与环节是开展在线教育的关键，也是组织在线教与学活动的基础。

1.4.1 在线教育的主要阶段

在线教育的组织实施一般分为预先准备、直接准备、教学组织和反馈完善4个阶段。着眼教、学、管的维度，考虑到教与管的交叉融合关系，构建了2条主线、4个阶段的在线教育过程模型，如图1-5所示。

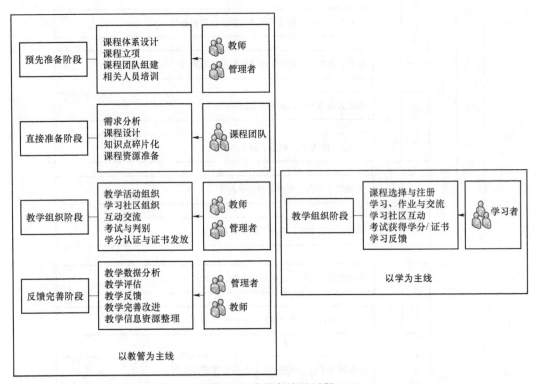

图 1-5 在线教育的过程

一、以教管为主线的在线教育阶段

预先准备阶段。由教师和管理者完成课程体系设计、课程立项、课程团队组建、相关教师和人员学习培训等。

直接准备阶段。由课程团队完成学习者层次与需求分析、课程设计与知识点碎片化、课程资源准备。其中，课程资源准备包括大量授课视频资料录制、多媒体材料生成、案例资料收集，也包括教学录像、课程介绍、教学大纲、教案或演示文稿、重点难点指导、教学日历、作业与试题等教与学活动必需资源的准备，还有在线学习和交流的网络学习环境准备。

教学组织阶段。由教师和管理者完成在线教学组织、学习社区组织、互动交流、考试与判别、学分认证与证书发放等环节。在线教学组织包括判作业、答疑等；学习社区组织与互动交流包括利用网上社区、微信、微博、QQ群等社交媒体进行交流互动。

反馈完善阶段。由管理者和教师，完成数据分析、全面评估、反馈与完善改进等，一方面对教与学的数据进行挖掘、分析、评估，通过课程的大数据分析，给授课教师提供反馈，便于完善课程或教学改进；另一方面对教学过程中所产生的信息资源进行搜集、加工、整理和存储，保障课程资源的发展补充。

二、以学为主线的在线教育阶段

对学习者来说，主要是教学组织阶段，包括课程选择、课程注册、学习、作业与交流、学习社区互动、参加考试、获得学分或证书、学习反馈等环节。

1.4.2 在线教育的主要环节

在线教育从不同角度有不同的环节和重点，从管理者的角度，更关心平台建设、课程管理、教学评估、学习效果、教育质量、学分证书等内容或环节；从教师的角度，更关心课程设计、课程资源开发、教学模式、展示形式等内容或环节；从学习者的角度，关心的是知识点趣味性与可用性、教师权威性等。

需要特别强调的是，要从教育的目标、专业的发展、教育对象的需求等方面加强顶层设计，充分发挥在线教育的作用。

管理层面要注意以下 3 个方面：第一，要加快相关规范和标准制定，尽快解决标准性障碍，实现平台互连、资源共享，逐步完善和统一平台技术标准，规范课程建设标准、流程和要求，形成科学合理、可操作性强的一系列在线课程建设规范，健全包括师资要求、设施规定、学习支持保障服务，建设标准统一的应用环境和管理平台、数据中心。第二，要完善相关教学制度、考核制度和激励制度，建立和完善教育评估机制与系统，明确课程建设、教学质量评估标准。第三，要注重联合办学，加强跨时空的课程联合、资源联合，加强普通学历教育与继续教育的课程结合，有序推动合作共赢、开放共享为主的行业慕课建设。

教学层面要注意以下 3 个方面：第一，在课程的选取上，选择学习者面宽、易重复开课、知识点易分解可浓缩、教学过程无须密切交流的课程。第二，在课程教学过程的设计上，把传统教学的优势与数字化、网络化优势结合起来，既体现学习者学习过程的主动性、积极性和创造性，又发挥教师引导、启发监控作用。第三，要努力实现在线教学的闭环，做到教学设计系统科学，教学内容不断优化，教学效果持续改进。

1.5 在线教育的模式

模式是解决某一类问题的方法论，"互联网+"背景下的在线教育的模式是多种多样的，既包括课程模式和学习模式，又包括在线教育的商业模式和运营模式等。

1.5.1 在线教育的主要形式

随着互联网宽带的提升，以及包括教学视频、教学游戏在内的多媒体与互动技术的发展，在线教育内容以更加多样化的形式呈现给用户，极大地丰富了线上的学习体验。

从在线教育的发展脉络来看，先后出现了传统网络课程、视频公开课、慕课、微课、翻转课堂、SPOC、泛在学习等主要形式。每种形式各具特色、互为补充，为不同需求的学习者提供多样化服务。表 1-2 是在线教育主要形式对比列表。

表1-2 在线教育主要形式对比

形式	特色	主要适用对象
网络课程	最早的数字化教学资源,为异步在线课程。课程完整成体系,内容多为定型的、完善的和不可变更的,课程建设技术成熟、有相应规范,课程资源丰富。但课程内容相对陈旧、更新缓慢;课程表现形式单一,不含或含少量作业,缺少互动,没有证书	在校学习者、知识系统学习者
视频公开课	最早的互联网知识共享与教育开放的产物。主要为世界一流大学的课堂授课视频和TED讲座,内容优质、新颖、稀缺,讲述生动。视频公开课不含作业、在线教学活动,常被视为数字"读物"	社会大众学习者、在校学习者
慕课	近年来风靡全球的在线课程,为同步在线课程。由碎片化知识点的授课实录或微视频及其作业测试、大量在线互动教学活动构成,安排助教专门负责答疑解惑。课程精品化,制作成本高,内容与资源丰富;在线教学活动完整,有互动、作业与练习,有考试及课程与微专业证书,慕课教学的全过程都在网上实施。但慕课的受众不明确、教学过程缺乏监督、课程平台不统一、制作和运行费用昂贵	在校学习者、在职学习者、学历需求学习者
SPOC	后MOOC新型教学方式。主要用于校园课程,是一种慕课+补充交流的模式,将慕课与线下教学结合,促进慕课与传统课堂教学的深度融合,具有小规模、限制性准入等特点。入选SPOC教学的学习者必须保证学习时间和学习强度,接受教学团队的指导和互动,参与课堂交流和专题讨论,完成规定的作业和考试。SPOC能全程关注学习者的学习,提高慕课的完成率和教学质量,但SPOC有学习者专业基础和申请门槛的限制	在校学习者
微课	当前盛行的微型化在线课程,也可作为慕课的组成元素。为单个知识点或教学片段的讲授视频,时间以5~10分钟为主。内容短小精悍、主题突出、内容具体、指向明确;表现和传播形式多样,便于学习和使用;有一定的在线教学活动。微课内容不完整,缺少系统的教学设计,缺少在线学习服务	在校学习者、社会大众学习者
翻转课堂	创新的教学方式。将课堂内外的时间进行重新分配,先学后教,让学生课前先自主学习,课堂上教师指导知识应用和实践、解决学生遇到的问题。翻转课堂对学习环境、教师能力素质要求高,因此,实践中翻转课堂常常只停留在教学形式的翻转上;同时,翻转课堂使教师的工作量"翻倍",不能大规模实现,且教学评价是一个难点	在校学习者
泛在学习	创新的学习方式。通过智能化环境,学习者可以随时随地、利用任何终端进行学习	所有学习者

下面分别介绍主要的在线教育形式。

一、网络课程

网络课程是指通过网络表现的某门学科的教学内容及实施的教学活动的总和,是信息时代条件下课程新的表现形式。它包括按一定的教学目标、教学策略组织起来的教学内容和网络教学支撑环境。其中,网络教学支撑环境特指支持网络教学的软件与工具、教学资源以及在网络教学平台上实施的教学活动。简而言之,网络课程就是通过某种软件在网络上进行教学的远程课程。

有人认为网络课程一般是指传统课程在现代网络信息环境下的重建,但随着慕课、微课出现,网络课程已形成了涵盖慕课、微课、视频公开课等大网络课程的概念了。

网络课程具有全日制教学、开放式教学、大规模资源集成、多维信息交互等功能，具有交互性、共享性、开放性、协作性、自主性、个性化和多媒体化等特征。网络课程主要应用在高等教育、职业教育、成人教育、函授教育、培训等教育领域，其在教学中的应用主要有独立教学、混合教学、自主学习等方式。目前，我国的网络课程资源建设已形成了国家级、省级与校级三个层次的建设体制；网络课程教学平台一般由教育机构自行建设。

二、视频公开课

视频公开课，是一种采用视频加字幕的形式，如实记录教师在现实教学环境下授课的完整教学过程，并通过网络广泛传播，与全社会共享，满足广大学习者需求的在线教育资源和模式。

视频公开课为传播先进的科学、优秀的文化、有用的技能提供了平台，同时也为推广现代教育思想、体现教育教学规律、展示高校教师先进的教学理念和方法、普及优质课程资源并服务于社会公众，提供了很好的机会。

视频公开课是全球范围内的开放共享的优质教育资源，涵盖的学科领域面非常广，课程数量十分庞大。国外的视频公开课一般为世界顶尖高校、顶尖教授的授课视频及学术讲座，如哈佛、牛津、耶鲁、麻省理工等为代表的国外名校建立了平台，在网络上提供其课堂实况录像的视频公开课。我国的视频公开课除了高校教师的授课视频外，还有面向社会公众提供科学、文化素质教育的视频公开课。

视频公开课作为一种公开的网络教学资源，不包括教学活动，大都以独立形式存在并且不提供学分和证书。但随着在线教育的不断发展，视频公开课在各类教育教学中也得到了应用，并以自主学习、嵌入式学习、混合式学习的模式进入教学环节。

三、慕课

慕课（MOOC）是 Massive Open Online Course 的中文音译名，意为大规模在线开放课程。

慕课是为了增进知识传播，由具有分享和协作精神的个人或组织发布的、散布于互联网上的大规模在线开放课程。这些课程将遍布世界各地的授课者和学习者通过一个共同的话题或主题联系在一起，经过循序渐进的教学过程使学习者获得专门知识。慕课具有完整的"学、测、评、导"教学过程，且承认学分，提供各种不同的证书。

与传统教育的课程不同，慕课具有规模性、在线性和开放性。正常情况下一门较有影响力的慕课会吸引上万人参加，这种规模远不是传统教育能够相比的；慕课是完全网络化的教学方式，对于学习者而言没有任何限制，包括上课时间和上课空间，甚至学习进度都是由学习者自己确定的；慕课自出现就面向全世界开放，没有任何学习者资格限制。慕课的这些特点，使其被誉为"自印刷术发明以来教育最大的革新"，引领了在线教育对传统高等教育课堂的冲击。

慕课的发展时间极短，但是目前慕课的形式已经被广泛认可。在慕课的大框架下，按照教学模式的不同，主要有 xMOOC、cMOOC 及 tMOOC 三类慕课方式，各类的内容见表 1-3。

表 1-3 慕课的三种模式

模式	表现形式	相关内容	具体实例
xMOOC 模式	与一般网络远程教学课程无异，以行为主义教学理论为基础，属于知识复制型	学习者通过观看教学视频学习内容，辅以在线测评、互动、同伴互助及相关练习	斯坦福大学最初的人工智能课程，属 xMOOC 的典型实例

续表

模式	表现形式	相关内容	具体实例
cMOOC 模式	学习者应用社交软件，围绕专题开展相关研讨，属于知识建构型	每1~2周探究一个专题，师生共同贡献思想，以建构主义、联通主义理论为指导	西蒙斯CCK08课程，属cMOOC的典型实例，围绕联通主义学习
tMOOC 模式	基于学习任务的学习方式，学习者需要利用工具，完成相关的学习任务	学习者独立完成一些要求的任务，然后在网上提交作品，其间，教师仅起到指导的作用	针对IT教育课程和就业培训课程的达内科技在线学习平台TMOOC.CN

目前，国际的三大慕课平台 Coursera、Udacity 和 edX 的开放课程，主要采用 xMOOC 模式。国内绝大部分的在线教育机构也是采用同种模式，这种模式易于为大众所接受。

四、微课

慕课和微课都是辅助学习者学习的网络资源，两者有相同的地方，但是并不属于同一层次类型。通俗地讲，如果慕课是某个菜系，微课就是某个菜系的一个菜。

微课的出现过程与慕课是一致的，两者在最初的表现形式上没有区别，随着慕课的发展，根据实际的需求而形成了微课。

"微课"是指以视频为主要载体，记录教学过程中围绕某个知识点而展开的相关教学活动。"微课"的核心组成部分是课堂知识的传授过程，在这个过程中所体现的与教学主题相关的教学设计、课件素材、练习测试、学习者反馈、教师点评、教学反思等辅助性教学资源也是微课的组成部分，它们与核心组成部分共同构成了微课。

需要注意的是，"微课"与传统单一资源类型的教学课例、教学课件、教学设计、教学反思等教学资源不同，但是微课的出现和发展又是建立在其基础上，融合互联网特色之后形成的一种新型教学资源。

微课的影响范围主要是在基础教育领域、高等教育领域和成人教育领域，与慕课有所不同的是，微课可以用于比赛，而且国家教育部也鼓励和组织微课比赛。

依据表现形式不同，微课可分为以下6种：

（1）微视频式，为常见的微课形式，短小精悍的视频课件。
（2）微网页式，使用纯文字或图文进行呈现，可微信推送。
（3）微动漫式，通过动漫形式表示抽象的知识，易于接受。
（4）微解答式，针对试题的解答，便于学习者反复观看。
（5）三分式，在原三分屏形式上进行缩短的微课形式。
（6）随录式，随时选取教师教学过程中的内容进行录制。

五、翻转课堂

翻转课堂是指重新调整课堂内外的时间，将学习的决定权从教师转移给学习者。即让学生先学，教师在课堂上通过提问，了解学生在学习中的问题再进行教授。

翻转课堂使得教师不再占用大量的课堂时间来讲授理论知识，需要学习者在课下完成自主学习，学习者可以通过看视频讲座、听播客、阅读电子书等形式进行学习，还能在网络上与别的同学讨论，能在任何时候去查阅需要的材料。在课堂上，教师能有更多的时间与每位学生交流。在课下，学生能自主规划学习内容、学习节奏、学习风格和呈现知识的方式；教师则采用讲授法和协作法来满足学生的需要，促成他们的个性化学习，让学生通过实践获得更真实的学习。

互联网尤其是移动互联网催生翻转课堂模式，它彻底颠覆了传统课堂教学结构与教学流程，由此将引发教师角色、课程模式、管理模式等一系列变革。翻转课堂与混合式学习、探究性学习等教学方法和工具在含义上有所重叠，都是为了让学习更加灵活、主动，让学生的参与度更强。互联网时代，学生可以通过互联网学习丰富的在线课程，不一定要到学校接受教师讲授。

六、泛在学习

泛在学习（U-Learning），顾名思义就是指无处不在的学习，每时每刻的沟通，是一种任何人可以在任何地方、任何时刻获取所需的任何信息的方式。

泛在学习利用信息技术，为学习者提供了一个可以在任何地方随时使用手边可以获取的工具来进行学习活动的 4A（Anyone，Anytime，Anywhere，Anydevice）智能化学习环境。这个环境让学习者能充分获取学习信息，这与学习者到学校或图书馆进行学习，或通过网络获取学习信息有很大的差异。智能化环境让知识的获得、储存、编辑、表现、传授、创造等最优化，能最大限度地提高人们的创造性和问题解决能力。

泛在学习的目标就是创造让学习者随时随地、利用任何终端进行学习的教育环境，实现更有效的以学习者为中心的教育。在泛在学习环境中，学习者根据各自的需要在多样的空间、以多样的方式进行学习，即让所有的实际空间成为学习的空间。

1.5.2 在线教育的运营模式

在线教育是新的教育形态，其运营模式还处在探索阶段。在线教育运行过程中存在课程怎么建、教师从何来、学分怎么互认、平台如何建设运行等很多实际问题，这些问题是在线教育教学运行机制的重要问题，关系到在线教育以及平台的生死。

一、在线课程资源建设模式

在线教育课程资源是在线教育的核心，是在线教育发展的重点和难点。在线教育课程资源，一般以自建和共建共享的形式，采用新建、整合、引进的方式进行建设。

（一）国外在线课程资源建设与共享

国外的在线课程资源，主要由欧洲和北美洲的高校提供。其建设以高校为主、民间教育机构和技术公司为辅，主要采用在开放课程资源联盟的方式进行，并实行资源全球免费共享。建设经费以政府拨款为主、基金和经济团体支持为辅。建设质量评价采用每年评估的方式进行，且多渠道了解课程的反响和存在的问题，不断改进完善。国外各名牌高校都有自己的门户网站，有的还有自己的开放课程平台，课程资源建成后上传到网站或平台供全世界共享。

国外在线课程的设置，既有根据学科专业系统化设置的，又有慕课这类尚未系统化设置的。如英国开放大学注重通才教育，课程设置覆盖学历教育、非学历教育和职业教育，设立基础类课程、多学科交叉综合类课程和专业类课程。慕课课程尚未系统化，它的建设一般以"高标准"为原则，注重名校、名师效应，追求课程品质，树立品牌形象。

（二）国内在线课程资源建设与使用

我国在线课程资源建设的主体主要为高校与国家开放大学、互联网公司及在线教育机构。高校（含高职高专）的在线课程资源建设，以国家的精品课程、精品视频公开课和精品资源共享课、在线开放课程建设为牵引，带动在线课程的建设和发展，分校级、省级、国家级三个层次，建设形成覆盖本科、研究生、高职高专和网络教育的各学科各专业在线课程体系。慕课出现后，部分著名高校采用自主运行机制建设慕课课程，即高校自行制定建设标准，提供资金及技术支持，开发自己的在线教育平台，积极鼓励自己的教师建设慕课课程。慕课课程建设涉及面广、投资大，单靠某个学校"独行侠"方式已不能满足建设的需要。目前，国内高校建立 MOOC 联盟，推行联盟共建、学校投建、教师自建的课程资源共建机制，共享课程平台、共享内容、共享形式的课程资源共享机制，实现在线课程的互通共享。

  国家开放大学，面向全社会，以全民学习和终身学习为服务目标，在线课程资源更加强调实用性和多样性。为此，国家开放大学成立了数字化学习资源中心、全国设立近 90 个分中心，统筹学历教育、非学历教育在线课程资源的建设，结合采用会员制形式建设课程资源，向全社会开放学习资源，形成"共商、共建、共管、共享、共赢"的良好局面。学历教育在线课程建设涉及 139 个专业，目前通过大规模整合原有优质学习资源与新建课程相结合的方式建设课程，不断适应新的在线教学需要。非学历教育在线课程资源，以非统设课程、西部特色课程、三农特色课程建设为主，让农村和西部地区享有更多优质资源，为全国各地的社区教育、老年教育提供专业服务。

  互联网公司与在线教育机构，是我国在线课程及平台建设的另一支主力军。如网易、腾讯、360、新东方、学大教育等互联网巨头和老牌教育培训机构，采用引进和自建的形式，为社会贡献了上万门在线课程。此外，各类行业和企业也建设了大量的在线教育课程，并为在线课程提供了丰富的实践案例。

二、在线教育师资保障模式

  在线教育师资是在线教育的关键，是在线教育质量保证的决定性因素。在线教育师资保障，主要分为直接与非直接参与教学的师资保障。

  （1）直接参与教学师资的保障。授课教师，主要采用教育机构自有专职教师与兼职行业专家相结合的方式保障；助学教师，可采用专职教师、兼职教师与学习者相结合的方式保障；咨询人员，采用教育机构专职人员和兼职人员结合的方式保障。

  （2）非直接参与教学师资的保障。课程开发摄录制人员、教学环境技术支持人员，可采用服务外包、外包与自主结合、完全自主的方式保障。

  目前，在线教育教学中的教师已由过去的课程组向课程教学团队发展，即采用课程开发团队＋学习服务团队的方式为在线教学提供保障。每个课程教学团队，一般由 3~10 名人员组成，除课程负责人、授课教师、助学教师、咨询人员等教学与学习支持服务人员外，还包括美工/媒体设计与制作、视频拍摄与编辑、音频采录与制作等课程开发人员，网络、在线教学设施设备和软件系统的技术支持人员。在线课程开发时，可成立一个临时性的课程开发项目组完成课程开发的工作；在线课程开发完成后，由学习服务团队完成网上教学和学习服务。

三、在线教育学分认证模式

  学分是学习者在线学习绩效的具体体现。学分认证是尊重学习者学习、激发学习动力、提升学习完成率的重要手段，也是在线教育教学管理的主要环节。

  在线教育中，慕课等新的课程形式还处于发展的初级阶段，学分认证与转换还没有形成一套成熟的做法，教育界还在对学分认证模式、认证课程类型、学分互认等进行探索。此外，在线学习地域分散、时间不统一，与学分认证密切相关的各类考试的组织与管理也是一个难题。

（一）国外在线教育学分认证模式

在美国，其第三方组织、高校与高校联盟、慕课组织等都在尝试推动在线学习的学分认证。美国教育咨询委员会等第三方组织，正在尝试对 Coursera、Udacity、edX 等平台上的课程进行评估，根据评估结果决定向其成员大学推荐哪些课程，建议成员大学给完成这些课程的学习者授以学分。美国高校正在尝试通过各种严格的考试或审核把关，让慕课学分转化为高校内部课程的学分。美国高校联盟，正在推行"学习伙伴计划"，致力于几十所公立大学之间在线课程的学分认证和学分互认。Coursera 等慕课平台和组织，采用现场考试、在线考试、在线面试相结合的方式，创新身份识别和监考模式，从制度和技术等方面进一步提高慕课课程考试的可信度。美国在线学习学分认证的课程类型，既有学士、硕士学位课程，也有面向未来大学生的先修课程，还有单项的技能课程。

英国开放大学实施学分制和学分互换制，每门课程根据级别和学习量设定学分，并按照英国大学中广泛使用的学分累积与换算表的标准要求，与其他大学的学分进行互换。

（二）国内在线教育学分认证模式

我国的国家开放大学采用学分银行模式，对在线学习的学分进行认定、积累和转换。学分银行是国家开放大学服务全民学习、终身学习的重要支撑。

国家开放大学的学分银行是将学习者的学习成果，以学分形式存入"银行"，当学分存到一定数额，并满足某个办证机构的标准要求后，就可以将学分兑换成该机构的证书的一种制度。它形成了一条学校与学校、学校与政府、学校与行业企业之间的纽带，打通了学历与非学历教育、常规与非常规教育之间的渠道。为实施学分银行制度，国家开放大学成立了专门的机构——学习成果认证中心及分中心，重点针对职业资格证书、岗位技能培训证书、学历教育证书之间的认证、积累和转换进行试点。证书形式多种多样，包括高等教育的、自学考试的、培训机构的证书，甚至还有奖励证书、专利证书等。

我国各高校在慕课等新课程形式的影响下，创新在线学习的学分认定和学分管理模式，以多种方式开展在线学习过程认定，以及在线学习、在线学习与课堂教学相结合的学分认定和学分转换，探索慕课等在线学习平台学分与校内学分的互认。目前，高校对在线学习的学分认证，已形成了课程证书认证、高校学分互认、内容许可认证和混合认证等几种模式。

课程证书认证，是通过课程证书来认定学分的模式，学习者自行通过开放的学习平台选课并学习课程，按课程要求完成学习并通过平台的考试后获得课程证书，高校根据课程证书的含金量，对学习者的学分进行认证。

高校学分互认，是目前高校中最普遍采用的在线课程学分认证模式。它基于高校联盟或大学教学共同体，通过公用课程平台和协作框架协议，将每个学校的优质在线课程，供所有联盟高校或共同体高校的学生选修，并承认学分。

内容许可认证，是高校通过购买校外或第三方机构的在线课程使用权，并把这些课程纳入高校的课程体系，明确课程的学分，由学生自由选择学习，学习考核通过，可获得对应课程的学分。这种学分的认证模式，主要应用在学校的通识教育课程或受益面广的公共课程。

混合认证学分，就是采用混合教学模式，将在线课程融入课程的课堂教学中，由课程任课教师结合教学要求和标准来确定学生修学该课程的学分。

值得注意的是，近年来越来越多的高校、行业、企业开始承认在线学习的学分。如北京大学、清华大学承认本校教师开设的慕课课程学分；武汉某学院承认"中国大学MOOC"平台上的所有课程；上海交大"好大学在线"平台与IBM联合推出的大数据在线课程，提供课程完成电子证书和IBM徽章，若能获得10枚以上IBM徽章就可能得到IBM研究院抛来的橄榄枝。

四、在线教育平台建设运行模式

在线教育平台是在线教育的基础，做好在线教育平台的建设运行管理，充分发挥平台的服务保障作用是十分重要的。

（一）国外在线教育平台建设运行模式

目前，国外著名的在线教育平台大多先由大学教授创立，全球高校加入，而后为适应平台的快速发展成立相应的公司/组织进行运行管理。

如Coursera平台，是全世界最大的慕课平台，2012年由斯坦福大学的两位教授创立，并在极短的时间内快速发展，以高品质课程内容提供的核心优势，吸引了世界各地上百所著名高校甚至博物馆加入，注册学习人数达几百万。之后，为应对发展需要和投资者的需要，成立营利性教育科技公司，负责Coursera平台的运行管理。Coursera平台采用投资者和在线教育产业培育机制、高校和课程建设协作机制、服务提供商和学习支持服务创新机制，向世界各地的人们免费提供高质量的课程资源，并以学历认证、收费考试、职业服务、信息服务等作为利益增长点。

技术方面，Coursera平台建立了包含交互性视频短片录制系统、智能化作业系统、网上讨论系统等在内的学习服务管理系统，并对合作学校的教师开放；设计了同学互评机制、建立了互评系统，教师根据课程特点建立作业评价指标，学习者在规定时间内提交作业，与其他学习者完成作业互评；建立了讨论区，学习者、教师可以在该区提问、发言、解答/相互解答问题。

英国开放大学的Futurelearn平台，由下属公司建设运行管理。该平台2013年9月上线，联合了20多所英国一流大学和英国国家图书馆、博物馆、文化协会等，进一步推进了英国高等教育的网络化和国际化发展。Futurelearn平台建设时，借鉴了美国经验，并凭借开放大学多年来积累的丰富教育技术和教学管理经验，建立了具有自己特色的平台，平台更加强调社交功能和终端可移动性。

可汗学院是独具特色的在线教育平台，该平台由麻省理工学院可汗老师个人创建和营运，课程基本上是可汗老师个人采用电子黑板授课的视频，没有精良的画面，但十分受欢迎。

（二）国内在线教育平台建设运行模式

我国在线教育平台建设运行，借鉴国际先进经验，坚持以公益性服务为基础，坚持立足自主、应用共享、规范管理的原则，聚集优势力量和优质资源，采用高校为主体、政府支持、社会参与的方式，统筹建设在线开放课程和公共服务平台。

国内在线教育平台主要分为政府主导建设、高校自主建设、教育机构建设、互联网企业建设几类，基本采用谁建设、谁运行的方式运营管理。

政府主导建设，如"爱课程"平台是在教育部、财政部支持下建设的高等教育课程资源共享平台，由高等教育出版社与网易公司共同建设，高等教育出版社负责平台的运行、维护与管理，承接教育部精品开放课程服务，为全社会提供免费的优质高等教育课程资源。

高校自主建设，如"学堂在线"平台，由清华大学在 edX 平台基础上构建的本土化在线教育平台，后成立清华大学控股的北京慕华信息科技有限公司，负责平台的运行和管理。"学堂在线"平台是教育部在线教育研究中心的研究交流与成果应用平台、全国工程专业学位研究生教育指导委员会的工程硕士在线课程学习平台、联合国教科文组织国际工程教育中心的在线教育平台、军事职业教育互联网服务平台。"好大学在线"平台，是由上海交通大学牵头，联合北京大学、清华大学、复旦大学、浙江大学、南京大学、中国科技大学、哈尔滨工业大学、西安交通大学等部分 985 高校共同建设，由上海交通大学负责运行和管理。"国家开放大学"学习平台，是由国家开放大学自主建设和管理，采用大学、行业、企业、城市支持联盟的方式运行。

教育培训机构建设，如"新东方"在线平台，是由老牌综合教育培训机构新东方集团建立和管理，依托新东方强大的师资力量与教学资源运行。

互联网企业，如"腾讯课堂"平台、"网易云课堂"平台，分别由腾讯公司、网易公司建设、管理和运行。

我军的"梦课"平台，是军事综合信息网上的在线学习服务平台，是由国防科技大学在 edX 平台基础上构建的，由依托国防科技大学组建的军事职业教育技术服务中心进行管理和运行维护。"十三五"期间，我军将坚持全军一盘棋思想，坚持整体设计、迭代完善，统筹资源、集约高效、军民融合、创新发展的原则，建设军事综合信息网和互联网在线学习平台、课程资源和配套条件。

五、在线教育的商业模式

商业模式是在线教育领域发展最充分，也是最成功的模式。充分认识在线教育的商业模式，有利于在线教育的健康发展。

简单地说，商业模式就是通过什么途径和方式赚钱。"互联网+"背景下的商业模式主要有 B2B、B2C、C2B、C2C、B2B2C 等模式，如图 1–6 所示。作为"互联网+"的产物，在线教育的商业模式可分为：B2B 型、B2C 型、C2B 型、C2C 型、B2B2C 型和其他模式。

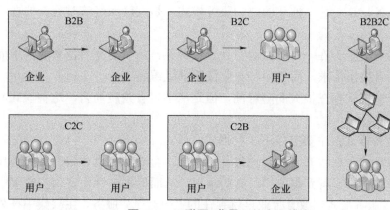

图 1–6　互联网+背景下的商业模式

（一）B2B 型在线教育模式

B2B 型在线教育模式是指在线教育行业中，企业对企业之间的营销模式。

B2B 型在线教育模式，主要为在线教育企业/机构向政府、学校、企业、团体提供在线教育服务的模式。如在线企业大学，是在线教育机构将研发的课程、平台和服务提供给企业客户，企业客户利用课程、平台或服务，建立在线教育体系进行教学和培训；在线教育机构、企业客户，对学费、课程收益进行分成。

互联网企业为教育培训机构提供在线教育广告和增值服务，也属B2B型模式。如百度、阿里巴巴、腾讯、360、网易、新浪、搜狐等门户网站，拥有巨大的用户量，花钱购买搜索引擎关键词、门户流量和浏览信息，并将门户网站的部分用户转化为教育培训机构的付费用户，对教育培训机构来说是十分有益的一种方式，这种模式已经成为教育培训行业的通行模式。此外，教育培训机构对付费用户的收费非常高，从人均数百元到数千元不等，因此巨大的回报是互联网企业重视教育行业、愿意投入巨大资金的重要原因。

2015年9月，好未来教育集团发布的《中国在线教育行业图谱》一文指出，2013年至2014年，中国对在线教育的投资增长率是美国的77倍，其中B2B模式有望成为下一个发展突破点。

（二）B2C型在线教育模式

B2C型在线教育模式是指在线教育企业/机构，通过互联网建造教育平台，提供优秀的教育资源，并以付费的方式提供学习内容。学习者通过平台进行网上支付，获得相关的教育培训服务。

B2C模式一般面向技能培训、语言培训、基础教育等，因为具有海量的用户数，上亿的市场容量，所以容易吸引大量资金投入。该模式投资周期短、投入小、目的性强，学习者付费的可能性大，因此成为目前商业化程度最高的模式。

采用B2C模式的企业和平台很多，如沪江网、爱考拉、学而思在线、51Talk、VIPABC等。

随着互联网免费思维的广泛传播，越来越多的在线教育项目通过免费服务来获取大量用户。因此，B2C模式在线教育向个人用户收费越来越困难、盈利也变得越来越难。

（三）C2B型在线教育模式

C2B型在线教育模式通常是学习者先有某方面的知识需要，在线教育机构了解之后为其提供相应的教学服务，是一种个性化的定制服务模式，是互联网经济时代新的在线教育商业模式。

C2B型在线教育模式存在一种消费者对企业的关系，应该是先有消费者需求而后有企业生产，即先有消费者提出需求，后有生产企业按需求组织生产。

目前，这种定制模式存在很大的随意性，但是从学习者角度而言，这种模式应该是未来的发展趋势之一。

C2B型在线教育模式，主要有以下3种形式：

（1）定制服务形式。在线教育机构通过各种方式，全面地了解学习者的整体要求，同时通过平台中学习者的信息了解到每位学习者的需求，从而提供个性化定制的教学服务。

（2）"一对一"服务形式。教育行业早就存在的"一对一"服务，主要集中在外语学习领域。C2B模式会促进在线"一对一"模式的形成和发展，同时与线下的"一对一"服务形成完整的学习环。对于学习者而言，就能够更容易地通过网络学习到想要的知识。

（3）随时调整形式。C2B型在线教育模式，具有很强的可调控性，无论是线上教育还是线下教育的课程都采取预售的模式，学习者只能了解课程的大概内容，无法了解课程的详细内容，这就方便平台管理者根据实际情况随时调整。

（四）C2C 型在线教育模式

C2C 型在线教育模式是指个人对个人的一种关系，同样属于互联网经济时代的商业模式。

可汗学院和多贝网都属于 C2C 型在线教育模式。其中，可汗学院的意义对整个在线教育行业影响相当大。这类教育网站的规模很容易扩大，但提供的资源和服务有限。

除了可汗学院这样的个人 C2C 型平台外，目前也有机构提供 C2C 型平台供教师和学习者选择，其特征是在线教育机构搭建在线教学和交易平台，绕开传统的教育培训机构，使教师和学习者可直接通过网络平台进行教学与学习，平台只收取一定的手续费。这种模式使从事在线教育教师的收入水平，远超传统培训机构教师的收入。

还有一种就是 B2C 与 C2C 相结合，个人提供一部分优质的内容，放在平台中，让这部分内容带动 C2C 内容收费。

C2C 型在线教育模式主要是个人对个人，在发展前景上有限。纯平台 C2C 型教育网站，如果没有足够的高质量教育资源，会导致没有足够的愿意付费用户。因此短期内不可能形成商业规模。

（五）B2B2C 型在线教育模式

B2B2C 型在线教育模式是在线教育的主流模式，通过机构合作、教师与个人入驻的形式，向学习者提供在线学习资源。

目前，较有影响力的 B2B2C 型平台，有网易云课堂、腾讯教育、YY 教育、51CTO 等。国内 B2B2C 型的创业项目总数达 46 个，平均投资金额达 700 万美元。

（六）其他在线教育模式

除了以上 5 种明确的商业模式之外，国内的在线教育市场还存在一些其他的商业模式，如 MOOC 模式、O2O 模式，以及 B2C 与 C2C 等不同模式的融合。

MOOC 模式是机构建立平台和优质课程资源，学习者免费学习、付费获取证书。MOOC 模式的盈利主要来自学习者的付费和组织/个人的资助等。O2O 模式是原传统教育培训机构开展在线教育，或者原在线教育机构开展线下业务等，其盈利模式还尚未定型。

根据好未来教育集团发布的《中国在线教育行业图谱》显示，其他类型的在线教育模式创业项目总数达到近 250 个，平均投资金额达 253 万美元。

在线教育机构的发展离不开融资，各种商业模式中 B2C 型的融资环境最为成熟，C2C 型则是刚刚起步。对于初创企业而言，如果要进入在线教育领域，需要确定自身的商业模式类型，才能够持续发展。

1.6 在线教育的现状与发展

目前在线教育风头正劲，在线教育行业热点不断，在线教育市场正在走向成熟。在线教育在我国的基础教育、高等教育、职业教育、各类培训中得到了广泛的应用，未来将成为建设学习型社会的主要途径。在线教育在军事领域也得到应用，并将成为军事职业教育的主要形式。

1.6.1 在线教育的现状

我国高校是在线教育的主阵地。高校在线教育的发展,可追溯到20世纪90年代高校现代远程教育(即网络远程教育)的试点。1994年原国家教委实施"中国教育和科研计算机网示范工程",为高校发展在线教育奠定了基础。1996年时任清华大学校长王大中提出发展现代远程教育的构想。1998年6月教育部报请国务院批转《关于发展我国现代远程教育意见》,提出积极推动现代远程教育发展的必要性和紧迫性,及其指导方针、目标、任务、实施步骤和主要措施等。同年7月,时任国务院副总理李岚清批示"远程教育是利用现代信息技术,发展高素质教育的一种教育方式,是一件很大的事,我们应作为一项重大工程来研究实施"。1998年12月教育部制定、1999年1月国务院转批《面向21世纪教育振兴行动计划》,提出实施"现代远程教育工程",形成开放式教育网络,构建终身学习体系。1999年3月教育部批准清华大学、浙江大学、北京邮电大学、湖南大学4所高校进行现代远程教育的先行试点;同年4月,教育部决定开展中央广播电视大学人才培养模式改革和开放教育试点。2000年7月教育部批准中国人民大学、复旦大学等15所高校开展现代远程教育试点,构建信息化的人才培养模式,实现多模式、多渠道、多终端的教学过程,探索面向社会需求和市场办学的新机制,促进教育公平和均衡发展,加快高等教育大众化进程,同时推动试点高校的信息化建设。到2002年教育部共批准68所普通高校和中央广播电视大学(即国家开放大学),开展现代远程教育试点。配合试点,各高校制定网络远程教育的措施和配套政策,建立网络教育环境、校外学习中心与学习点,建设网络课程和远程教育课程,开展普通专科、专升本、研究生学历教育和继续教育。截至2013年试点高校建立了几十个网络学院、几千个校外学习中心和学习点,培育了一批高水平的专职和兼职师资队伍,注册学习人数接近千万,推动了全民学习、终身学习的学习型社会建设。

2012年"数字海啸"——慕课席卷全球,对教育领域带来强烈冲击,为应对在线教育呈现出的井喷态势,2013年、2014年,教育部及有关部门出台了一系列教育改革政策,这些政策的数量超过近20年出台政策的总和,教育部一系列的举措,不仅顺应了时代潮流,满足了社会市场的需求,也为社会各类教育机构的发展指出了明确的方向。2014年国务院取消利用网络实施远程高等学历教育的网校审批。取消现代远程教育办学审批后,非试点、职业教育院校甚至企业都把目光聚焦于在线教育。

目前,我国有超过百所的高校开展在线教育。这些高校正在由注重校外办学向校外办学与校内服务并重的方向发展,不仅为社会公众提供免费的优质在线课程资源和学习服务,同时,利用丰富的课程资源、信息化的平台、多元化的教学方式和教学手段,为校内全日制的本专科、研究生教育的教学实施、课程选修等提供服务,促进校内全日制教育和继续教育的课程互选、学分互认。

2015年开始,我国高校、行业/企业纷纷建立在线教育联盟,大力推进校校合作、校企合作、产教融合、共同育人,目的是建立统一的资源标准体系、教学标准体系、学习过程监控体系、学习支持服务标准及评价,建立健全在线联盟管理制度与机制;打造在线教育公共服务平台,完善平台功能;汇集联盟高校优势,推进精品课程、师资、人才等共享交流,并为联盟高校学生及社会学习者提供多样化学习选择和优质服务,向学习者公开学习成果转换的相关信息,方便学习者随时随地定制各种所需的服务和获取自己的学习成果等。

除了高校外，社会上很多机构与企业也纷纷涌入慕课这个新兴的在线教育市场，新浪、网易、搜狐相继建立了自己的在线教育机构，仅"天使"投资的在线教育平台就有10多家。2012年以前，大众熟知的在线教育机构和平台少之又少。2013年不少企业开始涉入在线教育领域。2014年以百度、阿里巴巴、腾讯为首的互联网巨头进入教育行业并迅速布局，抢占在线教育市场。在2014年的世界互联网大会上，阿里巴巴的当家人马云表示，在阿里巴巴未来10年的投资计划清单上，教育排在第一位。教育正在转型，互联网浪潮中在线教育的发展已经不可阻挡，未来教育的发展是教育的互联网化，在线教育让教育变得更加公平。

截至2015年年底，我国在线教育企业的数量约9 500家，从领域分布来看占比前4名分别为中小学教育、学前教育、职业教育和语言学习，如图1-7所示。

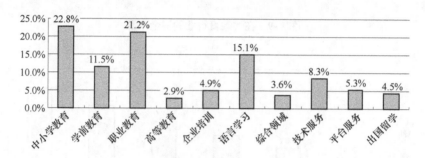

图1-7 在线教育企业从事领域分布

从在线教育市场的业务类型来看，3/4以上的企业做内容，如各类直播课程和录播课程，课程数达数十万门；超过15%的企业做在线教育工具软件、教学平台和技术服务，如图1-8所示。由此可见，在线教育是以"内容为王"，主要由"内容"和"技术"构成的互联网产业。

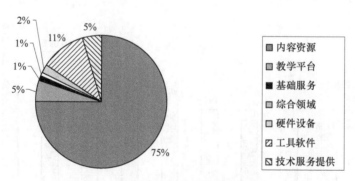

图1-8 在线教育企业业务类型分布

2014年在线教育行业投资旺盛，据互联网教育研究院统计，2014年进入在线教育行业的资金为160亿元左右，主要来自以下几个领域，如图1-9所示。2011—2016年在线教育的市场规模如图1-10所示。2016年前，许多资金盲目进入在线教育领域，2016年后，在线教育的投资回归理性，盲目"烧钱"式发展已过去。

2008年至2016年我国的在线教育用户数持续增长，如图1-11所示。在线教育的用户中，上海占15.3%、北京占14.3%、广东占13.7%、江苏占7.3%、浙江占7.0%。

在线教育理论与实践

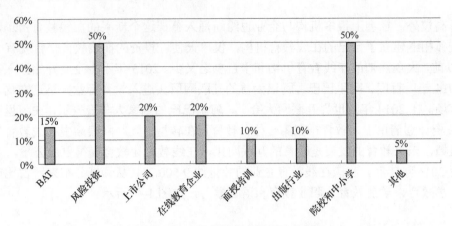

图 1-9　在线教育行业的资金来源

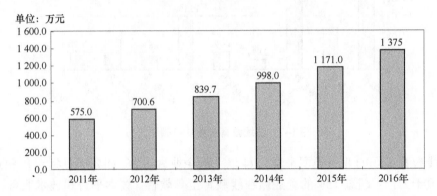

图 1-10　在线教育行业的市场规模

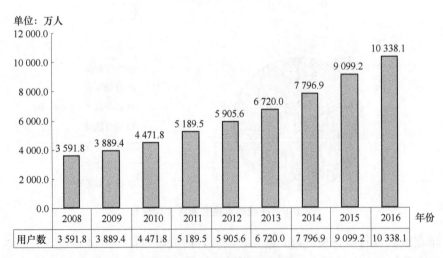

图 1-11　在线教育的用户数

1.6.2　在线教育的发展

在线教育抓住了重要的发展机遇，发展方兴未艾，传统的教育机构加大在线教育的建设力度，互联网巨头们纷纷投入在线教育。同时，在线教育也获得了大量资本的青睐，有了更多的资金支持。虽然在线教育发展得热火朝天，但是中国的在线教育依然没有一种比较成熟的模式，必须探索适应中国在线教育发展的模式。因此，必须对我国在线教育发展进行深入分析，看清优势和不足，从而为中国在线教育拨开迷雾，找到正确的发展方向。

一、未来发展应走内涵式发展之路

对高校来说，今后在线教育的发展应走以质量为核心的内涵式发展之路，坚持办学专业与层次错位发展，创新办学体制与管理，加强校外与校内衔接。

（一）以质量为核心的内涵发展

高校必须把在线教育办学转到以质量为核心的内涵发展上来，不断优化完善专业设置与课程体系建设，举办与学校品牌、定位相适应的学历和非学历教育，坚持同校同质。应加紧推进在线教育质量保证体系建设，尽快制定国家层面的质量保证标准。

（二）办学专业与层次的错位发展

加强校际、校企间合作，在办学专业、办学层次实现错位发展的前提下，校际校企间建立在线教育联盟，联盟间加强多样化的在线课程资源共建共享，推进课程互选、学分互认和积累，扩大课程资源向社会开放的范围。应该尽快组织制定国家学分资历框架，委托相关机构研究出台学分标准和课程标准。

（三）办学体制与管理的创新发展

高校要推进在线教育办学体制和教学管理创新，促进各类教育沟通衔接，推进各类型学历教育与非学历教育融合发展，实现归口管理，以学历在线教育的先进模式引导非学历教育的改革，统一质量标准、教学模式，推动各类课程资源整合，共享教学资源、学习支持服务和技术保障。应尽快出台非学历在线教育教学管理、证书管理等相关制度。

（四）校外与校内衔接的融合发展

高校在线教育要由注重校外办学转向校外办学和校内服务衔接，利用校外办学形成的先进灵活的教学手段、成熟多元的教学模式和丰富优质的资源，服务校内普通全日制教育，推进优质课程资源和信息化平台为校内全日制学生服务，为校内专本科、研究生教育的教学实施、课程选修等提供服务，促进校内全日制教育和继续教育的课程互选、学分互认。

（五）以制度和标准为主的依规发展

现代远程教育办学审批取消后，应尽快出台落实政策，充分释放在线教育红利，让办学权真正回归学校。高校依据政策和本校实际自主开展在线教育，国家教育行政部门及行业组织，加强准入制度和标准的制定以及评估指标体系、认证办法的设计，加强办学监督和评价。

二、未来发展应走融合式发展之路

在线教育未来发展，必须深入融合各类教育技术，让技术为在线教育服务；同时，在线教育必须线上线下融合发展，促进在线教育与传统教育的优势互补；建立学分银行制度机制，促进在线教育与其他类型教育的有效衔接、学习成果互认。

（一）以技术促进在线教育纵深发展

随着信息技术、计算机技术、网络技术和数字媒体技术的不断发展和融合，虚拟现实技术（VR）、增强现实技术（AR）、混合现实技术（MR）、人工智能技术（AI）、大数据技术、云计算技术，迎来了最好的发展时代，将对教育领域产生革命性的影响。

虚拟现实技术是一种可以创建和体验虚拟世界的计算机仿真系统，它利用计算机生成一种模拟环境，是一种多源信息融合的、交互式的三维动态视景和实体行为的系统仿真，可使用户沉浸到该环境中,具有沉浸感、交互性、假想性等特点。增强现实是一种实时地计算摄影机影像的位置及角度并加上相应图像、视频、3D模型等技术,在屏幕上把虚拟世界叠加在现实世界并进行互动,以真实世界画面为重心,具有现场感、增强性、相关性等特点。混合现实技术是一种将真实场景和虚拟场景非常自然地融合在一起,它们之间可以发生具有真实感的实时交互,让人们难以区分哪部分是真实的,哪部分是虚拟的,更强调计算机虚拟画面,具有现场感、混合性、逼真性等特点。

目前,各高校都在大力普及虚拟现实、增强现实和混合现实技术,积极推动教学、实训模式创新,实现虚拟实验、远程遥控试验、在线训练,让学习者在虚拟情境中体验学习,让抽象的书本知识更直观明晰、生动有趣,让教学过程更具交互性等优势。

人工智能技术是一种模拟、延伸和扩展人的智能的技术,未来人工智能技术带来的机器学习、计算机视觉等,将会对教育起到很大的辅助作用,可以将教师从烦琐、重复、机械的工作中解脱出来,让教师腾出更多的时间和精力用于个性化教学、提高教学质量、创新教学方法,促进在线教育从移动时代向人工智能时代过渡。

大数据是指由各类传感器捕获或在互联网上产生的大量实时数据。大数据的"大",不仅仅在于其容量巨大,更重要的在于通过大量数据的交换、整合和分析,发现新的知识,创造新的价值,带来"大知识""大科技""大利润"和"大发展"。大数据技术主要包括数据分析技术、数据挖掘技术、数据管理技术、数据处理技术、数据呈现技术等。大数据本身毫无意义,其真正的价值在于分析,即通过对数据的开放整合和深度分析,挖掘出新的潜在价值,为教学决策、学习优化服务。未来,在线教育将成为教育领域的一大重点,借助海量的数据分析,可为管理者提供在线教育办学的整体情况,并对教学活动进行检查、跟踪,对教育机构进行指导、评估,使其更好地形成多元化的教学时空和环境;对教育者而言,通过大数据分析,可为其提供学习者的学习喜好、自主学习路径、师生交互行为分析以及影响学习者学习表现的各种因素分析等,帮助其更好地监督学习者的学习过程,创新课程教学手段,实施个性化教学和导学,有效组织翻转课堂;对于学习者而言,则可以了解自己的行为表现、问题和短板及与他人的关系。

(二)以混合式教学促进在线教育与传统教育优势互补

传统面授教学具有系统传授知识、教学过程组织严密、师生交互和沟通顺畅等优势,但因其将教学的空间限定在校园内,且大多以"满堂灌""一言堂"的形式单向传授知识,不利于学习者创新能力的培养和提升。在线教育具有内容丰富和更新及时的教学资源,学习开放自主灵活、高效便利与多元化、个性化等优势,但因其不利于系统的知识学习,缺乏面对面的交流、学习环境和学习氛围以及学习督导和监控,影响了学习的质量和完成率。线上线下的混合式教学,通过对各种教学媒体、教学环境、教学内容与学习资源等教学要素的有效混合,构建出一种既能发挥教师在引导、启发、监控教学过程中的主导作用,又可以满足学生自主学习需要,还可以充分发挥学生主动性、积极性、创造性的教学模式。

未来在线教育采用线上线下的混合教学模式,逐步建立网络教学和面授教学、自主学习和协作学习、理论学习和实践实训相结合的混合式教学模式,为学生提供多元学习选择。教师将课程重点、难点与知识应用在课堂上进行面对面的讲授,同时将教学延伸到课堂外,学生除了课堂学习外,课后可以进行一般知识和拓展知识的在线自主学习,或对课堂上讲授的知识进行回顾和加深学习,并在线做作业、在线答疑、在线讨论交流和在线评价等,充分利用课堂教学和在线学习的优势互补来提高教学和学习质量。

（三）以学分银行促进在线教育与其他类型教育衔接

学分银行是一种模拟或借鉴银行的基本功能与运行机制，以学分为计量单位，对学习者的各类学习成果进行统一认证与核算，是具有学分认定、积累、转换等功能的新型学习制度和教育管理制度，代表了"大教育""大资源"和终身学习的发展趋势。

学分银行是世界上很多国家已经展开研究并实施的基于学分制的一种教育管理制度，也是构建各级各类教育学习成果沟通和衔接的"立交桥"。它通过学分认定、积累、转换等功能，构建不同级别、类型的学分通兑和折算系统，保障了不同教育形式、不同区域和院校间的学分互认，形成了不同层次不同类别的教育沟通机制、不同教育形式资源的整合机制、不同类别的学习成果认证与转换机制，这些机制是学分银行特有的衔接机制，是构建终身学习"立交桥"的制度保证和技术支撑。

学分银行制度突破了传统教育制度的封闭模式，为不同教育形式建立了沟通与交流的渠道，为各类教育形式的转换和衔接提供了平台，将正规教育、非正规教育和非正式教育纳入统一的教育体系内，为不同层次和不同类型的教育搭建了融通桥梁。

通过学分银行的衔接机制，推动在线教育课程学分认定和学习成果互认，形成递进式人才成长方式。

三、未来发展绕不开三大激烈争夺战

如果说 2012 年是在线教育的预热年，2013 年是在线教育元年，2014—2016 年是在线教育的爆发年，2017 年进入在线教育深耕之年，在线教育市场的争夺以三种方式展开，如图 1-12 所示。

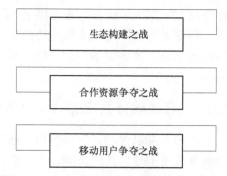

图 1-12　2017 年在线教育市场的三大争夺战

（一）生态构建之战

纵观国内百度、阿里巴巴、腾讯等互联网巨头的拓展轨迹，可以发现一个共同的趋势，就是建立属于自己的生态系统。关于这一点，克里斯·安德森在著作《长尾理论》中指出每一个行业竞争最后都会落入生态之争。在线教育企业要想取得市场先机、获得竞争优势，也应该构建自己的生态系统。

新东方创始人俞敏洪曾多次表示，希望能够建立一个教育生态系统，在企业内部将线上与线下两种教育模式结合起来；在企业外部围绕教育产品和服务，与其他企业建立合作。

教育的另一领军企业——学大教育，也十分重视生态系统的构建。按照学大教育的规划，其生态系统主要由两部分组成：一部分为校内的线上和线下教学系统的整合；另一部分为校外与其他机构的合作，目前学大教育已经与 15 所公立学校建立合作关系。图 1-13 所示是新东方和学大教育的在线教育生态系统。

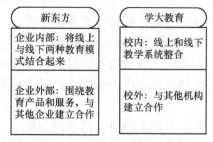

图 1-13　新东方与学大教育的在线教育生态系统

（二）合作资源争夺之战

企业要进入在线教育领域并在该领域有所作

为，最节省时间和精力的方法是投资、合作，掌握大量资源。在线教育发展之初，掌握优势资源的企业有限，资源争夺不明显。从 2015 年起，在线教育逐渐进入深耕阶段，各企业间展开了一场合作资源争夺战。以新东方为例，其合作资源争夺战有如下几类：

一是客厅资源争夺战。2014 年年初，新东方希望利用百视通的资源，抢夺教育的另一阵地——客厅，共同进军电视数字教育市场。2014 年年末，阿里巴巴与在线英语教育机构 VIPABC 共同推出了针对电视媒体的"客厅英语教室"，与海尔达成战略合作，推出了海尔阿里巴巴电视，从终端和内容两个方向抢占客厅教育市场。

二是教师资源争夺战。新东方与 YY 语音，属两种不同性质的企业，但都拥有在线教育市场，YY 语音一直试图挖新东方的教师资源，表示能够通过其强大的视频直播互动课堂平台，让教师获得更多机会和利益。新东方为了捍卫自己的教师资源优势，采取了针对性的应对措施，推出"酷学网"，通过该网站的直播开放平台，新东方的教师同样可以进行课程直播，并能自主定价，使教师资源的优势得到更大限度的发挥。

三是移动用户争夺战。移动互联网不断发展，使网民逐步从 PC 端转向移动端。目前，我国手机网民规模超越了 PC 端网民，截至 2017 年 2 月底，移动互联网用户的规模已达到 11.2 亿人，使用智能手机上网的用户所占比例为 83.4%。用户的迁移，使在线教育企业的布局从 PC 端向移动端转移。学大教育十分重视移动端的布局，是国内第一个实现全面布局的在线教育企业，"e 学大"能够同时应用于 PC 端和手机端，通过升级后能够支持 PAD 类移动智能设备，具备多智能终端、多屏互动的数字化教学功能。新东方的移动端布局，从面向儿童学习的移动 App "多纳爱学习"开始，后又推出针对中学生和大学生的高效英语学习个性化移动 App "优答"。

1.6.3 在线教育要把握的几个问题

很多人难以理解，在国内重视教育的大背景下，在市场需求巨大的教育市场，为什么在线教育只占千分之几的份额。为什么灵活方便、低成本、发展前景广阔的在线教育，在现实中规模仍然很小。对此，有人牵强地理解为现在时机未到，等时机到了在线教育就会迅速壮大起来。

在线教育不同于线下教育，教育机构应该跳出传统的学习方式，重新考虑更适合在线教育的内容和方式，为网络教学量身定做全新的、不同于线下教学的网络教学产品，才能扬长避短，促进线上教育的健康发展。那么，在线教育应该怎么做？对于这个问题，我们要回到网络和教育的本质上去寻找答案。

一、在线教育应该是互联网与教育两个行业有机结合

目前，有的在线教育机构只是把网络和教育单纯地放在了一起，把传统教育内容放到了互联网上，课程内容还是原来的，没有太大改变。这些录制的线下教学视频放到网络上播出，在线教育用户只是在互联网上获得了这些视频内容，而没有体验到教育服务。录制教学视频放到网上，操作非常简单高效，不需要太多的投入，但是这种方式给学习者带来的学习体验非常不好。

除了展示视频教学的在线教育机构，行业内还有很多教育资源类网站，这些网站单纯地堆积学习资源，只负责知识内容传输，半点不涉及教学过程。由于模式单一、门槛低，这些网站数量众多，资源驳杂，生存发展十分困难。

好的在线教育平台和课程,应当将网络和教育有机地结合在一起,使二者产生化学反应,这样才能使在线教育发挥出更大优势。

二、互联网的作用应该贯穿内容传输与教学过程

在线教育应当把网络和教育二者有机地结合,使互联网在教育中最大限度地发挥作用。

教育是知识的传授,包括知识和传授两个方面,即学习知识和传授知识的教学过程。教育的目的是通过教学,使学习者理解和领会传授的知识内容,从而能够运用这些知识。教育的重要作用是使知识更容易被学习者领会,教育者最重要的是让别人学会知识,而不是自己懂得很多知识。优秀的教育者擅长把复杂的知识讲解得深入浅出、简单易懂,让更多的学习者更容易掌握,这就是教育的本质。

教学视频只是知识内容而不是教育,缺少了传授知识的教学过程。在线教育不应该只关心知识内容,更应该关心教授过程,保证大多数学习者能通过在线教育平台真正学会所学的知识。优秀的在线教育产品需要将互联网特性融入教学过程中,使学习者能够更容易更深刻地理解知识内容,并学会应用。

三、在线教育应该是双向互动的

互联网是双向的,教育是互动的,在线教育也应该是双向互动的。在线教育是远程教育的一种。远程教育从早期的函授发展到广播电视教育,再到今天的在线教育,由上一代的广播电视信息单向交流,进化到如今的互联网信息双向交流。真正的在线教育应该是双向的、实时互动的,这样才能发挥互联网的双向优势。对于学习者来说,双向互动的学习也更容易提高注意力,提高学习效率,更容易真正地学会,取得学习成果。

1.7 在线教育在军事领域的应用

随着新军事变革加速推进,新科技革命孕育重大创新突破。我军要实现新时代的强军目标、赢得未来战争主动权和战争胜利,就必须全面提升官兵的素质能力,及时解决知识滞后、学习受限等问题,在线教育为此提供了便捷的方法、手段;另外,随着我军"三位一体"新型人才培养体系的完善,职业教育的深入发展,在线教育作为军事职业教育的主要形式,在军事领域将有更广阔的空间。

1.7.1 在线教育对军事职业教育的促进作用

在线教育对我军院校教育、军事职业教育、部队训练实践均可起到促进作用,这里重点介绍在线教育对军事职业教育的促进作用。

信息技术的发展,冲击着传统教育模式,与互联网直接关联的教育模式正在兴起。在这个互联网可以改变一切的时代,新的教育世界已见端倪,非实体性军事职业教育院校已经萌芽发展。如果能够站在互联网发展的浪尖上,主动推进军事职业教育发展,就有了克服各种难题的信心和勇气,创造性地赢得军事职业教育发展的未来,就会指日可待。

在线教育有利于完成知识更新,迈向终生教育的学习型社会。作为科学技术应用最先进、最广泛的领域之一,我军正在经历由"体能型"向"技能型"、由"机械型"向"智能型"的重大军事变革。此外,云计算、移动互联、物联网近年来迅猛发展,我们正在进入大数据和"互联网+"时代,仅仅依靠传统的一次性教育,已远远无法满足培养新型军事人才的要求,必须依靠以在线教育为主的军事职业教育来实现知识更新。军事职业教育面向未来定教育目标，面向战场定培训标准，面向部队定学习课程，以学习新理论、新装备、新技术、新知识为主线，促使官兵素质提升紧跟使命任务需要。在线教育是一种适应时代和科学技术发展需要的教育形式，是新军事变革的必然产物，也是新时期军队建设的客观要求。依靠在线教育，可以满足广大官兵的终生学习需求，使随时随地学习知识变为现实。

在线教育使学习者提升岗位能力、不断吸收新知识变为现实。马斯洛的人本主义理论认为，人有自我实现的需要。军人的自我发展与自我实现，是军事职业教育需求产生的最根本基础。在信息化时代，大量高科技信息化武器装备部队，作战训练理论运用加速更新，要求指挥官既要熟知兵法，精通韬略，又要掌握新型武器装备，具备多方面、多层次的知识。同时，军人要根据岗位变动、职务晋升和任务转换等要求，对知识进行充实、调整和更新。为此，军人必须不断充实和积累知识，调整知识结构，加深对新装备、新武器、新作战模式的了解，以适应现代战争需要，把握未来战争脉搏，抓住战场主动权，切实提升打赢能力，这一切都要依靠以在线教育为主要形式的军事职业教育来完成。

在线教育助力培养高素质军事人才。未来的战争将是信息化战争，必须站在时代前沿，提高信息化作战水平，着眼信息化战场，建设信息化军队，打赢信息化战争。这对官兵的军事素质有了新的更高的要求，既要求官兵掌握适应岗位需要的专业知识，又要求其掌握信息技术的专业技能，有善于思考和不断创新的能力，挖掘自己的种种潜力。在线教育有助于军队培养出打赢信息化战争需要的高素质军事人才。

1.7.2 我军在线教育的现状

军队要适应未来战争需要，就必须培养大批高素质新型军事人才。前些年，部队通过函授教育和脱产培训等传统教育方式，着力提高官兵的知识水平和学历结构，但随着能打仗、打胜仗的任务日趋严峻，工学矛盾日趋突出，部队训练实践和在职培训仍是部队提高官兵素质的重要手段。部队根据训战一致的原则，运用集中授课的方式，开展了岗前培训、达标训练、领导骨干培训和高科技知识讲座等形式多样的在职培训，广大官兵的素质得到了明显提高。但由于部队单位分散，专业种类较多，人员层次不同，在传统培训方式下，需要召集各地受训人员集中脱产授课，在人力、物力、时间方面都会受到限制，且周期长，效率低，无法适应部队对人才培训的需求。传统培训还存在地域广、专业多，传统的集中培训难以实施；资源分布不平衡，传统手段难共享；集中培训开销大，资源和手段建设受制约；考核难组织，效果难评估等不尽如人意的地方。同时，现有的远程教育缺乏师生互动，难以有效地调动官兵学习积极性。在线教育的兴起为解决上述难题提供了新的思路和技术手段。

利用在线教育教学平台系统，部队可以迅速地、大规模地展开培训工作及继续教育，可以解决传统培训模式规模小、周期长的弊端。而且，受训人员可以小范围集中学习，也可以利用业余时间登录到在线教育平台进行学习。部队在线教育就是要充分利用部队自身的教育资源和信息网络优势，坚持高起点，以实际应用需求为依据，建成一个技术先进、功能完善、安全可靠，覆盖部队全员，能最大限度地满足部队官兵学习成才需要的具有部队自身特色的部队在线教育系统。

我军历来重视在线教育，早在 2000 年和 2001 年，为提高部队士官队伍的整体素质，为实现"科技强军"服务，经总参谋部和教育部批准，中央广播电视大学八一学院和总参学院先后成立，在部队开展士官在职学历教育试点。2000年中央广播电视大学八一学院在北京军区两个师开始试点招生，随后，八一学院将试点扩大到全北京军区和兰州军区、海军、空军部分边远分散单位。目前，八一学院至少建立了287个教学站点，其中军、师级教学中心49个，旅、团级教学辅导站238个，教学点延伸到西沙群岛等基层哨所；开设有法律、计算机应用、汽车运用、行政管理等8个大、中专专业，参加学习的士官超过10万人。总参学院依托部队院校设立了教学点26个，下设辅导站82个，开设有法学和行政管理两个专科专业，学员2.4万多人，遍布全国近20个省、市。

1999年，为适应部队教育训练需求，总参军训部牵头建设了军事训练信息网，其网络规模覆盖全军团以上单位训练部门。在网络联通的同时，组织原石家庄陆军指挥学院与装备学院牵头开发"军队院校网络教学系统"，系统在网络资源共享、网络课程建设、部队与院校沟通等方面取得较好成绩，促进了院校教育与部队训练的对接。2012年"军队院校网络教学系统"升级为"军队网络教学平台"，集网络教学、网络答疑、网络作业、网络测验等功能于一体，建设了网络课程数千门，有力地推动了部队教育训练。

2013年，由国防科技大学牵头，原装备学院等军队院校参与建设了"梦课"学习平台。平台为广大官兵提供的服务功能包括微视频授课、随堂测试、学习进度跟踪、作业评判、学习论坛、课程考试等。平台正在逐步完善课程管理、用户管理、学习过程管理和学习数据查询等前台和后台管理功能。平台借鉴部队教育训练特点，通过评选学习达人，建立学习互动排名机制，激发广大官兵"比、学、赶、帮、超"的热情。截至2017年10月，全军23所院校、部分兵种训练基地和部队、中山大学在梦课学习平台建立了242门慕课、72门微课程、69门视频公开课，全军36万余人在梦课学习平台上注册学习。梦课学习平台以先进教育理念和教育模式培养人才，催生战斗力，为实现强军目标做出了贡献。

1.7.3 我军在线教育发展的着力点

搞好军事在线教育，应当重点在以下几方面着力：

一要尽早做好顶层规划。首先是做好顶层的战略谋划，推动我军在线教育走上"院校主体、机关支持、官兵参与"的可持续发展道路。将在线教育全面纳入军队教育训练体系，依据中央军委的《军事职业教育改革实施方案》精神，结合军事职业在线教育需求，做好在线教育的体系设计，健全组织管理体系与管理体制机制，完善学历与非学历继续教育结合的办学格局，建立全员全时全域的泛在学习环境，建设覆盖全军职业岗位的教育资源体系，配套完善有组织的自主学习、终身学习制度机制。要制定在线课程的学分认定、跨校互认、部队和社会认可等相关规定和配套政策，明确优先和重点资助的课程。慕课和SPOC课程的建设要面向部队、面向未来战场，围绕提高部队基于信息系统的体系作战能力建设和军事斗争准备需要，要有序推进，避免一哄而上，出现所谓的"MOOC泡沫"。要先试点后推广，选择部分军队院校与战区、军种进行军事职业在线教育试点，取得阶段性成果和经验后再向各战区和军兵种推广。

二要完善相关制度标准。首先，要探索构建在线教育的课程认证、部队认可、学分认证三位一体的认证体系。课程本身的认证是在线教育学分认证的前提基础，要统筹规划对在线课程的师资条件、教学条件、教学过程等相关因素的课程认证。部队认可是在线教育可持续发展的保障，要将学习成绩与岗位任职评价考核挂钩，激发官兵认真学习、主动学习的积极性。学分认定参照教育部颁发《关于加强高等学校在线开放课程建设应用与管理的意见》，结合军队在线教育实际，推进学分认定和学分管理制度创新。其次，在线教育管理部门要持续跟进在线课程的考试、监管、颁发证书等发展，探索建立在线教育课程的诚信管理体系，解决在线教育的学习真实性问题。从技术角度实现在线学习过程监控与在线考试监考、用"笔迹"检测技术对学员身份进行识别。全军建立在线教育课程诚信数据库，学员的每次学习数据、诚信情况都收入数据库。第三，构建全军在线教育数据库，记录部队官兵的在线学习数据，包括官兵的学习兴趣点、关注点、学习习惯等。通过对学习大数据的挖掘和分析，掌握官兵在线军事职业教育的形势、特点和趋势，为军事人才培养提供强有力的战略信息支撑。要通过制度、技术等手段保证军事在线教育大数据的安全性和可靠性。第四，要尽快制定标准规范。制定在线教育公共服务体系基础设施、课程资源、应用系统、运行管理、安全保密等标准规范，提高军事在线教育公共服务体系标准化建设、规范化运行、精细化管理水平。

三要精准对接合作需求。首先是突出军事特色和科技特色，以新理论、新装备、新技术为主体，围绕新型作战力量建设等进行课程设置、内容安排等，坚持军事职业普遍性要求和个性需求相统一，精准对接不同层次、不同岗位、不同军兵种官兵的具体需要，可设置军事基础、军事信息技术、专业知识、岗位技能、政治理论等基本模块，凸显专业领域特色和军兵种特色。其次是对具有共性的基础课程，利用慕课大规模的优势，着力构建军民融合的技术平台。利用"爱课程"网的"中国大学 MOOC"、清华大学的"学堂在线"和上海交通大学的"好大学在线"等地方高校和互联网企业开发的各类大规模在线开放课程平台，避免重复建设和教育资源浪费。再就是充分利用军队现有网络平台和基础条件，整合部队和院校优质教育资源。借鉴国家教育云的发展模式，依托军事综合信息网和各战区、军兵种的局域网，构建高效安全实用的军事职业在线教育课程平台，形成全方位开放式军事职业在线教育培训格局。慕课较多利用维基空间、谷歌聚点、YouTube 等工具来进行学习讨论、创建和分享视频等教学活动。要结合军事职业在线教育课程平台特点，研发具有我军特色的慕课、SPOC技术平台和开发工具。

四要建立健全课程体系。着眼军队建设发展和作战能力需求，着眼军队人员个体自身发展需求，区分学历继续教育与非学历继续教育，构建军队在线教育课程体系框架。其中，学历继续教育课程体系与国家高等教育相应专业课程体系接轨，非学历继续教育课程体系区分各军兵种和职业领域，重点建设基础知识拓展、应用能力提升两类课程。

五要加强课程建设管理。探索在线教育课程建设管理办法，规范需求生成、建设立项、组织实施、验收上线、质量评估、绩效考核等，把在线教育课程建设与教学服务纳入教学工作量计算范围。制定全军的在线课程建设实施计划，明确进度安排、建设内容、建设标准、验收方式、承建单位和责任人，建立健全相应监管与执行机制，提高在线教育课程管理水平和质量效益。启动教学资源建设工程，按照示范引领、体系推进、集优集约、逐步完善的思路，以院校学科专业知识和任职教育课程体系为基础，突出联合、注重通用，加快转化建设在线开放课程。

六要构建学习动力机制。构建在线教育的学历学位、入学资格、任职资格、经济补助等动力机制，推动在线教育学习成果与军队人员职业发展紧密挂钩，最大限度激发军队人员自主学习、终身学习的内在动力。

1.7.4 我军在线教育的学分银行

学分银行能为军队院校教育、部队训练实践、军事职业教育搭建融通桥梁，尤其是通过课程学分认定和学习成果互认促进各类教育形式不断沟通衔接，为包括"梦课"在内的在线教育课程超市的建立提供有效途径。

一、在线教育中学分银行的作用

课程学分认定是学分银行的衔接机制的重要内容。通过学分银行对课程进行统一学分认定和转换，能从顶层设计上将军队院校的学历教育、任职教育、军事职业教育之间既有联系又彼此不同的课程进行整合，在避免重复学习的同时，增强知识结构的完整性和连贯性。同时，对课程进行分值认定更加突出实战化标准，使军队院校课程设置和军事职业教育课程在发挥各自优势的同时加大向部队靠拢、向实战靠拢，促使课堂和战场对接。

学习成果互认是学分银行的核心功能，它能公平地对待学员的学习成果，无论是学历教育学习成果、非学历培训学习成果还是无定式学习成果，认可学员先前的学习培训经历和工作经验，并经过评估认证后，授予或转化为标准学分。也就是说，它能把军队院校教育的学历教育学习成果、部队训练实践的无定式学习成果和军事职业教育的非学历培训学习成果在官兵的终身学习账户中作为地位平等的学习成果统一加以认可，一方面通过学分认定、积累和转换把三者紧密衔接起来，另一方面摆脱偏重学历学位等学历教育成果的传统观念，提高了职业资格证书、专项培训等非学历学习成果和实践经验、专业技能、科研学术、比武竞赛、荣誉奖励、演习演练、技术支援、服务保障等无定式学习成果的地位，有利于广大官兵能力素质的全面提高。

二、在线教育中学分银行的衔接机制

学分银行衔接机制通过课程学分认定和学习成果互认促进了军队院校教育、部队训练实践、军事职业教育的融合互补、无缝衔接，推动了自主学习、素质教育、终身教育的发展，增强了官兵知识、能力、素质的完整性、连贯性和拓展性，形成递进式人才成长方式。

通过学分银行的衔接机制，促进军内各类各级教育资源有效整合，打造联合培训、资源共享平台。通过学分银行的教育资源"立交桥"建设，有利于推行资源共享的"一卡通"制，有利于贯彻教育资源系统整合、开放共享、合力育人的理念原则，不断突破军内教育资源固有的观念性、标准性和组织障碍，建立能够连接部队基层、各级机关、院校、地方教育资源的信息资源建设标准，形成信息资源共享规则。为建立此共享规则，成立军队院校教育、部队训练实践、军事职业教育三方参与的学分银行信息资源标准建设委员会，统一制定信息资源标准化规则，再结合利用大数据、云计算技术，打造适应不同层级、不同专业、不同岗位官兵多样化学习需求的综合性在线教育平台和联合培训平台，消除教育资源分割封闭的障碍，使广大官兵能更多享用优质资源，提高了教育资源的利用效率。

通过学分银行的衔接机制，逐步建立军内学习成果认证联盟，构建全程、全时、全域人才培养模式。学习成果认证联盟是指各级各类教育机构签订协议，制定学历教育与非学历教育之间的转换规则、学历教育之间的转换规则、非正式学习成果的学分认定标准等内容，目

的是建立学历教育与非学历教育以及非正式、非正规教育融通的教育"立交桥"。显而易见，学习成果认证联盟是依据学分银行衔接机制要求建立的，它深化和扩展了学分银行学习成果的认证、累积和转换范围。

如果建立军队院校教育、部队训练实践、军事职业教育的学习成果认证联盟，有利于衔接系统职能、整合教育资源、统一管理机制、规范学习成果认证标准，无疑能大大促进"三位"一体化的进程。学习成果认证联盟可以在全军学习成果认证中心指导下成立战区学习成果认证联盟和军种学习成果认证联盟。当然这两种学习成果认证联盟的基础是院校联盟和院校–部队联盟。学习成果认证联盟的建立会突破地域和军种的限制，从而大大提高教育资源共享程度，提高官兵非正式、非正规学习成果在不同院校、不同兵种部队的认可度，有利于减少学历学制的时间限制和学习的地域限制，为广大部队官兵提供多渠道、多时空、多媒体的学习机会和方式，从而为广大官兵提供多样化、弹性化的成长成才渠道，有利于构建全程、全时、全域人才培养模式。

通过学分银行的衔接机制，树立大教育、大系统和终身学习的理念，完善复合型、联合型人才培养机制。学分银行和终身学习是现行教育制度创新改革的突破点和抓手，其开放性、共享性、终身性、全员性的特点和理念有利于不断冲击现有相对封闭分割、相对偏重学历教育的军事教育体制。

此外，为更好地促进教育形式、教育资源和学习成果的衔接与沟通，学分银行的衔接机制需要国家法律授权和政策制定来强制性推动，从而能推进院校教育、部队训练实践、军事职业教育三者的结构性改革调整，从终身学习的理念、从联合培养的角度对军事人才成长路径进行全过程、全系统、全周期的总体设计，改变军事院校传统的封闭状态，跳出军校教育小系统，革新人才培养原有的浅、散的"小联合"，加快与部队训练联合，与职业教育乃至地方教育深度融合，整体逐步纳入国家教育大系统、大循环之中，实现军事人才跨部门、跨兵种、跨领域的良性互动与联合培养，逐步形成复合型、联合型人才培养机制。

三、在线教育学分银行学分转换

在线教育要取得良好的教育效果，可将学分银行与课程超市对接起来。在线教育平台的课程超市建设，是一项复杂的系统工程。课程超市是在线教育的一种升级版，是将各类课程置放于网络上，供学员选用，这是实现随时随地选择学习自己想学的知识的有效途径。

首先，要将在线教育平台的建设纳入军队院校发展战略中来，作为职业教育的首要教育平台加以建设。抓住机遇，适应新型网络学习模式的产生，迎接军队院校教育模式和教学改革的更深层次变革。其次，要搞好顶层设计，做好统一部署和科学规划，进一步谋划军队院校信息化进程，搭建一个具有军事特色、适应军队教育发展的在线教育平台，使在线教育能够成为现代军事职业教育的重要组成部分，满足全军范围内各个群体的学习需求。再次，要合理规划在线教育平台，设计科学、系统和有效的课程体系。对哪些课程是适用于在线教育的、哪些课程是要优先重点建设的要做全面规划，其主要目的是为今后在线教育课程的充实和完善打下坚实的基础。第四，要整合优势资源，加强教学质量管理。课程资源选取要有严格标准，建立课程选拔制度，优先选拔名校、名师和优质课程。在线教育平台上运行的课程要通过正式审查，形成课程的检查、评价、反馈和调节机制。

基于在线教育平台的学分银行系统，需要与平台紧密关联，实现在线学习和非在线学习学分的统一管理、实现终身教育登记、学习成果（学分）认证、学分累积、学分兑换、折算、借贷、学习档案查询等功能。学分的通兑与折算、学分借贷、学分管理机制是学分银行系统的设计开发难点。学分制和学分银行，对职业教育来说是一个全新的课题，不仅仅是对学习的管理方法上的改变，而且是一种管理理念的改变。要把理念融会于学分银行系统中，需要优秀教员与软件编程人员密切的配合。系统科学与否、能否可靠高效地运转，要靠各方人才教育理念的融合和集体智慧。

官兵在以往的职业教育经历中，都会有课程学习的学分、考核成绩或相关证书，转换到学分银行系统中就有一个学分互认和学分转换的问题。学习成果的学分互认和学分转换作为教育衔接的形式和中介，是"学分银行"制度的核心内涵，也是在线教育发展面临的一大难题。由于学分质量存在差异、考核成绩标准不一，增加了学分互认和转换的难度。学分认定转换的系数需要在协调的基础上，根据情况对官兵进行课程的实务测试、面试、考核等方法确定，确保转换的公平公正。学分互认可以促进教学资源共享，直接影响到职业教育的效果。因此，必须建立一个权威的组织，严格学分的认定、累积、折算、兑换，以保证所获证书的公信力。

1.7.5 我军在线训练课程的建设

有专家将我军军事职业教育课程类型分为在线教育课程、微课和在线训练课程 3 种，认为在线训练课程是我军军事职业教育的一种课程形式，是具有军队特色的一种在线课程。

一、我军在线训练课程的概念与作用

目前，在线训练课程的概念和内涵还没有比较权威的定义，一般认为在线训练课程主要是为了解决部队在训练中遇到的以下问题：一是部队自主训练资源有限的问题。现有的训练条件存在时间、空间和资源推送能力等方面的局限性，难以满足大规模在岗人员装备教学、技能培训需求。二是装备教学课程在线交互难的问题。现有的在线课程还不能完全解决装备教学中交互式学习的问题，其设计理念主要以"获得学习"为主，而对"实作教学""交互学习""协作学习"等考虑不足，因此设计出的课程结构和教学模式比较单一；另外，其教学活动主要以知识为中心的理解类活动为主，包括视频讲座、案例研读、资料阅读、操作演示、讨论交流等，而对任务创建类活动，例如战术流程作业、装备操作类活动（如器材使用、检测和维护）、职业考证类活动、竞技类活动等设计不足。三是在线课程的价值塑造功能，还没有进一步发掘。

因此，在线训练课程依据军事训练大纲，大量采用 Web 技术、虚拟技术和社交媒体技术等关键技术，通过为全军在岗人员提供游戏化训练环境和实战化背景，增强受训人员的沉浸感，提高在线训练课程的交互性。通过在线训练课程，可以开展装备原理教学、装备虚拟操作和战术运用训练等培训任务，在完成知识传播、技能提升的同时，可以有效地提升岗位使命感和军人职业荣誉感。

2017 年，某部队院校制作完成了全军首门在线训练课程——《舰队使命——损管总动员》，如图 1-14 所示，在军事职业教育互联网服务平台上线试运行，取得了良好的教学效果。在线训练课程丰富了军事职业教育的途径和手段。虽然在线训练课程还存在着制作成本高、技术难度大、教学标准要求高等问题，但是随着在线训练课程相关标准规范的不断完善，以及在线训练课程开发平台的推广应用，在线训练课程将在军事职业教育中发挥更大的作用。

图1-14　全军首门在线训练课程——《舰队使命——损管总动员》

二、我军在线训练课程的学习模式

在线训练课程的学习模式主要有在线平台模式、配套设备模式和移动模式3种。在线平台模式是通过军事综合信息网实时获取在线训练资源，课程内容和训练科目通过"在线训练社区"实时更新，学习者可开展远程协同、实时交互式训练，训练的统计数据可实时传回；配套设备模式通过训练请求，在训练本地生成虚拟训练场景，开展装备虚拟操作教学和训练，在相同的场地，能够生成不同的虚拟训练场景；移动模式是针对离线状态的专业学习和训练，可以将课程的资源部署在移动终端，用户可以不受网络硬件条件的约束开展学习和训练，移动终端可定期与在线训练平台连接，更新学习资源，上传训练统计数据。

第 2 章 在线教育的教学设计与课程开发

在线教育的教学设计与课程开发，是在线教育预先准备阶段的核心工作，关系到在线教育的最终效果。行之有效而富有独创性的教学设计与课程开发，能够极大地激发学习者的学习情绪，满足他们的学习欲求，从而有效提高教学质量和效益。与传统教育相比，在线教育无论是教育对象、教育目的、教育方式，还是教育资源、教育环境、师生体验，均有所不同。尤其是从设计开发的角度看，在线教育教学设计与课程开发的主体由原来的教师这一单一主体转变为教师和教学平台设计者这两大主体，再加上教育对象的模糊性、教学手段的多样性等特点，故在线教育教学设计与课程开发的复杂程度大大超出了单一主体的教学设计与课程开发。因此，研究在线教育教学设计与课程开发，不仅具有理论意义，同时也具有现实意义。

2.1 在线教育教学设计

教学设计，是指在一定教学理论和学习理论指导下，运用系统方法对教学目标、教学内容、教学实施和教学环境进行统筹计划的过程，其内涵非常广泛。教学设计的主要工作包括：以提高人才培养质量为目标，通过综合分析教学系统和学习者需要，确定教学目标和教学起点，优选和加工教学内容，科学规划教学各个环节，合理分配教学力量，制定和编写教学方案，设计教学内容呈现方式和教学互动方法，规划落实教学所需条件，进行试讲试教试用等，以期取得最佳教学效果。传统的教学设计一般分为学科专业设计、课程教学设计、课堂教学设计三个层次。在线教育教学设计，不但包括宏观层面的设计，即对在线教育系统的整体设计，同样包括微观层面的设计，如课程、专题以及教学片段（单元、知识点）的设计，以及在线教育实施后的评价设计等，因此，它贯穿于在线教育设计、开发、实施、评价等各阶段。优化教学设计是搞好在线教育教学工作的重要内容，也是提高在线教育人才培养质量的重要保证。

2.1.1 理论基础

如何开展教学设计，理论界已形成了一些理论模型。其中最基本的理论模型是 ADDIE 模型。以 ADDIE 模型为基础，又形成了 SAM 模型、ISD 模型、HPT 模型等基本模型。这些模型，对于在线教育教学设计，也具有较强的参考意义。下面重点介绍 ADDIE 模型和 SAM 模型。

一、ADDIE 模型

ADDIE 模型的全称，是 Analysis（分析）、Design（设计）、Development（开发）、Implementation（实施）、Evaluation（评估），见图 2-1。当前，大多数的教育设计模型均为其副产品或变异塑造而成。

ADDIE 是一套系统的教学方法。主要包含了：要学什么（学习目标的制定）、如何去学（学习策略的运用）、如何判断学习者已到达学习成效（学习评价的实施）。在 ADDIE 五个阶段中，分析与设计属前提，开发与实施是核心，评估为保证，三者互为联系，密不可分。

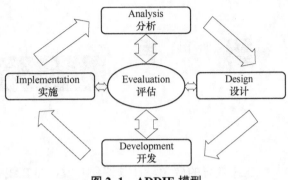

图 2-1　ADDIE 模型

ADDIE 模型各构成要素含义如下：

Analysis（分析）：对教学任务、对象、环境及所要达到的行为目标、绩效目标等进行的一系列的分析。具体包括：

（1）确定需要，即要利用教学来解决的问题；

（2）进行教学分析以确定教程的认知、情感与动作技能方面的目的；

（3）确定期望学习者需要具备的技能以及哪些技能会影响对教程的学习（起点技能与动机特征）；

（4）分析可利用的时间以及在这段时间内可以实现多少目的，同时还可以进行情境或资源分析（资源和限制条件）。

Design（设计）：对将要进行的教学活动进行课程设计。例如对知识或技能进行甄别、分类，对不同类型的知识和技能采取不同的、相应的处理措施，使其能够符合学习者的特点，并能够通过相应的活动使其从短期记忆转化成为长期记忆等。同时，在本阶段中还应当针对撰写出来的学习目标进行验证，并设计出相应的评估学习效果策略和手段。具体包括：

（1）把课程目的转换成表现性的结果与主要目标（单元目标）；

（2）确定所涵盖的教学主题或单元以及用于每一个主题或单元上的时间；

（3）依据课程目标安排单元顺序；

（4）充实教学单元，确定每一个单元所要达到的主要目标；

（5）确定每一个单元的内容与学习活动；

（6）开发出评价已学习内容的具体标准。

Development（开发）：针对已经设计好的课程框架、评估手段等，进行相应的课程内容撰写、页面设计、测试等。具体包括：

（1）确定学习活动与材料类型；

（2）起草学习材料或学习活动；

（3）在目标学习者中进行材料和活动的试用；

（4）修改、精练生产材料与活动；

（5）开发教师培训或附加材料。

Implementation（实施）：对已经开发的课程进行教学实施，同时给予实施支持。具体包括：

（1）购买材料以便为教师和学习者采用；

（2）在必要的时候提供帮助与支持；

（3）按照计划实施授课及教学管理等活动。

Evaluation（评估）：对已经完成的教学课程及学习者学习效果进行评估。评估的目的不仅是对课程内容本身的合理性进行评估，更要对培训的效果和绩效的改善进行评估、寻找差距、积极改进。具体包括：

（1）实施学习者评价计划；

（2）实施教学评价计划；

（3）实施课程维护与修改计划。

不难看出，ADDIE模型融合了教学设计和教学实施（当然也包括课程开发）全部环节。需求确认阶段，在课程开发目标的确认上，ADDIE强调"知道"，更多的是信息的传递。在需求确认上，ADDIE在需求分析阶段运用问卷、访谈、电话等形式去了解对象、组织、课程的各方面需求，由课程开发人员汇总提炼并设计课程开发方案，这种形式需要长期进行，要求课程开发者具有极高的专业度和归纳总结能力。同时，ADDIE强调"确认需求"，不同的角色站在不同的角度会表达出不同的需求，需要采用专家开发技术。

设计开发阶段，在开发流程上，ADDIE必须逐步进行，本质上更加注重系统、严谨、逻辑、翔实、周全；在开发思路上，ADDIE在内容设计上的思想是"加法"，课程需要做大量前置内容的设计，包括概念、原理、流程、案例、工具、练习等；对于成果评估，ADDIE专门有一个环节在最后验收评估，即评估阶段（Evaluation）。成果评估的重点应放在课程内容的知识、技能和态度上。

ADDIE模型在实际应用中也存在很多的问题。如由于开发流程烦琐、耗费时间较长，等到工作完成时，外部环境条件可能都已发生了巨大变化；开发出来的课程往往较为全面，开发者较少考虑学习者的学习需求和体验感受；在实际操作中运用ADDIE模型开发课程时经常面临"懂开发技术的人不懂专业，懂专业知识的人不懂开发技术"的问题，课程质量往往不高等。为解决这一系列的问题，在ADDIE的基础上衍生出了很多的模型，应用最为广泛的首推SAM敏捷迭代模型。

二、SAM敏捷迭代模型

SAM模型是应用最为广泛的ADDIE衍生模型。SAM模型（Successive Approximation Model）称为持续性逼近开发模型，也称敏捷迭代模型，强调的是将课程拆分为碎片来开发课程，从课程设计之初就快速获取用户反馈，并最终接近最佳课程设计标准。其具体开发步骤如图2-2所示。

从模型的特性看，SAM是迭代模型，多次循环。从操作的灵活性看，SAM模式在后面发生错误或未达到预期，可以直接返回上一步的设计阶段重新迭代测试。从复杂程度看，SAM模型只有3个阶段8个步骤，显得轻便简洁。

需求确认阶段，对于开发目标，SAM强调"做到"和"做好"，更关注实际问题的解决。在需求确认上，SAM采用召开认知启动会的形式，认知启动小组除了绩效把控者、内容专家、预算把控者、项目经理、样图师外，还有管理者、目标学习者与近期参加过培训的学员。在设计课程架构和内容时，所有可能出现的争议都通过现场面对面的方式解决，高效利用时间

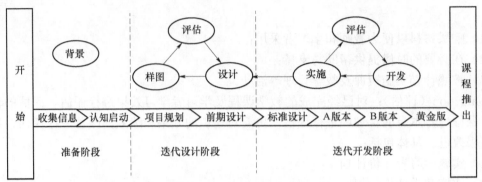

图 2-2 SAM 敏捷迭代模型

的同时满足了各方面的需求。在确认方式上，SAM 在这个阶段运用的是样图技术和团队开发，需求调研包括需求、目标、草图、开发计划，由技术专家、学习者、管理者共同开发。团队开发技术使得课程开发的风险更低，流程更简单，结果更有效。

　　课程开发阶段，在设计开发流程上，SAM 技术是极致的循环迭代式流程，其本质注重敏捷、迭代、简单、高效。设计开发思路上，SAM 的思想是"减法"，让工序尽量减少，直接解决实际工作问题。

　　成果评估阶段，从评估过程来讲，SAM 从开始阶段就进行迭代，反复评估，从松散的、笼统式到标准设计的首次结构化，不断修正课程成果，反而减少了成果交付时的评估工作。从评估内容来看，SAM 的成果评估重点不是内容元素或互动细节的完整性，而更关注活动是否有效。在开发时间上，SAM 仅用一到两周便能很快适应市场变化的需要。在学习体验上，SAM 敏捷迭代课程开发技术更关注学习者的学习体验，从一开始就致力于如何将真实场景融入课程设计中，从而使课程更贴近实际工作，更有效地帮助学习者改善工作。SAM 运用分解技术，通过不同角色的多次迭代，同时通过交叉迭代的方式萃取沉淀的经验，能充分提高课程质量。

2.1.2　基本要素

　　在线教育教学系统是一个由教师、教学目标、教学内容、教学媒体与方法以及学习者等众多要素组成的复杂系统。要使教学取得良好的效果，必须综合考虑系统的各个要素，做出全面、科学的教学策划，即进行周密的教学设计。所以，在线教育教学设计实质上是以传播理论、学习理论和信息技术为基础，应用系统理论的观点和方法，分析学习者需求，确定教学目标，建立解决问题的步骤，选择恰当的教学内容和教学资源并设计成适当的计算机网络媒体呈现给学习者，从而使学习者易于接受、乐于接受所设定的知识内容。在此基础上，分析、评价教学效果，调整、优化各环节，如此循环往复、螺旋上升，最终实现教学效果的最佳化。

　　依据传统的教学设计要素，结合在线教育的基本特点，在线教育教学设计可以划分为教学目标、教学需求、教学内容、教学策略和教学评价这五大基本要素，只不过在要素具体构成上，在线教育教学设计与传统教学设计略有差别。这是因为，无论是传统教学设计，还是在线教育教学设计，其本质都是将教学成效建立在教学工作的规范化、程序化、技术化、艺术化等基础上，是对教学内容加以创造性地整合，是"科学与艺术的结合体"。

一、教学目标

教学目标是教学设计对学习者应当取得的学习成果和达到最终行为目标的明确阐述。包括教育成才目标、课程目标、课堂教学目标三个层次。其中，教育成才目标层次最高，常常称为教育目标。教学目标为每一门课程、每一个教学单元或每一节课教学活动的行为规定了明确的方向。明确的教学目标可以告诉学习者需要学习的内容和要求，使之成为学习者自己的学习目标，从而激发他们的学习动机和求知欲望，增强他们的学习积极性；同时，也能帮助在线教育设计者较好地组织教学内容，确定正确的教学策略，选择合适的教学媒体，还可以为学习者的学习评价提供有效的依据。所以教学设计把教学目标的阐明放在极其重要的位置。

20世纪50年代，美国著名教育学家布鲁姆等人将教学目标划分为三个领域（维度），即认知领域、情感领域和动作技能领域，这一划分方法得到广泛认可。当前，我国教育界将教学目标细化为知识与技能目标、过程与方法目标、情感态度与价值观目标，实质上也是源于上述划分方法。

（一）认知领域目标

根据学生掌握知识和技能的深度，认知领域的目标由低到高共分为六级：

（1）知识。指对先前学习过的材料的记忆。包括具体事实、方法、过程、理论等的回忆。这是较低水平的认知学习结果。

（2）领会。指能把握材料的意义。其具体含义可从下列三个方面加以理解：一是转换，即用自己的话或用与原来不同的表达方式来表达自己的思想；二是解释，即能够对某项信息加以说明或概括概述；三是推断，即能够依据材料估计将来的趋势或预期的后果。显然，领会超越了单纯的记忆，代表着较低水平的理解。

（3）运用。指能将习得的材料应用于新的具体情境，包括概念、规则、方法、规律和理论的运用。运用代表了较高水平的理解。

（4）分析。指能将整体材料分解成它的构成成分并理解组织结构，包括部分的鉴别，分析部分之间的关系和认识其中的组织原理。分析代表了比运用更高的智能水平，因为它既要理解材料的内容，又要理解其结构。

（5）综合。指能将部分组成新的整体。例如，发表一篇内容独特的演说或文章，拟定一项操作计划或概括出一套抽象关系。综合强调的是创造能力，需要产生新的模式或结构。

（6）评价。指能对材料做出价值判断。包括按材料内在的标准（如组织）或外在的标准（如目的适当性）进行价值判断。这是最高水平的认知学习结果，因为它要求超越原先的学习内容，并需要基于明确标准的价值判断。

（二）情感领域目标

情感领域教学目标的分类依据是价值内化的程度。这一领域的目标由低到高共分五级：

（1）接受（注意）。指学习者愿意注意特殊的现象或刺激（如课堂活动、教科书、文体活动等）。从教的方面来看，其任务是指引和维持学生的注意。学习结果包括从意识到事物存在的简单注意到学生的选择性注意。它是低级的价值内化水平。

（2）反应。指学习者主动参与。处在这一水平的学习者，不仅注意某种现象，而且以某种方式对它做出反应（如自愿阅读规定范围外的材料），以及反应的满足（如以愉快的心情阅读），这类目标与教师通常所说的"兴趣"类似，强调对特殊活动的选择与满足。

(3) 价值化。指学习者将特殊的对象、现象或行为与一定的价值标准相联系。包括接受某种价值标准（如愿意改进与团体交往的技能），偏爱某种价值标准和为某种价值标准做奉献（如为发挥集体的有效作用而承担义务）。这一阶段的学习结果所涉及行为的一致性和稳定性使得这种价值标准清晰可辨。价值化与教师通常所说的"态度"和"欣赏"类似。

(4) 组织。指将许多不同的价值标准组合在一起，克服它们之间的矛盾、冲突，并开始建立内在一致的价值体系。重点是将许多价值标准进行比较、关联和系统化。学习的结果可能涉及某一价值系统的组织。与人生哲学有关的教学目标属于这一级水平。

(5) 价值与价值体系的性格化。指个人具有长时期控制自己的行为以至发展了性格化"生活方式"的价值体系。其行为是普遍的、一致的和可以预期的。这一水平的学习结果包括范围广泛的活动，但强调学习者行为的典型性和性格化。这一阶段的教学目标注重学生的一般适应模式（包括个人的、社会的和情绪的）。

（三）动作技能领域目标

动作技能领域的教育目标分类较多，但截至目前，尚无公认的最好分类。这里介绍具有一定代表性的辛普森（E.H.Simpson）等人于1972年的分类。该分类将动作技能教育目标分成七级：

(1) 知觉。指运用感官获得信息以指导动作。

(2) 定向。指对稳定的活动的准备，包括心理定向（心理准备）、生理定向（生理准备）和情绪准备（愿意活动）。知觉是定向的先决条件。

(3) 有指导的反应。指复杂动作技能学习的早期阶段，包括模仿和尝试错误。通过教师或一套适当标准可判断操作的适当性。

(4) 机械动作。指学习者的反应已成为习惯，能以某种熟练和自信水平完成动作。这一阶段的学习结果涉及各种形式的操作技能，但动作模式并不复杂。

(5) 复杂的外显反应。指包含复杂动作模式的熟练动作操作。操作的熟练性以迅速、精确和轻松为指标。

(6) 适应。指技能的高度发展水平。学生能修正自己的动作模式以适应特殊的装置或满足具体情境的需要。

(7) 创新。指创造新的动作模式以适合具体情境，强调以高度发展的技能为基础的创造能力。

二、教学需求

教学需求是指学习者的学习需求。教学需求分析的目的，是通过对学习者特征的分析，明确学习者的实际情况与期望水平，如起点能力、认知结构、认知风格、学习动机等，有针对性地选择和安排相应的课程、单元及课时教学内容，实现教学内容的"有的放矢"，解决"为什么""学什么"和"教什么"的问题。简单地说，教学需求分析，是要考察学习者在学习之前已经具备什么知识和技能、想学习哪些知识和技能以及通过学习要达到什么目标等，以对学习者的初始能力和其与期望水平之间的差距有一个客观的评定，从而了解学习者的一般特征和对所学内容的兴趣和态度。教学设计，其实就是要在"学习者—目标—策略"之间寻求最佳匹配。

学习者特征既有共同性又有差异性。共性特征可以为在线教育通用化设计提供指导，差异性特征则为在线教育个别化教学提供指导，两者必不可少。同年龄段的学习者心理特征、认知水平、思维特征有一定的共同性；生活在同样社会或具有同一家庭背景的学习者，心理和认知有一定的共同倾向性。同年龄段的学习者认知结构、学习风格、学习动力会存在一定差别，不同生活环境也会造成个性特征的差异。在线教育学习者特征分析的内容与方法如图 2-3 所示。

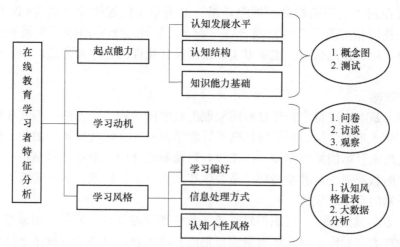

图 2-3　在线教育学习者特征分析的内容与方法

教学需求分析通常分为四步。第一步是规划。它包括确定分析对象、选择分析方法（如内部参照法或外部参照法）、确定收集数据的技术（包括问卷、评估量表、面谈、小组会议及案卷查寻）、选择参与学习需求分析的人员。这一阶段主要目的是搞清楚情况，为下一步做准备。第二步是收集数据。收集数据不可避免地要考虑样本的大小和结构。样本必须是每一类对象中具有代表性的个体。此外，收集数据还应包括日程的安排以及分发、收集问卷等工作。第三步是分析数据。对收集到的数据，教学设计者必须进行分析，并根据经济价值、影响、某种顺序量表、呈现的频数、时间顺序等对分析的结果予以优化选择和排列。分析数据是教学需求分析的核心环节，可以解释有什么问题继而为采取正确的措施奠定基础。第四步是写出分析报告。分析报告应该包括四个部分：研究目的、分析过程和分析参与者、分析结果、建议。

在分析教学需求时，需要注意下列问题：一是学习需求是指学习者的需要（即学习者的现状与期望之间存在的差距），而不是教师的需要，更不是对教学过程、手段的具体需要；二是获得的数据必须真实、可靠地反映学习者和有关人员的情况，它包括现在和将来应该达到的状况，切忌仅凭主观想象或感觉来处理学习需求问题；三是注意对参加学习需求分析的所有合作者（包括学习者、教育者、社会人士三方面）的价值观念进行协调，以取得对期望值和差距尽可能接近的看法。否则我们得到的数据将会无效；四是要以学习行为结果来描述差距，而不是用过程（手段），要避免在确定问题之前就急于去寻找解决的方案；五是教学需求分析是一个永无止境的过程，所以在实践中要经常对学习需求的有效性提出疑问和进行检验。

三、教学内容

教学内容，是指教学过程中师生发生交互作用、服务于教学目的达成动态生成的素材及信息，是学与教相互作用过程中有意传递的主要信息。按照学习者的智力活动特点，可分为事实、概念、技能、原理和解决问题等五类。事实是指历史上或社会上已知的、发生或发现了的事情、事件或者通过试验展现出的过程和结果。概念是指表征事物、物质属性以及名称的名词，反映的是客观事物的一般的、本质的特征。人类在认识过程中，把所感觉到的事物的共同特点抽出来，加以概括，就成为概念。比如从白雪、白马、白纸等事物里抽出它们的共同特点，就得出"白"的概念。技能是指一系列动作的连锁化（语言+智力+手工+机械操作+综合）。原理指把若干个概念组合在一起，用来陈述事物的因果关系和规律。解决问题，是指发现问题、提出假说、收集事实、做出解释论证的程序与方法。如实验方法、数学方法等。

四、教学策略

教学策略，是对完成特定教学目标而采取的教学活动程序、方法、形式和媒体等因素的总体考虑。任何一项教学活动的开展都离不开教学策略，在线教育也是如此。恰当的教学策略是有效达成教学目标的重要保障。在在线教育课程设计中，策略选择是核心环节，能够直接体现出教师的教育理念、教学技巧乃至教学智慧和创意。因此，教学策略的确定，也是在线教育课程开发的重中之重。

传统教学策略包括三类：组织策略、传递策略和管理策略。教学组织策略是指如何组织教学过程、安排教学顺序，以及如何呈现特定的教学内容，具体来说就是怎样来安排教学顺序和教学活动，包括呈现策略和结构策略。教学传递策略涉及要使用的教学媒体、教学方法和学习者的分组，具体说就是教学媒体、教学方法的选择和教学组织形式的合理选用。教学管理策略是将组织策略和传递策略协调起来的策略。管理策略考虑的是在教学过程中如何运用组织策略和传递策略来实现特定的教学目标，包括时间安排与组织、教学资源分配等。

在线教育的教学策略和传统教学的教学策略是分不开的，不能因为我们讲在线教育教学，就要彻底抛弃传统的教学策略。事实上，传统教学策略的精华完全可以在在线教育教学中借鉴使用。如呈现策略，教师在传统教学中采用书本呈现或课堂呈现，而在线教育要通过网络来呈现，同时还需要教师掌握相应的呈现策略，只不过这种呈现借用了现代技术和媒体，需要教师结合网络的特性来选择最佳方式呈现教学内容。还有，网络教学中同样需要相应的传递策略和管理策略，但已经不是传统意义上的含义了。由于网络的介入，教学环境有了很大的不同，教师在传递和管理教学时需要充分考虑这些因素。当然，网络作为一种新生事物，毕竟具有其特殊的属性，传统教学过程所采用的教学策略相当一部分在网络教学中已经不再适用，网上教学是一种新型的教学形式，教师需要掌握一些新的教学策略，才能在网络教学中游刃有余。

五、教学评价

教学评价，是指依据教学目标对教学过程及结果进行价值判断并为教学决策服务的活动，是对教学活动现实的或潜在的价值做出判断的过程。教学评价是促进教学质量提高的重要手段，是教学设计需要考虑的重要环节。教学评价一般包括对教学过程中教师、学习者、教学内容、教学策略、教学环境、教学管理诸因素的评价，但主要是对学习者学习效果的评价和教师教学工作过程的评价。其核心环节有两个：一是对教师教学工作（教学设计、组织实施等）的评价，二是对学习者学习效果的评价。在线教育教学评价，除上述核心环节外，通常还应包括教学策略、特别是教学呈现方式效果的评价。

2.1.3 基本原则

原则是行事所依据的准则。在线教育教学设计，需要遵循教学设计的一般性原则，同时还要结合在线教育教学的自身特点，遵循针对性原则。

一、系统性原则

教学设计是一项系统工程，它是由教学目标和教学对象的分析、教学内容和方法的选择以及教学评估等子系统所组成，各子系统既相对独立、又相互依存、相互制约，组成一个有机的整体。在诸子系统中，各子系统的功能并不等价，其中教学目标起指导其他子系统的作用。同时，教学设计应立足于整体，每个子系统应与整个教学系统相协调，做到整体与部分有机地统一，最终达到教学系统的整体优化。

二、程序性原则

教学设计是一项系统工程，诸子系统的排列组合具有程序性特点，即诸子系统有序地成等级结构排列，且前一子系统制约、影响着后一子系统，而后一子系统依存并制约着前一子系统。根据教学设计的程序性特点，教学设计中应体现出其程序的规定性及联系性，确保教学设计的科学性。

三、可行性原则

教学设计要成为现实，必须具备两个可行性条件。一是符合主客观条件。主观条件应考虑学习者的年龄特点、已有知识基础和师资水平。如考虑选择这门课程的多数学习者是否具有网上学习的习惯与可能，是否能够熟练操作计算机，教师是否具有较高的信息技术水平等；客观条件应考虑教学设备、地区差异等因素。如考虑学习者所在地的网络带宽能否支持视频文件的流畅播放等。二是具有可操作性。教学设计提出的目标、思路、原则、步骤、方法等不应该是空头理论或抽象描述，而应该具体、符合实际，能够指导在线教育课程开发、教学实施和评价等实践活动。

四、反馈性原则

教学设计科学与否，要通过教学评价来反馈和证明。反馈信息对在线教育教学设计具有重要的调节作用。信息工程学表明，只有通过反馈信息来调节行为，才有可能达到一定的目标。通过教学评价反馈的信息，在线教育设计者和在线教育教师能够明确教学目标的实现程度，了解自己的设计思路、教学方法和教学实施过程中的不足，诊断出学习者在学习上存在的问题与困难，从而为改进教学设计提供依据。

五、针对性原则

在在线教育教学设计中，"以学习者为中心"是一个不可动摇的原则。以微课为例，微课以视频为载体，以网络为传播途径，是一种提供给学习者自主观看、自主学习的数字化教学资源。其用途大致可以分为三类：一是用于传统课堂教学的补充，供学习者课外复习，查缺补漏；二是起教授新知的作用；三是用于拓展教学，满足学习者个性化的学习需求。

无论出于何种使用目的，都需要明确：第一，在线课程的使用对象是学生，不是教师；第二，在线课程的主要使用时间是课外，不是课内；第三，在线课程的使用地点一般在家里、宿舍，不是教室。因此，学生看不看、看多久，教师无法直接监控。作为一种提供给学生自主学习的网络资源，在线课程要想达到理想的使用效果，需要满足两个基本条件：有用和有趣，否则无法有效维持学生的注意力。所以，在线教育课程设计的核心原则必须是以学生为中心。偏离这个中心，在线教育课程就很可能重复"建设—闲置—浪费"的命运。

在在线教育课程设计中，"以学习者为中心"有三层含义：

（一）在视听传播的设计上，要站在学生的角度制作媒体

受传统教学模式的影响，很多教师在制作在线教育课程时会习惯性地站在自己的角度看问题，没有认真分析一下：学生需要看到什么？学生需要听到什么？没有充分考虑学生的学习需求和视听感受。

首先，从内容上看，学生在在线教育课程中最需要得到的信息是知识、技能本身，他不需要看到完整的教学活动过程。因此，一些非教学内容的因素和环节，如教师个人形象、课堂提问、小组讨论乃至学习竞赛等传统课堂教学环节，是完全可以省略的。另外，在线教育课程不是课堂录像的微缩版，更不是传统意义上的公开课、示范课。因此，在线教育课程不需要过多地展示教学活动过程，而应重点展示教学内容本身。

其次，在画面和声音的制作方面，要学会用学生的视角看画面，用学生的耳朵听声音。比如，在拍摄实验操作、乐器弹奏、手工制作、运动技巧等内容的镜头时，一定要从方便学生观察、模仿、学习的角度拍摄，顺着学生的视角采用俯拍、同侧拍等方式制作画面。画面要重点呈现学习内容，而不是呈现教师或者教学活动全景。同理，声音的制作要让学生听得清楚，感觉舒服，注意背景音乐可控等。

（二）在教学思路的设计上，要根据学生的思路展开教学

一门好的在线教育课程，要善于分析教学对象的特点，用学生看问题的思路来引领教学内容的组织。比如，问题解决思路就是一种常用的设计策略。学生学习的目的是为了解决问题，在线教育课程可以结合学生的兴趣点、疑惑点、困难点把教学内容分解为一系列小问题，顺着学生的问题思路展开内容讲解，一步步引领学生深入学习。此外，还可以灵活使用归纳总结、联系对比、案例分析、逻辑推理等设计思路。总而言之，要善于分析教学对象的特点，按照学生的思维重组知识呈现顺序，真正做到在教学思路上"以学生为中心"。

（三）在心理感受上，要有面对面辅导的亲切自然感

在线教育课程并非传统课堂教学搬家，也不是课堂授课的微缩版，它是一种能够提供"一对一"个性化教学服务的资源和工具，这是在线教育课程区别于其他教学资源的重要特征之一。以可汗学院的在线教育课程为例，其之所以受到人们的广泛欢迎，是因为可汗学院的教学信息处理和呈现手段非常简单，仅仅利用了一个手写板。在线教育课程真正吸引人的地方在于教师对教学内容的熟练驾驭，在于教师充满人情味的耐心讲解，在于透过语言信号传递出来的亲和力、感染力。

当前，不少教师在制作在线教育课程时容易忽视心理感受问题。主要体现为，在录制在线教育课程时不注意调整自己的感觉，还是停留在上集体课、公开课、示范课的场景，声音会不自觉地变得生硬、呆板、不自然，让人感觉像是大会发言或新闻广播。也有部分教师不习惯对着计算机讲课，找不到对人讲话的感觉，因此语音缺乏自然感、亲和力，无法在情感上传递出和谐的旋律。在线教育课程是供学生单独使用、反复观看的，要传递出与集体教学不一样的一对一教学的亲切自然感，才能拉近教师和学生的心理距离，增强在线教育课程的感染力。真正的以学生为中心的在线教育课程，能够体现出教师好像亲临学生面前讲解的逼真效果。有了这样的情感基调，在线教育课程的制作才算真正取得成功。

2.1.4 基本流程

与传统的教学设计一样,在线教育教学设计也需要科学的流程。参照 ADDIE 模型和 SAM 模型,结合在线教育自身特点,这里将在线教育教学设计的流程归纳为七步。

一、确立指导思想和理论依据

这个环节要做的工作是:一是针对培养方案与课标要求,说出适用于本课特点的教学指导思想;二是依据心理学与教育学上的有关思想以及相关理论,提出设计思路。本环节是进行教学设计的第一步,是指导整个教学设计走向的顶层设计,做好了能起到事半功倍的作用。

二、分析教学对象

这个环节要做的工作是:使用合适的工具、采取恰当的方法对学习者学习前的起点行为进行分析,确定学习者的准备状态。所谓起点行为,就是指学习者已有的与新学习有关的能力或倾向的准备水平。教学的起点总是以学习者已有的水平为依据,起点过高或过低都不能收到好的教学效果。在教学设计实践中,分析学习者的工作常常与分析教材内容的工作交织在一起进行。

学习者现有水平和能力是在线教育教学对象分析环节需要考虑的首要问题。除此以外,还需要考虑教学对象的其他特征。

在线教育教学对象具有明显的广泛性和集中性特征。从年龄结构看,其广泛性特点表现为没有严格的年龄界限,从老到小,通常都可以运用在线教育平台学习(如图 2-4 所示)。在线教育教学对象的集中性特征,主要表现在学习者的年龄段上。从图 2-4 可以看出,18~30 岁之间的学习者占 75%,成为绝大多数。从学历结构看,一般情况下,虽然不同学历层次的学习者都能在平台上各取所需,但是,图 2-4 表明,运用在线教育手段最多的学习者却是学生。开展教学设计时,必须充分关注教学对象的广泛性和集中性特征,根据不同起点的教学对象设计相应的课程、专题或知识点。

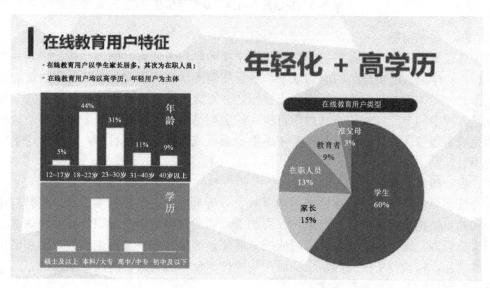

图 2-4 在线教育的用户特征

在线教育教学对象的学习习惯也是分析教学对象时必须关注的一个因素。新浪教育《2015在线教育用户行为研究报告》表明，43%的在线教育学习者没有固定使用习惯，使用时间偏向碎片化。排在第二的"晚上睡觉前使用"的人群占到了调查总数的1/4，这部分学习者在晚上 8 点之后开始活跃，并于晚上 11 点达到峰值。设计在线教育课程、专题、单元或知识点时，也应充分考虑这一点。

由于在线教育是依托网络、计算机、手机等设施设备来实施的，因此，在线教育教学对象分析，不仅要考虑学习者的知识、能力等起点和学习者的学习习惯，还要同时考虑其设备使用习惯与操作能力等起点问题。图 2-5 表明，在在线教育学习者使用的终端分布方面，智能手机和平板电脑为在线教育学习者使用最频繁的设备，其中智能手机占38%，平板电脑占19%，两者合计占比为 57%，超越了电脑终端（43%）。可见，使用移动设备学习是大势所趋。

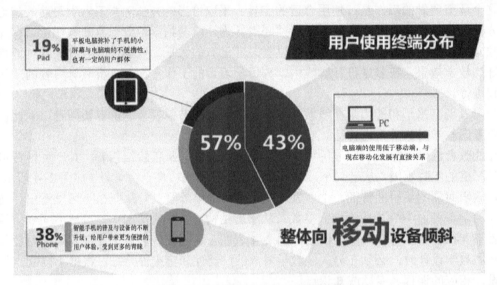

图 2-5　在线教育用户设备使用情况

三、制定教学目标

这个环节要做的工作是：根据理想的学习结构和学习者原有的学习结构，确定和陈述出教学目标，即学习者所要达到的学习水平，最后能消除学习者原有的学习结构与理想的学习结构之间的差距。教学目标有大目标和小目标之分。大目标是整个课程或体系的教学目标，小目标是课程中的单元或知识点的教学目标。这主要是考虑到在线学习者完成整个课程体系学习的完成率通常较低，因此，不仅要考虑整个课程或体系的教学目标，还要考虑单元或知识点的小目标。

四、设计教学内容

这个环节要做的工作是：在恰当的教学对象分析基础上，依据教学目标，将教材中的知识内容和知识结构进行再选择、再组织、再加工，如通过梳理形成知识点，通过筛选形成知识点的支撑资源，通过精心设计形成对应的试题库，等等。这一过程也称为激活和活化。通过激活和活化，将教材中的死的知识变成在线教育平台上生动的、活泼的知识。

五、确定教学方式与呈现模式

这个环节要做的工作是：根据学习者现有的准备状态、要完成的教学任务、要达到的教学目标等情况，综合地、整体地选择教学方法和呈现模式，合理地确定教学组织形式和程序，设计课堂教学结构，形成行之有效的教学方案。

由于在线教育自身的特点，呈现模式的选择成为一项必不可少的流程。包括教学内容在内的在线教育资源的呈现模式有慕课、微课、网络课程、视频公开课、翻转学习、泛在学习等，选择哪一种呈现模式，应充分考虑教学内容、学习者特点、技术手段等诸多因素后确定。

六、明确学习评价策略

按照既定的教学方案或模式进行的教学是否有效，能否达到目标，都需要检验。这是学习评价的主要任务。如何开展学习评价，也需要在教学设计阶段加以明确。这一环节要做的工作是：根据教学目标，选择评价的手段和方法，在教学过程中或过程后，对教学效果给予价值上的判断。教学过程中的评价属于形成性评价，目的是检验教学设计方案在实施中的效果如何，若存在问题，就要及时调整和补充教学方案；教学过程后的评价是总结性评价，目的是对一个阶段的教学给予全面的评定，并对学习者的学习结果给出成绩。由于在线教育的大规模性，评价应以网上学习效果评价为主。

七、编写教学设计方案

教学设计方案是教学设计的文本化，是教师实施在线课堂教学的依据。一份完整的教学设计方案应包括上述各项内容，并且包括一份媒体（各种教学资源）要素清单。

从确立指导思想和理论依据、实施教学对象分析、制定教学目标、设计教学内容、确立适用的教学方式并选择恰当的教学媒体，到明确学习评价策略和编写教学设计方案，这七个在线教育教学设计环节，体现了宏观到微观、抽象到具体、开始到结束的全过程、全要素，形成了一个闭环，是在线教育教学设计需要遵循的基本流程。七个基本环节内容繁多、关系复杂，作为在线教育教学设计者，必须认真把握住每一个关键环节的核心内容，才能真正设计出科学合理的在线教育课程体系。

2.2 在线教育课程开发

课程开发，是指通过需求分析，确定课程目标，选择教学内容，开展教学活动，组织评价与修订，以最终达到课程目标的整个过程。课程开发是教学设计的下位概念，它以教学设计为基础和指南，既是教学设计的具体化，也是教学设计的重要组成部分。

教学设计与课程开发具有系列区别：教学设计的重点在于设计总体目标（包括专业目标与课程、专题、知识点目标），课程开发是按照教学设计说明及要求完成教案、课件等制作的过程；教学设计的过程是设计"施工蓝图"的过程，而课程开发则是按照"蓝图"将"大楼"盖起来的过程；教学设计关注的是外界刺激对学习者注意力水平的影响并编排好教学顺序，课程开发主要关注大脑对接受的信息加工处理的过程，强调的是如何构建知识；教学设计输出的是专业/课程（体系）效果图和人才培养大纲、课程（专题、知识点）教学大纲，课程开发则是形成具体教案、多媒体、演示文稿、讲师手册、学员手册等；教学设计的典型工作任务是定义课后的行为目标，基于学习的难度、知识点的特点和学习者的学习规律编排合理的教学顺序，然后基于学习者的注意力曲线规律及课程设计原则排列教学顺序，最后绘制课程路线图并撰写教学大纲，而课程开发的典型任务则是开发教学事件、设计认知过程、开发课程学习材料、开发评价材料；教学设计的核心学科领域是行为心理学，而课程开发则更关注认知心理学。总之，教学设计是一个方向性的东西和标准性的东西，而课程开发是一个执行与实现的过程，教学设计和课程开发对整个教学质量都具有直接影响。

在线教育课程开发的基本流程如图 2-6 所示。

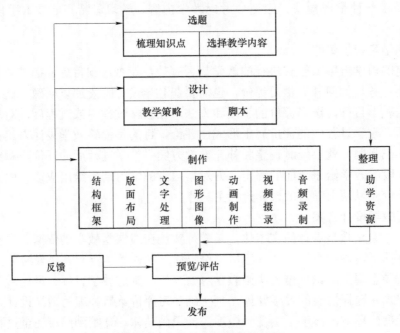

图 2-6　在线教育课程开发流程

从图 2-6 可以看出，在线教育课程的开发，通常要经过选题、设计、制作、整理、预览/评价、反馈和发布等七个步骤。选题，实质上是选择教学内容，而要选择教学内容，必须先要系统地梳理课程知识点。设计，是设计在线教育课程的教学策略（特别是呈现方式）和呈现的具体脚本。制作，是根据内容和预先设计的教学策略生成在线课程。整理，是搜集并形成体系化在线课程的相关资源。预览/评估，是对在线教育课程知识体系及呈现方式的整体效果进行运行前的观察、核对与评估。反馈，是根据预览/评估提出的意见建议反馈给相关设计者与制作者进行修改，从而不断优化和完善整个在线课程。发布，是将在线教育课程面向网络开放，供学习者访问和学习。

下面针对在线教育课程开发的核心环节进行具体分析。

2.2.1　梳理课程知识

教学内容是在线教育的根本，有相当一部分设计制作工作都是围绕着教学内容展开的。内容选择是否合适，对在线教育的最终效果起到至关重要的作用。因此，如何选择并确定在线课程和专题需要讲解的内容，是在线教育课程开发者需要首先考虑的问题。

在线教育课程和专题的梳理，需要发挥教学团队的作用，同时选择好合适的工具。

在线教育课程和专题的教学内容一般是以知识点或单元的形式组织的。知识点的分析是一项复杂的、耗时的、精细的工作，令许多人望而却步，或草率了事。幸而目前社会上已经有了专门针对这一工作的软件工具，称为知识可视化分析工具。可视化分析工具可以对知识进行有效的管理，使知识点间的逻辑关系更加清晰，因此在教学内容梳理过程中常常使用可视化分析工具来进行分析。

在线教育课程教学内容设计中最常用的可视化分析工具主要是概念图和思维导图，常用的工具软件有：MindPin、Inspiration、Xmind、MindMapper等。

梳理形成的在线教育课题体系和专题，其理想境界是达到"精""简""趣"的目标，既要充分体现学科专业和课程的系统性、全面性，又要防止将传统课程体系和课程专题简单"移植"到在线教育平台上的现象；既要关注科学前沿，又要吸纳传统精髓；既要具有知识性，又能联系学生生活并体现趣味性。

2.2.2　选择教学内容

梳理课程专题的过程，实际上也是选择教学内容的过程。在线教育课程教学内容的选择实质上就是选题。好比农民挑选种子，优良的种子辅以适当的耕种容易获得丰收，如果选了先天不足的种子则事倍功半，难以产生好的结果。特别要注意的是，在线教育课程教学内容的选择不同于传统教学，不能简单认为是将一节课进行压缩或切片，也不是所有的教学内容都适合在互联网上用微课等形式呈现。在选择在线教育教学内容时要遵循以下原则：

（1）知识点是热门的考点、教学重点和教学难点。
（2）教学内容是学习者需要的。
（3）教学内容不能太复杂，在有限的时间内要能够清晰完整地讲解。
（4）知识点的选择要精细，一次授课一般只讲授一个或两个知识点。
（5）知识点要准确，对知识的讲解不允许有错误或误导性的描述。
（6）内容通常具备一定的独立性和完整性。
（7）除了知识点以外，教师还可以选择典型的专题活动、实验活动等进行授课设计。

归纳起来，在线教育课程教学内容的选择要从以下三方面考虑：

一是使用价值。任何成体系的数字化教学资源的制作都需要花费一定的时间和精力。因此，将知识体系中的内容原封不动地搬到在线教育平台上是不可取的。一方面，要依据规划的人才培养方案和知识体系，归纳和挑选知识点，通过以点带面的方式实现所呈现知识的系统化。另一方面，还要注意选取教学使用价值较高的课题来制作网络课程。比如，教学中的重点、难点、疑点、考点、热点，平时需要教师反复讲解和强调的内容，学生容易出错的知识点，学生经常提问的问题等，都可以作为在线教育课程的选题对象。

二是传播难度。在线教育课程是以视频为主的教学资源，选取符合视频传播特征的教学内容能够最大化地发挥在线教育课程的优势和作用。众所周知，视频是以连续的动态画面来呈现信息的，因此，一些具备"动态特征"的教学内容，比如：动作技能、操作过程、工作原理、变化过程等，就非常适合使用在线教育课程。此外，视频传播的两大信息通道是图像和声音，如果教学内容本身需要使用较多的图像和声音，比如：地形地貌、摄影摄像、广告设计、艺术欣赏、发音训练、乐器弹奏等内容，也非常适合使用在线教育课程。

三是关联程度。在线教育课程是相对完整、独立的碎片化教学资源，时间长度一般不超过10分钟。调查数据表明，超过6分钟的视频受欢迎程度直线下降。所以，在线教育课程的选题必须要小，内容少且相对独立。选题时，可以选取一个独立的小话题作为切入口，把内容讲通讲透，宁可"小题大做"，不宜"大题小做"。同时，一门在线教育课程的教学目标不宜过多，一般设定一到两个目标即可。目标要尽量具体化、可操作、可测量，不要设计抽象模糊、大而空泛的目标。对于信息含量大的教学主题，则可以采用内容分解的方式，化整为零、逐一制作，最后形成系列在线教育课程。

2.2.3 确定教学策略

要正确选择教学策略，必须首先明晰在线教育教学的特点。第一，从教学内容的性质看，经由在线课程传授的教学内容本质上仍然属于间接经验，学生的学习是一个接受间接经验的过程；第二，从信息传播的角度看，在线课程中的信息流动基本上是单向传递，学生处于被动接受地位，教学过程缺少双向互动；第三，从学习者的角度看，学生利用在线课程进行自主学习，具有独立的选择权和决定权，在线课程教学必须能够契合学生的需求，才能达到理想的教学效果；第四，在线教育不受时空和场地的局限，其教学模式灵活多样，体验式学习、协作式学习、探究式学习等多种学习方式成为在线课程的基本教学模式，这些学习方式并存且各有特色。在线课程与线下课程的区别见表2-1。

表2-1 在线课程与线下课程的区别

对比项目	在线课程	线下课程
课程内容	预先定制，相对固定	随时变化
理论依据	个性化教学策略	班级教学策略
教师数量	通常多名教师	通常一名教师
学习者反应	事先预判	临场观察
师生关系	通过网络"面对面"，相对陌生	近距离，面对面，较为熟悉
上课环境	家、教室等	教室
同学关系	没有传统意义上的同学，且一般不能面对面交流	有固定同学，可以面对面交流
学习者学习水平	较为一致	差异较大
保存时间	可以永久保存	无法保存

从在线课程教学的特点分析可知，在线课程教学本质上属于有意义接受学习的范畴。由于在线课程教学是一个经由在线平台向学生传递教学信息的过程，而且学生具备较大的主动权，所以在线课程教学的策略要重点放在激发学生学习兴趣和促进学生有意义学习的发生这两个关键点上。根据有意义接受学习理论、学习动机相关理论，结合视频等媒介传播的特点，在线课程教学可以重点借鉴以下三种教学策略，见表2-2。

表2-2 在线教育教学策略分析表

教学策略	学习动机来源	新旧知识的链接途径
先行组织者	认知内驱力	经由知识结构的链接
基于问题	好奇心、兴趣点	经由问题的链接
情景化、案例化、故事化	个人需求、现实关联	经由真空情景的链接

一、先行组织者策略

先行组织者是教育心理学家奥苏贝尔提出来的重要概念，它指先于学习任务呈现的一种引导性材料，比学习任务本身具有更高的抽象、概括和包容水平，能够起到把学习任务与学生认知结构中原有的观念相关联的作用。先行组织者可以分为说明性组织者和比较性组织者两类。说明性组织者一般是当前学习内容的上位概念，具有统摄、概括、包容当前学习内容的作用。

比较性组织者则与新的学习内容是平行关系，在教学中起类比的作用，能够帮助学习者更好地理解新知识。比如，在讲解雷达的工作原理时，可以用回音现象的原理作为先行组织者；在讲解人体血液循环系统时，城市给排水系统可以作为先行组织者。

先行组织者在在线课程教学中起到链接新旧知识的作用，这种链接是经由学生的认知结构产生的。作为一种教学策略，其应用的方法是：先呈现先行组织者，再呈现新的学习内容，最后梳理清楚当前内容与原有认知结构的关系，促进新旧知识融会贯通。在在线课程的设计中，可以充分利用视频信息可视化的特点，尽可能地把教学内容的知识结构可视化，方便学生理解。当学生能够顺利利用自己原有的知识体系理解、消化新的学习内容时，容易生发出学习的成就感和满足感，愉悦的学习体验伴随有意义的学习得以发生。

二、基于问题的教学策略

提出问题是学习的开始，解决问题是学习的最终目标。在自主性学习中，解决问题往往是学生最主要、最直接的学习驱动力。在在线课程设计中，巧妙的提问可以有效激发学习兴趣，同时还能够统领学习内容，引导学习思路。

基于问题的教学策略容易操作，教学效果好，设计的关键点在于找准问题的内容以及提问的方式。一般来说，问题的内容最好处于学生学习的"最近发展区"，难度适中，经由在线课程教学能够顺利解决。过于简单或者过于复杂的问题都不容易激发学生的兴趣，有时甚至会起反作用；同时，提问的切入点要尽量结合实际，不要单纯从知识的角度提问题，比如，结合社会现象、生活实践、学习需求、思想动态等角度来提问，这样的问题不枯燥、不呆板，容易激发和维持学生的学习兴趣。如果一个在线课程中有若干问题，要注意问题的内在逻辑关系，巧妙地起承转合，让在线课程成为一个有机整体，而不要被问题分割成几个独立的部分。最后需要提醒的是，由于在线课程是基于视频为主的单向信息传递，不是师生的双向交流，所以在线课程一般需要采用自问自答的方式进行内容的串接。

三、情景化、案例化、故事化的教学策略

建构主义学习理论认为，发生在真实情景中的学习是最好的学习，学习不应该与现实脱节而应该紧密关联。教学实践也证明，与真实情景相关联的学习内容容易引起学生关注，注意力维持时间较为长久。学生都喜欢听故事，所以在在线课程中使用情景创设、案例分析、讲故事的策略能够有效吸引学生关注。

值得指出的是，在线课程是以视频为载体的，而视频非常适合用于创设情境、展示案例、讲述故事。很多教学内容都适合使用情景化、案例化、故事化的策略。比如，操作规范、文明礼仪、预防灾害、食品安全，等等。在某种意义上说，几乎所有的教学内容（人类经验）都可以在现实生活中找到发生的情景，只要教师用心设计是不难找到教学内容与现实生活的关联点的。

以上三种策略是在线课程教学设计中常用的策略，但教学策略的选择并非一成不变，教

师可以根据具体情况合理搭配，灵活使用。策略和方法本身充满了创造性，有无穷变化的可能，一个富有教育激情和教学智慧的教师更加容易因地制宜、因材施教，设计出学生欢迎的在线课程。

2.2.4 生成在线课程

在线教育课程采用了多媒体技术，相对于传统的课程和教学更具表现力。一个教学内容往往可以用多种方式去呈现，因此，在在线教育课程生成过程中需要仔细研究与分析，从而达成最佳的教学效果。

在线教育课程的呈现方式多种多样。生成在线课程，需要经历脚本编写、结构设计、版面布局、文字处理、图形图像、动画制作、视频摄录、音频录制等环节。在线教育课程中，视频课程是一类重要的教学资源，相对于以网页、PPT等方式呈现的课程来说，其设计与制作难度更大。当然，设计与制作精良的视频课程效果也会非常明显。因此，这里重点就视频课程建设进行分析。

要设计和制作出受欢迎的在线教育课程，必须遵循视频资源制作的规律，结合视频传播的特点来设计教学信息呈现方式。由于视频主要通过视觉和听觉这两大感觉通道传递信息，因此，设计与制作在线教育视频课程，要切实把握这两大感觉通道的特征。

一、视觉信息的设计

在视频类教学资源中，通过视觉信号传递的信息量约占总教学信息量的80%，所以良好的视觉信息处理是关键。在在线教育课程中，视觉信息涉及两个层面的内容：一是教学内容的可视化处理，这与教学设计有关；二是画面的艺术性处理，与拍摄、制作水平有关。在教学内容的处理上，在线教育课程的主要任务是把教学信息尽量可视化。视频的优势并非传递抽象的文字信息，而是传递具体、直观的图形、图像信息，特别是连续的、动态的图像信息。因此，把原先相对抽象的教学内容转换成具有较强可视性的画面信息，是在线教育课程设计中的关键技巧。

以下是几种常用的教学信息可视化方法：

（一）抽象概念形象化

在线教育课程的教学内容往往涉及很多概念，文本教材一般直接用文字符号来表达相关信息。在在线教育课程设计中，则需要把各种概念尽量形象化，这样既有利于发挥视频的优势，又能帮助学生更加直观、有效地接收信息。

（二）数字、关系图示化

在线教育课程的教学内容中如果涉及数据信息，图示化是最简洁有效的表达方式。把枯燥的数据关系转换成图形关系，能够更加直观、有效地说明问题。灵活使用坐标轴、饼图、柱形图、曲线图等数据可视化工具可以使教学内容更加清晰易懂。此外，巧妙运用类比、比喻的手法来说明数据之间的关系，会使信息的呈现更加生动活泼。图示、比喻的设计手法在处理数字类、关系类的教学内容时非常有用，容易让在线教育课程达到有用、有趣的教学效果。

（三）信息呈现动态化

视频最擅长表达和呈现过程性、动态化的信息，深入分析和研究教学内容，发掘教学信息中可以"动"的元素和成分，加以恰当的设计和运用，就能制作出生动的在线教育课程（见

表 2-3）。

表 2-3　教学信息动态呈现的设计

教学内容	动态成分的发掘	设计方法
明显可动（如：动作技能、操作过程、现象过程等）	内容自身的连续变化	直接呈现动态过程
隐性可动（如：工作原理、技术路线、发展历程等）	内容的主次关系、时间的先后次序	按照内容的逻辑次序，动态呈现信息
不可动（如：语法、理论、写作、解题等）	人的思路	按照问题分析的思路，动态呈现信息

有些教学内容本身具有动态性特征，如实验操作的过程、自然现象的变化过程等，直接使用视频来呈现教学信息是最简单有效的方法。有些教学内容相对抽象，动态特征不太明显，如工作原理、技术路线、历史进程、发展思路等内容，需要设计者根据教学内容的自身特点，合理安排信息的呈现次序，利用信息的动态呈现引领学生的思路，循序渐进地展示教学内容。信息的动态呈现，既能有效展现事物的时空关系，又能帮助学生理解和记忆。还有一类教学内容抽象程度更高，与动态化无关，比如写作方法、解题技巧、语法要素、学科理论，等等。对于这类教学内容，可以从发掘人的思维过程的动态性入手，依据分析问题的思路来安排信息的动态呈现。同时，还可以使用动态的图标、箭头、线条、闪烁等手法强调内容之间的关系，帮助学习者理清思路。

综上所述，在线教育课程中视觉信息处理的关键是把教学内容中抽象的概念形象化、枯燥的数据图示化、复杂的关系可视化、静态的信息动态化。简而言之，就是要把教学信息尽量可视化、动态化，充分发挥出视频媒介的优势。

二、听觉信息的设计

声音是在线教育课程用于传递信息的另一个重要途径。一个优秀的在线教育课程中，声音不但用于讲解教学内容、营造学习情境，更是主讲教师展现语言魅力，彰显教育情怀的重要渠道。透过声音，教师的存在感更显真实而生动；透过声音，在线教育课程的品质可以提升到一个新的高度。

（一）解说词

在线教育课程中声音的运用主要分为两类：一是解说词，二是背景音乐。带解说的在线教育课程更加贴近真实的课堂教学情境，容易为学生接受。需要注意的是，在线教育课程中的解说词是对画面信息的必要解释、说明、提示、补充，不是对画面文字的简单重复。有些在线教育课程用画面呈现大量的文字信息，解说则是对照画面上的文字进行简单复述，这样的设计有大量的信息冗余，容易令人生厌。正确的做法是，画面信息的处理要尽量可视化、动态化，文字尽量简约，宜少不宜多。解说词则需要参照画面内容单独撰写，既要有针对性地补充画面信息，又要能够起承转合，起连接贯通整个在线教育课程的作用。

此外，在解说词的录制中，教师还需要注意自己的语音、语速、语调、节奏、情感等因素。很多教师在话筒前面，说话往往感觉不自然，录制的语音给人以生硬、呆板、有形无神的感觉。因此，教师在录音前需要调整好自己的感觉、心理状态，才能录制出效果理想的解说词。

（二）背景音乐

有些在线教育课程没有配解说，这类在线教育课程就应该选择合适的背景音乐，配上必要的文字说明。背景音乐的选用需要注意一个问题：音乐的内涵是什么？每首音乐都有其创作的独特背景，也有其要表达的特定含义。在线教育课程选用的背景音乐应该与在线教育课程的内容相匹配，至少不相违背。合适的音乐可以衬托乃至提升整个在线教育课程的品质，如果不加分辨随便选用音乐，就有可能出现张冠李戴、贻笑大方的情况。此外，如果在线教育课程中需要使用几段不同的背景音乐，除了注意内容的契合度外，还要注意主次分明，即以一种音乐为主，呼应首尾；其他音乐为辅，穿插使用。音乐过多易显杂乱，同一个在线教育课程使用的音乐最好不超过三种。

总而言之，生成在线教育课程时要充分发挥视频媒介的优势，合理设计视觉信息与听觉信息，有机结合两种感觉通道进行信息表达。视觉、听觉相得益彰，就像两条腿走路，既分工又合作。

2.2.5 形成助学资源

助学资源，这里指与课程和专题相关的各种教材、教案、课件、习题、题库（试卷）、教育软件以及辅助教学的相关信息公告（如课程信息、课程导学与课程公告）等。这些资源的收集、整理、制作和填写也属于课程开发范畴。

教材是供教学用的资料，如课本、讲义等。包括文字教材、音像教材等。在线教育教材，通常以多媒体的形式存在。

教案（导学案）是教师为顺利而有效地开展教学活动，根据课程标准和学习者的实际情况，以课时或课题为单位，对教学内容、教学步骤、教学方法等进行的具体设计和安排的一种实用性教学文书。包括教材简析和学习者分析、教学目的、重难点、教学准备、教学过程及练习设计等。

课件是根据课程标准的要求和教学的需要，经过严格设计，并以多种媒体的表现方式和超文本结构制作而成的课程软件。它与课程内容有着直接联系，是为教案服务的，是教案的一部分。

习题是一门课程或者一部教材为学习者提供的，可供练习和实践的、具有已知答案的问题。

题库（试卷）是按照不同的学科门类及其内在联系，将不同的试题分门别类地汇集起来，为特定学科知识和技能测试提供备选试题的一种系统资源。试卷可以简单看作题库的一种。通俗地讲，题库可以理解为大量试题的集合，也可以理解为一种数据库。

教育软件是为教育服务的软件系统。其分类繁多，可根据实现功能、学科专业、应用范围等多种分类方式进行划分。从广义来看，在线教育平台本身也是一个教育软件。

课程信息、课程导学与课程公告等辅助教学信息，是向学习者提供课程学习简要信息、引导学习者完成学习任务的公告性资源，对于更好地开展在线教育工作、提高在线教育课程教学质量有着间接的促进作用。其中，课程信息包括本门课程的性质、主要内容、学习目的、学习任务以及教师简介等；课程导学是指导学习者如何学习本门课程的信息，如学习目的、适用对象、学习内容、证书要求、预备知识、参考资料等；课程公告主要是告知学习者本门课程在线开课时间、答疑辅导时间等。

2.3 在线教育课程开发需要注意的问题

设计开发在线教育课程，不仅要遵循设计开发的基本流程，还需要考虑方方面面的问题，这是国内外在线教育实践的经验总结，具体如下。

2.3.1 控制单元时间

在线教育课程中，会大量用到微课、微视频等新形式、新技术，这就产生一个问题，即微课、微视频到底需要多长时间较为合适。美国斯坦福大学和康奈尔大学两篇分别基于 Coursera 和 edX 数据的论文，分析了 edX 上 690 万条视频观看记录之后，得出了一个较为惊人的结论：无论视频多长，用户实际观看时长的中位数都不超过 6 分钟。而且 6~9 分钟的时长是个拐点，更长的视频实际观看的中位数反倒会下降。比如长度超过 12 分钟的视频，实际观看中位数只有 3 分钟。所以，"微课、微视频到底多短最合适"这个问题有了标准答案——6 分钟。

在我国，2013 年 6 月一项面向中小学首届微课大赛参赛微课视频时长的数据分析表明：3~7 分钟为最佳时长，太长效果不好，太短则讲不清或视频编辑技术要求高。即 87%以上的微课教学视频长度都小于 10 分钟。其中 75%的视频时长在 5~8 分钟之间，小于 3 分钟的则不到 6%，超过 10 分钟的不到 13%。可以看出，中小学微课视频长度最长不宜超过 10 分钟，5~8 分钟最为适宜。不同学科、不同学习对象略有不同。

2.3.2 把握讲授语速

由于微课、视频短小且又要包容足够的知识点，因此，讲授语速非常重要。虽然统计数字表明语速和视频吸引力并不完全成正比，但当语速达到每分钟 185~254 个单词，对应中文为每分钟 300 字左右时，无论视频多长，都能获得相对更多的注意力。原因比较好理解，快语速常常伴随着激情，而激情富有感染力，感染力更能打动学习者，让他（她）更加专注。所以，教师越热情，甚至是越激情，越能吸引学生。

语速加快，讲授同样内容所需时间就会缩短，这样产出的视频就可以接近甚至达到 6 分钟的建议长度了。只要录课前做好规划，让内容更紧凑，节奏更快，不说废话，不机械重复（学生可以自己重复看），剪掉"嗯""啊"等口头语，短小精悍的视频就不难实现。

从某种程度上来讲，同样内容的教学视频，长度越短，学生的学习效率越高。这就是微课、微视频制作必须要求老师具备的"语言观"。微课、微视频大多摆脱了在嘈杂的课堂教学情景中摄制的方式，采用了"可汗学院式"视频（一个人、一台电脑、一个话筒、一个 PPT 课件的一对一辅导的录制方式），只录制教师讲授的内容及操作（一般用鼠标或手写板代替），而教师讲课时的头像和肢体动作不直接录进微课视频中。这就要求老师的语言必须声音清晰、发音标准、语速适当（甚至可以偏快，因为学生看视频时对于偏快偏难的地方可以暂停或重复观看）、富有感染力，甚至可以适当幽默风趣一点，能把电脑或移动设备面前学习者的眼球和注意力吸引住。

2.3.3 注意动静结合

微课、微视频由于十分短小,要做得精致,因此,给人的印象是授课教师的头像可有可无。事实并非如此。对大于 6 分钟的视频,有教师讲课头像的和纯 PPT、软件操作等录屏式微课视频相比,前者收获的关注更多。究其原因,是因为头像总在动,比一直处于静止画面的单调录屏更能"提神"。据统计,多数学习者比较喜欢那种头像嵌入视频一角,即画中画的形式。当然,前提是在 PPT 中把那一角特意留出来,头像不应遮挡该看到的课件内容。

由此可见,教师的头像在某种教学情景下也是一种重要的学习资源。在我国,学习者受传统的班级教学影响深刻,没有头像的课,不仅教师自己看着不习惯不自然,学习者更会觉得,没有老师的现场感和亲切感以及监督感,自主学习能力减弱,学习一段时间后很容易分神。因此,中国式微课、微视频可以走"折中"路线——教师头像可以在片头片尾出现,中间偶尔出现,重要内容时可以出现,小结时也可以出现,甚至教师头像的画面位置和大小都是可以设置的。

2.3.4 善于营造气氛

基于 Coursera 和 edX 数据的论文还表明,微课、微视频最受欢迎的特点之一是要善于制造一对一的感觉。对教师来讲,大都习惯于教室的教学气氛——黑板/大屏幕、教鞭或 PPT 激光笔、站在讲台上、走来走去、学生全部面向教师,甚至安排一些学生假装听众来提起讲课的兴致。但数据分析表明,这种在教室/演播室配置昂贵设备录制的视频,在吸引力上其实不如更低成本的私人录制方式。教师坐着,面对镜头,背景就是办公室,像在做单独辅导一样地讲课,效果是最好的。这样很容易产生一种亲切感,而且与坐在电脑前的学生所处的学习环境最契合。

这里的关键点就是让学生有一对一的感觉。传统线下教育提示我们,面对面、一对一才能达到最佳教学效果,坐下来直面镜头,就基本创造出了这种感觉。语言上再多用"你"而不是"你们",用"咱们"而不是"大家",气氛就有了。很多不谙此道的老师课程开头第一句话总是"同学们,大家好",这通常在那一刻就"出戏"了。

一对一教学的感觉很重要。微课、微视频就是为学生的自主学习、一对一高效学习而设计制作的,是给学生看的而不是给老师看的。一对一学习里蕴藏着最扁平化的学习理念——学生直接与学习内容或讲解操作过程交互,没有多余的、无关的甚至是无效的中间教学环节,如传统课堂教学中的与同学讨论、分享、交流、回答,即使有,也是学生在心里、一个人的思考与活动。学生可以按照自己的爱好和风格按需学习——容易的内容可以跳着看、不懂的地方可以反复看,或者暂停一会儿去查相关资料弄明白相关基础知识后接着看。同时,看的时候可以线上提问题、做练习、做笔记,待完全掌握后再看下一个微课、微视频。这样的学习效率通常会特别高,且不会遗留下空白。

2.3.5 讲究教学工具

在线教育需要录课设备、教学用工具等硬件设施设备。那么,教学硬件设施设备是否越高档、越充足,对在线教育课程教学质量效果的支持就会越大呢?答案是否定的。以可汗学院的视频为例,其录制的视频基本上只用到手写笔(板),所以有学者干脆将这种视频称为"可汗风格"。统计表明，与传统单纯的录屏式微课相比，学生更愿意在可汗风格的视频中投入1.5～2倍的时间。老师边讲边画，给人的感觉是在一对一讲题。或者在一片白板/黑板上用板书讲课，或者在PPT上勾画要强调的内容，手写笔的效果远胜过鼠标单一的指示与播放，让学生很清楚地知道该看哪里，并忠实地跟着老师的思路同步思考，从而实现学习过程思维的可视化。可见，教学用工具不一定非常高档、多样，手写电磁屏和手写笔就是非常值得配备的微课、微视频教学工具。

2.3.6 把握学习特点

在线教育课程学习体现出一个令人惊讶的特点：学生越活跃，成绩越高。那么，什么时候选课的学生最活跃呢？研究表明：在新课程正式开始前半个月，到课程第一次作业截止这段时间里选课的学生，其中的活跃者比例远高于其他时间选课的。所以，在线教育课程宣传的最佳时机，就是开课前后。不过值得一提的是，自开课时间起，哪怕到了课程结束之后，加入课程但只看视频的学生始终保持着较高的比例。他们虽然不交作业、不考试，但也能从视频中有所得，这也是课程价值的体现。所以有些慕课课程结束后就彻底关闭、连视频都不给人看的做法，是不合适的。另外，60%的学生是在课程开始前选课的，所以足够长的预告期还是有必要的。

基本上，学生的最终成绩与其看视频、做测验、交作业和参与论坛互动的次数是成正比的。也应了那句"一分耕耘一分收获"的老话。但"读论坛"这项活动有个独特现象，在80～100分这个区间会变成反比，也就是分数越高，论坛看得越少。这说明学霸对论坛的依赖度不高。论坛主要服务于非学霸。但不要以为学霸对论坛就没贡献，事实上他们很重要。统计数据表明，占据论坛沙发的学生其论坛活跃度都很高（侧面说明人数少），而且他们的平均成绩也在80分之上。

统计表明，并没有任何视频成为明显的学习终结者，但确实有些作业题目成为障碍，大量的学生被挂在上面。这说明学习中止的很大原因是遇到困难，而非单纯的懒惰。如果能在解题过程多提供一些帮助，如志愿者在线辅导答疑、个性化学习资源的推送、定期的学习诊断报告与建议、进阶式积分式的学习激励机制等，可以帮学生走得更远。

2.3.7 摒弃传统习惯

在线教育课程教学与传统线下课程教学是有相当大区别的。因此，对于教师来说，一定不要把课堂讲课的习惯与模式照搬到在线课程中。

授课是一项以对象和目标为导向的活动，在线课程的授课对象构成更复杂，包括年龄、基础、地域、作息习惯、文化背景等，学习目的也多样，如拿证、深入学习、大体了解、解决手头问题等，再加上学习工具与环境的各不相同，可想而知照搬课堂授课的效果会多差。作为在线教育教师，放下自己赖以成名的传统教学习惯与观念，用"小白"的心态重新学习如何在线授课，是扎实做好在线课程的第一步。

第 3 章 在线学习与支持服务

学习者是在线教育的中心,在线学习是在线教育的主体活动,学习支持服务是完成在线学习活动的保证。在线学习与支持服务是在线教育的重要组成部分,了解和把握在线学习的特点、规律,探索在线学习支持服务的系统、功能,对于提升在线教育的质量起着至关重要的作用。

3.1 在线学习的内涵与特点

在线学习作为一种新的学习方式,引发了一场从教育观念、教育内容、教育方法、教育手段到教育模式、教育过程的全方位的深刻变革,已经引起教育部门和相关工作者的高度重视。

3.1.1 在线学习的理论与内涵

一、在线学习的理论基础

在线学习的本质是网络环境下的教学设计。对在线学习内涵的理解,必须以建构主义理论、联通主义理论、教育公平理论和终身教育理论等作为理论基础。

(一)建构主义理论

建构主义理论最早起源于18世纪的西方,刚开始是一种哲学理论,后来经过西方众多教育家的拓展,最终形成一种新型的基础教育理论。作为一种新型的学习理论,建构主义理论对学习提出了诸多深刻的见解,所蕴含的教学思想主要反映在知识观、学习观、学习者观、师生角色的定位及其作用、学习环境和教学原则等六个方面。其核心是:以学习者为中心,强调学习者对知识的主动探索、主动发现和对所学知识意义的主动建构。

首先,建构主义理论认为,学习的过程不应该是被动的接受,而是一种积极地主动接受的过程,通过积极主动地对知识进行汲取与吸收,可以使人们的学习效率以及学习水平最大限度提升。在课堂学习中,教师不仅仅是简单地传授知识,学习者也不是简单地被动接受。学习者通过对于教师传授知识的吸收和与外界环境的接触与学习互动,实现对于原有知识的巩固与提升。其次,建构主义理论同时对学习者所接触的知识提出了新的解释。所有一切可以称为知识的展现形式,都可以看作是建构主义理论的知识需求范围。对于这些不同的知识表现形式,学习者可以有选择地接触与掌握,同时结合学习者的经验背景、知识框架,对于这些基本的知识进行选择性理解。

（二）联通主义理论

西蒙斯在"联通主义：数字化时代的学习理论"一文中系统提出了联通主义的思想，指出学习不再是一个人的活动，而是学习时连接专门节点和信息源的过程。在线学习依托新的、高度交互的、高度网络化的媒介，将学习集中在与专业知识系列的连接方面。

联通主义认为学习主要是关系网络形成的过程。联通主义是一种由混沌理论、网络理论、复杂性理论与自组织理论等集成的理论原则。知识和学习过程发生在模糊不清的环境中，只有部分核心环节会受个人控制。西门子非常强调学习发生时的社会性特征，这也为终身学习的实现提供了条件。不管是实践社区理论中的学习概念，还是协作学习理论中的学习概念，都把学习看成是普遍存在的社会活动。因此，联通主义是一种将社会网络应用到学习和知识上的理论。

（三）教育公平理论

教育公平的本质在于人们接受教育的权利平等和机会均等，其核心是机会均等。1960年，联合国教科文组织详尽阐述了教育机会均等的概念，认为机会均等应包括：入学机会均等、进入不同教育渠道的机会均等以及取得学业成功的机会均等三个层面。

目前，学习者由于所在区域、个体差异等现实情况，导致学习机会存在不均等现象。在线学习就是试图消除不均等现象，走出一条切实可行的远程培训发展之路。

（四）终身教育理论

终身教育理论核心的内容就是关注学习者一生所需素质的养成，在时间、地点及学习方式、方法等方面给学习者提供自主、多样、灵活的选择。终身教育体系的形成和完善过程也就是"两个转变"的实现过程：一是满足个人或社会对教育的功利取向的应急需要，转变为个人或社会对教育的多取向的长远需要；二是从学习者被动地选择教育，转变为学习者自觉地接受终身教育。

二、在线学习的内涵

20世纪中后期，随着计算机技术和网络通信技术广泛应用于远程教育，远程学习的一种新形式——在线学习如火如荼地发展起来。在计算机技术领域，线最初的含义是指用于登录计算机网络的线路。在线一词专门指用户计算机网络已经连接就绪，可以通过网络进行信息沟通的状态。

对在线学习一般有狭义和广义两种理解：狭义的在线学习是指教与学的所有参与者都要同时在线并且互联，实质上是一种基于计算机网络实时同步通信交互的学习；广义的在线学习即将所有通过计算机网络特别是互联网实现的教与学活动都归为在线学习，实质上是将基于计算机网络的实时同步通信和非实时异步通信的学习全都包括在内了。

在线学习是指学习者通过应用计算机网络通信技术，获取学习相关的数字化资源而实现的一种远程学习的形式（Dublin，2003）。一般而言，凡是基于计算机媒介通信（CMC）开展的网络学习活动，如各类虚拟学校、教育网站、网络课程以及各种在线教育培训系统等，都属于在线学习的范畴。在线学习是第三代远程教育——开放灵活的远程学习中最重要的一种远程实践形式。其意义不仅表明在有网络的地方学习活动将无所不在，更重要的是它标志着一种社会性学习的出现，学习活动被赋予了社会化属性。

目前网络上已有完善的在线学习平台系统。这样的学习平台系统可以智能地将一个云题库与平台对接，根据你的学习需要去完成你的学习目标。例如学习者可以在线学习与自己学习同步的课程体系然后同步作答题目，作答完成后由系统智能为你呈现解题过程，辅助你提高学习成绩。

在线学习概念一般包含三个主要部分：以多种媒体格式表现的内容；学习过程的管理环境；以及由学习者、教学者组成的网络化社区。

3.1.2 在线学习的分类

所谓分类，就是指根据所选事物的本质属性、基本特征等来对它们加以区分，并将最终的分类结果按照适当的顺序进行整理、汇总的活动。在线学习可以按照宏观和微观两个层面进行分类。

从宏观上看，按照在线学习举办方的不同，可以将在线学习系统分为：政府主导构建的在线学习、学校支持构建的在线学习、校企联合举办的在线学习以及企业自主创办的在线学习等四大类。本书重点从微观上对在线学习进行分类。

微观方面，首先，从学习平台的使用功能方面来划分可以将在线学习的学习平台分为两大类：自主式和引领式；其次，从在线学习的学习者这一组成要素来看，根据学习者的学习层次不同可以将在线学习系统的学习对象分为三大类：基础教育的学习者、全日制普通高等教育的学习者和成人高等教育的学习者；再次，从在线学习的管理者、组织者所采用的组织方式方面来看，根据在线学习的组织者对在线学习的定位、在线学习创办的目的以及在学习者学习过程中所起的作用，可以将在线学习分成三大类：自主开放式、辅助教学式和学分认证式。如图 3-1 所示：

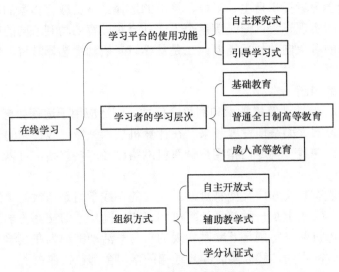

图 3-1 在线学习的微观分类

一、基于学习平台的分类

（一）自主式在线学习

自主式在线学习就是在整个学习的过程中有学习者、学习资源和学习平台三种因素存在，学习者可以自己确定学习的主题或学习目标，以自己的方式来自定步调进行学习，并利用自己的元认知监控能力来对自己的学习过程进行监督的一种学习方式。从其实质上来看，自主式学习属于自学的范畴。它的最大优势就是以人本主义理论为基础，从学习者自身出发，让学习者享有完全的自主权与支配权。自主式在线学习模式如图 3-2 所示。

图 3-2　自主式在线学习模式

总体上看来自主式在线学习属于一种接受式学习，但它又与传统课堂的接受式学习不同，它是将教材和课堂内容数字化，并将其放到在线学习平台中，供学习者在线学习。自主式在线学习中主要的活动是学习者学习，在自主式学习的过程中学习者的学习行为可以完全由自己来调节和控制。自主式在线学习比较注重学习内容方面的建设，自主学习的核心就是学习内容。学习的内容可以是学习平台上提供的网络课件、电子图书或学习平台中提供的网络视频课程，也可以是为学习者提供的用于自主探究式的学习内容。

（二）引领式在线学习

引领式在线学习是一种以教学者为主导、学习者为主体的学习，它以教学者的引领为关键点，以促进在线学习者之间的交流、协作为出发点，以引导学习者充分利用学习资源学会如何学习为目的。引领式学习模式如图 3-3 所示。

图 3-3　引领式在线学习模式

引领式在线学习是一种将教学过程数字化的学习模式，教学者和学习者之间的沟通是这类学习系统设计的重点，引领式在线学习强调整个学习活动应以教学者为主导，以学习者为中心，学习者是引领式学习的主动建构者。在这种学习模式中教学者和学习者都是全程参与的，课程实施的重点不仅包括课前的教学设计，教学过程中的引领、互动更是重中之重。教学者通过使用各种手段策略来诱发、引导学习者去对所学知识实现意义建构。该模式将引导学习者快速、有效地利用学习资源以及为学习者提供有关学习上的支持服务放在首位，不主张将学习内容填鸭式地硬塞给学习者，教学过程中比较关注学习者主体作用的发挥，通过教学者的引导与鼓励让学习者积极主动参与到学习的交流、协作中来。在引领式学习过程中教学者所采用的教学策略主要有"支架式""抛锚式""启发式"等多种形式。学习的过程中通过角色扮演、网络实时交互、头脑风暴和研究性学习等学习方式来完成教学者的教和学习者的学。

二、基于学习者的学习层次分类

（一）面向基础教育

基础教育中的学习者主要是中小学生，他们年龄比较小，好奇心也比较强，元认知的监控能力相对来说比较弱，这就要求这类在线学习要具备完善的师生交流、教学者监控、家长监控等功能。通常面向基础教育的在线学习平台是严格按照学习者的一般特征（主要是年级的差异）来划分各大系统功能模块的。目前我国面向基础教育的在线学习平台可谓包罗万象，功能模块设置也大同小异，教学效果的差异关键在于师资力量、教育动态的把握以及教学管理能力等方面。大家比较熟悉的面向基础教育的在线学习系统主要有各类网校（校企联合的、企业独立举办的）、天空教室以及学习型网站等。

（二）面向普通高校

面向全日制普通高等教育的在线学习系统就是专门为全日制普通高等教育的学习者准备的。与面向基础教育的在线学习系统不同，这类在线学习系统具有非常强的专业性，它对各个模块进行划分的依据不再是以年级为单位，而是以专业为界限，严格按照教育部规定的十三大学科门类来对系统中的知识进行归类、整理。这种学习系统中对学习者监控方面的功能较弱，更多地注重与学习者之间的交流与沟通，学习者的自主学习占主导地位。这类在线学习系统主要有国家精品课程、省级精品课程、高校视频公开课以及各高校电子图书馆等。

（三）面向成人高等教育

我国成人高教主要有广播电视大学和各大高校网络教育学院两种形式。支持成人进行网络化学习的在线学习系统主要有：电大在线学习平台、普通高校的网络教育学院两种形式。

三、基于学习系统

（一）自主开放式

自主开放式在线学习系统是一种资源型的在线学习系统，主要是为学习者提供各种用于自主学习的资源。在自主开放式在线学习系统中，学习者对教学平台的使用是完全免费的，学习者的学习方式是自主式的，在学习的过程中没有引导者、监控者等角色。学习者可以通过注册一个自己的账号、密码进入学习系统中进行学习。

（二）辅助教学式

辅助教学式在线学习系统主要作用是对课堂教学进行补充，它面向的对象主要是基础教育的学习者，是对基础教育课堂的一种辅导、补充。辅助教学式在线学习系统通常将学习内容按照年级、科目、章节进行划分。教学课件、课堂视频、课后练习等具体到各章各节，严格按照教学大纲的规定来对学习者的学习进行课后辅导，它们有严格的教学计划、教学步骤、对教学过程进行专业化的设计。这类学习系统通常是由进行基础教育的学校或者学校和企业合作来举办的，它们汇聚全国各地的优秀师资、优质的学习资源来为学习者提供服务，这类学习系统以为学习者提供学习服务从而获得经济利益为目的，因此在使用辅助教学式在线学习系统进行学习时，需要相应的资金支持。

（三）学分认证式

学分认证式在线学习系统主要是面向成人高等教育，是对成人学习者进行的一种继续教育。它是一种类似于传统学校教育的网上教学系统，具有学校教育的一切功能，包含教育教学的管理机构、教学机构、考核机构等。通过考试来招收学习者，考试合格后方可进入学习系统中参加正常的学习，学校教学采用学分制，学习者通过课堂上课、课后作业、最终考试等形式来获得学分，学分修满后获得国家承认的学历证书。进行这类学习的学习者大多是在工作岗位上的工作人员，因此授课时间通常设在中午、晚上或者周末、节假日等休息时间里，采取网络课堂或教学点面授的方式展开。

3.2 在线学习的要素

3.2.1 在线学习的基本要素

从系统论的角度来看，每个系统都是由不同的要素构成的，系统范畴具有普遍性。世界上存在着各式各样的系统，但是，无论什么样的系统都是由要素组成的，在线学习作为一种教育活动，也是人类社会系统的一个子系统，它也是由要素构成的。依据系统论的观点，对于在线学习要素的选择首先要坚持系统与要素的关系，把握要素所具有的一般性特征。

从本质上而言，在线学习与传统学习是相同的，它们都是为了让学习者达到具体的目标而进行的有组织的、有计划的认知活动。但从教学过程上来看，在线学习和传统学习有着本质的区别。传统的学习比较注重老师在教学中的地位和作用，学习者的整个学习过程都是在老师的监督与控制之下进行的，老师在整个教学过程中占据主要地位，起着主要作用；而在在线学习环境中，学习者的学习活动主要是通过计算机网络来进行的，通过计算机来与外界进行交流与沟通，这种情况下，学习者便成了整个学习过程的主人，老师起到的作用相对来说就很小了，主要是以引导者的身份出现的。在线学习的学习过程可以用一个类似大气层的结构表示，如图3-4所示。

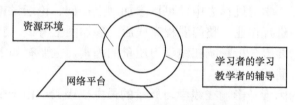

图 3-4　在线学习过程各要素模型

在线学习过程中，中心部分是学习者的学习以及教师的辅导，它将学习者的学习作为整个活动的中心，以教师为主导、以学习者为主体。在外部环绕的是资源环境，它犹如一个地球的大气层，将教师的教和学习者的学包围在其中，为整个教学活动提供养分，是在线学习系统存在的必要前提，没有资源，教师与学习者之间的教学活动便缺乏存在的可能。在资源环境的内部有一个师生交往的空间，这是教学实施的本质所在。网络教学平台是支撑在线学习系统中其他要素的基础，它是教师与学习者在进行网络化教学过程中所使用的基本工具，是网络资源借以展示的基本手段。中间部分师生的交往，包括教师辅导、学习者协作、自主探究等内容，它是教学过程要素的中间环节，是连接其他要素的桥梁，也是实现教学价值诉求的核心要素，教师的主导作用、学习者的主体作用在这里得以充分体现。

根据以上要素的分析，整个在线学习过程模型可以简化为图3-5。

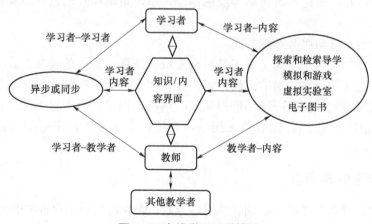

图 3-5　在线学习过程模型

从图 3-5 中我们可以看出，在整个在线学习的过程中，主要有三大部分：在线学习的主体要素、客体要素以及组织形式。在线学习的主体要素是指在线学习系统的使用者，包括在线学习的学习者和指引学习者在线学习的老师两部分因素；在线学习的客体要素主要指进行学习活动时所需的学习工具、学习资源等，例如：网络课件、电子图书、虚拟实验室等。因此，在线学习通常包含四个要素：学习者、教学者、学习资料、学习支持与服务系统。

整个在线学习的学习过程就是教师和学习者利用在线学习系统所提供的学习工具、学习资源等来进行同步的、异步的教育教学活动的过程。

3.2.2　在线学习的影响因素

在线学习的一般流程是：学习者点击在线学习平台，注册登录，选择学习课程，即可开始这门课程的在线学习。学习过程之中，可以参加网上提问、论坛讨论等活动。每章节学习过程中，在课堂练习中进行作业。整门课程完成后，参加网上考试，获得相应成绩。

从在线学习包含的要素分析影响在线学习质量的因素，主要有如下几个方面：

一、学习者自身方面

来自学习者自身的因素是影响在线学习质量的最主要因素。由于受传统教育根深蒂固的影响，我国学习者对网络学习方式表现出不适应，自我监控能力不强，不能形成自主使用网站学习的习惯。有调查认为，学习者对在线学习方式不适应、自控能力差是在线学习质量差的主要原因。

二、教学者方面

如果教学者的在线答疑辅导很少、课程论坛得不到及时回复，容易影响学习者的积极性；受交互工具所限，学习者与学习者、学习者与教学者之间的交互很难发生；教学者在线教学能力不过关，习惯于传统教学方式的教师往往不能很好地适应在线教学方式。

三、学习资源方面

在线学习资源很大程度上仍然基于课堂搬家，缺少整合，与实际缺少联系，难以吸引学习者注意力并激发其学习积极性和好奇心；现有的在线资源重复的太多、优质的太少；在线教学机构在课程设置、资源开发上很少考虑学习者年龄特征、学习特点，针对性不强，个性化学习质量大打折扣；缺乏学习策略与反思指导，学习策略和互动设计没有很好地融入在线课程中。

四、在线学习支持与服务系统方面

在线学习支持与服务系统的交互工具、视音频的质量、界面的美观性、系统易操作性、系统安全性和稳定性及网络传输的流畅性等，这些因素都会影响到在线学习的质量。另一方面，学习者遇到困难时，如果问题不能得到及时解决，积极性会大打折扣，在线学习的质量也将无法保证。因此，应当有优质的在线学习支持与服务系统，使得学习者能够便利地获得帮助信息。

3.2.3　在线学习的学习者

在线学习的学习者在年龄与性别、学历与专业、职业与经历、素质与能力、兴趣与爱好、个性与习惯，以及学习者的学习动机与目标、学习能力与态度、学习策略与方法等方面差异明显。而在线学习的特点决定了学习者以自学为主,学习者的大部分学习时间与教师和其他学习者是分离的,没有教室,更没有课堂的氛围,这些特点会使得许多刚刚开始在线学习的学习者不可避免地遇到一些困难或有些不习惯。

因此,研究在线学习者的学习特征和学习动机,分析在线学习对学习者的要求以及学习者必须具备的相应能力,能够使在线学习者更好地进行在线学习。

一、在线学习者的学习特征

(一)弱受控性特征

一是学习资格获取的弱受控性。在线学习入学资格获取的难度远低于校内教育。学习者的学习目标也大相径庭,混学历和走过场的现象比较普遍。二是管理方式的弱受控性。在线学习活动具有较明显的随机性,在线学习者完全可以是自由地或准自由地计划和安排自己的学习活动。

(二)自主性特征

在线学习过程是学习者在一个相对独立的环境下,主动获取各类数字化教学资源、通过与教学者和其他学习者的在线信息交流最终完成自己的知识构建过程。由于在线学习中教与学的时空分离,以及远程学习的弱控制特征,学习者主要是依靠自己确定是否学习、学习内容以及如何学习,个体的自主性特征起到决定性作用。

(三)协作性特征

由于在线学习师生之间的时空分离,造成师生之间、生生之间缺乏实时人际交流、讨论和答疑辅导等问题,因此,在线学习中的协作学习应运而生。协作学习是指若干个学习者在具有一定结构的协作小组中学习,共同完成一个或几个学习任务,以达成共同的学习目标,使组内的全体成员都能在相互促进的学习过程中获取知识、培养社交技能。远程教育者探索出了基于计算机网络构建的包含良好互动活动的协作学习环境,实现了教学交互和协作学习,学习者的积极性与参与度大幅提升。

(四)社会性特征

在线学习中学习者通过交互工具间接实现了社会交往过程。与传统课堂面授教育相比,师生之间、生生之间在在线学习期间形成了临时的小规模社会群体。这个群体按照一定的组织结构有规律地进行教学活动。其中,学习者可以匿名进入学习社区,学习者某些属性特征可以被隐藏,而另一些属性特征被夸大突出,使得具有某种相同属性的学习者集合成一个社群。在这样的学习社区中,学习者从观望者变成积极参与者和组织者,从而形成了具有特有文化价值体系的学习活动。

二、在线学习者的学习动因

在线学习者的学习动因将发挥行为动力作用。学习动因分为内在动因和外在动因两大类,如图3-6所示。一般而言,不同的学习动因,产生的学习动机不同,表现形式也不同,最终达到的学习效果也不同。

(一)内在动因

认知内驱力是一种最重要、最持久和最稳定的内在动因。在线学习者学习的主要目的是为获得相应的专业知识或在职培训。因此,在线教学者要必须深入分析、激发学习者的学习动力。一部分在线学习者由于对所学课程内容具有浓厚兴趣,知识的习得本身就是对他们的奖励;另一部分在线学习者的学习目的主要是为获得相应的学历或合格证书,因此,在线教学者就必须认真组织学习材料和考核方法。无论学习者具有何种内在动力，在线教学者都需要以在线学习的学习者为中心，重点考虑教学内容和评价环节，大力激发学习者的学习内动力。

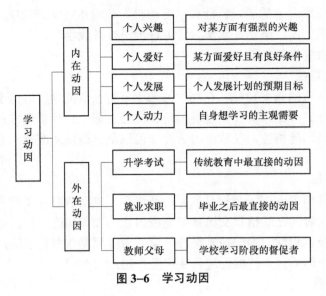

图 3-6　学习动因

（二）外在动因

学习者的外在动因涵盖客观事实的方方面面，如家长期望、学习目标、单位与社会的需要等目的，如何将外在动机转化成为内在动机同样重要。在线教学者需要采用外在调节、内摄调节、认同调节和整合调节四种不同方式、不同层次的调节手段，使在线学习者的外在动机内化。

如图 3-7 所示，在线学习教学者在教学设计和指导行为方面应当努力促进学习者外在动因的内化。在此过程中，要更加注重促进学习者的自主整合调节水平的提高，这是外在动因内化的实质性提高。此外，研究表明，教学者对学习的支持行为中，自主支持可产生最直接的促进作用，而胜任激励支持和人际支持可以间接对动因内化产生促进作用，进而影响到学习者的成绩。

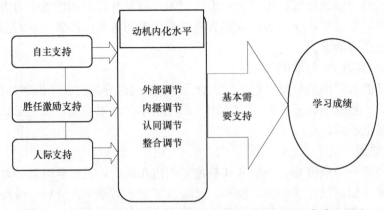

图 3-7　教学者支持行为对学习者外在动机内化及学习成绩的影响

三、在线学习者应具备的能力

学习能力是学习者在正式或非正式的学习环境下，顺利完成学习活动任务的本领，是学习者独立获取、加工和利用信息以及分析与解决实际问题的能力。学习者的基本学习能力主要反映在学习方式与方法、学习习惯、学习意志、学习心智、时间管理等方面。

自主学习是一种现代的学习方式，它以学习者为学习主体，通过学习者独立地分析、探索、实践、质疑、创造等达成学习目的。与传统教育的强约束力不同，在线教育主要是纯自学的模式，其对学习者的约束力相当有限，所以学习者个体的自主学习能力十分重要，学习者只有具备了一定自主学习能力，才能独立、自律、自治地完成学习任务。在线学习要求学习者首先应具备以下两方面的能力：

一是始终保持自发的学习动力。在线学习者的学习动机各式各样，但不外乎提高学历、增加技能、在职充电、扩展职业范围等。他们一般具有较强的学习动机，较明确的学习目的，但是在以后长达几年的学习过程中能否保持住由此产生的学习动力是决定其学习成败的关键。

二是主动探索的精神。在线学习者（或未成年学习者的监护人）应该有能力确定在学习上投入多少时间，制订自己的学习计划，选择并逐渐适应一种学习方法。

四、在线学习者学习的要求

在线学习中，网络等媒体提供给学习者学习机会的同时，学习者也应学会适应网络学习方式。那么，学习者应做到：

一是掌握网络学习的基本技能。

二是激发潜在的学习动机。

三是学会调整自己的学习情感。在网络学习中常常会有孤独感，学习者应在这个开放的平台中主动参与讨论，交流知识和经验等。

四是提高自己的元认知技能（元认知就是对认知过程的积极计划、监控、调节的技能，从而提高学习效率）。

另外，网络系统也应为学习者提供适应性学习支持。根据学习者不同的学习背景、知识基础、学习风格、学习能力等个体差异建立学习者模型，利用人工智能技术进行推理，为学习者提供个性化的学习内容，从而提高系统对在线学习者的适应性。这样达到在线学习中学习者与系统的双向适应机制，使在线学习向更成熟的方向迈进。

3.3 在线学习支持服务

3.3.1 在线学习支持服务的概念与作用

一、在线学习支持服务的概念内涵

学习支持服务这个概念是 1978 年英国开放大学的远程教育专家西沃特首次提出的，该观点逐步成为在线教育界的热点问题。在国外学者中西沃特对学习支持服务的定义是：学习支持服务是一种组织形式，通过这种形式学习者可以充分利用机构的教学服务设施。英国开放大学教育技术研究所主任，远程教育领域专家索普（Thorpe）的定义是：学习支持服务是在学习发生前、学习过程中以及学习完成后，能够对已知学习者或学习小组的需求做出反应的所有元素的集合。我国远程教育学专家丁兴富教授对学习支持服务系统的内涵做了系统性分

析，定义是：学习者学习支持服务是远程教学院校及其代表教师等为远程学习者提供的以师生或学习者之间的人际面授和基于技术媒体的双向通信交流为主的各种信息的、资源的、人员的和设施的支助服务的总和，其目的在于指导、帮助和促进学习者的自主学习，提高远程学习的质量和效果。

基于上述研究，在线学习支持服务是指在线教育机构（院校）为指导和帮助在线学习者自主学习，实现学习者学习目标，通过各种形式和途径提供的各种类型的服务的总和。包括以师生或学习者之间的人际面授和基于技术媒体的双向通信交流为主的各种信息的、资源的、人员的和设施的支持服务。

二、在线学习支持服务的作用意义

在线学习的学习环境是开放式的，需要学习者具有较强的自主学习能力。而自主学习能力并非与生俱来，学习支持服务能够针对不同学习者的不同需要提供个性化的定制服务，帮助学习者确定目标、选择学习内容等，对于提高学习者的学习自主性以及学习质量具有重要意义。在线学习支持服务的目的是指导、帮助和促进学习者的自主学习，学习支持服务是否完善、高效和到位，直接影响到在线学习的质量。

3.3.2 在线学习支持服务构成要素

在线学习支持服务系统基本构成应包含以下要素：

一、门户网站

门户网站是在线学习中与学习者见面的第一站，也是发布信息的主要途径。如图3-8所示，是国防科技大学慕课门户网站。

图3-8 国防科技大学慕课门户网站

学习者登录门户网站后，可以找到一些常见问题的解决办法、寻求帮助的一些途径、与自己相关的一些资源（如必备软件、教师及同班同学联系方式等），以及下一级系统（如学习平台、邮件系统等）的入口等。通过门户网站，学习者可以方便地利用学习平台，选择适合自己的专业和自己喜爱的课程进行学习。

二、学习平台

学习平台是一个包括在线教学和教学辅导、网上自学、网上师生交流、网上作业、网上测试以及质量评估等多种服务在内的综合教学服务支持系统，它能为学习者提供实时和非实时的教学辅导服务。学习平台一般由管理系统模块、学习工具模块、写作交流模块、网上答疑模块、学习资源模块、模拟实践模块、智能评价模块及维护支持模块等组成，旨在帮助系统管理者和教学者掌控各种教学活动与记录学习者的学习情况及进度。凭借该学习平台，教学者可以安排各类教学活动，为学习者的学习过程提供学习支持服务。

如图3-9所示，以军事职业教育服务平台为例，军事职业教育服务平台由互联网服务平台、军综网服务平台、配套条件、技术服务中心和标准规范体系组成。

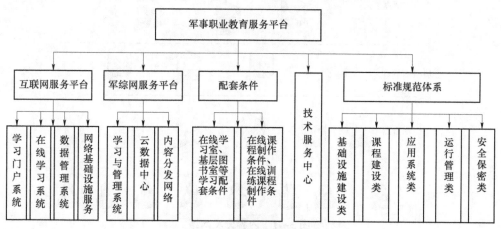

图 3-9 军事职业教育服务平台

与普通学习平台不同，军事职业教育服务平台由于其军事应用的特殊性，有两套服务平台，分别依托互联网和军综网。其中，比较特殊的是军综网服务平台，设有学习与管理系统、云数据中心和内容分发网络。学习与管理服务系统，由在线学习子系统、信息服务子系统、教育管理子系统、大数据分析子系统等构成，主要内容是涉密课程的学习和教育管理服务，其具有一站式在线学习、学籍与成效管理、学习资源管理、在线研讨交流等功能。云数据中心，由2个军事职业教育主数据中心和10个左右分数据中心组成，如图3-10所示。

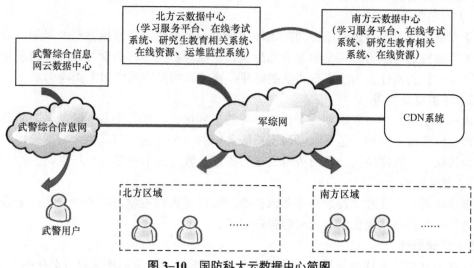

图 3-10 国防科大云数据中心简图

内容分发网络，主要由三级 CDN 网络（1 级节点 4 个、2 级节点 120 个、3 级节点 2 000 个）构成，如图 3-11 所示。其中技术服务中心负责统一采购软件系统，各节点单位负责硬件采购。

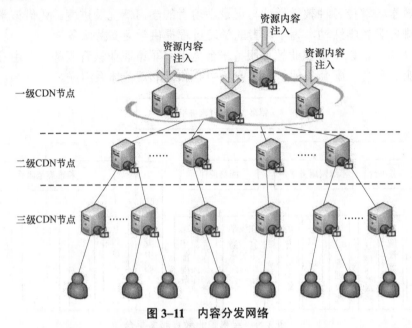

图 3-11　内容分发网络

互联网服务平台设有学习门户系统、在线学习系统、数据管理系统和网络基础设施服务；军综网服务平台设有学习与管理系统、云数据中心和内容分发网络。配套条件分为学习配套条件和课程制作条件。标准规范体系包含基础设施建设类标准、课程建设类标准、应用系统类标准、运行管理类标准和安全保密类标准。

三、学习过程服务

组织实施在线学习整个教学和学习过程可以包含入学服务、学前准备服务、管理服务、毕业服务四个主要的服务方面：

（一）入学服务

入学服务是学习支持过程服务的初始环节，第一个与学习者直接面对面接触，肩负着宣传在线学习的特点与优势、转变学习者思想观念、梳理自主学习的学习态度、帮助学习者建立在线学习认识的责任。入学服务质量的好坏，直接影响到在线学习的影响力。

（二）学前准备服务

学前准备服务是学习者顺利进行自主学习的重要保证。学前准备服务是学习者开始正式学习之前的一些准备活动，是在线学习支持服务中的一个必备环节，为学习者提供完备的课程信息查询服务，方便快捷的学习资料发送服务以及教育技术和学习技巧培训。

（三）管理服务

管理服务是整个在线学习过程服务的核心。通过融入自主学习的教学途径，配合教学为学习者提供学习指导，提供学习材料等管理服务。

（四）毕业服务

毕业服务是学习支持服务系统的最后一个环节，学习者毕业后还需要专业化的个人就业、事业发展服务，有的学习支持服务采取的措施是在系统平台上设立人才数据库，对学习者的就业或个人发展情况进行跟踪和指导。

四、评价反馈

评价反馈的最终目的是要对服务系统做更合理的修正。对学习者在不同学习阶段所呈现出的不同学习需求，教学者要通过过程和结果反馈信息，不断对学习支持服务内容进行调整，进一步完善教学质量监控与支持服务保障体系。评价反馈可以通过学习者入学情况调查、学习者自主学习情况调查、学习平台使用调查、教师素养和行为规范调查、学习中心服务效果调查、教学资源配置和使用调查、毕业生追踪调查等方式，收集相关信息，通过视频会议、专题调研、书面报告等反馈机制来梳理推广好的服务模式，通过评价—反馈—调节—整改，把过程反馈调节和结果反馈调节结合起来，进一步完善支持服务系统。

3.3.3 在线学习支持服务的分类与功能

根据学习支持服务主要解决的问题类型的不同，学习支持服务可以被分为学术性学习支持服务和非学术性服务。其中，非学术性支持服务又可以划分为管理性学习支持和情感类学习支持。

一、学术性学习支持服务功能

（一）信息服务

（1）信息发布。在线学习系统通过公共传媒、内部宣传或者网络等渠道向学习者单向发布注册信息、课程设置及选课指导信息、广播电视教学节目及其播出信息、面授辅导课程安排、作业布置及进度统计信息、实践性教学环节进度信息、检测和考试信息等。信息发布是一项最基本的学习支持服务。

（2）信息反馈与处理答复。在线学习系统要利用构建的各种师生双向通信机制，如人际面授交流、邮政信函、电话和语音信箱以及基于网络的通信方式，及时处理答复学习者学习过程中反馈出的个性化信息。学习者信息反馈的畅通与及时处理答复是在线学习支持服务的有效性和效率的基本标志。

（二）资源服务

学习资源是指在线学习所创设的环境中，学习者在学习过程中可以利用的一切显现的或潜隐的条件。随着多媒体技术的发展，特别要重视网络资源的建设与共享，为学习者提供全面的资源支持。如文字教材、光盘、课件、微课程、慕课、网络课程等。

（1）课程材料发送。在线学习系统主要依靠系统内部和社会公共发送系统两种方式发送课程材料。与传统教育课程材料的发送相比，在线学习系统课程材料的发送更加关注其接收问题。因为仅仅考虑课程材料发送，而不考虑课程材料的接收，课程材料仍然不可能到达学习者手中，就不能构成学习资源环境，也无法实现有效的在线学习。

（2）图书馆服务。在线学习要求学习者学会学习、学会自学、学会不断主动获取信息，开掘有价值的资源，从而不断丰富自己、充实自己，成为成熟的独立学习者，实现终身学习，在这些方面，图书馆拥有的资料优势具有无法替代的价值。

（3）网络资源。为学习者提供网络资源的服务，将使在线学习的资源数量和质量都发生重大的飞跃。在线教育的教学者要设计并建设标准化、规范化的校园网及互联网的网络解决方案和教学专业平台；组织进行标准化、规范化的网络课程和网络课件等网络资源的建设并实现共享。

（三）人员服务

（1）学业顾问。在线学习设有学业顾问，负责学习者在学习过程的各个环节的指导工作，在入学咨询、报名、考试、选课、交费、课程学习、毕业申报等学习全过程给予学习者指导和帮助，让学员的整个学习过程都能得到支持和服务。

（2）教学辅导。在线学习可以开展在线授课、在线辅导、在线答疑、考前串讲、在线答辩等活动。学习者在学习过程中遇到课程内容方面的问题、考前问题等，就可以通过教学辅导者来解决。这种学习支持服务可以通过集中辅导和个别辅导形式来完成；辅导内容可以通过授课形式、文字资料、语音视频等形式来传授。

（3）论坛讨论。如图3-12所示，学习者在论坛讨论板块可以畅所欲言，与教学者、同学讨论一些与学习相关的问题，促进大家的交流，营造一个和谐的在线学习环境，是实践性教学环节方面的讨论基地。

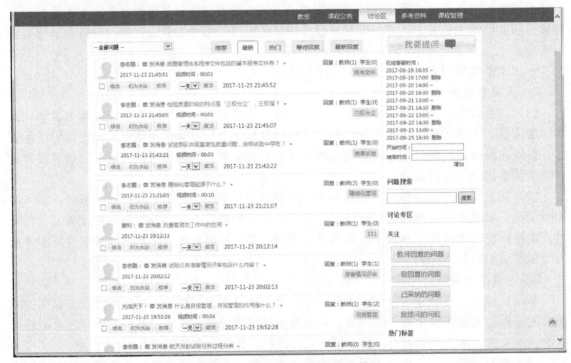

图3-12 在线学习平台讨论区截图

（4）回访学员。对学习者进行回访，主要是核对学习者的信息，与学习者进行简单沟通，了解学习者在学习过程中的需求以及希望得到什么样的助学服务，表扬那些平时做得很好的学习者，鼓励落后的学习者并给予积极帮助。这样做，让学习者有了很强的归属感，觉得自己是被关注的，学习积极性也更高了。

（5）问题解答。对于学习者提出的问题，一段时间要总结一次，把比较集中的问题发布在门户网站上，让学习者自己去找答案。这样既能够减少教学者的工作，又能够培养学习者的自学能力和信息素养。

（6）咨询答疑。咨询答疑是指师生之间的单向信息发布和双向问题咨询答疑。问题咨询分为两类，一是属于学习类的但不涉及具体课程教学内容的问题，如专业选择、学分转换、注册指导与咨询、教学模式、多媒体资源的选择和使用、作业提交与考核形式、考试策略指导以及学位授予等；另一是非学习类的问题，如财政资助、教学者交流策略、心理辅导等。

（7）学习者小组活动。这是学习支持服务系统中加强人际交流的另一种有效形式，学习者小组活动通过学习者之间互相研讨交流，提升学习效果。

（四）设施服务

设施服务是指为学习者提供的各种教学实体设施和教学通信设施，可以由在线学习平台提供，但更多的是在各地的学习中心或社区中心就近提供。如教学基地、实习（实践）场地、图书馆、印刷中心、语音室、电子阅览室、在线学习平台、双向视频会议系统、计算机网络中心以及互联网接入设施等，面向在线学习者开展教学活动并提供各类通信设施和设备的服务。

（五）对在线学习者的评价

对在线学习者的评价主要从作业、检测和考试等形式展开。作业、检测和考试的主要功能是帮助学习者更好地掌握所学的课程内容、应用所学知识解决各类实际问题。作业和检测称为形成考核，用以检查学习者的学习进度以及学习目标的实现程度，检查教育资源的设计开发质量和学习支持服务质量以及在线学习效果，它是实现在线学习个别化教学和个性化学习的重要途径和手段。

二、非学术性学习支持服务功能

（一）管理性质的支持

包括那些帮助学习者进行求学咨询、学前评估、图书馆服务等管理方面的活动和服务。

（1）为学习者提供个性化的学习咨询及日常管理服务。为使学习者更加轻松地接受在线学习这一形式，在线学习平台要为学习者提供包括招生入学、课程注册、教材收发、作业、考试、学分认定、学位申请、交费、毕业等各个环节的咨询和教学管理服务，为新入学的学习者建立完善的学籍档案，及时更新学籍信息，组织考试并完善成绩管理，另一方面还要根据个别学习者的需求帮助他们完成学分互认、免修免考、转学、转专业等需要。如图 3-13 所示，是梦课管理平台课程管理网页示意图。

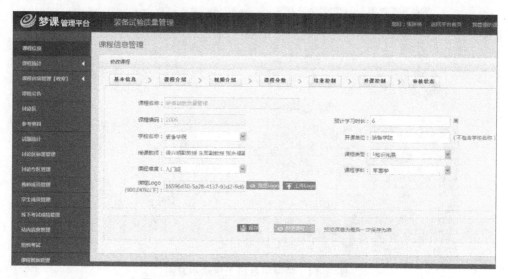

图 3-13　梦课管理平台课程管理网页示意图

（2）学习策略培训与培养，良好的学习策略有助于学习者快速地掌握学习的内容。非学术性学习支持服务为学习者提供好的学习经验和学习方法，使学习者能够采用适当的学习方法，掌握在线学习的必要技能，树立起远程学习的信心，产生强烈的归属感，而这些是保证学习者获得成功的必备条件。

（3）技术支持服务，为学习者提供在线学习技术指导、现代网络技术、在线学习平台的使用培训，使其掌握学习网站的访问与操作、资源和播放软件的安装和下载、电子邮件、微博及微信等网络交流方式。

（二）情感方面的支持

这类支持是专门针对在线学习缺乏交流而提供的，包括提供学习者夏令营、帮助学习者组织学习小组、创设学习社区、提供心理咨询等。对学习者情感方面的支持，帮助学习者解决各种心理和情感方面的问题，缓解精神压力、消除孤独感、增强自信从而促进学习。

一是对于有些学习者可能由于时间安排不当或者学习与工作、家庭相冲突而引起的一些焦虑、烦躁，情感类学习支持服务可以根据学习者的特点为其提供个性化的帮助与服务，使他们真正享受到在线学习的乐趣，摆脱时间、地点、空间的局限，进行行之有效的学习。

二是情感支持服务。在师生的交流过程中，教学者要尊重学习者的独立人格，给予更多的关怀和鼓励。当学习者遇到学习困难时，要及时帮助他们解决问题，对学习者的心理障碍和情感缺失要赋予极大的同情心。通过建立良好的师生互动关系，发挥情感作用，提高学习者的学习效率。如图3-14所示，是国防科技大学梦课平台的线上活动，通过做活动、获积分、兑奖品等活动，不断激励学习者的学习热情。

图3-14 梦课平台线上活动示意图

3.4 泛在学习

随着泛在计算技术的发展，很多日常物品除了具备原有功能，同时还具有计算功能，可实现信息空间和物理空间无缝连接，这也使得将学习融入日常生活工作之中成为可能，从而实现在任何时间、在任何地点、以任何方式进行学习。

泛在学习的理念虽然出现很早，但是受制于现实技术条件，泛在学习的应用和开展并不广泛。如今，随着泛在计算等信息技术的快速发展，泛在学习已经逐步被人们了解和接受，泛在学习正在走入我们的生活，并将潜移默化地影响和改变人们的教学模式和学习方式。

3.4.1 泛在学习的内涵与特点

信息技术的迅猛发展使得相关硬件和软件不断地推陈出新，手机、平板电脑、电子阅读器等已随处可见，且功能越来越强大。它们在给人们工作通信、生活娱乐等带来极大便捷的同时，也极大地方便了人们的学习。学习方式由传统课堂教学发展到数字化学习、移动学习，乃至未来的泛在学习（Ubiquitous learning，简称 U-learning）。

一、泛在学习发展

历史上对泛在学习的最早描述可追溯到南宋时期，著名理学家朱熹曾经说过："无一事而不学，无一时而不学，无一处而不学，成功之路也。"他在这里指出了以任何方式、在任何时间、任何地点进行学习的重要性。

对于泛在学习这个术语最先由谁提出，学术界观点不一。但关于泛在学习概念的起源大多数学者已达成了共识：泛在学习是由"泛在计算"衍生而来，1988 年美国富士施乐公司（Xerox）帕拉阿尔托研究中心（PARC）计算机科学实验室的马克·威瑟（Mark Weiser）第一次提出泛在计算（ubiquitous-computing）的概念，他认为泛在计算是指无所不在的、随时随地可以进行计算的一种方式，他的基本设想是把计算机微缩成各种大小芯片嵌入每件事物中，通过广泛存在的计算机和无线通信悄无声息地为人们服务。泛在计算技术涉及无线通信技术、人工智能、超微型计算机集成技术和软件工程技术等。泛在计算的最高目标是使计算机广泛存在而且不可见。正如马克·威瑟在"21 世纪计算机"（The Computer for the 21st Century）一文中所说的，"最深刻的技术看似是消失的，它们融入了每天的生活当中以至于不可分辨了"。泛在学习是泛在计算技术支持下的一种新的学习方式。在此基础上，其他国家学者先后提出了类似的概念。

进入 21 世纪后，一些发达国家纷纷将泛网时代作为国家科技发展的一项重要目标。

日本于 2004 年 5 月正式提出了以发展泛在社会为目标的"U-Japan"计划构想。该计划在泛在（ubiquitous）的基础上增加了"universal"（宇宙的、普遍的）、"user"（用户）和"unique"（独特的）三个特性，构成了 4U 的政策理念。universal 是指超越各种时空限制，将每个人和每件设备相互联系起来，使任何人都可以不受环境和设备的限制，从而快速方便地使用信息通信技术；user 是指充分从用户的角度出发，技术和服务紧密围绕用户开展，把用户需求放在第一位；unique 是指营造的社会环境既要尊重个性，又要富有活力，在未来社会中，每个人能够施展所长，整个社会能够不断创新。日本的"U-Japan"计划不仅关注信息化基础设施建设，更关注信息技术的全面渗透和信息化环境的充分利用。

在线教育理论与实践

2004年，韩国信息通信部制订了"U–Korea"计划，主要是通过大力加强信息基础设施建设，不断拓展技术业务，着力发展下一代移动通信、数字电视、家庭网络、嵌入式软件、远程信息服务和智能服务机器人等项目，加快国家通信信息化建设。

新加坡先后提出了"智能岛"计划（IT2000计划）、"21世纪资讯通信技术蓝图""连城"和"下一代I–Hub"等国家信息化发展计划，通过发展建设一个安全、高速、无所不在的网络，来加快通信信息技术的发展。

泛在学习在我国也引起了许多专家学者和教育机构的重视和关注。2004年12月2日，由中国电子信息产业发展研究院主办的首届"中国泛网论坛"在北京召开。广播电视大学等高等教育机构也陆续对泛在学习开展理论和实践研究，如在远程开放教育中，通过纸质媒体、广播电视、计算机、手机、X–Pad电子书等传播手段，为学习者提供学习资源，取得了一些重要研究成果。目前我国在国家层面上虽然还没有明确提出"U–China"的概念，但是面对泛在网络的发展趋势，我国在通信信息领域的建设也在不断推进。在我国2008年北京奥运会中，就已经使用了一些泛在网络技术。

泛在网络、泛在计算的发展为泛在学习提供了技术基础。但是，泛在学习的发展除了需要技术支持外，还需要与具体的教育教学结合起来，具体落实在教学环境、教学方式、教学资源、学习服务、教学管理机制等方面。

二、泛在学习内涵

目前，对泛在学习的理解主要有以下几种：

第一种理解即在泛在计算条件下的泛在学习。网络技术将高速互联网、高性能计算机、大型数据库、传感器、远程设备等融为一体，所有物品和设备，只要对它们有管理的需要都可将它们连到网上，构成一个无处不在的泛在网，基于这个网络系统和数字化资源，学习者就可以在任何地方、任何时间利用手边可以取得的工具进行学习，即3A（anywhere, anytime, anydevice）。也有专家将3A拓展为7A来描述泛在学习，即任何人（anyone）、在任何地点（anywhere）、任何时间（anytime），利用随手可得的任何学习设备（anydevice），以自己的学习方式（in anyway），获取自己所需的学习信息（any contents）和学习支持服务（any learning support）。从技术的角度分析，人们又把这种泛在学习分为：可穿戴计算模式、信息设备模式和智能交互空间模式。

第二种理解是"人人、时时、处处"的泛在学习。这是从终身学习和学习型社会的角度分析的泛在学习。这一理解的重点是在一个广域的学习环境下学习者能够在任何地方随时获得自己想要学习的任何资源。这种定义强调学习型社会建设需要建立学习资源共享机制，需要减少错误信息、虚假信息，需要建立相应的管理制度，提高全社会的科学素养和文化素质，为学习者利用共享学习资源进行有效学习提供保障。

第三种理解是远程开放教育的泛在学习。这是从教育学角度分析的泛在学习，是指教育机构提供的正式学习教育机构或者教师要创设适合学习者需要的泛在学习环境，要选择适合的学习内容，要设计专门的学习资源，要安排学习过程和学习活动，要为学习者提供全面的学习服务，要组织学习评价，并不断改进。这种定义中，泛在学习是在其他学习方式基础上发展而来的，与数字化学习等方式相比较，泛在学习不用坐在教室或计算机前，学习者可以随时、随地、随身地进行学习，学习的灵活性满足了信息化条件下人们对信息获取的需求。

三、泛在学习特点

泛在学习是信息化学习的一个特定的而且是最新的发展阶段，它具备信息化学习的本质属性和特征，同时泛在学习也具有一些个性化特点。

（1）即时性（Immediacy）。不管学习者在哪里，他们都可以即时地获取信息，因此学习者可以迅速地解决问题，或者可以记录问题并在事后寻找答案。

（2）可获取性（Accessibility）。学习者可以在任何地方、任何地点获得他们所需要的文档、数据和视频等学习资源，这些学习资源的提供是基于学习者自身的需求的，因此学习是一种自我导向的过程。

（3）交互性（Interactivity）。学习者可以同步或异步地与专家、教师或学习伙伴进行交互。因此，专家的作用可以得到更好的发挥，知识也可以得到更加有效的利用。

（4）永久性（Permanency）。学习者不会失去学习成果，在不特意删除的情况下，所有的学习过程都会被不间断地记录下来。

（5）适应性（Adaptability）。学习者可以以适合自己的方式获得适合自己需求的信息。

（6）教学行为的场景性（Situating of instructional activities）。学习可以融入学习者的日常生活中，学习者所遇到的问题或所需的知识可以以自然有效的方式被呈现出来，这可以帮助学习者更好地注意问题情境的特点。

（7）真实性（Authenticity）。泛在学习的"真实性"并不是指完全将学习者带离学校教育环境而回归真实的现实世界（虽然泛在学习往往具有这样的优势），而是指学习的真实性与可靠性，包括真实的问题情境（问题常常是"真实的"，是"值得解决的"，而不是凭空想象的）；学习支持与资源的真实性；学习环境的可靠性；学习行为的真实性；学习评价的真实性；学习者真的学有所获。学习可以真实地融入学习者的日常生活，学习者面临的问题或习得的知识是自然世界里真实可信的。

（8）协作性（Collaborative）。学习者可以在计算机支持的广泛协作学习环境中实现社会知识建构和共享的社会认知过程。

（9）自然性（Naturalness）。泛在学习的自然性主要是指：泛在学习可以使学习者回归自然的学习环境；泛在学习的技术支持具有自然性，学习者甚至意识不到技术的存在；泛在学习的学习者以自然的方式进行学习，学习者是学习的主体与中心。"自然的学习"充分重视学习者的个人需求、偏好、学习风格与学习经验，允许学习者在一种"自然的（非外力控制的）"的学习环境中以自然的方式进行学习。

（10）整合性（Integrality）。泛在学习的整合性主要包括学习工具的整合、学习资源的整合、学习过程的整合、学习成果的整合、学习方式的整合和学习环境的整合。学习工具的整合性是指各种学习设备的服务具有整合性。学习资源、学习过程与学习成果在泛在学习中将被有效地整合在一起，使学习者在不同情景和环境中的学习具有连续性。学习方式的整合性是指泛在学习可以整合远程数字学习与面对面的学习，整合正式学习与非正式学习，整合个别化学习与协作学习等多种学习方式。学习环境的整合是指泛在学习环境整合了物理的、社会的、信息的和技术的多个层面和维度，可以为学习者提供一个可以随时加以利用的"无缝学习环境"，各种教育机构、工作场所、社区和家庭将被有机地整合在一起。

四、泛在学习"六大关系"

为了更好地说明泛在学习,下面详细介绍泛在学习与泛在计算、传统课堂学习、数字化学习、移动学习、终身学习、后现代远程教育等概念之间的区别。

(一)泛在学习与泛在计算

泛在计算是一种深度嵌入计算模式,通过将现实世界中一切具有计算能力的设备连接起来,达到信息空间与物理空间的融合,在这个融合的空间中,人们可以随时随地、便捷地获得数字化服务。泛在计算希望把计算机放回到它应有的位置,重新定位于环境这一背景,使人的注意力更多地集中于人与人的交互,而不是人与机器的交互,强调和环境融为一体,而计算机本身则从人们的视线中消失。

泛在计算与广义上的"泛在学习"并无必然联系。但在狭义的泛在学习语境下,以泛在计算为核心的信息技术是一种必不可少的支撑要素。泛在计算在人类学习中的应用,最重要的就是为学习者构建一个泛在学习平台或环境。当然,在泛在学习中,泛在计算技术并不一定只是单一的外围支持角色,它也可能是一种认知工具,扮演学习伙伴的角色,或者是直接的学习目标等。

(二)泛在学习与传统课堂学习

传统课堂学习在时空上相对固定,教学参与者在教学过程中的角色明确,教学过程严谨有序,但传统课堂学习的缺点也是非常明显的,如教学资源难以广泛共享、学生的学习主动性容易被忽视等。

泛在学习具有较强的信息交互性,学习者可以源于共同的兴趣爱好、关注点、目标和技能等,通过同步或异步的方式进行信息的交互、学习的交互,并在与他人交流中获得知识和灵感,从而提高学生的学习兴趣,促进学习,提高绩效。泛在学习可以向学习者提供更为良好、便捷的学习条件,使教与学真正不受地域、时间以及学习者自身条件的限制,以信息化技术手段实现教育的灵活性。泛在学习使学习者在得到计算服务的同时,无须觉察计算机的存在和为此而分心,从而使其注意力回归到要完成的学习任务本身,学习的目的性更加集中。在泛在学习中,学习者不单是资源的使用者,也可以通过资源上传、资源推荐、自由评论与交流等形式成为构建学习资源的主体,从而实现资源的共建与共享。泛在学习与传统课堂学习区别见表3-1。

表3-1 泛在学习与传统课堂学习区别

项目	传统课堂学习	泛在学习
学习时间	相对固定	任何时间
学习空间	相对确定	任何地点
主体	教师、学生	教学者、学习者、社会人员
知识	稳定、有序	开放、混沌
学习过程	有组织、灵活性差	自发的、灵活性强
学习评价	教师评价	自我评价
学习资源	教师建设、基本静态	共建共享、动态变化

（三）泛在学习与数字化学习

数字化学习在广义上常指利用计算机与通信技术来支持学习、优化学习效果。用于支持数字化学习的设备可以是个人计算机、数字电视、个人数字助理（PDA）、移动电话等各种数字设备，以及网络交流工具（如邮件系统、论坛等）等软件系统。可见，数字化学习虽然利用信息技术为学习者创造了数字化、网络化学习平台，但并不意味着必须像学校教育中将学校固定为"学习环境"那样将数字化学习固定在桌面计算机前，它可以利用各种各样的数字化工具与软件。数字化学习的本质是强调学习者对数字化、网络化学习资源与工具的利用，关注数字化虚拟空间与学习者已有的学习空间（包括物理空间与智力空间）的交互，这与泛在学习的本质具有一致性。

信息技术的发展影响着数字化学习的发展程度。比如，在计算机还没联网之前，数字化学习常常体现为单机版的 CAI，计算机联网之后，数字化学习又常常体现为在线学习。随着信息技术的发展，尤其是泛在计算模式的出现，计算机的广泛应用与深度嵌入使得每个学习者可以利用多台计算机，学习者有可能随时随地利用数字化、网络化学习资源与工具，同时也拓展自己的交互空间。因此，可以认为数字化学习发展到更高级阶段，就进入了泛在学习，或者泛在学习是比数字化学习更高级、更广泛的一种学习方式。

（四）泛在学习与移动学习

移动学习指基于无线通信技术支持的、通过利用具有便携性的移动通信设备（如手机、笔记本电脑等）进行的学习。"移动"一方面指学习者处于"移动"状态，相应地，学习环境也具有"移动性"，另一方面也指学习设备与学习资源的可移动性，因此，需要利用具有便携性、使用简单、启动时间短的学习设备。

泛在学习基于泛在计算技术的支持，虽然在许多时候也需要用到无线通信技术与一些便携性学习设备，但并不局限于此。目前，以实现"泛在计算"三种模式（可穿戴计算模式、信息设备模式和智能交互空间模式）为主，与移动学习相比，泛在学习在技术支持与学习设备应用方面具有更为丰富的使用空间。

另一方面，在学习的"嵌入性"与支持学习交互方面，泛在学习也比移动学习具有更为丰富的内涵。斯坦福学习实验室（SLL）的研究表明：处于"移动"状态的学习者，注意力往往是高度"分散"的，而且学习者往往是在一定的"零碎"时间中进行学习，学习者需要具备"碎片"式学习经验与进行知识获取的主动性。跟移动学习相比，泛在学习的嵌入程度更高，支持的学习类型更多（比如，并不局限于对"移动"式学习的支持，而且可以支持学校学习、社区学习、工作场所的学习等）。移动学习更多地强调学习者与移动设备的交互，强调学习者通过移动设备与学习内容的交互以及与其他人的社会性交互。泛在学习不但支持上述交互类型，而且支持学习者与现实世界（物理环境）的交互。

（五）泛在学习与终身学习

推动终身学习是世界各国应对社会发展需求的重要手段。虽然终身学习强调更多的是一种学习理念，而泛在学习更多地强调利用信息技术对泛在的学习需求的支持，但泛在学习与终身学习在理念层次具有一致性。同时，泛在学习也有望为以终身学习为理念基础的学习型社会的构建提供有力支持。

终身学习具有两大特点：一是学习的持续性。在学校（包括中小学、大学等）所获得的知识不可能满足一个人的终身发展需求，人们需要不断地学习新的知识与技能以促进自己的职业生涯发展。二是学习的情境性。英国政府在1998年发布的终身学习绿皮书——《学习时代》中明确指出：未来，学习者不必局限于特定的学习场所。他们可以在家里、工作场所、图书馆、购物中心、大学等各种各样的地方进行学习。人们可以通过宽带媒体以在线方式进行远程学习。政府的努力目标是帮助公民在他们所选择的地点进行学习，并根据他们当时所处的情境提供最为适当的学习支持。终身学习非常强调学习的情境性、实践性与知识的建构性，重视学习与生活、工作的关联性，强调协作多于强调竞争。

泛在学习本身关注学习者泛在的学习需求与不同的学习特点，尊重学习者的主体地位，旨在为学习者提供泛在的、适宜的学习支持，有助于增强学习者的学习体验，促进学习者对知识的主动建构。同时，支持泛在学习的核心技术——泛在计算技术，是未来信息技术的重要发展方向，使信息技术服务于教育、优化教育，可以有效地支持教育信息化，使得人人皆学、时时能学、处处可学，而这正是以终身教育理念为指引的学习型社会构建的重要宗旨。

（六）泛在学习与后现代远程教育

近年来，许多学者从"后现代主义"视角讨论远程教育，提出"后现代远程教育"的概念，认为远程教育是"以师生的准永久性分离为基本特征，以技术性的教育手段与方法、开放性的教育内容与形式和后现代性的教育目的、教育观念为本质特征，开展教与学的过程的后现代教育形式。"是"当代社会最富于前途的教育形式"。有学者认为泛在学习与后现代主义、后现代教育在理论上有共通之处，可以将泛在学习称为"后现代远程教育"。

在后现代主义视角下，教育"要做的不是寻求一条最好的途径，而是寻求不同的途径以到达不同的目标"。后现代教育在教育目的上反对"完人教育"；在教育观念上强调"开放性"是其首要特征；在教育策略上强调个性化教学，强调对学习者个性与差异性的尊重，认为人的主体性具有"多样性""复杂性"和"不确定性"。教育的本质被更多地理解为学习者获取信息和自主选择、自我学习、自我教育的过程。有学者认为，"后现代主义是远程教育发展的认识论与方法论的基础，但后现代主义的知识观、技术观、教育观等，在现代远程教育中只是部分地实现了，而在泛在学习那里才能达到恰如其分地实现，因而泛在学习可以称之为名副其实的'后现代远程教育'"。

泛在学习与后现代远程教育虽然两者的理念与教育内涵在很大程度上具有一致性，但并不能完全等同。泛在学习并不完全是以"远程方式"实现的，在一定意义上，泛在学习的外延仍然大于"后现代远程教育"。

3.4.2 泛在学习的教学模式

"模式"一词是英文"model"的汉译名词，它还可译为"模型""范式"等。一般指被研究对象在理论上的逻辑框架，是经验与理论之间的一种具有可操作性的知识系统，是再现现实的一种理论性的简化结构。美国的乔伊斯（B. Joyce）和韦尔（M. Weil）在《教学模式》一书中指出："教学模式是构成课程和作业、选择教材、提示教师活动的一种范式或计划。"将"模式"一词引入教学理论中，是想以此来说明在一定的教学思想或教学理论指导下建立起来的各种类型的教学活动的基本结构或框架，表现教学过程的程序性的策略体系。教学模式是一定的教学理论或教学思想的反映，是一定理论指导下的教学行为规范。

随着科技的发展，泛在学习的产生是一种历史的必然，泛在学习在教育领域的具体实现还需要在教学模式上进行不断探索，在泛在教育环境、泛在教育方式、泛在教育资源以及教学服务等方面进行变革。

一、泛在学习的环境

教学作为一种人与人之间传递特定信息的活动，总是在一定的环境中进行的。教学环境就是指那些能够促进学习者身心发展的条件、力量和各种外部刺激因素，泛在学习环境涉及学校环境、家庭环境、工作环境、技术环境和社会环境。在教学中开展泛在学习的关键在于将泛在计算技术应用于学习和教学活动中，其前提就是教育机构或者院校要设计和构建泛在学习的环境。泛在学习的环境需要解决三大问题：第一，必须要把教学环境和非教学环境区分开来；第二，要建立教学活动和教学环境的内在联系；第三，必须要实现教学客观环境和人的主观反应的统一。

泛在学习的环境是一种整合的环境，它整合了物理的、社会心理的、技术的和信息的多个层面和维度。物理层面包括教育机构、工作场所、社区和家庭等；社会心理层面涉及教育者、学习者、朋友、工作伙伴等；技术层面则包括固定的、移动的、数字的、模拟的等各种类型信息设备；信息流动则把它们连接在一起，多种类型学习设备之间能够互操作，各种空间透过移动计算技术的桥接实现对用户的"透明"，所有这些构成良好的学习氛围。

泛在学习的环境具有以下特点：

（1）具有特定的环境区域，但每个区域同时也是一个开放系统，受到外界影响的同时，也向外辐射，是外在封闭与内在开放的有机统一体。

（2）具有特定的环境主体。教师和学生是学校教学环境的主体，网络环境里这种主体更加泛化，包括不同的圈子、社区、学习共同体等。正是在不同环境区域下的不同环境主体的交往和相互作用才构成了不同泛在学习系统的社会心理氛围和稳定的社会心理环境。

（3）具有特定的环境内涵。这是远程教育机构所提供的有别于其他泛在教学环境所独有的环境内涵，有以下几项规定性：第一规范性，符合远程教学的一般规律，又符合远程学习者的身心发展这一特殊要求，因此环境建设各方面要符合育人的规范要求；第二可控性，教学环境具有易于调控的特点，人们可以根据教育的需要不断对其进行调节控制，获取和发展积极意义的因素，消除和抑制不符合要求的因素，使教学环境朝着有利于教学活动顺利进行的方向发展；第三纯化性，教学环境由于是在追求真理、发展身心等高尚目标的引导下建设的，因此相对于其他环境要相对纯洁。

泛在学习的环境必须要能够被教学人员感知、利用，并对教学人员的知识、情感等产生影响。这种影响有时是直接作用于教学人员的，但更多时候是通过间接的方式作用于人。泛在教学环境的技术实现主要依赖于泛在计算的技术实现。泛在计算的实现主要有三种模式：可穿戴计算模式、信息设备模式和智能交互空间模式。

（1）可穿戴计算模式。这种模式将计算资源、感知设备穿戴到人身上，以保证直接、持续的人机交互。比如，学习者可以将小型计算机和多种相关输入输出设备（头戴显示器、耳机、麦克风、摄像头等）佩戴在人身上，当学习者注视一个物体时，计算机可以把与这个物体相关的信息显示在头戴显示器上或调用相关语音解说信息；当学习者与别人对话时，计算机可以自动为学习者做记录等。

（2）信息设备模式。信息设备模式是指将计算、感知资源集成到人们熟悉的日常生活中的各种器具中，使这些器具具有人机交互的接口。泛在计算涉及的信息设备主要包括四大种类：信息访问设备、智能电器、智能控制器和娱乐系统。人们可以用平时习惯的方式来使用各种信息设备而在不知不觉中很自然地完成人机交互。

（3）智能交互空间模式。这种模式将计算机视觉、语音识别、墙面投影等多种计算资源、感知设备嵌入人们的日常生活、工作空间中去，隐藏在视线之外的计算机可以识别在该物理空间中的人的身体姿态、手势、语音等信息进而判断出人的意图并做出合适的反馈或动作。学习者无须限制在一个固定的地方，就可以用自然的人与人交互的方式，如语音、手势、姿态等，与系统进行交互并获得服务。

可穿戴计算模式是构建一种围绕在学习者身边的个人化学习环境的技术基础；信息设备模式强调的是拥有计算能力的物与物之间的互连和互通；智能交互空间模式强调的则是交互方式和交互界面的变化。信息设备模式的实现依赖于国家宏观层面的信息化基础设施建设，智能交互空间模式则可以看成是教学机构提供的泛在学习技术系统。

二、泛在学习的方式

泛在学习的方式具有一切信息化学习方式的共性，但与数字化学习、移动学习相比，又有一定的差异性。从学习的视角出发，泛在教育中泛在学习的基本方式可以分为自主学习、合作学习、接受学习、探究学习和体验学习，泛在学习的方式基本以这五种方式为基础。这五种学习方式具有一定的相互关联性，它们也可以进行组合形成各种混合类型。

（一）自主学习

自主学习是指学习者利用泛在学习环境所提供的信息技术手段和资源，将自己的学习行为作为监控对象，自我设计、实施、修正，充分发挥主体性的学习活动，其实质是在教学过程中充分发挥学习者主观能动性和相对独立性，并在主体认知生成过程中融入学习者自己的创造性见解，从而提高学习者独立解决问题的能力。

自主学习并不意味着不需要教师的辅导，不需要教学设计和安排。自主学习强调的是学习者独立、自主的学习，这种学习是在教师的指导下，学习者积极参与问题讨论，善于独立提出、分析问题，并尝试解决问题的学习。一般认为自主学习者应该具备制定学习目标、选择学习材料、设计学习活动、实施学习计划、调整控制学习活动和评估学习结果的能力。

在泛在学习环境中，对学习者自主学习的支持主要包括资源支持、导航支持、交互支持和管理支持。资源支持是指泛在学习环境要为学习者提供内容丰富的各种多媒体学习资源，营造良好的学习环境；导航支持是指为学习者提供所学内容的背景知识、学习目标、学习计划、资源等导航信息，方便学习者开展学习；交互支持是指学习者与教师、学习者对学习结果、学习者之间、学习者对教学活动可以及时进行评价，并得到反馈；管理支持包括资源管理、时间管理、学习过程管理等。

（二）合作学习

合作学习是指学习者在小组或团队中为了完成共同的任务，有明确的责任分工的互助性学习。在泛在学习条件下的合作学习具有一般合作学习的特点，又因为与信息技术紧密结合而具有独特的性质，主要有：第一，泛在学习条件下的合作学习具有更大的开放性。基于信息技术的合作学习中的学习者，可以具有不同的年龄、经历、知识背景和能力，这种学习合作者的多样化使得人际参与的开放性在理论上得以无限延伸，使合作学习者可以在合作学习过程中获得更多的参与经验。第二，泛在学习条件下的合作学习体现了学习的活动性。在信息技术教学环境中，由于采用了电子通信、文件记录保存、信息处理等方式，大大减少了原本需要合作学习者完成的工作，使合作学习者可以全身心投入学习过程中去。第三，泛在学习条件下的合作学习表现出了中介手段的多样性。获取学习内容、学习资源、学习支持服务的方式灵活多样，合作交互活动增加了合作的渠道，合作学习的各种交互协作活动可以凭借信息技术来实现。

泛在条件下的合作学习基本设计步骤主要包括确定学习目标、选取学习内容、划分小组、构建合作环境和制定评价机制。确定学习目标后，根据学习目标选取合适的学习内容，学习内容一般以问题为主线逐渐展开，学习活动也是在解决问题的过程中进行的。要对学习者进行合理搭配，每个小组内的学习者要分配有效活动的角色。合作环境要根据学习内容的需要，构建适合合作学习的氛围。对学习的有效评价是学习活动的向导，合理的评价机制有助于合作学习健康地进行。

（三）接受学习

传统的接受学习基本上局限于教室，那些不易进入教室的学习资源很难在课堂上显示，而在泛在学习条件下，信息技术为学习者创造了打破时空限制的学习环境，学习者可以随时、随地利用手边的信息工具进行学习，可以与教师、专家进行沟通，并获取各种学习资源，以往难以在教室显示的内容也可以通过信息技术呈现在学习者面前。在泛在学习条件下，教师可以随时制作、发布学习材料，学习者可以在任何时间、任何地点接收学习资源，获得教师的指导。

泛在条件下接受学习主要有三种实践类型：第一种是课堂讲授与课堂演示法相结合。信息技术作为一种新式手段进入课堂，可以帮助教师展示提纲、进行课堂演示，充分解决那些只是依靠教师的力量无法实现的教学。第二种是基于大众传媒的接受学习。基于大众传媒的接受学习是指利用印刷媒体、视听媒体，辅之以面授辅导所进行的学习活动。第三种是基于互联网的接受学习。基于互联网的接受学习主要以网上讲授形式为主，它又可分为同步式讲授和异步式讲授。

（四）探究学习

探究学习也称为发现学习，是从学科领域或现实社会生活中选择和确定研究主题，在教学中，创设一种类似于学术研究的氛围，通过学习者自主、独立地探索研究，获得知识和技能。在泛在学习条件下，探究学习可以在一定程度上弥补接受学习的不足，它具有以下特点：第一是多样性，目的具有多样性，它把学习者的发展作为学习的终极目标；学习资源是多样的；评价模式是多样的，形成性评价、诊断性评价和总结性评价相结合，对认知过程、创新能力的评价等相结合，鼓励解决方案的多样性。第二是体验性，学习者亲自参与体验，以获得能力发展和深层次的体验，探究知识，掌握解决问题的方法。第三是自主性，注意培养学习者的自主能力，保护学习者自主参与学习的积极性。

泛在学习条件下的探究学习具有开放性的特点，这与学习设计的规定性形成了矛盾，因此有效处理这对矛盾是进行泛在学习环境下探究学习的关键。过度设计会导致活动的僵化而失去探究意义，缺少对学习活动的设计会导致探究的无序和低效。

（五）体验学习

泛在学习条件下的体验学习可以理解为一种以学习者为主体，通过信息技术创设一定的学习环境，使学习者主动真实地亲历、反思来获得知识、技能和发展态度的学习方式。学习环境主要包括丰富的学习资源和各种信息化学习工具，体验学习的核心环节包括体验、分享与交流、反思、应用等。体验是学习的开端，学习者在泛在学习环境中通过观察、表达和行动等方式获得感性认识和直接经验。分享与交流是指在获得体验后，学习者与其他同伴分享感受和经验，并通过交流加深认识和理解。反思是指在分享与交流后进行总结和归纳，得出研究结果。应用是指将研究结果应用到实际工作中去，产生新的体验，开始新的循环。

三、泛在的学习资源

对泛在学习资源的主要要求是，在为学习者提供相对完整的学习体验的同时，能够把学习者的注意力集中到学习中去。这是泛在学习资源的质性要求，具体体现在对学习内容、学习活动、学习伙伴和学习交互等方面的要求上。

（1）学习内容。在泛在学习环境中大量信息技术设备可以为学习者创造一个虚拟现实的学习环境，方便学习者随时、随地进行学习。学习者可以在泛在学习环境中采用自主学习、合作学习等方式获得知识和技能。同时，泛在学习环境中的学习内容具有无缝衔接的特性，即学习者在更换学习终端时，学习内容能够进行自适应调整，保证学习的连续性。

（2）学习活动。学习者在学习终端上可以进行多种学习活动，包括搜索信息、解决问题、参加测试等，学习终端的形式可以包括各种智能手机、PDA、可穿戴计算设备等，这些设备可以支持多种格式的多媒体文件。在泛在学习环境中，各种学习终端可以进行互通互连，保证学习过程连续。

（3）学习伙伴。利用互联网，学习者的伙伴可以遍布世界各地，所有参与学习的人员都可以互相提供资源，每个学习者可以向伙伴寻求帮助，也可以为其他学习者提供问题解决方案。学习伙伴的扩大增强了学习支援能力。

（4）学习交互。在泛在学习环境中，学习者可以与学习内容、学习伙伴、信息设备等任何实体进行自然的交互，通过交互获取相关的学习内容或学习帮助。

综上所述，泛在的学习资源是一种支持完整学习过程，并包含有助于实现有效学习的信息要素的智能化、数字化学习资源。

四、泛在的学习服务

泛在的学习服务要求构建"以学习者为中心"的学习环境，为学习者提供相应的学习资源、学习活动和学习实践等服务。泛在学习服务一般由远程教育机构（如电大、网院、开放大学等）来提供，远程教育机构为学习者提供泛在学习服务，承担泛在学习服务的运营，同时，远程教育机构也是泛在服务的购买者，它从学习内容提供商、移动运营商、移动学习终端提供商等购买相应的服务或进行相应的合作。

泛在学习使得学习者的学习方式更加丰富和多样化，泛在的学习服务最终目的是通过学习方式的改变，促使学习者的思维方式和实践方式发生变化，增强学习者的学习效果，提高学习效率。泛在学习还处于初级发展阶段，如何更好地为学习者提供泛在的学习服务，吸引学习者采纳泛在学习方式，还有很多问题需要进一步研究。

第4章 在线教育教学管理和质量控制

在线教育教学管理是保证教学有序进行的关键，它表现为对教学者、学习者及教学活动实施有效控制；质量保证是在线教育健康发展的基石，在线教育的质量体现在培养出人才的素质高低优劣上。教学管理和质量控制是在线教育持续发展的生命线，了解和把握教学管理与质量保证的概念、特点、方法与规律，方可促进在线教育提升效率、效益及和谐发展。

4.1 在线教育教学管理

在线教育教学管理概念源自传统教育，但随着信息网络等新技术在教育领域的广泛应用，其教育方式、理念均发生了深刻变化。特别是在新技术日新月异并渗透教育全过程的情况下，在线教育的教学管理发生了革命性变化。

4.1.1 在线教育教学管理相关概念

《教育管理辞典》对传统教学管理的描述，就是为实现教学目标，按照教学规律和特点，对教学工作全过程进行的管理。其主要内容包括：

（1）制订和实施教学计划。

（2）建立和健全教学管理系统。

（3）加强教师教学质量和学习者学习质量的管理。

（4）深入教学第一线，检查教学质量，依据第一手资料，研究教学管理规律，总结交流深化教学改革经验，解决影响提高教学质量的各种问题，有效地领导教学工作。

（5）教务行政管理工作。教学管理过程一般包括四个环节：计划决策、组织实施、检查指导、总结提高。

目前对在线教育教学管理还没有统一的定义，这里仅沿用网络教育的概念，结合教学管理的内涵做下列表述：所谓在线教育的教学管理，就是在教学者与学习者呈分离的状态下，通过信息网络环境，管理者遵循教学规律和教学特点，应用现代教育理论、教育信息技术与科学管理方法，依据一定的教学组织形式和机构，利用大数据云技术对教学活动实施组织、协调、控制、决策，对教学资源进行合理优化调配和使用，不断提高教学质量，以达到最佳教学目标的活动。

在线教育教学管理与传统教学管理有相似之处，但存在着较大差异，见表4-1。

表 4-1　在线教育管理与传统教育管理的对照

项目	在线教育	传统教育
管理主体	人员类型多样	相对单一
管理客体	复杂、管理难度大	相对简单、管理难度小
管理模式	随机、模糊型管理模式	行政化、确定型管理模式
管理手段	以信息网络为主	以面对面人工管理为主
管理环境	随机、复杂多变	相对稳定

一、管理主体

教学管理的主体是指具有管理科学知识和技能、拥有相应权力，从事教学管理活动的人或部门。在线教学管理中，每个人既可能是管理主体，也可能是管理客体，在不同的教学管理部门，或在同一教学管理部门的不同时间，人们经常扮演着不同的角色，变换自己的身份，表现为教学管理主体与客体的转化。

在线教育的教学管理中，管理主体的多重性主要体现在两个方面：一是管理部门的多重性；二是管理主体角色的多重性。所谓管理部门的多重性，是指既有主管机构的教学行政管理部门，又有下设教学站点的教学管理部门。管理主体角色的多重性，是指在在线教育的教学管理中，明显地存在着"三类多极主体"，这里所谓的"三类"是指管理者、教学者、学习者三类主体；所谓的"多极"是指每一类的主体都有多种角色。如学习者自主管理，因此也是管理主体，同样，教学者也是多极的。

在线教育的管理主体不仅有教学机构的管理者，还有从事在线教育企业的管理者；教学者不仅有负责本门课程的组织工作和日常学习管理的主讲教师，也有常见问题交互解答、以及向任课教师提供学习者情况的辅助教师，还包括从事视频与网页制作、在线课程制作的技术人员等。在传统教育的教学管理中，管理主体相对单一。从管理部门看，除了少数重点院校设有分校外，其他院校基本上只设本校一个教学管理部门。从管理主体角色看，虽然也有管理者、教师两类主体，但管理者的多极化不明显，而教师是多极的。管理者基本上限于在本校管理；教师往往一身兼数职，既负责课程的讲授、学习者作业的批改，也负责学习者的辅导答疑，甚至相关计算机教学软件的设计制作。

二、管理客体

教学管理的客体是指与教学管理主体相联系的、为教学管理主体所认识和改造、影响的对象。我们认为人、物、信息三因素是教学管理客体的基本要素。人主要包括教学者与学习者，在后面章节再作论述。

传统教育教学管理的物质类客体主要有教室、实验室、图书馆、操场、宿舍、食堂等；在线教育教学管理的物质类客体主要有信息网络、视频会议系统、专家系统、虚拟实验室、多媒体教室、网络教学演播室、个人用户终端等，显而易见，管理的范围、重点、要求与方法，有较大的差别。

传统教育教学管理的信息类客体主要是印刷媒体和部分电子媒体。在线教育教学管理的信息类客体主要是网络教学信息资源，且信息来源复杂多样、随意性大、更新快、缺乏严格筛选审定，给管理带来更大的难度。

三、管理模式

从教学管理发展的脉络看，教学管理模式大致可分为经验型管理模式、行政型管理模式和科学型管理模式三种基本类型。其中，科学型管理模式又可以分为随机型和模糊型两种。

传统的教学管理主要采用行政型和经验型模式。行政型教学管理模式以权威性的行政法规为基础，建立各级管理组织和机构，运用行政方法和行政手段，按照既定的规范程序，实现教学管理目标。经验型教学管理更主要的是利用以往管理经验，实施对教学过程的管理。

针对学习者不确定且流动性大、教学内容变动大且更新快、外来信息的不确定性、决策过程的模糊性等特点，在线教育的教学管理主要采用随机型和模糊型教学管理模式。随机型教学管理模式，突出管理对象的偶然性、突变性，利用统计规律、大数据分析技术和随机性数学模型进行分析、预测，进而拟制计划、组织教学实施的一种管理模式。模糊型教学管理模式，强调教学对象的复杂性、模糊性，运用模糊理论和模糊数学模型等进行分析、决策和评价，进而实施管理的一种管理模式。

以上管理模式在实践中是相互交叉、相互补充的，管理者可以根据情况采用一种或几种教学管理模式来实施管理。

四、管理手段

在线教育的教学管理手段以信息网络技术为主，形成以信息网络为基础的教学管理信息系统，应用大数据及云技术，通过信息网络的高速处理和大容量存贮功能，对教学管理信息进行收集、传递、存储和加工，及时准确地向各部门管理者提供有用信息，支持教学管理者为实现培养目标而进行科学决策和有效控制。教学管理信息系统几乎适用于教学管理的全部范围，它包括：教学计划管理、教学过程管理、在线课程管理、教学质量管理、教师管理、学籍管理等。而传统教育的教学管理在很大程度上依靠的是人工管理手段，虽然现在也有采用信息管理系统的，但与采用大数据、云技术的系统还存在较大差距。

五、管理环境

从系统的观点来看，任何组织都是一个系统，它存在于一个更大的系统中。这个更大的系统就是环境，组织的存在与发展永远离不开环境。管理的环境可分为两大类：一类是一般环境，包括自然环境和社会环境；另一类是特殊环境，主要指组织内部环境，或称工作环境，它包括物质环境、精神环境和信息环境三个方面。

（一）传统教育的教学管理环境

物质环境：包括自然条件形成的要素，如空气、光线、温度、声音等；教学设施，如教室、实验室、图书馆、操场、宿舍、食堂等；班级与课堂，如班级大小、设施设备等。

精神环境：包括校园文化或校园人文氛围；人际关系、班集体氛围等。

信息环境：主要包括信息的硬件载体、信息的软件载体，如印刷类媒体等。

（二）在线教育的教学管理环境

物质环境：在线教育的教学物质环境比传统教育的教学物质环境复杂得多，这是在线教育的基本特征之一，是由学习者主要依赖多媒体学习和学习的场所不固定等因素引发的。从广义上讲，从网络教学软件的开发到网页制作、视频制作、网址设置，到最后接收终端及其支持服务系统所提供的物质性支持服务、辅导站点的安排等，都是其构成要素。

精神环境：在线教学中，教学者和学习者是分离的，学习者与学习者也是分离的，学习者基本上是跟机器、设备打交道，以人—机或人—机—人的交互为主，这就必然导致了管理环境中精神环境的弱化。

信息环境：在线教学信息环境中渗透了现代教育技术的要素，使技术与人的思想相结合，从而更多地思考新技术对教学发展的影响与作用。此外，对在线教育信息环境的要求明显高于传统教育。

以上从教学管理的角度，在管理主体、管理客体、管理模式、管理手段、管理环境等五个方面与传统教育的教学管理的比较，主要强调两者之间的区别。但是，两者并不是相互矛盾、相互对立的，而是互相联系、互为补充的。传统教育教学管理方法中系统科学的方法在在线教育的教学管理中仍是一种十分重要的方法，只因当代科技的发展、社会的变革对教学系统的三个要素即教学者、学习者、教学媒体产生了重大影响，促使三要素及其之间的相互作用、相互联系发生了巨大变化，从而引发教学系统与环境的相互作用在广度和深度上更深更强。

4.1.2 在线教育教学管理基本理念与特征

前面介绍了在线教育教学管理的基本概念，这里讲述在线教育教学管理的基本理念、基本特征。

一、在线教育教学管理基本理念

在线教育的教学管理必须贯穿以质量为核心、以人为本、以科学管理为手段、以优质服务为目标的基本理念，具体表现为：

（一）以质量为核心

在线教育的成败关键是质量，因此，以质量为核心进行教学管理是在线教育质量建设的必然要求和重要内容。以质量为核心的管理，就是要牢固树立质量第一观念，不断增强质量意识，积极运用科学方法进行有效的管理。在线教育采用全面质量管理的方法，对教学要素和过程进行管理。全面质量管理的主要内容表现为全要素管理、全程管理和全员管理三个方面。全要素管理是指对在线教育所有要素实施质量管理。全程管理就是在在线教学过程中，在线教育课程的设计、制作、运行、评价等对受教育者实施影响的每一个环节上加强质量管理，使之形成一个保证在线教学质量的工作体系。全员管理就是在线教育相关人员共同参与质量管理，共同献计献策，保证在线教学质量的全面提升。

（二）以人为本

以人为本是在线教育的教学管理的重要理念。在线教育学习者来自不同的领域与地域，其文化基础、学习目的、年龄、社会阅历等存在着诸多差异，管理方面必然会产生各种不同的要求，这就需要管理者有针对地建立完善的服务体系，满足不同类型学习者的各种需求，从而提高教学效果，保证教学质量。特别要引进和完善竞争、激励机制，建立适合在线教育的教学管理新体制，充分调动在线教育所有参与者的积极性和主观能动性，以达到提高教学质量的目的。

（三）以科学管理为手段

科学的教学管理，就是以教学管理客观规律为指导，根据客观实际，选用适合的科学方法和先进的技术手段，进行有效的管理。具体要求包括两个方面：

一要按照教学的客观规律进行管理。在线教育是发展中的新生事物，探索在线教育的客观规律十分迫切。在线教育的教学管理必须遵循教学规律，促进学习者的全面发展，教学管理中的教学计划、开设课程、学习者管理、教学者管理以及资源管理等都要符合在线教育的客观规律，使之能够真正起到提高教学质量的作用。

二要有科学的管理方法。科学管理就是在在线教育教学管理中建立闭环式的管理系统、信息反馈系统等行之有效方法，结合现代管理理论及高科技应用，使教学管理方法更科学合理，促进在线教育的教学管理新发展。

（四）以优质服务为目标

在线教育的服务对象主要是来自社会各阶层的学习者，这些学习者年龄层次、知识背景、学习能力、社会阅历等都存在差异，因此，提供优质的学习支持服务尤为重要，学习支持服务是教学系统与学习者之间的接口，它的服务内容主要有学习前的内容咨询、资源组织、学习技能训练、教师辅导、交互方式等。只有最大限度地满足学习者的不同需要，才能保证在线教育的信誉，降低学习者的流失率，提高教学质量。

二、在线教育教学管理基本特征

在线教育教学管理的基本特征主要体现在以下几方面：无界化、现代化、科学化、多样化、交互性、个性化等。这些基本特征与远程教育有相似之处，但也存在较大差异。

（1）无界化。在线教育是一种无边界的教育，依托信息网络技术，可以在全球开设课程，教学可深入社会生活的方方面面，相应的管理也是无界化，即在线教育涉及哪儿，其教学管理就延伸到哪儿。

（2）现代化。在线教育教学管理将现代管理思想融入教学管理的全过程，即以质量为核心，以人为本，以科学的管理方法为手段，以优质服务为目标的管理理念贯穿于全过程。利用现代教育技术如大数据与学习分析技术等设计教学管理系统。

（3）科学化。科学化就是运用社会科学方法，熟悉教学管理环境，推广教学管理成果等；就是运用行为科学方法，对教学者、学习者等进行管理；就是运用定性和定量相结合的方法，辅助教学管理人员进行优化决策；就是运用系统方法、信息论方法、反馈方法、艺术方法等对教学及其管理系统进行整体设计、协调控制等。

（4）多样化。多样化就是教育模式的多样性与教学层次的多样性导致教学管理多样化。由于我国各地区、各领域的经济、文化发展水平不平衡，在线教育办学主体类别、规格、层次多种多样，因此，教学管理必然表现出不同的特色。

（5）交互性。在线教学的交互性，必然导致教学管理的交互性，交互的管理程序可使教学管理具有更强的可操作性，教学信息管理系统交互模块具有智能，学习者只需回答有关的问题，如：你学习的目标是什么？你需要获得哪些资格？你需要什么样的专业认可？等等。信息管理系统能根据学习者的回答进行综合判断后，即刻为学习者提供有关问题的咨询。

（6）个性化。在线教育具有传统大学所不具有的教学行为个性化和学习行为个性化的特征，打破了学习群体的结构，把个体学习者从学习者群体中分离了出来，而把他放在一个更为个性化的情景中。在这种个性化的教育中，其教学管理也带来了个性化的特点，单独为学习者提供课程选择方案、进行辅导答疑、批改作业、知识点考核、结业考试等。

4.1.3 在线教育教学管理基本内容

教学管理的内容繁多，而在线教育教学管理的内容比传统教学管理的范畴更为宽泛。依据国家对远程教育的相关规定，结合在线教育特点，主要从五个方面来讨论，即学习者管理、教师管理、教务管理、资源管理和系统管理。图4-1就是在线教育教学管理的基本内容。

一、学习者管理

学习者管理是教学管理的一项重要任务，在线教育中，学习者管理的基本内容包括学习者学习动机引导、学习者行为管理、学习者学习评价管理三个方面。

（一）学习动机引导

在线教育中，学习者主体是成人，成人学习的功利性强。因此，成人学习时，对学习内容的选择、学习方式的应用等，主要根据自身的主观判断和环境变化来自主调整。而学习动机直接影响着在线教育的质量与效果，所以有必要对学习者的学习动机进行正确引导。

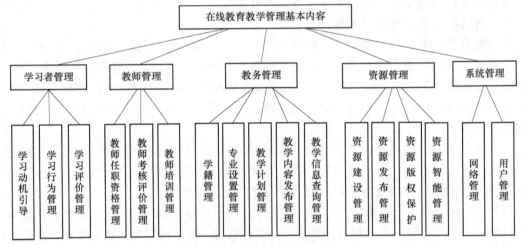

图4-1 在线教育教学管理的基本内容

（二）学习行为管理

在线教育中，"师生分离"和"教管分离"所带来的教师角色的淡化必然带来教学者对教学管理的弱化，就使得在线教育很大程度上依赖于在线学习者的自我管理能力，因此，有必要对学习者的学习行为进行管理。学习行为的管理主要引导学习者自律、自治，自主制订学习计划，完成学习目标。在线学习主张采用群组的方式，以学习群为单位进行管理，并且群组的建立以服务站为基础，每个群建立自己的学习群，学习者的各种思想、各种问题都能得到充分的交流与碰撞，同时还可增强学习者对学习机构的归属感。在建立起组群管理制度，学习者自选群主，并且定期轮换，让每一位学习者都充分地参加群组的管理活动，锻炼独立自主的精神，进行自我管理。

（三）学习评价管理

对学习者的学习进行评价主要来自三个方面：一是学习者的自我评价，学习者对自身的思想、知识点等学习情况进行主观评价。二是教学者对学习者的评价，教学者对学习者的作业情况评价、教学者对学习课程结业总结评语、教学者对学习者参与讨论的情况评价、学习者的交互回答评价等。三是系统的评价,教学管理系统自动记录学习者在在线学习平台进行学习的信息,如学习登录时间与注销时间、互动区的跟帖次数及数量、课程浏览范围、时间和次数、测试的成绩等,最后通过加权评分做出综合评价。

二、教师管理

在线教育教师要在数字化或网络化环境下开展教学活动,与传统教学在教学对象、教学环境、教学技术等方面存在差异。因此,对教师的能力要求和管理也呈现出不同。在线教育教师管理的主要内容包括教师任职资格管理、教师考核评价管理、教师培训管理等。

(一)教师任职资格管理

教师任职资格是指为了保证教学目标的实现,教师必须具备的素质、知识、能力等方面的要求。在线教育教师任职资格管理就是对担任在线授课工作的教师从教资格做出的规定,常常包括胜任教学岗位所需要的基本素质、学历、专业学术水平、教学能力和信息技术运用能力等。

1. 基本素质

基本素质要求是指从事在线教师职业所具有的动机、个性、价值观、人生观等,在线教育教师的教学课程放置在网络上,供各类人群学习,传播快、影响大,对教师的道德水准提出更高的要求,必须具备优秀的道德水平和人生观,拥护党的政策,遵守法律法规,传播正能量,做到"三尺讲台无杂音"。

2. 学历与专业学术水平

在线教学由于学习者学习时间学习方式的灵活性、学习空间的多样性以及信息技术的融入,知识传授突破了传统教学的束缚,教学的非线性、非程序化对知识碎片化、知识重构提出了很高的要求。在此背景下,在线教育教师所需的学历、专业学术水平要求均不能低于传统课堂教师的要求,在线授课的教师(或教师团队的领导者)必须具备完善的专业知识结构和知识更新能力、驾驭学科内容和学术研究能力,有些在线教育机构还特别要求授课者应是知名教授或专业水平较高的教师。

3. 教学能力和信息技术运用能力

在线教育教师的教学能力主要突出教师具备信息化教学意识、应用信息技术有效促进课程教学的能力,这种能力不是信息技术工具的简单应用,而是借助信息技术重组知识结构,建立学习环境,并提供有效教学策略的能力。不仅要求在线教育教师具备信息化工具应用能力、信息技术融合学科教学能力、信息素养(数字素养)及信息化教学能力,更要求具备针对教学目标,对教学资源和教学过程的设计、开发、利用、管理和实施的能力。

(二)教师评价

在线教育教师评价是在教师按照教学要求完成在线教学工作后,对其教学工作、效果等情况的考量和评估。评价时要把握在线教育教学岗位的特点,分别从专业能力技术水平、信息化教学水平、业绩、工作量以及对在线学习者服务等方面进行考核,考核采用定性和定量相结合的方式多方面进行评价。

1. 评价目标

在线教育教师评价的目标是:为了充分调动广大教师参与在线教育教学的积极性,发现在线教育教学中的问题,激励教师不断提升专业知识和在线教学能力,改进教学效果。

在线教育的教师评价要以激励为导向,一些传统教学的教师对于知识碎片化的教学内容组织、学生空缺的课堂录制和基于信息技术的课程制作等在线教学的课程开发流程和手段还不掌握,不少人还感到既麻烦又困难重重,因此在进行教师评价时要帮助教师发现教学中的问题,指导教师提高课程建设能力,而不是以评价结果为依据批评和惩罚教师。

2. 评价内容及指标

评价内容及指标是将教师评价目标具体化,是衡量或判断教师在线教学活动价值程度的准则和尺度,是对教师在线教学活动质量要求的具体规定。科学性和可操作性强的评价内容及指标,能够为教师在线教学活动以及学校在线教学管理工作提供正确的导向和判断依据。

在线教学的教师评价内容和指标,不能仅单纯评价教师教学素质、业务水平、教学效果等,还要考虑在线教育的特点。课程设计开发、教学过程实施、教学组织、学生服务、教学资源准备、信息技术运用、教师自我学习等都应该纳入评价内容和指标中。在指标权重的设计中,也应充分认识到在线教学与传统教学的差异,如教学效果评价指标设计时,应考虑到在线教学过程中,教师和学生时空分离,学生的入学专业水平和学习的自控力很难控制,所以将学生的考核成绩作为评价教师教学效果的重要评价指标就不够科学。

3. 评价手段与时机

在线教学的教师评价和传统教学的教师评价相比较,在评价手段、时机上也有差别,表现为评价手段与时机的实时性、多样性和科学性,传统教学评价时机一般在教学活动的中期和结束期,采用的手段一般是调查问卷、座谈等方式,评价分数大多来源于学生、同行、专家的问卷评分(人们听课学习中的主观感受)和学生成绩。在线教学评价数据可以从学生学习在线课程过程中实时采集,通过挖掘学生观看某个视频的重复度、做课程习题的准确率和答疑情况获得数据,这些数据的客观性较高,再累计上调查问卷、座谈以及学生结业成绩等数据,可以较科学地评价教师教学情况。

(三)教师培训

在线教育教师培训主要是对教师信息技术培训。在线教育是近年来产生的一种新的教育方式,且发展变化很快。这种新的办学模式能否取得成功,关键在于能否尽快培养出一支能够理解和认同在线教育方式,并能参与在线教育活动的优秀教师队伍,并依靠这支队伍成功创造出新型的教学模式。就目前我国师资状况来说与这个要求差距还很大,据相关调查,我国从事在线教学工作的教师几乎都由学校正规任课教师兼职。从事专职在线教学工作的教师缺乏,且在线教学经验不足、在线教育信息技术缺乏,这些问题都严重制约着在线教育的发展。因此,教师培训就成为在线教育发展的关键一环。根据在线教育的特点和要求,教师培训内容主要包括以下方面:一是现代教育思想培训;二是在线教育理论培训;三是现代教育技术应用培训;四是建构主义教学情境下教学设计与教学方法训练;五是协作意识与协作能力的培训。

对教师教育信息化技术培训应该具有一整套比较完整的机构和措施,各省、市、地区的教育行政部门、人事部门、电教馆、师范大学、教育学院和教师进修学校都要定期开展信息技术的培训。参与在线教学的培训机构,应当向教师发送培训通知,让教师了解去哪儿学,学什么。在线教育教师所在院校领导要鼓励教师去学习,并从时间和经费上予以支持。

三、教务管理

教务管理的主要内容包括学籍管理、专业设置管理、教学计划管理、教学内容发布、教学信息查询等五个方面。

（一）学籍管理

在线学习者的学籍管理具有两个特点：第一，动态管理。由于在线学习者来源复杂、层次各异、素质不一，有的学习者可能中途辍学，有的学习者可能会因各种原因中断学习，所以每学年注册学习者数量都是动态的。第二，主动管理。对不能连续学习的学习者，要主动跟踪并提供各项教学信息和服务，协助他们在尽可能短的时间内完成学习任务。学籍管理包括从学习者注册到毕业的整个学习过程的管理，具体管理流程如图4-2所示。

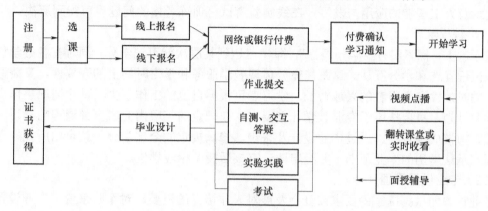

图 4-2 在线教育学籍管理基本流程示意

现对主要环节的管理做如下说明：

1. 注册认证

注册是学习者正常学习的前提，它的主要任务是将学习者引入学习系统，并完成相关资格的审定和学习档案的建立。注册系统的主要功能是保存学习者的档案数据，包括学习者每次测试的成绩、修的学分、已修科目等教学过程中动态生成的信息。注册系统还应提供授权认证功能，只有正式注册过的学习者才能进入教学支持系统，如在线教学系统。

2. 选课和报名

学习者可以进入学习系统的主页，浏览课程的基本介绍与所学课程的主要内容，如果该课程符合其需要，即可以注册学习。

3. 缴费

在缴费环节上，办学机构的高层管理者应考虑缴费问题，作为从事教育的企业来说，在线教育必需获取一定的利润，方可促使在线教育健康发展。也会考虑一些特殊情形，比如支持失业人员或残疾人员，纠正某些领域的性别不平等现象或照顾到某些特殊地理位置的人员等，但目前很少有在线教育机构考虑这一问题。但对军队在线教育来说，大部分对全体官兵是免费的，鼓励学习成才。

4. 考试

在考试管理上，应由学习者根据个人修课的情况及实际效果，决定自己的考试课程课目。在线教学的考试主要有笔试和网上考试两种形式，从现在开展在线教育的情况看，大部分是采用网络考试，主要是采取在某一特定时间、在规定时间段内完成考试；当然如果条件成熟也可采用笔试。在线教育采用网上考试主要理由有三点：第一，现在绝大部分在线教育单位都建有试题库,如在网上进行考试,可以很好地实现教考分离,使考试工作独立,增加考试的透明度,更好地体现公正、公平的原则。第二,考试的安全性和真实性基本可得到保证。从安全性上讲,随着网络安全技术的迅速发展和网络安全管理体系的层层设置,想通过网络窃取试题难度增大,如果与学习者的学习终端 MAC 地址绑定,并进行指纹或人脸识别基本可保证真实安全。若采用区块链技术,安全可靠性更有保障。从真实性上讲,由于在线教学平台在设置上不允许邻近终端显示相同试卷,所以基本上可杜绝作弊现象。第三,随着虚拟技术及人工智能的应用与发展,在线实验考试、训练考核的问题也可得到解决。

5. 学制与学历、学位

在学制上,探索实行"学分银行",即学习达到某层次就可记学分,同时在各办学机构之间实行课程互选和学分互认。这既能充分体现教学服务和学习时间上的开放性,又兼顾到学科知识的时效性和学习者的兴趣特长。学习者可根据自己的工作、生活秩序情况整体规划自己的学习计划,只要按所学专业教学计划要求,在规定的年限内完成全部课程的学习,且经过考试、考核成绩合格,通过毕业设计及答辩,修满规定的全部学分,就可由所在办学机构颁发国家承认学历的毕业证书,并经申请、审核后授予相应学位。

(二)专业设置管理

专业设置即根据国家的要求或社会发展对人才培养的需要,对军队来说,专业设置就要面向实战、面向部队、面向世界军事的发展,新建立一个学科专业,或对老专业进行调整、改造。专业设置一般包括专业的确定、专业的组建、专业的规划等。专业设置在一定程度上说明了培养人才的业务范围、基本要求和工作方向。对在线教育来说,应该根据经济建设和社会发展需要来设置专业,并根据社会的需求变化,灵活地、务实地、及时地调整专业。我国各地区的发展不平衡,这种不平衡决定了各地区对人才培养的要求和数量、规格、专业等方面是不尽相同的。在线教育的办学宗旨就是面向社会、服务于社会,如果离开社会的实际需要而盲目办学,就会失去生存的活力。国家出台相关规定,在线教育机构可根据社会需求,在已设置的专业范围内选择开展在线教学的专业;社会急需的现行本科专业目录之外的新专业,由机构提交专业论证报告,报教育部备案后,限定在本在线教育机构设置。但就我国目前在线教育专业设置来看,还不尽合理,主要表现为专业设置过于集中,各类课程比例不均衡。从已注册学习机构开设的专业种类来看,集中为计算机类、管理类、经济类、法学、英语等社会需求量大和应用性较强的专业,但忽视了对基础学科和其他学科人才培养的需要。从部队的实际情况来说,其专业设置应当偏向于新型作战力量建设与信息化武器装备的应用。

(三)教学计划管理

教学计划是根据教育方针、培养目标、专业方向、学习年限、教学对象特点及课程间合理衔接等因素,由教育主管部门制定的政策性文件。教学计划决定着教学内容总的方向和总体结构,直接关系到教育能否适应经济建设和社会发展需要等根本性问题,也是确定课程设置、安排教学环节、进行教学活动的主要依据。由于在线教育机构的学习者在学习时录取分数明显低于传统教育学习者,或者无须考试即可注册学习,如果仅仅将传统教学计划照搬于可在线教育,则不符合在线教育学习者的实际情况,影响其学习兴趣,造成他们的畏难心理。还有些机构直接通过网络视频会议系统或者卫星电视系统把传统班级上课现场直播给在线教育的学习者,供学习者使用;表面上看是可行的,但实际上是不可取的。在线教育的教学计划应根据在线教育的特点和在线教育学习者的实际情况来制定,不能盲目地照搬传统教育的

教学计划。在线教育的教学计划管理应主要考虑下列内容:

1. **教学计划严密性与自主性的结合**

(1) 不同学习群体、不同学习形式,执行不同的教学计划,更好地体现在线教育的个性化。教学机构只提供按学科功能分类的课程表和适当的各类课程组合,学习者根据自定的学习目标选择课程,制订自我学习计划并以此取代统一的教学计划。在执行自我学习计划的过程中,学习者也可自行对学习计划进行调整。

(2) 根据学习者的不同职业结构、年龄结构、知识结构和学习需要,确定教学计划中课程设置比例。

(3) 计划执行的灵活性与教学管理的严密性相结合。

2. **教学计划设计目标与课程的衔接**

(1) 专业培养目标的设计。专业培养目标规定了培养人才的方向和标准,在设计在线教育专业培养目标时,不仅要依据国家制定的带有指导性的管理目标或规定以及教学机构的实际情况和社会需要,更要考虑学习者个性发展的需要。因为在线教育是一种充分展示个性的教育,它的目标是使每位学习者都能得到充分发展,因此,在线教育中,应当留给学习者更多的供其自定的培养目标空间。

(2) 课程设置。课程设置是教学计划的主要内容,课程设置的一般原则为:

① 依据培养目标的要求设置,兼顾学科的性质和专业门类的特点;
② 有利于形成合理的知识与能力结构;
③ 注意课程的衔接与配合;
④ 合理安排教学进度,使每学期的学习量适当;
⑤ 注意为不同专业学科门类的学习者打下继续深造的基础,并使其拥有较宽泛的专业知识面。

(3) 教学环节的设计。教学环节的设计主要体现为合理安排课程性教学环节和非课程性教学环节的比重。具体到在线教学中,在安排理论课与实践课的学时比例,在线课与面授课的学时比例,网络课、面授课与学习者自学的比例时,应突出实践课、网络课与学习者自学所占的比重。教学环节的设计上还要突出一个交互环节的设计,交互是在线教育的关键之一。

(4) 教学结构的设计。在线教育中,教学计划的结构可采用模块的方式。同一个专业教学计划,不同的模块组合,可以形成不同专业方向。这种灵活的模块组合方式使教学计划具有更广泛的适应性和选用的针对性。

3. **教学计划管理的细密性与严肃性**

制订教学计划是在反复推敲、多方论证的基础上形成的,部队在线教育的教学计划更是经过院校与部队专家和教学管理部门研究、领导与相关专家多方论证,甚至征求部队官兵意见,并经军队教育行政部门批准才能执行。因此,教学计划的管理一定要严肃认真,一丝不苟。具体说来,应做到以下几方面:

(1) 在线教育教学应按教学计划的要求来组织,并作为考核、验收教学质量的标准。部队的在线教育更强调提升战斗力。

(2) 教学计划一经制定并批准执行,应保持相对稳定,保证有一个良好的教学秩序。在某种程度上,部队的教学计划等同于作战方案。

(3) 保持教学计划的严肃性,任何个人、单位不得擅自修改教学计划。如确有调整的必要,应履行相关报批手续,征得原批准部门同意后方可调整。

(四)教学内容发布

教学内容发布是指将教学团队研制的在线课程内容,上传到在线教育平台或相应的教学系统,并予以发布,以实现网络在线教学。它一般有两种形式:一种是教师将课程内容交给系统管理员,由其在网上进行发布;另一种是由系统提供相关技术支持,由教师或教学团队自己将课程内容在网上进行发布,并且教师随时可对发布的教学内容进行修改,通过相应的系统进行管理。

(五)教学信息查询

学习者、教学者、管理员以及一般的浏览者均可通过网络在相应的权限范围内浏览和查询在线教育平台相应的信息,如学习者对专业、课程情况、考试成绩的查询等;教学者对教务信息、学习者信息的查询等;管理员对系统运行情况、系统提供的工具类别和数量的查询,对系统工具利用人数和利用率的查询,对教学者、学习者信息的查询等。

四、资源管理

传统教学中的教学资源管理主要是教材管理,教材是指学习者学习的一切教学材料,包括教学大纲、教科书、讲义、参考书、教学辅助材料(如图片、教学影片、唱片、录音、录像以及教学视频等),甚至可包括有意识地用来为教学服务的实际情境(如供学习者参观、见习或实习的场所)。通常,教材可分为四类:文字教材、实物教材、音像教材和电子教材。

在线教学中,虽然大部分在线教育机构所使用的教材是微课程视频,辅之以电子文本教材为主,且大多沿用传统教育中文字教材的体系和内容,虽然有些文本教材配有动画、视频等,但它们之间还没形成科学的优化组合,没突出在线教育的特色。由于在线教学主要在计算机网络上进行,其教学模式发生了根本性的变化,这就决定了在线教学的教材应与传统的课堂教学教材有不同之处。我们认为,在线教学应主要使用微课程视频加电子文本教材进行,同时突出交互性。而在线教学信息资源可以看成是存储在网络上各个教学系统中的可供共享使用的电子教材、课程微视频与教学资源的逻辑总和。显然,在网络环境下,能够作为在线教学教材的,只能是网络教学信息资源,而当前网络教学信息资源的无序性现状正是在线教育发展的瓶颈之一,因此,这里主要探讨在线教学信息资源的管理问题。

(一)在线教学信息资源建设管理

1. 管理目标

(1)能支持大量用户同时浏览与查询;能支持信息的增加、删除、修改,支持整个数据库的转储、转换、合并等操作;能支持教学资源的重组。

(2)检索方法方便快捷。

(3)在线教学信息资源管理系统安全可靠并保证系统的可扩展性;对知识产权实施有效保护。

2. 在线教学资源建设管理,主要是教学组件与资源平台管理

所谓组件就是一种依据设计在线教学软件的策略和思路,对在线教学过程中全媒体教学信息资源进行准备、检索、设计、组合、使用、管理、评价而形成的可重复使用的构件。

教学信息资源应按如下五个分类进行组织和管理:

(1)全媒体教学资料库:为教学提供全媒体的教学资源,由文字、图形、图像、声音、动画、视频等元素组成,是以知识点为基点按一定检索和分类规则组织的素材,知识点的表

达可以是多层次多侧面多角度的。

（2）微教学单元库：由许多微教学单元组成，每个微教学单元包含有一定的过程和结构。在知识难点的讲解、技能技巧的训练及抽象思维观念的教学中，可采用微教学单元。微教学单元是片断的、可链接的，它没有多余的头尾包装和背景。如慕课课程中的微视频等。

（3）资料呈现方式库：主要是教学素材及资源在教学中表现、连接、呈现的方式，如变色、闪烁、热点（区）链接等。

（4）教与学策略库：常用的教学策略有讲授法、演示法、发现法、情景对话法、实际场景模拟等。

（5）网络教学资源库：由多层次、多方式网络教学资源库组成，它决定了在线教学系统的开放性和自组织性。有些教学资源库，可实现全球共享。

在上述资源库的基础上，利用资源综合平台，可便捷地选取合适的资源和微教学单元，确定教学策略，选取合适的资料呈现方式，从而制作出具有针对性的教学课程资源，实现因材施教。由于在线教学的时空分离，师生缺乏面对面的交流，因此在设计开发教学系统时，应尽可能地体现人际交流的特征，使教学系统软件具有较强的交互性，以弥补时空分隔对学习带来的不利影响。

（二）在线教学信息资源发布管理

按数据库的管理模式，采用分类建库的方法对在线教学信息资源进行管理发布。整个在线教学信息资源库一般可分为三层：最底层为媒体素材库与微视频库；中层为课件库、题库和案例库；最高层为慕课课程库等。媒体素材库按照媒体类型可划分为五类：文本类素材、图形（像）类素材、音频类素材、视频类素材、动画类素材。课件库中的视频及软件要求既能自成体系，又能独立使用，其主要功能是教学者教学、学习者学习、提供参考资料、开阔学习者视野的主要手段。所有学科的题库，都既要遵循经典测量理论，严格按照经典测量理论的数学模型开发题库管理系统、组织试题，又要符合在线教学规律；在线教学题库基本功能主要有试题管理、组卷、统计分析等。案例库的编写应符合现实的指导和教学意义，建设案例素材库时，要考虑学科的特色，对军队在线教育来说更应当突出军事特色，案例必须以电子文本，更多的是以微视频方式提供，要注意相关知识点的网络搜索链接。

（三）在线教学信息资源的版权保护

在线教育的教学信息资源主要有视频、文档、图片以及教师评论答疑的碎片化数字资源，其中主要资源是视频与文档。不同的资源又有不同的格式，如视频资源有 AVI、MP4、FLV、WMV、MOV、RMVB 等常用格式，图片有 JPEG、PNG 等格式，文档有 PPT、WORD、PDF 等模式，各种模式或标准不同，压缩程度不同，不同公司的产品其采用的软件工具也不同，不同格式不同类型的教学资源都要面临严重的版权问题，但处理的模式也不尽相同。

在线教育所提供的课程不是一个人所能独立完成的，而是由建设方或平台方提供经费支持，由学科教师为主的制作团队共同完成资源及课程的制作，因此，除非有协议规定，课程及资源是属于建设团队。

课程及资源的开发与制作过程中，会引用其他版权人的文献、资料等，如课程中加入纸质教材的内容，以及用于营利性用途，就存在侵占版权的问题。

课程及资源的内容要与时俱进，某些学科课程及资源需要频繁更新，课程更新属于再创作，如制作团队成员及参考资料、文献发生变化，也存在版权问题。

高质量高性能的视频服务也存在版权问题，如将视频存储在其他视频网站，那么视频网站是否拥有相关的版权，就存在一定的版权混淆问题。

在课程教学交互过程中的师生讨论、老师的作业批注、学习者的笔记及论坛里的留言等都存在版权问题。

因此，在线教育教学平台的资源建设中，既要使信息资源传播方便快捷，又要使教学信息资源得到有效保护。如果教学平台对教学信息资源开放程度过高，对共享权利限制不足，当侵权事件发生时，无法保护版权所者的权益，就会影响教学平台资源创作者的积极性，许多优质资源作者不愿意放在教学平台上；反过来，如果对教学平台资源的版权权利限制过多，就会失去使用的便利。故必须在版权保护与资源便捷使用之间找出平衡点。

版权保护策略要从教学信息资源的格式类型、版权归属、权利控制三个方面进行明确。

从资源类型格式上讲，制定一个文件格式标准，或提供格式转码服务，使基本类型的资源文件格式统一，如统一将视频文件规定为 MP4 格式，文档文件规定为 PDF 格式，在资源入库时就做限定。最好是在资源入库前统一进行转码，如将 PPT 及 WORD 文档转为 PDF 格式等。

确定教学信息资源的版权归属。从主要的课程资源到教学过程中产生的各类衍生资源都明确版权归属。方法有两种：一种就是只要教学平台产生的课程资源全部归教学平台所有；另一种就是将课程资源细化，分别对课程建设、教师讲义、学习笔记、交互讨论等资源分别制定相应的版权归属协议，但教学平台拥有完整的使用权。

确定教学信息资源版权共享程度与协议。其版权协议方面可借鉴知识共享组织提供同名的一系列著作权许可方式，使著作物能广泛地流通与改作，方便其他人据此创作与共享，并以许可方式确保共享程度。有六种许可协议规定了他人根据许可协议享有一系列的基本权利。这六种许可协议按从严到宽的顺序列出：署名—非商业使用—禁止演绎；署名—非商业使用—相同方式共享；署名—非商业使用；署名—禁止演绎；署名—相同方式共享；署名。

对营利性在线教学平台的信息资源，在研发过程中需要注意参考、引用其他版权人的版权授予，如有些文献引用只要署名即可，但有些出版教材需要版权人授权使用，因此，在线教学平台研发，需要注意版权，避免侵权和做好版权授权。

在线教学平台遇到资源版权问题时，无论是平台管理方，还是资源研发方、资源建设方都应当及时做出反应。特别是资源建设者发现版权问题时，参照版权人上传的版权归属协议和版权共享协议，提供版权证明。

在线教育信息资源版权保护问题，事关在线教育的持续健康发展，因此，一定要关注版权保护问题。

（四）在线教育信息资源管理的发展方向——智能管理

学习者在纷繁复杂的网络中出现"迷向""信息超载"是一个突出而广泛的现象，为此，计算机教育专家开发完善一种智能化的管理程序——智能 Agent，结合大数据技术，就使在线教育信息的使用和管理进入一个"智能化-傻瓜化"阶段。智能 Agent 用于在线教育，能充当虚拟教师、虚拟学习伙伴、虚拟实验室设备、虚拟图书馆等。在智能信息管理系统中，Agent 能发现用户的偏好，帮助用户确定信息域，自动生成检索方案并按最佳方式搜索对用户最有用的资源，还能对用户所需信息进行定期的、有选择的更新，对重要信息进行跟踪等。与此类似，教学管理系统也可采用智能 Agent，以提供全天不间断服务。智能代理的出现意味着在线教育的技术重心正从桌面、主机转向网络，从人工转向智能化，在线教育正在从"人找信息"转向"信息找人"的技术阶段。

五、系统管理

在线教育教学管理系统是在线教育教学管理主要手段。系统管理主要包括用户管理和网络管理。

（一）用户管理

对用户进行规范化的管理，是教学管理有序进行的重要保证。用户管理内容较多，主要包括用户注册、账号管理、用户授权、认证管理及策略信息管理等。清华大学学堂在线就是根据用户身份确定服务类型和授予访问权限，把用户分成四类：总站管理员、分站管理员、教师、学习者，分别对这四类人员授予不同的管理功能权限。

（二）网络管理

1. 系统安全管理

系统安全是教学工作得以正常运行的前提，现在网络上的黑客站点多如牛毛，黑客工具也唾手可得，攻击者可从网络上截获、中断、篡改甚至伪造信息，这将给在线教育带来安全隐患，因此必须对安全问题进行控制和防范。

（1）建立密码机制。为用户提供安全可靠的保密通信是计算机网络安全最为重要的内容。例如在线教学平台管理员的密码要有足够的长度，要定期更换，不随意在网上传送，以免被截取，并限制尝试的次数等。

（2）设计安全协议。目前在安全协议的设计主要是针对具体的攻击设计安全的通信协议。

（3）设置访问权限。将系统用户划分为不同的角色，不同的角色指定不同的功能、不同的权限。对不同权限的用户，只提供他所能访问的功能界面，控制无关信息的显示。

2. 网络计费管理

（1）提供采集计费源数据的功能；

（2）提供计费策略管理功能；

（3）提供计费项目的管理功能。包括：学习内容、浏览观看时间、信息流量、传输的区间、使用的服务方式等项目；

（4）按时或实时自动更新用户费用；

（5）提供账单的查询和统计功能；

（6）提供计费的数据分析和数据挖掘功能。

3. 网络配置管理

用来定义、识别、初始化、监控网络中的被管对象，改变被管对象的操作特性，报告被管对象状态的变化。

4. 故障管理

故障管理是指对网络中被管对象故障的检测、定位和排除，并提供相应常见问题解决方法。故障并非一般的差错，而是指网络已无法正常运行或出现了过多的差错。网络中的每个设备都必须有一个预先设定好的故障门限，以便确定是否出了故障。

5. 网络性能管理

（1）收集影响网络性能的数据；

（2）提供对历史数据的分析、统计和挖掘功能；

（3）提供调整网络拓扑结构和配置的功能。

4.2 在线教育质量管控

随着在线教育的出现与发展,学习者对在线教育质量的期望越来越高。要使在线教育能够持续发展,就必须严格控制教学质量,满足社会和学习者的需求。

4.2.1 在线教育的质量管理基础

教育是人与人智慧、思维和意识的交流,与一般工业化生产不同,如果直接照搬工业化管理中成熟的流程控制和评价范式,是不可能得到良好的质量保证效果的。这是因为无论是教学者的教学能力还是学习者的学习潜能都存在一定的差异,同时,学习者的人生理想和成才目标也各不相同,这与工业标准化流程中强调的标准流程、标准工艺、相同尺寸的理念是截然不同的,因此,单纯依靠定量分析和控制,在教育领域是不可行的。

一、在线教育质量管理理念

目前我国在线教育就技术上而言与国外只相差三到五年,但在理念上与国外的差距很大,主要是陈旧或错误的管理理念严重影响教学质量。较为严重的问题就是重招生、轻服务、虎头蛇尾式的管理,要规范教育质量管理运作方式,就必须借鉴先进的企业管理理念,这也是先介绍管理相关概念的原因。那么为什么要借鉴企业管理理念呢?因为在线教育几乎具备工业化的所有特征,这些特征仍符合在线教育实际。所以鉴于在线教育兼具教育性和产业化特征,目前在线教育应重点从以下几方面来阐述管理理念:

(一)全面质量管理

在线教育中,部门分工协作比传统教育更为明显,因此需要实施全面质量管理。根据国际标准化组织(ISO)的界定,全面质量管理是指一个组织以质量为中心,以全面参与为基础,目的在于通过让顾客满意和本组织所有成员及社会受益而达到长期成功的管理途径。

首先每一个部门都要各司其职,其次是部门之间的工作必须相互协调,最后就是全员管理。"管理"不只是最高管理者的事情,作为服务的供应方,一个服务组织内的所有人员(包括高层管理者、各职能部门、教师和学习者本人)都应该对质量负责。服务本身是一个过程,过程的服务质量影响着最终的产品质量。特别是学习者,他们的服务消费与组织服务提供是密切相关的,并作为其中的一部分,反映到自己的学习效果上,也就是说,学习者本身既是服务的对象又是服务的参与者,因此也应当对服务质量承担一部分责任,如与课程教师的配合,跟上教学进度,及时反映服务中出现的问题,反馈意见和建议,等等。

(二)以学习者为中心

"以用户为关注热点"的理念,在线教育领域同样适用,一切服务工作都是为了促进学习者的学习。学习者是在线教育服务的主要评判者,因为服务质量的好坏体现在学习者的学习效果上。在线教育的学习者群体异质特征十分明显,照顾每个人的差异是很难做到的,但又是不可回避的。比如,慕课课程、微视频开发中,需要增添一些辅助学习单元或背景知识,学习者之间互动性较强的学习模块使其更具人性化;在与学习者的教学交互过程中,在线教师要及时接收来自学习者的反馈信息,调整进度,解答疑难,改变教学方法等。总之,应尽可能地从学习者角度出发去运营整个在线教育系统,为学习者提供相应的服务。

（三）合作共赢

合作共赢就是各方广泛合作，并获得现实的利益，这里有政府与高校之间、高校与企业或社会组织之间以及政府、高校、企业或社会组织之间的多种合作，这里也包括部队院校与部队的合作、部队与地方的合作等。

在线教育涉及各种合作：

（1）与高校内部其他院系的合作。在线教育机构要与其他机构之间共享师资，特别是聘请那些教学素质比较高的教师，迫切需要打破学校之间的壁垒，实现资源共享。同时，高校内的成人教育学院招生对象大多是成人在职学习者，所以在线教育机构与其存在生源竞争，另一方面，因成人教育学院有较长时间的办学经验，在线教育机构又需要与其合作。

（2）与信息技术行业的合作。因为在线教育信息技术要求高、一次性投入大，大部分高校在技术和经费方面难以承受，迫切需要与信息技术企业合作。

（3）与国家开放大学及其相关在线教育机构合作，共享教育资源。还涉及军民融合、军队与地方高校科研院所以及其他教育机构的合作。

（四）持续改进

在线教育质量管理要随时发现问题，随时解决问题，持续推进质量改进。美国质量管理专家戴明博士提出的"戴明环"（又称为 PDCA 环）为实施动态管理提供了方法。它包括计划（Plan）、实施（Do）、检查（Check）和处置（Action）四个阶段。在开展某一项工作之前，必须有个设想或打算（计划）；然后，实施计划，亦可称为执行计划；再将执行的过程及结果同计划相比较，找出问题，进行核对检查；最后，依据检查结果，把成功的做法或经验加以肯定并列入标准中，而把遗留问题作为下一个 PDCA 循环的 P（计划）阶段的目标。这相当于教育评价中的"形成性评价"，目的都是为了随时发现问题，以便更快、更好地实现目标。

二、在线教育质量保证方式

在线教育的质量保证，就是要提供足够的产品和服务信任度、足够的课程及教学资源供学习者选择，且其课程不能有重大知识性、科学性错误，同时，应当提供充分的学习支持服务。

要实现在线教育的质量保证，就要对在线学习绩效进行评估，即在线教育管理者基于学习管理系统记录的某教学机构/某课程/某辅导教师的完整在线教与学记录，对照工作目标或绩效标准对在线教学工作做出评价，为下一步教学工作安排提供决策参考的过程。在线学习质量保证可在基于平台数据的在线教学绩效评估的基础上进行，它是学习分析的一种应用，其一般流程也符合学习分析的基本流程。因此，构建在线教学绩效评估模式是对一般学习分析模式的具体化。

学习分析模式由"学习分析流程""工具与算法"以及"数据与信息"等三要素构成，"工具与算法"为"学习分析流程"提供支撑，并产生相应的"数据与信息"。这三个要素在时间上的展开将分别形成学习分析工作流、工具与算法流以及数据流。其中，学习分析工作包括需求分析、数据收集、数据预处理、分析、预测、应用等环节；工具与算法则是学习分析工作流中用到的各种工具及若干算法；数据则是在应用工具和算法时产生的各类数据，包括挖掘得到的各类知识，如可视化图表、频繁项集、规则、序列模式、网络图等。具体到管理者视角下的在线教学评估模式，该模式在"分析流程"方面的关键环节包括不同层次评估对象（教学机构/课程/辅导教师）、在线教学绩效评估需求分析、各观测点数据采集与变换、评估结论与整改建议等，所用到的"工具与算法"主要有数据库管理系统查询分析器以及"统计分析与可视化"方法，所用的"数据与信息"主要有在线教育教学平台日志数据表等。

三、在线教育的基本要求

在线教育与传统教育不同，其质量要求也不相同，主要表现在以下方面：

（一）面向实际的人才培养要求

在线教育对象的主体相当一部分是成人及在职人员，特别是其中一部分人未曾接受相应学历教育，或因毕业多年且专业理论落后时代发展，但他们的社会阅历、工作经验总体上更丰富，在专业领域内的问题上有比较深刻的认识，对问题的理解相对更深入全面，更能着眼实际。在受教育需要上，他们更希望所学能立刻应用于实践，对能拿来就用的东西更感兴趣。对这类人员，就不能像对在校生一样强调基础知识的掌握，不宜通过知识回忆的方式组织考试，而更要注重对其实践能力、研究能力等方面的要求，强调知识的应用与发展。在理论修养上的要求一般也应有所区别。另一方面，在线教育本身具有的师生准永久性分离的特点，也使我们对质量观、人才观的内容做出相应修正，至少在自学能力、自控能力、创新能力、协调能力、发展定向能力等方面可以提出较高的要求，体现出在线教育学习者的特点和优势。

（二）学习者满意的质量要求

在线教育更强调学习者的主体地位，强调学习者在学习中、自身发展中的主动性，教学者更多的是学习进程的指导者与知识建构的引路人。在在线教育教与学时空分离的形态下，教学者表面的、直接的作用进一步淡化，更多依靠学习者能动性的发挥。在线学习者满意度不仅体现在课程上，还体现在在线学习支持服务上。因此，在线教育和在线教学系统的设计和运行必须以学习者为中心，在线教育教与学全过程以学习者自主学习为主，在线教育学习的组织规划控制逐步实现学习者自治，在线教育机构和教学者为在线学习者提供包括双向交流在内的各类学习支持服务等。教学者逐渐变成了学习者学习的辅助者、协调者和咨询者，因材施教、区别对待就具有特别的现实意义，更强调要让学习者受到满意的教育。在市场经济条件下，学习者满意度必将成为教育质量的内涵之一。

（三）树立多元、多层次、多类别的在线教育质量要求

尽管在线教育机构具有相当的自主权，在教学内容与手段上又不尽相同，按理说在线教育质量观应是多种多样的，但由于总有人拿在线教育质量与普通学校教育质量对比，致使在线教育质量标准有一种单一化的趋势。事实上，即使是普通学校教育，近年来也越来越提倡质量标准的多样化、层次化，反对不顾现实情况一刀切，更何况相对更复杂又更灵活的在线教育，强行制定一致标准只会抹去各类在线教育的特色，扼杀在线教育发展的活力。

在线教育的质量观应该是多层次、多类别的多元质量观。一方面，受教育对象之间巨大的个体差异性使得我们必然要采取多种多样的在线教育形式来适应社会的需求。另一方面，虽然目前在线教育机构聘用教学者时并不局限于机构内，但不容否认的是，其教学者主体仍是机构内教师，这样，作为影响在线教育质量的重要因素之一的师资力量，就与机构教学质量基本成正比。后者现实的差异性决定不同在线教育机构的教学质量现实基础是不完全相同的，也决定了质量标准是不能等而视之的。

在树立质量观时，要充分考虑到各机构现有实力基础的情况，为自己定好位，确立不同的质量标准，适应社会不同的需要，同时办学方式也要灵活，开展多种多样的在线教育。

在线教育质量不仅取决于教师素质与责任心、教学资源及教学支持服务质量，更与学习者学习动机、对在线教育的认识密切相关。

学习动机的来源及强度与学习者对学习的投入（时间与经费）、所学知识的迁移和应用程

度密切相关。调查显示学习者的学习动机和选择专业的主要原因均出自工作需要，这说明学习者的学习目的是比较实际、比较理智的。但是学习者在心理上过于依赖在线教育平台中主讲教师和在线教学点，自主学习能力还有待提高，而且在线教育的教育导学督学环节也有待加强。

　　学习者对在线教育的认识可以影响其学习态度是否积极，对教学过程是否配合。然而绝大多数学习者在线学习一段时间后倾向于传统的集中面授或收视，而较少利用手机等智能终端学习，这又返回传统教育的老路上去了。在线教育应尽量避免面授，不仅因为会增加成本，而且因为这会给学习者带来诸多不便，如路途遥远、没有时间等。那么是什么原因导致学习者想回归到常规教育？是在线教育不适合成人在职学习者吗？显然不是，只有一个原因——在线教育服务不到位，导致了学习者对现有学习方式的不满意。

　　影响教学支持服务满意度的因素主要有网络传输线路的稳定性、在线教学者素质及教学系统建设等方面。由于传输线路的不稳定或是网络带宽不够，使得很多情况下，各教学点的学习者不能按时保质地学习。在线教师的素质，特别是工作态度方面，有待提高，政策引导能力、个体信息化素质等方面有待提高。切实可行的办法是实行课时费级差制，比如规定最低标准是每课必备电子教案、脚本等，再根据所制作的微视频及电子教案的质量，可把课时费相应地提高，这样会在一定程度上引起在线教学者对教学的重视。在此需要强调的是教学者从事在线课程的教学比传统课程花费的精力成倍增加。

　　服务问题的根源在于管理不当。在管理方面，关键是管理理念的更新。目前在线教育宣传不到位，对招生宣传热情有余，只是在在线教育平台上对相关的机构、课程进行展现，等着学习者自己来注册学习；同时对过程管理重视不够。这不但会影响教学机构辛苦赢得的社会声誉，而且最终会砸了在线教育机构自己的牌子。之所以在一些综合实力较强的高校开办在线教育受到欢迎，如清华大学的雨课堂等，主要是为了"以品牌育品牌"，借助高校原有的良好的社会声誉打造在线教育机构自己的品牌。因此，在目前社会监督机制和认证机构尚未建立健全的情况下，在线教育需要自律，抓好内部质量保证才能长远发展。

四、影响在线教育质量多维因素的分析

　　影响在线教育质量的因素有多种，其中主要有专业及课程建设、教学者基本素质、教学设施条件、教学过程管理、考试内容和方式、成本效益分析、监督运行机制及其他社会因素等。这些因素在后面的章节中将有详细的分析，在此只对证书、教学方式等问题进行分析。

　　目前在线教育的典型模式"慕课"是对网络教育的继承和发展，有着传统网络教育不具备的一些优势，同时也继承了网络教育一直在做，却没有克服的某些顽疾。

　　首先是教学质量问题以及由此引发的证书有效性问题。基于在线学习完全依靠学习者个人，没有学校、老师监督，其考试、作业成绩的真实性令人怀疑，无法进行有效的控制。因此，整个学习过程都是依靠学习者的自觉性，虽然在线教育机构有的也增加了每学期一次的笔试环节，但仍显得力不从心；在线教育课程的证书授予和网络教育意义不同，偏重于学习过程的证明，因此，有的连考试环节都免了，如何保证学习质量就是非常严峻的问题。虽然在线教育管理体系中设立了教学日历等概略性的规划措施，其具体执行效果却难以预料。

　　其次是在线教育的教学方式是否适用在线学习者。在线教育平台的课程大多都是聘请的高校教师，他们具有多年面对面授课的经验，然而，将这些教学理论搬到网络上后是否继续适用呢？没有一个可以量化的标准来进行评定。比如，教师A在授课时采用一种授课方式，教师B在授课时采用另一种授课方式，哪种方式更受学习者欢迎呢？如果是同一门课程，我们是否能够凭借在线考试的结果、课程选择率来进行评判呢？在线考试的结果有几分是真实的呢？诸如此类，这是一个复杂的系统工程。

上述都是在线教育所面临的瓶颈问题，也是网络教育受到社会质疑的主要原因。同样，在线教育能否获得持久的发展，很大程度上需要看这些问题是否得到了有效的解决。

解决这些"疑难杂症"的关键是新技术在在线教育中的应用，新技术对于打破在线教育与网络教育的发展僵局将起到至关重要的作用。近年来，随着网络接入技术的快速发展、计算机处理能力及云技术的逐步应用，在线教育与网络教育的课程资源也由单一的文本，逐步变为包含文本、图像、视频、音频等全媒体信息。同时，在线教育与网络教育所接触的数据形式也在不断地丰富，全媒体数据库的数据量日益增多且复杂，教育工作者所能使用的学习质量保证工具已经不仅仅是一份试卷。当我们徜徉在如此庞大的数据海洋中时，所面临的关键问题就是如何利用数据，如何更加有效地利用这些信息，并找到蕴含于其中的有价值的教学规律。当前的数据库系统由于无法发现隐藏在海量数据中潜在的联系和规则，不能根据现有的数据预测未来的发展趋势，缺乏挖掘数据背后隐藏知识的手段，导致面临"数据丰富而无从下手，无利可得"的情况。虽然教育行业对技术的敏感度很低，而且难以产生直接的利益回馈，但是，当我们将数据挖掘技术和基于全媒体视频的在线教育结合起来后，将会为在线教育带来强大的生命力。这种有机结合，具体地说就是从大量的全媒体数据集中，通过综合分析复杂异构的海量数据应用特性和语义，发现隐含在其中的潜在有用信息和知识，得出时间的趋向和关联的过程，从而为上述顽疾求解问题、做出决策，提供最有说服力的数据支持和方向指引。

大数据技术的应用也为解决上述问题提供方案。大数据，又称为海量数据（Massive Data），是随着计算机技术及信息网络技术的高速发展而产生的独特数据现象。一方面，网络和数据库中所记载的各种数据，真实地记录和反映了在线教育的各类活动信息，如能将其善加利用，这些数据将有效地指导教育科研和在线教学活动；另一方面，呈持续爆炸性的海量数据，不断挑战包括数据中心基础设施和数据分析基础架构的各个环节，稍有不慎，数据的拥有者就会淹没在数据海洋中，看得到摸不着，无法从数据中获得有用的信息。

教育行业不同于商业和科研，对新技术的依赖性不强，而新技术的引入也不能为教育行业带来直接的利益回馈。因此，即使是代表教育行业技术前沿的在线教育领域也没有过引入大数据分析的先例，甚至连针对教育行业进行的传统数据分析的案例也是少之又少，且许多是生搬硬套商业活动的分析模型。探索将大数据挖掘技术应用于在线教育平台，设计一种为网络视频教学质量而量身打造的数据分析模型，并为在线教育广泛应用，将对提高在线教育的教学质量，对在线教育教学体系的不断发展和完善提供帮助。

4.2.2 在线教育的质量保证

在线教育质量保证，首先要从整个在线教育质量保证要素分析入手，健全质量保证运行机制，然后探讨目前与在线教育质量密切相关的内部管理活动。

一、在线教育质量保证要素

在线教育质量保证要素构成有多种提法，我们认为六要素观点较为符合在线教育的实际。这六要素分别为：教学资源、学习过程控制、学习支持服务、教学管理、组织保证和监督运行机制，其中教学资源是龙头，学习过程控制是重点，学习支持服务是核心，教学管理是保证,组织保证是基础,监督运行机制是关键。

(1) 教学资源。教学资源是落实课程计划和实现课程目标的重要内容,也是在线教育学习者自主学习的重要内容和基本保障,教学资源的质量对在线教育具有决定性意义。

(2) 学习过程控制。学习过程中的环节很多,质量管理和质量保证渗透在学习过程的各个环节之中。在线教育对学习过程中的每个环节的质量控制不仅是通过不断地自我评价、自我改进和自我提高来实现,而且借助于教学机构、政府和社会的评价来推动,最终实现对学习过程的有效控制。

(3) 学习支持服务。学习支持服务是保证在线教育教学质量的核心要素,它涉及教学过程服务、技术支持服务和非学术性服务管理各个方面。

(4) 教学管理。教学管理是落实教学质量的基本保证。教学管理有依据、有标准,管理过程有流程、有规范,实施结果有考核、有评价。

(5) 组织保证。组织保证是在线教育机构对在线教育教学质量管理工作的决策、协调、实施、反馈等,使质量保证有效地向下实施。

(6) 监督运行机制。要保证在线教育的质量,就必须有行之有效的监督运行机制。因此,教学质量监督部门必须随时随机通过网络对教学过程进行监督,适时召集专家、学者对教学过程的各个环节进行检查、巡视,使得教学信息得到及时反馈,查找的问题较真实、可信,监督问题得到解决与改正,控制质量标准得以执行。

二、质量保证的原则

在线教育质量保证是其发展壮大的前提,质量保证的运行机制是指内外部质量保证体系各个要素间,以及与系统运行密切相关的其他社会经济因素之间相互联系、相互作用的工作方式。质量保证原则主要有以下方面:

(1) 面向结果与面向过程相结合。既要保证在线教育最终效果满足质量要求,又要保证在线教学过程的各个环节及相关要素都保证质量要求。

(2) 质量保证的标准化是必要手段。保证在线教育质量的重要手段就是标准化,其标准又可分为内容标准、形式标准(技术上)和过程标准;标准化的过程其实就是对整个体系相关标准文件化的过程。

(3) 质量管理规范化是有效方式。质量管理的规范化就是建立长期稳定的管理体系,是保证质量有效的方式。在线教育是通过过程来完成和实现的,过程本身是一系列质量转化的活动,因此对过程的规范化管理是保证质量的一个基本要求。

(4) 教育性与产业化结合是提高质量保证水平的有效途径。在线教育具有教育属性,同时在某些方面具有产业化的特征。在创建在线教育质量保证体系的过程中,应该充分考虑在线教育作为一种教学形式所具有的教学特性,并在此基础上把工业化的标准体系和管理理念运用到在线教育的质量保证体系中去,提高质量保证的水平和效率。

(5) 动态性是保证质量稳定的前提。在线教育质量保证体系的可扩展性和发展性是在线教育持续发展的保证。在线教育目前在我国还不是非常成熟,发展较快,质量保证体系可能随时需要进行修正。

(6) 系统性是保证质量全效的必然要求。系统性就是把系统化思想引入在线教育质量保证体系的建立过程中。

三、质量保证体系建立

在线教育的质量保证体系尽管有多种观点,我们认为应当包括内部质量保证体系和外部质量保证体系两个方面。内部质量保证体系指实施在线教育的机构（院校）为保证质量而建立的质量保证体系；外部质量保证体系指教育行政部门为保证教育质量而建立的领导、管理、协调、控制、监督的体系。从具体管理要素上看，又把它分为宏观质量保证体系和微观质量保证体系。宏观质量保证体系主要由在线教育系统、教学实施过程、办学基础条件、在线教育系统评估等构成。微观的质量保证体系主要指在线教育机构为保证教学质量所采取的注册、入学测试、入学教育、教研活动、作业布置和检查、期中教学检查（期中考试，作业检查和实践性环节检查，教研活动检查，课程教学质量检查，教学技术、手段和教学方法检查）、组织考试、教学管理手段的现代化等一系列活动。

内部质量保证体系实质上就是在线教育机构的质量管理体系。所谓管理体系，就是建立质量方针和目标，并实现这些目标的相互关联或相互作用的一组要素。质量管理体系则是在质量方面指挥和控制组织的管理体系。质量管理体系把影响质量的技术、管理、人员和资源等因素都综合在一起，使之为一个共同目标——在质量方针的指引下，为达到质量目标而互相配合、努力工作。在线教育机构的实际情况和办学条件有所不同，质量目标和质量方针也有不尽相同。

外部质量保证体系应当由国家或军队教育行政部门建立与实施。

4.2.3 在线教育的质量评估

在线教育质量评估就是对在线教育质量进行的测评。

在线教育评估所考察的对象较多，但相对集中的有教学质量要素和教育教学过程，包括教师、学习者、管理者、教学资源、学习平台、教学过程、教学计划、教学场地、教学设施、教学环境等。

教育评估是根据一定的教育目标和标准，系统地收集在线教育的主要信息，准确地把握和科学地分析在线机构的办学与教学情况，对机构办学水平、教学质量做出评价。它对机构教育活动所进行的价值评判，是质量保障的基本手段，也是质量保障实现科学化、规范化的重要标志。

教育评估依照职能可分为三类：形成性评估、诊断性评估和总结性评估。在线教育评估通常体现在两个方面：一是对教学过程评估，就是不断跟踪教学过程，对比培养目标，检查教学环节，发挥监督和反馈作用；二是对教学效果评估，既对教学质量进行检查，也对学习的质量进行合格认定，具有诊断和激励作用，这两者各自独立、又互为补充，使质量保证体系得以强化。

一、质量评估目标

在线教育质量评估是对教学机构教学活动所进行的价值绩效评判。评估的主体可以是政府、军队、在线教育机构同行专家、教师和学习者。政府（军队）作为评估主体，主要评估在线教学机构是否具备办学条件（合格评估），评估教学机构的教学质量是否满足社会及用人单位的需要（质量评估）；在线教育机构作为评估主体，是因为在线教育机构要考虑自身发展需要以及培养的毕业生是否满足用人单位的需要而开展的自我评估，评估的主要目的是通过评估促进在线教育机构办学效益和教学质量的进一步提高；同行专家评价课程内容的准确性，课程实施的有效性；教师评价教学机构教学管理的能力；学习者作为评估主体是评估他所选择的学习机构和课程能够为他提供多少知识和能力。在这多位一体的评估系统中，政府（军队）评估具有指导和导向作用，机构自身评估起检查和管理作用，学习者对机构的评估，将对机构的自身建设起着积极的促进作用。

在线教育质量评估的目的是要促进教学质量的持续改进和提高。在线教育的质量保证不是一个静态的过程，而是一个动态的、循环往复螺旋上升发展的过程。质量评估的目的是发现不足，提出改进质量的措施和策略，不是贴标签，做评判。

二、质量评估原则

在线教育质量评估指标体系是评估的基础。制定符合在线教育实际的人才培养特色评估指标体系十分重要。科学合理的评估指标体系有助于促进在线教育机构的教育质量提高，反之则会起到较大的反作用。为此，应遵守以下原则：

（1）体现以学习者为本的原则。学习者是在线教育的主体，在制定评估体系指标时，必须以学习者的素质和能力提高为出发点，以学习者的综合能力和素质形成为落脚点。

（2）体现科学性原则。评估体系应反映在线教育的客观规律，体现教育质量教学的本质要求。

（3）体现方向性原则。在线教育是培养成年实用新技术人才，因此，必须以军队（社会）对技术、管理人才的质量要求作为评估方向。

（4）体现客观性原则。影响在线教育质量的因素很多，在制定评估指标体系时，应客观地、实事求是地反映教育质量的真实情况，使得评估结果具有更大的可信度。

（5）体现可操作性原则。评估体系的客观性、科学性应通过指标的可操作性体现出来，也就是多一些定量指标，少一些定性指标，做到定量、定性相结合。

（6）体现先进性原则。随着在线教育深度与广度不断深入，新的教育思想、教育观念的不断涌现，教育质量评估指标也应随着时代的发展而被赋予新的内涵。

在线教育质量评估指标是进行评估的依据，是对在线教育教学活动尺度和范围的把握，是在线教育主管部门对在线教育的教学者教学能力和教学进度的评估细则，在线教育教学评估指标设计应当把握下列原则：

（1）对象的全面性。在线课程与传统课程有着一定的差异，传统课堂教学的评估对象只有教育者和受教育者两个，而在在线教育中，除了上述两者之外，整个教学过程中，起到重要作用的还有网络环境的支持者，在线教学系统的开发者、管理者，以及在线教学资源的制作、整合者等，这些评估对象同样对整个在线教育教学过程起到举足轻重的作用，例如网络环境的好与坏，微课视频是否正确表达教育的目的，学习者的疑问能否通过网络及时送达教学者手中，以便及时做出反馈，等等。

（2）系统的集成性。在线课程与传统课程最大的不同还在于，传统课程一般只由两个方面组成，即教与学两个方面；而在线教学系统，除教与学两个方面组成之外，还有就是支持服务系统，主要由各种教材、教学资源、虚拟教学环境及问题解答等组成。

（3）评估的整体性。在线课程涉及对象众多，系统庞大，时空关系复杂，对在线课程进行课程评估的时候，就不能仅仅针对其中的某一部分或某几部分进行评估，必须整体评估做到全面、客观。

（4）内容的时效性。时效性原则是传统课堂教育评估中不具备的，即使在目前一些在线课程评估中也是很少见到的，但是它是非常重要的，因为在线课程中的微视频往往一旦录制完成就会使用很长的一段时间，而在这段时间内，教师一般不易修改，只是由系统的管理者来维护，但是他只关注课程能否流畅播放，对于课程内容，由于同时播放的课程涉及各个领域、学科、科目,管理员根本无法进行有效的评估,这就会出现播放的课程中的数据过于陈旧,使得课程不严谨;有时还会导致严重的科学性错误。例如,几年前冥王星被发现是一颗矮行星,不是大行星,被逐出太阳系九大行星之列,在地理教学中围绕太阳的行星一部分的内容需要进行改变。如果是课堂教学可立即改正旧的知识内容,但是在线课程视频就需要有人去看一遍录像和课件,可能需要重新做课件,重新制作视频。这些对于在线课程来说都是十分重要的,必须纳入在线教育评估中。

(5) 成本的性价比。在线课程的成本相对于传统课程来说相对昂贵,传统课程主要为教师的课时费,而在线课程则包括网络设备、摄录编设备、计算机设备等的购置费用,运营费用和维护费用、网络管理员、视频及课件制作人员、系统开发管理者的劳务费用等,所以在评估的时候应当将其考虑进去,以适度为标准,不必过分追求听觉和视觉的感受,或者过分的大而全都是无意义的,而应将完成教育目标作为主要标准。

(6) 权重的一致性。在线课程自身也是种类繁多、差异性极大,所以在评估时一定要将每一个评估点的权重严格把握好,防止不同的评估者各自根据其自身的职业特点或习惯爱好,过分放大或缩小某一个评估点,造成以偏概全。

对在线课程教学中的关注点进行分析,在线课程是在传统课程上的延伸与扩展,传统课堂教学过程中的一些评估点需要继续保留,但是考虑到在线教学和传统教学之间在教育技术、教学手段、教学过程中的差异,一些传统课堂教学评估点的权重需要加以适当调整。

三、质量评估内容

在线教育质量评估内容虽可参照我国远程教育工程来进行,但毕竟有所区别。因此,不可生搬硬套。从教育哲学和认知学的角度来看,任何教育的核心目标都是一致的,都是基于人的学习的自然属性和价值与奉献的社会属性,但不同类型教育模式的培养侧重点是不一样的,培养的方式也不尽相同。在传统教学理论下的课堂教学,强调教师在教学过程中的主体作用,学习者成为被动接受知识的一方,低估了学习者学习的能动性作用,忽视了学习者对知识和课程的选择权,对教学过程和学习实践的参与权。

在线教育的质量是在线教育系统满足学习者个体和社会需求的程度。它在培养目标的质量标准、培养方案、教学模式、课程设置、资源制作、教学实践、考试等所有教学环节,几乎都与传统教育不同,无一例外地体现着在线教育的设计理念与创新精神。在数字时代,在线教育评估质量评估主要包括以下方面:

(一) 学习者方面评估

1. 学习者的能动性

教育是双向的,教学者和学习者双方在教学过程中存在着思想、知识、技能、情感等方面的交流与互动,特别是在基础教育阶段,学习者的学习主动性尤为重要,但是在线课程教学评估中必须强调学习者在教学活动中的主体地位,教学者则更多的是引导和辅助。同时,也要强调教学者的主导地位,教学者的引导作用好,学习者的能动性就强。

2. 学习者个性差异

从哲学角度看,教育是对人的教育,是人与人在知识、经验、意识等方面的交流与传递,人拥有独立感受环境、感知外界的能力,而且这种感知是独立完成的,是带有其个性烙印的。这种个性烙印的外在表现就是每个学习者拥有不同的性格差异和独立人格,在线教育评估中也应有相应的体现,即要寻找由在线课程学习引起的学习者变化的数据。

3. 学习潜能

每个学习者都是一个完整的个体，从多元智能理论可知，每个学习者都有全方位发展自己的学习需求，但是不同学习者在不同智能领域的表现和潜能是不一样的，在线教育领域中，更应善于发现每个学习者在其不同智能领域的优缺点和潜能，以帮助其更好地发展自己。

（二）在线教学课堂评估

根据对传统课堂教学的分析，传统课堂教学评估主要集中在下列方面：教学目标、教学过程、教学方法、教学内容、内容表达、教学效果。而在线教育课堂评估也从侧重这些方面进行。

1. 教学目标

教育是人与人的交流，而人与自然界其他生物最大的不同就在于人是拥有自主意识、能够独立思考的。教育是一门科学、也是一门艺术，这就体现在无论教育者还是受教育者，都对教育过程有着自己的价值趋向和目标指向，教学活动也是在教育者和受教育者双方意识交汇与融合中进行的，如何让双方的意识流在一堂课上完美融合是艺术，如何让融合的意识流按教学进度的方向最大限度地延伸是科学，而对前进终点的规划和描述就是教学目标。它是一节课好坏与否的前提和保证，也是评估教学的首要标准。教学目标分为知识与技能、过程与方法、情感态度与价值观三个方面，这三个方面是一个整体。

从整体课程论角度，教育的目的就是培养独立、完整的人，从这个角度考虑，不应该把三个方面独立开，割裂地分析，而应该从教育的目的是培养一个完整的人的角度去考虑问题。所以，在线课程中虽然分为三个方面，但并不是让我们在教学时割裂地分别对待，而是将三个方面融合到一节课的教学过程和教学互动中，让学习者在潜移默化中得到完整的知识、经验、道德、品质、情感的吸收与升华。

2. 教学过程

知识、经验都是教学过程中加以传递和交流的。在线教育的教学者传递与交流的实现是根据一定的教育目的提前设计脚本，并在某个特定时间和特定环境下，利用特定的教学资源，与受教育者共同完成的一次教与学的交流。在这个过程中，教学者不仅仅是教学活动的导演者，还是演员，他必须参与到学习的过程中，时时把握学习过程中的问题和变化，随时对脚本进行微调，使得教学过程始终贴近学习者的学习过程。所以在这个过程中，教学者对学习者心理状态、学习状态的把握和调节是考验教学者教学功底的重要环节。

3. 教学方法

从心理学角度，同一事物在不同的描述和表现方式下，学习者的领会和接受程度是不一样的。这里涉及几个问题，一个是每个人对不同媒体的敏感度不同，例如，有些人对视觉敏感，而有些人对听觉敏感，有人对触觉敏感；了解学习者对不同媒体的敏感程度，并选取不同的媒体组合，是提高认知效率的有效方式。另外，不同的教学内容适合使用的媒体表现手段也是不一样的，例如有颜色变化、无毒的化学反应适合现场演示，原子内部的运动轨迹适合用计算机动画模拟，正三角形三线合一可在黑板利用尺规作图，中国领土雄鸡的形状可以利用中国行政地图的挂图展示等。教学者如何实现根据课程内容、教学环境将现有的教学资源整合，使之最合理、有效地展示教学内容、体现效果也是对教学能力的考验。在线教育中还要强调利用有效学习理论指导教学、指导学习者进行研究性学习和探究性学习。

4. 内容表达

任何一次教学过程都是围绕一定的教学内容展开的，每次教学过程效果的好与坏直接取决于教学者对教学内容的理解和把握。学习者有个体差异，教学者同样也有，同样的教学设计、同样的教学内容，不同教学者的表达能力和方法各不相同。同样一首诗词，不同的教学者由于教学经验、生活阅历、学科功底的不同，其自身理解起来就会有差异，这样势必影响其传授给学习者的知识和能力的深度和广度。所以，教学内容涵盖全部教学内容和教学内容无科学性错误被设定为教学内容的评估点。在线教育为了丰富教学内容，可利用名词、背景等多方链接，展示教学内容。

5. 教学效果

针对性的教学目的，适合的教学方法，恰当的教学过程，最终的目的还是有效的教学结果，可以说教学效果是对教育者备课程度和课程视频教学水平的综合评估。根据有效学习理论，这里将教学效果部分的评估点设定在保证全体学习者的吸收率和注重每一个学习者的个性差异上面。

在线课程除了具有传统课堂教学的教育特点外，还具有一些在线课程特有的教学特点。评估重点应放在整体风格、教学资源、导航链接、交流互动、作业考核等几个方面。

整体风格就是整体风格与教学内容相适应，前后风格一致、可视性强，具有自身的风格和特色。教学资源包括充分应用各种媒体资源，素材剪辑、使用得当，与教学内容相得益彰，素材更新率高；导航链接包括导航链接设计合理，无空链接、假链接，导航人性化、跳转灵活方便；交流互动包括为不同网络环境的用户提供适合的交流方式，专人负责，及时、准确；作业考核包括在线作业题型多样、涵盖各教学内容、知识点，在线考试快捷、便利，反馈及时等。

（三）在线教育教学支持服务评估

在线教育与传统教育比较起来，一个突出的特点就是它的教学支持服务系统。因此，有必要对教学支持服务进行评估。

除建立支持服务标准外，我们还应建立支持服务评价标准，对在线教育支持服务系统进行分析和评价，规范支持服务行为，有针对性地改进和提高。

支持服务的评价可采取教育机构评价和服务对象评价等多种形式，无论采用什么样的方式，对支持服务评价主要应围绕学习服务目标是否达到、服务对象的满意程度，以及服务的及时性、态度和质量等。

四、质量评估步骤与方法

在线教育评估一般要经历确定评估对象和评估目标、制定评估方案、组织及培训评估人员、实施评估并提交评估报告、收集数据资料和数据资料的处理、对处理结果的分析反馈、撰写评估总结报告、与被评单位交换意见及整改等过程。具体步骤如图4-4所示。

质量评估的准备阶段主要包括确定评估对象和评估目标、制定评估方案、组织及培训评估人员。评估对象的确定是在线教育教学评估的第一步，即确定评估客体；一般遵循导向性、易行性和客观性的原则；在线教育的评估目标则应由两部分组成：即教育评估共有的普遍价值标准以及在线教育特有的价值标准；在评估方案中，评估指标体系是核心，是进行在线教育教学评估的基础，要针对已经确定的评估对象和评估指标，来确定评估数据信息的来源以及采取何种技术和方法对数据信息进行处理。

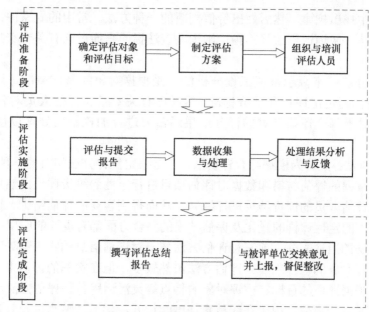

图 4-4 质量评估的基本步骤

实施阶段主要是按照评价方案规定的各项指标的采集方法收集数据；而处理反馈阶段则要对数据资料进行定量或定性分析；定量分析过程，要建立数学模型，设计相应的应用程序对采集的数据进行处理。

评估完成阶段主要是根据对数据分析处理的结果对教学活动进行评判，得出结论，以评估报告的形式做出反馈，与被评单位交换意见，提出改进措施，督促整改的落实。

了解质量评估的一般步骤后，有必要知晓其评估方法。质量评估通常有下列方法：

（1）一般调查法：常用的调查方法有资料查阅、现场座谈、实地观察等三种。这种调查方法，可以较快地得到反馈信息，评估专家到现场实地访问、观察、参与讨论、查阅资料，可以得到直接印象，收集到的数据较为可靠真实。但也有不足之处，如信息来源有一定的局限性，信息提供者易受访问者的主观影响，致使信息扭曲或失真，组织讨论占用的时间较多等。

（2）抽样调查法：抽样调查法就是根据统计学的原理，运用现代计算工具，通过对局部的调查，从而对整体进行评估的方法。对于在线教育系统进行评估时，运用一般调查法难以收集真实而又有广泛代表性的数据，因此，常借助抽样调查法。抽样调查法包括抽取样本的方法、调查表的设计、调查结果的统计分析等内容。

（3）比较测量法：比较测量法就是通过一定的手段将被测对象与作为测量标准的参照物相比较，从而对被测对象赋值的一种方法。比较测量主要用于对学习者的精神特性进行量化测定，比如对学习者的学习能力、学业成绩以及思想品德等的测定。由于教育活动具有一定的抽象性，作为测量的标准往往也具有一定的抽象性，并且由于每个评估人员心目中的标准可能有所不同，因此测量的结果可能因人而异，为了使测量的结果更准确客观，测量的标准应该是大家公认的或者是事先约定的。比较测量法有直接比较、间接比较、统测、抽测等几种方法。

（4）专家评议法：就是组织相关领域的专家，运用他们的专业经验和理论，研讨评估对象的性质，考虑对象所处的社会环境和背景，通过直观材料，对过去和现在发生的问题进行分析综合,并从中找出规律,然后做出价值判断的一种方法。常用的专家评议法,有个人判断法、专家会诊法、函询调查法等三种。函询调查法指的是通过向有关专家邮寄调查表以获取评估结果的方法。

(5) **定量评分法**:来源于价值工程分析法,是根据对象的具体情况,选定评估项目,并对每个评估项目制定出评价和评分标准,然后由有关专家和评估人员对各个评估项目进行打分的方法。对于每个评估专家的评分结果通常要进行加权平均处理以便得到更客观的结果。

(6) **模糊评价法**:又称为模糊综合评价法,它是与定量评分法相对的一种定性评价方法,评估人员根据所掌握的评估材料和数据对评估项目进行定性的等级评价,然后再用模糊数学的方法对每一个评估人员的评价结果进行综合,从而得到客观的评估结论。模糊综合评价法对于多因素情况下的定性评价的量化及评估结果的整合方面都有重要的应用。

若按评估方法的用途来分,前三种评估方法属于对评估信息的收集和处理,后三种是依据评估信息对被评对象的综合判断。评估方法虽然较多,但在实际的评估中一般没有固定的模式,常常需要根据评估的目标、被评对象的特点等灵活运用各种评估方法。

具体到在线教育的评估,由于在线教育在教学模式、学习者特点以及管理方式等方面与传统教育有很大不同,因此在评估方法的选择上也要有所侧重。具体从以下三个方面来分析:

(1) 在线教育的教学模式主要是基于信息网络实现,通过调研发现,在线教育的教学模式中,互联网已经被广泛应用,因此只有通过网络才能真正了解被评机构的教学实施情况,也只有充分利用网络化手段才能更好地进行评估。

(2) 在线教育的师生在地域上是分离的,学习者并不是集中在校园内学习而是分散在各处并由当地的学习点具体负责教学和管理,因此,对学习者的访谈和现场问卷调查以及直接测量等难以实现,但是由于在线教育的学习者需要掌握较多的信息化学习手段,因此,通过网上问卷调查来了解其学习情况和各方面的意见就很容易实现。

(3) 在线教育的管理主要通过信息网络等技术手段来实现,大多数在线教育机构都有自己的专用在线教学管理平台,有的是自行开发的,有的是通过技术公司专门开发的,还有的是联合开发的。教学平台的功能不尽相同,一般包括课程开发、信息发布、课件管理、答疑、作业提交、在线考试和教学管理等功能。

所以进行质量评估时,采用何种方法,要根据具体情况而定。

五、质量评估标准体系

国外在线教育质量评估指标体系一般都非常关注用户反应,强调教学过程的质量,强调投入产出的计算,强调现代企业管理思想的引用和借鉴。例如美国高等教育政策研究所经过深入调查和研究,2000年4月的《在线教育质量:远程互联网教育成功应用的标准》研究报告,其评估标准是在总结美国多所大学网络教学经验的基础上而得出的,其整个远程网络教学的质量评估系统被分为7个项目,24项评估标准。这7个项目是:

(1) 学校支持评估指标;

(2) 课程开发评估指标;

(3) 教学过程评估指标;

(4) 教学组织评估指标;

(5) 学习者服务评估指标;

(6) 教师培训评估指标；
(7) 教学效果评估指标。

有些国家的质量评估标准在全国各高校通用，比如英国开放大学的教学质量与英国传统大学等同，并在美国各大学得到认可。由于英国开放大学的质量保证和质量监控与传统高校是同一系统，所以它是一所独立的大学，对自己的课程、教学、评价和考试等有关的质量标准负有责任。

我国借鉴国外经验，由现代远程教育技术标准委员会，于 2001 年 10 月发布了现代远程教育标准体系，将远程教育标准分成 26 个子标准，包括总标准、教学资源相关标准、学习者相关标准、教学环境相关标准、教学服务质量相关标准和本地化标准等方面，并确立了一些跟踪研究课题以及各子标准制定的优先级别，现已初步形成了一批标准的草案。另外，国内的开放大学和部分高校也在探讨这方面的问题，如"中央电大人才培养模式改革和远程开放教育试点研究项目"中，第七个子课题就是现代远程教育质量保证体系和教学评估的研究与实践。

在线教育的评估体系是在系统要素分析的基础上，从可知的影响学习者学习效果（或学习质量）因素中，关注其主要因素，因此可从管理、教学者和学习者三个维度来制定在线教育质量评估标准。在管理方面主要是管理理念、课程设置、分站建设、技术保障、教学科研和教务管理六个方面。对教学者的评估应包括竞聘机制（条件必须满足教学基本要求）、责任感和在线教学能力三个方面。在学习者维度，则分别从入学机制（注册学习、起点水平）、学习需求和自主学习能力来衡量。各指标的权重可采用特尔菲法和专家意见平均法来确定。以上三个维度属于静态评估，完整的评估体系还应该考查教学交互过程和学习者之间的交互活动，也就是说要进行动态评估。

对在线教育的教学评估模型研究相对薄弱，特别是在线教育的教学评估模型研究，到目前为止，还没有相对完整、全面的适合在线课程理念的评估模式，即使有也往往是运用传统课堂教学的评估模式或者电教课程、借助网络技术的课堂教学的评估模式，作为在线课程的临时评估模式，在使用过程中就会发现这样或那样的问题，这是由于在线课程与传统课程、电教课程、借助网络技术的课堂教学的不同所引起的，例如与传统课程相比较，在线课程中教与学两个教学过程的顺序与传统课程不同，传统课程教与学是交叉的，同步进行的；而在线课程教学过程是在视频录制过程中先期完成的，而学习过程则是每一个学习者在网络终端前独自进行的。这样就导致在进行实际教学活动组织时，教学者无法即时获得学习者的学习状态和心理状态，这就势必影响教学者对教学进度的掌控，最终影响学习者的学习效果。

在传统课堂上，师生间可以随时活动交流，而在线教学的课程中往往师生间在时间上和空间上都是有分隔的，虽然也可通过网络交互，但显然师生互动这一评估点，在这两种课程模式中的权重应该是不一样的。也就是说，在传统课堂式电教课程中师生互动一项的权重应该加大，而在线课程中则应该相应减少权重，而增加其他评估点的权重。同样，传统课堂上电教课程与研究型课程在教师导引上的侧重也是不同的。

使用单一的课程评估模型来评估在线课程中多种多样的课程模式会有失公允，缺乏全面性和科学性。必须根据教育目标的一致性，制定出在线课程评估模型的原型，涵盖教育过程中教育自身与教育支持的全部评估点，然后根据不同学科类型自身的特点，调节每一个评估点的权重，也就是分数值，制定出各自的评估模型，从而形成一套完整的在线教育课程评估体系，以此全面而有针对性地评估和指导在线课程的教学过程。简单地说，就是多样的学习者学习多样的课程，而多样的课程要有多样的评估。因此，在线教育评估也必须是多样的。

4.2.4 在线教育的质量认证

在线教育的质量认证本质上就是教育质量的外部管理或外部质量保证。

外部质量保证主要有两方面的工作：一是建立评估指标体系，二是建立认证机构，而前者既是质量评估的主要任务，又是质量认证的前期工作，但长期以来教育行政部门在建立评估指标体系方面做了大量工作并有很多现成经验，因此，很多都是官方机构制定的标准；而对质量认证机构的建立则纯属于质量认证的工作范畴，是一个正在研究和发展的领域。

一、质量管理体系

质量管理是指在质量方面指挥和控制组织的协调的活动。质量管理通常包括制定质量方针和质量目标以及质量策划、质量控制、质量保证和质量改进。质量管理是一种过程性活动，包括计划、组织领导、控制、协调等，实施的主体是组织本身，实施的对象是生产过程或服务过程。在线教育质量管理就是在制定质量方针和目标的基础上，研究如何对在线教育的质量进行控制，以保证在线教育能够达到预期的目标，并对质量评估结果进行分析以便改进教育质量，在线教育质量管理的主体应是在线教育机构本身，而管理的对象则应是整个在线教育服务的过程及要素。在线教育还应当有监督主体，监督主体的作用是促进质量管理水平的提高，其必然主体应是国家、教育行政管理部门、社会以及个人，也就是说质量管理应当受到全社会的监督。

在线教育质量就是指在线教育的好坏优劣程度，是在线教育能满足社会及学习者的需求程度。在线教育质量是衡量在线教育教学工作的综合指标，它几乎涉及在线教育教学的各个方面。在线教育作为一个动态的、开放的系统，不仅受到在线教育内部各要素的影响，也受到周围环境和系统的限制和制约。而在线教育质量管理体系是为提高和保证在线教育质量而制定的一系列措施，是使在线教育按照已确定的培养目标和质量标准，组织实施的各种保证措施、监控手段、评估系统、反馈系统等组成的有机整体。简单地说，在线教育质量管理体系是由在线教育质量的各要素有机结合而构成的整体。目前，国内外学者对在线教育质量管理体系的构成要素及划分依据有不同的见解，综合国内外学者的各种观点，在线教育质量管理体系的基本要素及其划分可概括为：

外部要素主要有：在线教育的定位及取向、在线教育的理论基础、在线教育的国家政策法规支持、在线教育的经费保障、在线教育评估与认证、在线教育质量监督、在线教育发展规划、在线教育的道德与心理教育的建设、在线教育质量管理体制与运行机制、其他社会因素等。

内部要素主要包括：在线教学资源开发、在线教学策略、在线教学模式、网络技术支持、在线教学管理、在线教学系统设计、网络基础设施建设、在线教育师资队伍建设、在线教学的组织与管理、在线教学过程的实施与评价、考试内容和方式、其他学习者的影响、组织机构设置等。

二、在线教育质量管理体系的建设

在线教育的质量管理体系现在大多借鉴 ISO 质量管理体系来实现。ISO 质量管理体系是质量管理和质量保证的标准，具有标准的属性，而对具体组织而言，操作性更强，要求也更

加严格。全面质量管理是一套概念和技术方法,不是一套标准,各种组织在实施时,可以更加灵活和多样化,两者有很强的互补性。因此两者可以很好地结合起来,使在线教育的质量管理得到更大程度上的改善。

由于当前只适合将全面质量管理的核心思想运用到在线教育的质量管理中,因此,只能是初步构建全面质量管理模式,而非建立真正的全面质量管理体系。基于这种出发点,仍然需要把在线教育质量管理的注意力集中于整个在线教育的全面管理,并改进与质量管理有关的所有工作和活动。要树立"以顾客为中心"的教育服务观念,根据全面质量管理核心思想的要求,建立"以顾客为中心"的教育服务观,就是要使教育的所有工作都要以学习者的需求为中心,使之形成服务网络,服务网络必须要尽可能包括教育的全过程,以实现提高在线教育质量和效益的目的。

在线教育是教育现代化的重要标志之一。要建立完善在线教育质量管理体系,就应当在以下方面深入探究:

(一)革新观念,科学定位在线教育的社会功能

在线教育的使命不应以学历教育为主,其价值体现应当转移到继续教育的层面上来,这是国家教育发展的现实和《国家中长期教育改革和发展规划纲要》所规定的。为此,在线教育的着重点应该落在职前培训、在职培训、职业技能培训和提高人文素养、科技水平、创新能力、生活知识技能等层面上来。继续教育是复杂的、多元的、多层次的,因而,其实践操作更需具有阶段性、发展性、科学性。这是由时代和社会的发展,由教育社会化、社会教育化的终身教育理论与实践发展所决定的。在线教育机构要根据办学定位、社会需求来合理设置学科专业结构,打造在线教育优势学科、特色专业、精品课程,使在线教育的内容体现其基础性、实用性、时代性和动态性的特征,帮助学习者解决学科领域和现实中的实际问题,促使学研结合,培养既懂专业知识,又有应用技能的高素质人才。

(二)在线教育要有明确质量目标

在线教育是实现终身教育、终身学习的有效途径,旨在促进学习型社会发展,创造时时处处学习的环境和条件,让人生每一个阶段都过得充实美好,在提高知识、技能的同时,获得较高的人文素养、专业能力、学习能力、创新品质以及适应经济社会发展需要的综合能力。为达此目的,在线教育必须做到具有高级职称的教师须占主讲教师总数的85%以上;在线教学的设计必须包括研究生、本科、专科、继续教育、职业教育,而更多的是在职教育应用项目等多元化项目;学习者综合满意度大于或等于70%;核心课程网络教学资源提供率为100%。只有如此才能确保在线教育的质量。

(三)在线教育开设课程必须是动态的

课程理论证明,任何课程都是动态发展的,在线教育课程同样如此,要满足群体持续不断的需要,在线教育机构必须很好地研究社会的发展、研究各类群体、研究新兴行业和社会需要,做到课程开发的实用性、针对性和前瞻性。此外,在线教育课程的开发同样需要遵循多元化、多规格、大众化、多层次的原则,不能一劳永逸,课程的开发需要随时更新、补充、完善内容,使其变得丰富多彩,做到各取所需,学有所用。在线课程的教学设计和内容编排上突出先进性和实用性,注重在全媒体课件的开发、教学的呈现形式、教学内容的设计等方面的科研创新,多出精品课程,以满足学习者需要。

（四）在线教育管理队伍必须专业化

专业化的在线教育管理者是教学资源的管理者、协调者、开发者、实施者，关系到在线教育资源硬件与软件的整合、调配与使用质量，是在线教育质量管理体系中最直接的影响因素，关系到在线教育的可持续发展，在在线教育教学过程中发挥着不可替代的作用。这些管理者主要负责学习者的学习辅导、网络资源的上传、网络答疑等网上教学的辅助工作。他们在日常的教学管理过程中，发现问题并及时地反馈给主讲教师，以确保教学活动的有效开展。管理者队伍可以由教育机构具有较高网络应用能力并熟悉网络教育规律的青年教师构成，或者选聘一定数量的在读博士或硕士研究生担任助教、教辅工作，充足的管理者队伍是保障在线教育教学质量的重要环节。

（五）在线教育师资团队必须是专职与兼职结合

在线教育质量管理体系中，打造一支素质优良、富有强烈责任感和开发精神的优秀师资团队是提高在线教育质量的关键。由于基于网络的学习更多地体现为自主性、选择性、自觉性，因而教师的角色在在线教学过程中不再处于核心地位，而是转到了教学平台的后方。他们是学习的引导者和指导者，这种角色的转变更加需要教师孜孜以求的职业操守和敬业精神。这支专兼职结合的教师队伍应由各高校的学科专家、教授及行业学者组成，发挥他们深厚的学术背景、专业知识和社会实践经验优势，并由他们担任精品课教师。只有不断强化教育办学机构的在线教育师资优势，才能最终获得在线教育的可持续发展。

（六）在线教育学习支持系统应当优质完善

要建立优质完善的在线教育学习支持系统，一是要通过在线教学管理平台为学习者提供学习资源和指导服务，及时在网上发布各专业教学计划、精品课程、作业等教学信息，指导教师与学习者通过及时通信、电子邮件、交互论坛、双向视频技术等形式，进行教与学的互动交流。二是促进网络资源的共建共享，充分发挥各高校的教育资源优势，面向学习者开放数字图书馆、网络阅览室，使他们共享数字化资源和服务。三是加大信息化教学模式建设力度。信息化环境下的教学既是对传统教学的继承，同时也是对技术环境下教学新模式探索与建构的过程，是将各类教学模式的结构成分与技术应用条件之间的"整合"过程，它是基于课堂讲授式的教学、基于问题探究式的教学、基于案例的教学模式、基于资源的自主学习、基于Webquest网络的探究学习、基于ICT的协作性学习。信息技术为教学模式的发展提供了丰富的资源、工具以及交流与合作平台，是未来教育发展的重要趋势。

（七）全程监控教学过程是在线教育的坚实基础

要提高在线教育的质量，必须以办学机构、学习者个人、学习资源以及学习过程监控管理为抓手。一是建立"学分银行"制度探索，给更多的学习者得到实惠，一方面可以心随所愿学习想要学习的课程，另一方面，当学分积累达到一门学科所规定的数量和层次时，学习者可取得相应的学历或学位证书。二是对教学过程的全程监控与管理是提高在线教学质量的重要环节，在线教学更多地体现为学习者自主、自控的学习过程，因此，应加强日常教学质量过程管理。建立全方位、全过程的监控体系，包括教育机构对教学计划的监督和检查、对学习者学习过程的监控、教师与学习者之间交流以及作业提交质量、发现问题与解决问题的能力等。三是采取多样化手段对学习者的学习效果进行科学合理的评测。学习者学习量化评价指标，包括自主学习的态度、作业提交与完成质量、师生及学习者的学习交流、参与提问与答疑、发现问题与解决问题的能力、课件点播次数、课件学习时长、讨论发帖数量、终结性考核成绩等，对各种评价指标进行量化，以数据形式呈现出来，对学习进行综合考核，全面地测评学业成绩，做到教学相长、管学共赢，以灵活多样的学习形式促进成年群体的素质提高和继续学习社会化。

（八）科学权威的论证评估是在线教育教学质量的保证

首先要建立科学权威、结构合理的在线教育论证和评估机构。我国高等教育评估中政府"管制"较多，造成了教育质量监管机制的畸形，因此，要加快由政府主导型的评估体制向政府、教育行政部门、社会团体等多方参与型评估体制的转变，形成开放性、多维度、多主体评价模式，使在线教育的质量管理工作处在政府、行政部门和社会各界的共同监管下，有效确保办学质量认证和评估活动的客观和公正。其次，要建立科学规范的认证和评估管理制度。实行周期性的认证和评估制度，对在线教育办学机构进行定期考核评估，坚决摒弃一劳永逸的认证制度，促使在线教育办学机构不断提高办学水平，持久保持自身的教育质量。三是要确立多元化的认证和评价标准。评价在线教育质量的高低，要与办学目的、办学层次等不同种类的教育服务紧密联系，评价的标准、原则和方式也应该是多元的。例如，评价主体、评价信度和效度的确定等，这些因素直接关系到对在线教育质量的客观评价。四是要建立评价信息反馈系统，确保在线教育认证和评估的有效实施。认证和评估机构要对教育办学机构进行公正、权威的综合性考评；在线教育办学机构则要强化主体意识，完善自身评价机制，发现不足，积极改进，以达到"以评带管、以评促进"的目的。

三、质量认证机构

在线教育认证机构就是对在线教育进行外部认可与监督的部门。目前，国内对高等教育外部质量保证的探讨刚刚开始，所以这里介绍一下国外高等教育认证机构建立的情况，而在线教育的认证机构的建立可以借鉴国外高等教育质量认证的经验。

英国比较有代表性的认证机构是高等教育质量保证署。它的最高管理机构是一个由14人组成的理事会，其中4人来自高校（由所在高校副校长指定），4人是高等教育基金委员会成员，6人为社会人士。

美国高等教育系统在长期的发展历史中也形成了较为完善的鉴定与评估体系。由于美国实行地方分权的教育管理体制，高等教育鉴定主要是由非政府的、自愿参加的院校协会或专门职业协会所属的鉴定机构负责进行的，鉴定在总体上也可以分为针对高校整体而言的院校鉴定和针对专业进行的专业鉴定两大类。由于这种鉴定得到联邦政府、工商界、私人基金会等的广泛认可，因此，是否经过鉴定对美国高等学校的声誉和办学都有很大的影响，美国无论哪种模式的远程高等教育机构都予以高度重视。由于美国高等教育鉴定机构已经确立了较为完善的鉴定指标体系，对高等教育机构各方面都有明确的规定，通过这样的鉴定，美国原有的高等教育鉴定体系对远程高等教育的发展也同样起到了质量保证的作用，如在学习者评定与考试环节，许多远程教育提供者根据地区鉴定机构的规定制定了专门的保证措施，用于评定远程教育的学习者。

国内对教育系统的评估多数是由政府内主管教育的部门实施的，属于一种官方行为，针对教育行业进行质量认证的第三方机构以及把对本行业进行质量评估纳入日程安排的行业协会寥寥无几，更不用说在线教育领域了。借鉴国外成熟的经验，建立独立、自治的认证机构是在线教育行业建立质量保证体系过程中的首要问题。

针对高校在线教育质量认证机构建立的具体事宜，国家正在组织专家研讨。目前尚无真正独立的中介评估机构，可以从实力较强的高等学校高教研究院中，有合适人选的专业学会、社会团体中培养、衍生出一些专业评估机构。亚太地区教育局高等及远程教育计划专家王一兵指出，"全国46所电大和众多的网络学院，是中国开放、远程教育群体，在服务对象、教与学的模式、管理、技术依托与事业等方面，有其自身特点，应设立专门委员会，作为一个独立院校群体进行评估"，建立独立、自治的专门评估、论证机构，其独立地位应通过立法或国务院行政命令的形式予以保证。它应当有权在有关法律指导下确定评估标准，有权选择和培训评估专家并建档，有权在系统评估后独立做出自己的结论，不受行政干扰。同时要逐步开展专业评估，便于在线教育机构互相监督专业教学质量。

评估程序一般是先要求教学单位提出自我评估报告，然后组织同行专家队伍，在研读提交的报告的基础上，就评估指导思想、评估内容等进行考察，然后组织专家赴实地考察、查核，同时利用网络对评估数据进行调查；第三步是准备评审报告，报告定稿前要呈送教学单位提出意见，合理者加以吸收，或者将教学单位保留意见附上；最后一步是正式公布评审报告。

为了提升我国在线教育的教学质量，2016年教育部开展了教师在线教育技能认证，但教育信息化发展至今仍然面临着一些深层次问题，优质教育资源的开发模式和有效应用机制尚未形成，信息技术与教育教学的融合仍不够深入，教育装备使用率低，教师信息技术应用能力亟待提升，无法满足信息化条件下的教学需求。这些都有待于深思与解决。

第5章 网络课程

如今,使用"百度"搜索引擎,输入"网络课程",搜索结果显示相关的网页数量可达到千万以上。那么,什么是网络课程?如何设计和开发网络课程?网络课程建设需要注意些什么?

网络课程是随着网络技术与现代教育技术发展、融合而出现的,是远程教育、在线教育的较早一种表现形态。网络课程对后来发展出来的慕课、微课等课程形式提供了理论基础、实践经验。由于其技术成熟性、标准规范性、资源丰富性和建设便捷性,在今后较长时间仍将发挥重要作用。随着时代发展和技术进步,网络课程也将不断发展。

5.1 网络课程的概论

网络课程是信息环境条件下课程的一种表现形式,与当时函授、夜大等教学模式相比,具有交互性、协作性、多媒体化等特点,对在线教育的发展发挥了重要作用。

5.1.1 网络课程基本概念

不同专家对网络课程概念有不同认识。有的认为,网络课程是传统课程在现代网络信息环境下的重建,是教师、学习者、媒体教材和网络学习环境四者持续相互作用的过程与内容的总称;有人认为网络课程是网络教学的基本单元,通过综合教学设计、以计算机互联网络为主要交流平台建设的教学科目内容及实施教学活动的总和。

课程是对教学目标、教学内容、教学活动方式的规划和设计,是教学计划、教学大纲等诸多方面实施过程的总和。我国教育部高等教育司颁布的《现代远程教育技术标准体系和11项试用标准》中指出,网络课程是"通过网络表现的某门学科的教学内容及实施的教学活动的总和",它包括两个组成部分,即按一定的教学目标、教学策略组织起来的教学内容以及网络教学支撑环境。网络教学支撑环境特指支持网络教学的教学资源、教学平台以及在网络教学平台上实施的教学活动。

网络课程随着远程教育的发展而不断发展,随着网络技术的进步而不断壮大。金伯格(Ginsburg)将网络课程分为三代:第一代是通过网页给学习者提供教学材料和有关资料,以及其他相关的教育网链接;第二代是除了在网上提供学习材料外,还要求学习者通过电子邮件、电子公告栏、网上练习等进行异步双向交流;第三代是除了第一代、第二代外,还要求通过网上交谈室、电话会议、视频会议等系统进行同步双向交流。

我国网络课程建设已经发展到第三代。从2003年起,我国发展建设了国家级、省级与校级三个档次的优秀课程体制，制作完成了一大批优秀网络课程，建立和丰富了优秀课程资源，据统计，在 2003 年至 2013 年期间，国家级优秀网络课程数量增加了 700 多门，省级和校级优秀网络课程增加了 6 500 门以上。网络课程的应用范围也在不断拓展，包括高等教育、职业教育、成人教育、函授教育、项目培训等各领域。我军的网络课程建设从"十五"期间开始建设，依托军事综合信息网开展，初步形成全军、部队院校两个层级的网络课程建设体制，制作了一批优质网络课程，在部队官兵培训中发挥了重要作用。

5.1.2 网络课程特点

网络课程作为在线教育的一种重要形式，与慕课、微课等其他在线教育形式相比，具有资源丰富性、标准规范性、技术成熟性和建设便捷性等特点。

一、技术成熟性

相比慕课、微课，网络课程出现的时间早，经过多年的发展，各种网络课程开发制作软件不断推陈出新、技术不断成熟，极大地简化了开发人员的工作量，也使网络课程开发人员将注意力更多地集中到教学工作中去。

二、标准规范性

为了规范网络课程，教育主管部门推出了一系列针对网络课程的制作、评价规范和标准，这些准则有利于规范网络课程的开发建设，为网络课程的制作提供了依据。

三、资源丰富性

随着网络的普及和技术的发展，网络课程资源数量在 2000 年后呈现爆发式增长，为学习者提供了海量的教育资源，学习者根据学习需要，可以较为容易地在网络上找到数量众多的网络课程。

四、建设便捷性

与慕课、微课等在线教育形式相比，网络课程开发建设相对简便快捷，对软硬件要求不高，技术开发难度相对较低，一般教学人员比较容易掌握。

5.1.3 网络课程构成

根据网络课程的基本概念，网络课程包括两个组成部分，即教学内容与网络教学支撑环境。

一、教学内容

网络课程的教学内容是按一定的教学目标、教学策略组织的，是网络课程学习信息的主要来源。网络课程教学内容的选择和组织应该依据建构主义学习理论来进行。根据建构主义学习理论，网络课程应能满足学习者自主性学习的要求。为此，网络课程教学内容主要包括课程导论和课程主体教学内容。

（一）课程导论

课程导论是为了帮助学习者顺利完成教学内容的学习而专门设置的提示内容，如课程的前导课程、学习者必备知识和技能、课程内容简介等。这些提示性内容一方面可以帮助学习者确立学习目标，另一方面也有助于学习者在学习过程中迅速准确地将当前的学习内容与原有的知识建立联系。

（二）课程主体教学内容

课程教学内容的选择和组织应充分发挥学习者的主动性。课程主体教学内容以知识点的形式进行组织，并配以教学活动、学习时数、学习进度、学习方法及参考文献资料等。从内容来看，课程主体教学内容给出每一知识点所需要的各种资料及建议性的学习方法等信息。这些内容的有机组合能促使学习者将原有的知识与将要学习的内容建立横向和纵向的联系，有利于学习者知识的建构。但如何提取有用的资料来完成知识单元的学习，要根据个人的情况来确定。从学习方法来看，学习者既可以根据课程所提供的学习方法、学习时数等辅助信息进行学习，也可自定学习步调、学习方式，但无论学习者采取哪一种学习方式，整个学习过程要求学习者不断地分析各种资料，从中提取出自己需要的信息，即学习者必须用发现法、探索法等从各类资料中获得有益的信息，完成课程的学习。在学习过程中，学习者能根据个人情况自行选择学习单元，如果遇到疑难问题，可以查阅课程所提供的参考资料或通过与他人协商的方法解决。总体来说，主体教学内容的选择和组织既能满足学习者主动性地位要求，也能体现教师的辅导地位。

二、网络教学支撑环境

网络教学支撑环境指支持网络教学的教学资源、教学平台以及在网络教学平台上实施的教学活动。

（一）教学资源

教学资源是需要长期建设与维护的系统工程。广义的网络教学资源与网络教育资源同义，是指在互联网中可以用来帮助个人有效学习和操作的任何东西，它主要包括网络人力资源、网络信息资源和网络环境资源。其中网络人力资源是指网络教育机构中的人员，包括学科教师、教学辅助人员，以及能通过互联网联系到的各个领域的专家、学者等；网络环境资源包括了网络物理空间的各种硬件设施设备，以及各类计算机系统软件、应用软件等；网络信息资源指网上存储的各种各样的知识、消息等，包括电子书籍、电子期刊、Web 课件、网络新闻等。而狭义的网络教学资源主要是指网络环境中的信息资源。网络课程仅仅是狭义的网络教学资源的一个组成部分。

为建设好各级各类教学资源库，促进资源库之间的数据共享，提高教育资源检索的效率与准确度，保证资源建设的质量，教育部教育信息化技术标准委员会发布了《现代远程教育技术标准（DLTS）术语规范》，对教学资源进行了明确的规定。其中网络课程中的教学资源专指与网络课程相关的媒体素材、题库、课件、试卷、案例（战例，部队院校使用）、文献资料、常见问题解答库和资源目录索引等资源。

（二）教学平台

网络教学平台有广义和狭义之分。广义的网络教学平台既包括支持网络教学的硬件设施设备，又包括支持网络教学的软件系统。也就是说，广义的网络教学平台有两大部分：硬件教学平台和软件教学平台。狭义的网络教学平台是指建立在互联网基础之上，为网络教学提供全面支持服务的软件系统。为了能更深入地讨论问题，以下所讨论的网络教学平台均为狭义的网络教学平台。

教学平台是指支持网络课程教学活动各个环节的教学软件系统，包括三个功能子系统：教学支持子系统、学习支持子系统和教学管理子系统。

教学支持子系统是支持教师网上教学活动的软件系统，包括网络课件制作工具、网络课件点播工具、网络交流工具、网络作业和考试工具等。网络课件制作工具是基于教学过程模板和多媒体素材库,开发网络课件的工具软件,目的是简化教师开发网络课件或备课的过程,降低网络课件开发对教师计算机技能的要求。开发完成的网络课件通过网络教学平台中的管理工具进行发布,供教师和学习者点播使用。网络交流工具支持教师和学习者之间进行同步和异步的交流。同步交流工具包括视频会议、电子白板、聊天室等。异步交流工具包括 e-mail、BBS 等。通过网络交流工具可以实现主题讨论和答疑。网络作业和考试工具支持教师在网上布置作业或进行测验、考试。网络作业支持教师通过网络布置作业、回收作业和批改作业。网络考试由考试管理模块和题库(或试卷库)模块两部分组成。

学习支持子系统是支持学习者网上学习活动的软件系统,包括网上选课工具、网上学习工具、学习过程跟踪与评价工具。网上选课工具支持学习者在线选修网络课程,并将选课信息传给网上教学管理系统。网上学习工具包括交流工具、作业和考试工具、字处理工具、网络笔记本、网络计算器等支持学习者学习过程的工具。学习过程跟踪与评价工具记录学习者的学习活动,并进行相应的分析和评价,为学习者的学习提供参考和建议。

教学管理子系统是用于管理网络教育资源、组织教学活动、统计教学数据的软件系统,包括教师数据管理、学习者数据管理、网络课程管理、教学评价管理等。

(三)教学活动

在教学平台上实施的网络教学活动是网络课程的核心内容之一。在一门完整的网络课程中一般需要设计如下教学活动:实时讲座、实时答疑、分组讨论、布置作业、作业讲评、协作解决问题、探索式解决问题、练习自测、考试阅卷和教学分析等。

5.2 网络课程开发

网络课程开发需要遵循一定规范,进行合理的教学设计,使用适当的开发工具,并经过不断完善,才能制作出优质的网络课程。

5.2.1 网络课程开发基本要求

网络课程开发需要遵循一定的原则,按照一定的技术规范和要求实施。

一、网络课程开发原则

(一)科学严谨

网络课程知识的表达要具有科学性,措辞准确,表达流畅,按照知识的内在逻辑体系进行表现,符合学习者的认知结构特点。

(二)交互与协作

网络课程要有良好的交互性,课程能及时对学习者的学习活动做出反馈。协作学习有利于培养学习者的高级认知能力以及合作精神,计算机网络能够为协作学习提供较为便利的环境和条件,因此要发挥这一优势,在网络课程中为学习者创造协作学习和协同学习的环境。

(三)界面友好

网络课程界面要美观大方,符合学习者的视觉心理;课程设有导航栏目,操作简单快捷,不需要大量的预备技能;提示信息要详细、准确和恰当。

（四）注重能力培养

知识创新和信息获取的能力是当代素质教育的核心，网络课程应采取多种教学策略，促进学习者在学习过程中积极思考，培养学习者的创新能力。

（五）注重教学全过程设计

网络课程开发应重视教学设计，注意分析学习者的特征、教学目标和教学内容的结构，课程设计采用符合学习者认知心理的知识表现形式，并采用能够促进学习者知识建构的学习策略。

二、网络课程开发团队组成及要求

根据网络课程开发需要，网络课程开发团队一般由项目负责人、学科教学专家、教学设计专家、程序开发人员、美工和后期维护人员等组成。其中，项目负责人全面负责网络课程开发建设。学科教学专家负责网络课程教学标准拟制、网络课程教学、学员作业批改、答疑等工作。教学设计是系统规划教学的过程，教学设计的目的是创造和开发促进学习者掌握网络课程相关知识的学习环境，从而可以更好地实现网络课程的教学目标。程序开发人员利用计算机软硬件工具，实现网络课程的制作，对网络课程出现的问题提供技术支持。要设计一门优秀的网络课程同样离不开美工人员的支持，美工人员负责网络课程界面优化、模型设计等工作，一般需要精通 Photoshop 等设计软件，对平面、色彩、基调、创意等进行处理。后期维护人员负责网络课程发布、更新、教学保障等维护工作。

网络课程开发团队要符合团队管理的基本要求，在网络课程开发中，应做到明确目标、分工合作、进度管理等。明确目标是确定奋斗目标，使开发团队人员能够统一思想，形成合力；分工合作是强调团队成员发挥特长、各司其职，同时注重区分任务的职责边界；在网络课程开发过程中，要按照进度要求进行管理，遇到问题要及时分析解决，确保网络课程按照时间要求高质量完成。

三、网络课程开发技术要求

（一）技术规范

网络课程的开发应遵循国家制定的技术规范，军队院校开发的网络课程在此基础上还应遵循部队制定的技术规范，这些技术规范包括教育部制定的《现代远程教育资源建设技术规范》，军队系统制定的《电教教材技术规范》《军队现代远程教育资源建设技术规范》和《网络课程技术规范》等。

（二）网络课程立项书要求

立项书要详细列出网络课程的制作提纲，并要求对内容体系提供三级以上目录，目录应详细列出文字、图片、动画、视频、教学案例、习题、文献资料等的数量。

（三）网络课程素材要求

网络课程素材一般包括文本、图像、音频、动画与视频，各种素材格式应该符合技术要求，素材与教学内容紧密相关。

（四）网络课程开发工具要求

在设计网络课程时，应尽可能采用成熟的软硬件技术，使用比较广泛的开发工具。网络课程应尽可能开发成无须安装就能够直接运行的可执行文件或脚本程序，如果需要相应的软件或插件，应当提供必要的安装使用说明以及必要的安装包或下载方式。

5.2.2 网络课程开发流程

网络课程是通过网络表现的某门学科的教学内容及实施的教学活动的总和。根据教学软件设计与开发过程的一般规律，结合网络课程的特点和开发实践经验，可以归纳总结出网络课程设计与开发的一般流程，如图5-1所示。

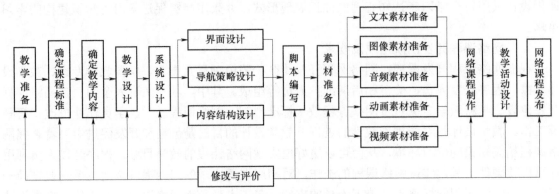

图 5-1 网络课程设计与开发流程图

一、教学准备

教学准备需要完成的工作包括分析研究学习者和学习目标。学习者是网络课程的中心，对学习者进行特征分析是网络课程设计的关键环节之一。学习者特征分析主要包括对学习者的社会背景、心理与生理发展的特点、学习者的学习期望、学习风格以及学习者已有的知识结构等进行的分析。学习目标是对学习者通过教学后应该表现出来的行为的具体表述，是学习者在网络教学活动中应达到的学习结果或标准。通过分析研究学习者和学习目标，可以为后续的教学系统设计和教学策略制定提供依据。

二、确定课程标准

网络课程标准以纲要的形式规定出学科的内容、体系和范围，规定课程的教学目标和课程的实质性内容。课程标准是编写网络课程内容的直接依据，也是检查教学质量的直接尺度，它对教学工作具有直接的指导意义。

三、确定教学内容

建设网络课程，首先要分析网络教学对象的特征和需求，明确网络课程的教学内容。教学内容应该具有科学性、系统性和先进性，教学内容的表达形式应该符合国家远程教育资源建设规范。对于网络课程内容的选择，应该注意如下几点：一是内容要尽量选取那些适宜计算机网络表现的信息；二是内容的选择应与教学目标相一致；三是教学内容的组织要有一定的系统性，根据教学目标构建知识体系，自上而下细化设置每一学习单元的教学内容。

四、教学设计

在确定教学内容后，需要通过教学设计，确定教学目标及教学内容所要表现的知识点，并在此基础上对每个知识点进行细致的分析、设计，找出知识点所对应的基本素材，并对这些素材进行合理的规划。

五、系统设计

系统设计是形成网络课程系统设计总体思路的过程。网络课程系统设计要确定网络课程的主要教学模块，建立各模块之间的关系，从而形成网络课程的系统结构。在进行系统设计时，应当特别注意教学设计、内容组织、内容表现与内容导航等方面的设计工作。网络课程设计过程所要遵循的所有原则，都应在这一阶段得到充分体现。作为完整的网络课程，应具有通常所要求的一般模块和栏目。但根据每门网络课程适应目标和适应对象的不同，网络课程在设计时也具有不同的特点，在各功能模块实现上也有所区别。

六、网页设计

网页设计包括界面设计、导航策略设计和内容结构设计，是系统设计的细化。界面设计包括：菜单设计、图标设计、按钮设计、窗口设计、热键设计、反应区设计等；界面设计要美观大方、色彩搭配要和谐、画面内容布局要合理，热键反应区的使用要符合教学的需要，同时还要考虑学习对象的年龄特征。导航策略设计一般包括检索导航、帮助导航、线索导航、浏览导航、书签导航等，导航设计可以为学习者在学习过程中提供引导，减少学习者在网络课程学习过程中的时间浪费，提高学习效率。内容结构设计主要是设计网络课程各页面之间的相互关系，规定功能键的性质和作用，从而形成整个教学软件的网络结构图。

七、脚本编写

网络课程的脚本既是开发与维护网络课程的依据，也是用户使用网络课程的指南。因此，网络课程脚本的编写在网络课程的开发、使用以及维护的全过程中都具有特殊的地位和作用。网络课程脚本包括文字脚本和制作脚本。

八、素材准备

素材主要包括文本素材、图像素材、视频素材、音频素材和动画素材等。素材需要根据具体的教学内容来准备，素材准备工作一般包括文本录入、图形图像扫描、图片动画制作、视频录制截取等。

九、网络课程制作

根据脚本提供的要求和建议，参考设计的课程原型，通过网络课程开发工具（例如Dreamweaver、ASP等）进行集成，或者直接采用网络课程平台软件（例如LearningSpace、Captivate等）进行集成，从而形成网络课程。完成网络课程的制作以后，还要编写相应的标准化文档。例如，根据国际学习资源标准的要求，在材料中指出课程的使用对象、使用情境、使用方法、课程的内容特点及配套材料等。

十、教学活动设计

教学活动设计是利用制作好的网络课程，针对学习内容和学习对象设计相应的教与学的策略和模式，以便能够更好地支持教学的有效实施。

十一、网络课程发布

网络课程设计与开发完成之后，就进入了发布试用期。发布是指将相对完整的网络课程上传到服务器上，为学习者提供服务。由于网络课程是动态、开放的系统，所以在网络课程的运行过程中，可能会产生有价值的教学资源，这些资源可以纳入网络课程中，成为其重要组成部分。

十二、修改与评价

网络课程的开发也不可能一步到位，需要在运行过程中，不断收集教学者与学习者的反馈意见，以及相关主管部门按照规定和程序对网络课程的评价，以便对网络课程的设计、网络课程资源做进一步修改完善，不断提高网络课程的质量和水平。

5.2.3 网络课程设计

下面对网络课程开发流程中的教学准备、教学内容设计、脚本编写、素材准备与制作、教学活动设计等环节进行详细说明。

一、网络课程的教学准备设计

由网络课程设计与开发的流程可以看到,在网络课程设计之初,首先要进行教学准备设计,教学准备设计主要包括学习者分析和学习目标分析,只有在做好教学准备的基础上,才有可能设计出理想的网络课程。网络课程如果对学习者、学习目标没有全面、细致的分析,只凭主观意志进行安排,则难以设计出富有科学性、教育性的网络课程。

(一)学习者分析

网络课程教学设计的目的是为了在学习过程中以学习者为中心,切实调动和发挥学习者学习积极性和主动性,帮助学习者获得学习上的成功。从教学角度而言,教学目标能否实现、教学任务能否完成,都受到对学习者情况掌握程度的影响。只有在对学习者全面认识和充分了解的基础上,通过精心设计的教学活动,指导学习者进行积极、有效的认知结构重建,才能获得教学的成功。因此,为使教学设计具有较强的针对性和实用性,就必须重视学习者分析。

学习者分析一般包括背景分析、认知能力分析和学习风格分析。背景分析侧重于了解学习者在参加网络课程学习前的背景特点,包括年龄、性别、受教育程度、生活经验、文化背景、学习动机、个人对学习的期望等。不同背景的学习者参与网络课程的学习方式、学习目标、学习进度都有所区别,在网络课程设计时应特别予以关注。认知能力分析侧重于了解学习者是否具备了进行新的学习所必须掌握的知识与技能、是否已经掌握或部分掌握了教学目标中要求学会的知识与技能、对所学内容是否存在偏见或误解。学习风格是学习者持续一贯的带有个性特征的学习方式,是学习策略和学习倾向的综合。网络学习环境强调激发学习者个性化学习,学习者学习风格因人而异,因此,在网络课程设计时需要充分了解学习者的学习风格差异,尊重和发挥学习者学习风格的优势,引导和促进学习者的学习兴趣。

(二)学习目标分析

美国心理学家、教育学家布鲁姆说:"有效的教学始于知道希望达到的目标是什么,这个目标不仅教师要知道,学习者也要知道。就像作战一样,不仅指挥员要知道,战士也要知道,这样才能充分发挥每个战士的自觉性和积极性,才能最快歼灭敌人,取得胜利。"网络课程同传统教学一样,教学必须有明确、具体、切实可行的学习目标,学习者才能有序、有方向地进行学习。科学制定学习目标可以有效提高网络课程教学效率,因此在网络课程教学准备阶段进行学习目标分析是必不可少的。

首先必须分清学习目标和教学目标的联系与区别。教学目标是指教学活动的主体在具体教学活动中所要达到的预期结果、标准。教学目标具体而精确地表达了教学过程结束时教师和学习者共同完成的教学任务。学习目标是学习的出发点,也是学习的归宿。如果单从定义上来看,教学目标是教师和学习者共同完成的教学任务。而学习目标是学习者通过学习最终实现的目的。教学目标中包含着学习者的学习目标,而学习者的学习目标应该是教学目标的一部分。在网络课程教学中,由于学习者在网络上进行课程学习,强调学习者自主学习,因此通常用学习目标代替教学目标。

网络课程的学习目标是对学习者通过网络学习以后应该表现出来的可见行为的具体、明确的表述。在网络课程学习目标的分析中，学习目标应是一个有着层次区分和领域划分的体系，包括课程目标、章节目标、具体知识点的目标等不同层次。通过逐层具体化，学习目标系统构成一个上下贯通、有机联系、从抽象到具体的完整体系。同时学习目标应该具有一定的灵活性，针对不同特点、不同学习能力的学习者，将学习目标划分为不同的层次，便于不同学习水平的学习者达到学习目标。最后，学习目标具有明确的考核标准，考核评价标准能够量化的尽量量化，因此制定的学习目标必须目标明确、切实可行。

制定明确的学习目标有利于规范网络课程，防止网络课程开发设计人员对教学标准的理解出现偏差，确保网络课程教学质量。同时，明确的学习目标可以使学习者了解学习方向，积极主动地向目标努力，制订出适合自己的学习计划，少走弯路，从而增强自信心，保护了学习者的积极性。最后，明确的学习目标有利于教师制定恰当的教学策略，帮助教师合理地组织教学内容、选择恰当的教学策略和教学媒体、科学地编写测试题以及客观地评价教学计划的有效性，并为教师准确调控教学过程提供依据。

二、网络课程的教学内容设计

教学内容设计是网络课程教学设计的重要环节，是网络课程设计的主体。网络课程教学内容设计就是将课程所表现的知识内容按照网络教学环境的需要和网络课程的学习目标进行分解、重组，并且根据不同的知识内容特点选择不同的资源类型，使教学的内容更适宜于网络教学。

（一）教学内容设计的原则

在设计网络课程的教学内容时应遵循的原则包括个性化原则、协作和交互原则、适用性原则。个性化原则强调在完整表达课程内容之外，内容设计还应突出网络课程的特色，有利于学习者根据自身的需要选择学习内容和调整学习进度，享有充分的自主学习空间。协作和交互原则指课程可以为学习者确定协作学习目标、分组原则以及提供协作资源和协作空间，发挥网络媒体强大的交互性，促进学习者的协作学习。适用性原则指网络课程教学内容的知识体系结构清晰、导航清晰明了、设计简洁明快、易于使用、易于更新，文字说明中的名词、概念、公式、定理、人物和重要知识点等，要有相关的背景资料链接。

（二）教学内容设计的基本要求

网络课程教学内容的设计应遵循的基本要求包括：一是教学内容应采用模块化的组织方法；二是教学内容应具有科学性、系统性、真实性和先进性；三是教学内容应符合学习者的认知规律与本门课程的内在逻辑体系；四是在疑难关键处应提供丰富、详尽的帮助，应设不同层次、不同难度的知识单元体系结构。

（三）教学内容设计的步骤

在设计网络课程的教学内容时，需要自上而下细化章节及单元的教学内容，把选定的教学内容分解为若干知识点，形成节点，再将各章节、知识点以及相关概念进行组织，形成逻辑结构。整个过程可以分为五个步骤：确定教学内容、确定教学单元、进行知识分解、确定所需要准备的教学资源和描述网络课程内容结构。

网络课程教学内容的选择要尽量选取适宜计算机网络表现的信息内容。另外，教学内容的复杂性和难度要适当,教学内容要突出教学重点,剖析教学难点,点明教学关键。网络课程教学单元的划分应当遵循独立性和关联性的原则,既不能划分得太粗,也不能划分得太细。把选定的教学单元进一步分解成若干知识点,形成节点,对每个知识点习题的难易程度以及习题的数量都需要有所区分。知识点划分清楚以后,就应当根据教学目标的要求,确定课程内容中的疑难知识点和重要知识点,目的是有针对性地准备相应的教学资源。划分教学单元以后,根据教学单元的前后关系和隶属关系,可以选择使用表格或者图形的方式来描述课程的内容结构体系,编写网络课程的文字稿本。

三、网络课程的脚本编写

脚本原本指表演戏剧、曲艺,摄制电影等所依据的本子,在网络课程中,脚本既是开发网络课程的依据,也是用户使用网络课程的指南,同时又是维护网络课程的参考。网络课程的脚本可分为文字脚本和制作脚本两类。

文字脚本是按照教学过程的先后顺序,描述每一个环节的教学内容及其呈现方式的一种书面材料。其主要目的是规划网络课程中知识内容的组织结构,以便帮助网络课程开发者将所要传授的知识清晰化,并对网络课程的总体框架有一个明确的认识。文字脚本的作用一是便于网络课程制作人员组织教学内容,项目负责人可以按照文字脚本进行分工,便于管理,二是为编程开发人员提供依据,方便不同专业人员进行沟通交流。文字脚本一般由学科教师和教学设计人员编写,并由具有学术水平和教学经验的学科专家进行审查。网络课程的文字脚本一般包括网络课程各组成部分的名称、类型、知识点、表现形式、教学目标、教学难点和教学重点等内容。例如,在《信息战中的网络攻防技术》网络课程中,部分文字脚本见表5–1。

表5–1 文字脚本实例

章节名称	第4章第4节 入侵检测系统			
脚本编写者				
课件类型	√视频讲解	√动画演示	□操作练习	□其他
课件内容				
单元	知识点	(媒体)表现形式	教学目标	教学难点、重点
2. 入侵检测系统类型	基于主机的IDS	PPT、影像、图片	了解入侵检测系统的基本类型	类型划分的标准,各类型的主要特征及相互比较
	基于网络的IDS			
	混合型IDS			
	异常检测模型			
	误用检测模型			

网络课程的文字脚本只是对知识点内容及其呈现方式进行的总体构思描述,它只能体现教学内容与部分教学活动,还不能作为网络课程制作的直接依据,要开发好网络课程一般还应当有制作脚本。制作脚本就是网络课程教学平台系统设计总体框图及各功能模块的详细设

计，在教学平台设计中确定教学活动的分类，在功能模块中体现教学活动。制作脚本体现网络课程的系统结构和功能，可以作为课程开发的直接依据。制作脚本应当全面反映网络课程的教学活动，作为程序设计人员的编程依据。制作脚本包括概要设计、界面总体风格描述与详细设计等。概要设计主要包括网络课程总体任务描述、总体设计、运行设计、关键技术等；界面总体风格描述主要说明课程网页总体构成、网页风格特点等内容；详细设计是对概要设计的一个细化，就是详细设计各个功能模块，包括输入输出、功能、约束条件、参考资料等。

四、网络课程的素材准备与制作

完成制作脚本之后，就进入到网络课程的具体开发阶段。在这一阶段，主要包括多媒体素材的准备和课程制作两大部分。根据脚本设计的要求，搜集、采集和编辑制作所需的多媒体素材，如文本、图形图像、音频、视频、动画等，并且对大量素材进行加工处理，然后用集成软件将图像、声音、文字、动画、视频等有机地结合起来，经过综合处理与控制，从而完成网络课件的制作。

素材是课件的基本元素，在课件开发过程中，需要用到大量的文本、图形图像、音频、视频、动画等素材。首先要通过硬件设备对所需素材进行采集，然后再通过各种素材的编辑工具软件对其进行加工、编辑、处理，并按一定的格式存放于相应的文件夹中备用。素材的选择和制作需要在满足教学内容要求的基础上，综合考虑文件格式、硬件设备、处理软件、制作技巧等因素。以视频素材为例，视频文件常用的格式包括 AVI、WMA、RMVB、RM、FLASH、MP4、3GP 等，由于不同的播放器支持的视频文件格式不尽相同，或者计算机中缺少相应格式的解码器，或者一些外部播放装置（比如手机、iPad 等）只能播放固定的格式，就会出现视频无法播放的现象。为了解决这一问题，可以采用格式转换工具，将视频素材转换为满足要求的格式，或者提供相应的解码器安装包或安装提示。另外，不同格式的视频文件在编码格式、清晰度、帧速率、播放模式、制作软件等方面不尽相同，在网络课程素材制作中需要加以考虑。

准备好了素材后，就可以依据编写的脚本进行网络课程的制作。网络课程开发的核心就是素材合成，其主要任务是根据脚本要求和意图设计教学过程，将各种多媒体素材编辑起来，制作成交互性强、操作灵活、视听效果好的课件。在网络课程的制作过程中，首先需要考虑采取什么样的制作工具，"工欲善其事，必先利其器"，采用好的制作工具可以起到事半功倍的效果。在网络课程制作过程中，多借鉴以往优秀网络课程的制作经验，学习他人的成功经验或者失败教训，能够在实际制作过程中少走弯路，减少不必要的投入。

五、网络课程的教学活动设计

教学活动是网络课程的核心内容之一。网络课程教学活动设计主要是针对相关学习内容和学习对象设计相应的教与学策略和模式，以支持教学的有效实施。

网络课程主要有以下几种教学模式：讲授型模式、探索学习模式、协作学习模式和虚拟实验模式。

（一）讲授型模式

这种模式通过网络进行远程教学，教学规模相对传统课堂教学，不受人数及地点的限制，扩大了教育规模，为教师与学习者提供了一个虚拟的教学空间，这也是网络课程最主要的一种教学模式。讲授型模式又可以细分为同步式讲授和异步式讲授两种模式，同步式讲授是由教师控制教学进程，保证了教授知识的系统性、连贯性和完整性，能够最大程度激发学习者的学习兴趣，这种模式的不足之处在于教学中仍以教师为中心，学习者处于被动地位。异步式讲授模式是指学习者可根据自己的实际情况确定学习的时间、内容和进度，随时从网上下载材料或向老师请教。这种模式的优点是学习者学习具有更多的自主性，缺点是缺乏实时的交互性，教师不能根据学习者的反馈实时对教学进行调整，对学习者的学习主动性要求较高。

（二）探索学习模式

这种模式也称为基于问题的学习模式，就是设置一定的问题，让学习者通过网络搜集与该问题相关的信息资源，从而达到解决问题，获得相关知识和能力的教学策略。教师负责对学习者提供帮助和指导。这种模式大致有这样几个教学步骤或操作程序：设计问题—了解问题—调查与探索—总结问题。在探索学习模式中，由于学习者处于积极主动的地位，因而能有效地激发学习者的学习兴趣和创造潜能。

（三）协作学习模式

这种模式利用网络建立一个相互交流、讨论的环境，为本地的或远程的多个学习者提供用多种不同观点和方法对同一问题进行观察比较和分析综合的环境，使学习者在这一环境中相互启发、共同提高，达到深入理解和掌握教材的目的。

（四）虚拟实验模式

这种教学模式是利用虚拟现实技术和多媒体技术在计算机上提供近似真实的实验环境，学习者能够避免真实实验或操作带来的各种危险，而且可以彻底打破空间的限制，获得丰富的感性认识，加深对教学内容的理解。虚拟实验模式对技术要求较高，教学效果受技术条件影响较大。

以上几种模式可供网络课程设计者选择应用，设计者还可以根据实际需要，构建新的网络课程教学模式。构建时应注意一些问题：如教学资源的完整性、准确性和及时性，学习手段的多样性、灵活性和开放性，测试系统的合理性和全面性等。

5.2.4 网络课程开发平台

网络课程开发平台一般有以下几种：

（一）依赖传统技术的网络课程开发平台

依赖传统技术开发网络课程是指程序员把前台编程技术和后台数据库技术相结合。目前比较常用的开发组合主要有 Asp+Access、Asp+SQLServer、Asp.net+Access、Php+Mysql、Asp.net+SQLServer、Jsp+Mysql、Jsp+Oracle 等。这些组合在技术上各有不同的优点，一般来说采用传统技术开发网络课程主要的缺点是需要开发人员具备较强的编程能力，网络课程制作、维护工作量较大。

（二）各高等院校自主研发的网络课程开发平台

国内很多高等院校和电大自主开发了一些网络课程开发平台，其功能具有一些相似之处，一般由前台系统模块和后台系统管理模块组成。前台系统模块为网站的公开页面，主要包括用户注册、选课、学习、考试、文章浏览、讨论区及答疑室等功能，其系统入口为网站的首页；后台系统管理模块主要功能包括文章的发布、用户的管理、学员缴费管理、教师组卷、教务管理、网站统计等功能,后台系统管理模块的进入一般有严格的验证管理,并有不同的级别权限。该类平台的优点是能够满足各高等院校网络课程设计开发及教学要求,但平台兼容性较差,没有统一的标准。

(三)商业化的网络课程开发平台

目前流行的商业化网络课程开发平台主要有 Moodle、LearningSpace、WebCT、Claroline、Topclass 和 Blackboard 等。商业化开发平台质量较为稳定,课件制作标准较为统一,容易推广和使用,缺点是部分开发平台不是免费的,需要缴纳一定的费用。

(四)基于云计算的开发平台

利用云计算的开发平台来开发网络课程,典型的有谷歌云计算平台、微软云计算平台 Azure、网易、阿里云等。

5.2.5 网络课程评价

网络课程常用的评价方法一般有调查法、专家评估法、对比实验法等。调查法通过问卷调查、组织座谈、现场观察等多种调查方式,了解教师和学习者对网络课程的反馈信息。专家评估法是由该领域权威专家组成小组,通过对网络课程各个项目做详细分析和比较,然后再由专家们在定性和定量分析的基础上,以打分等方式做出定量评价。对比实验法通过设置两个或两个以上的实验组,通过分析网络课程教学结果的差异,来评价网络课程。三种方法各有优缺点,调查法方法简单,容易操作,但要获取教师和学习者的真实意见,需要调查组织者具有高超的调查经验;专家评估法能够充分利用专家的经验,获取更多的帮助,但专家评估也存在主观性强,容易脱离实际的情况;对比实验法评价结果客观真实,但是在影响因素众多的情况下,评价结果需要的时间较多。在实际应用中可以根据需要采用适当的评价方法。

在网络课程评价设计中,应注意多采用形成性评价,帮助学习者解决学习中的问题,同时适当增加提示信息,培养学习者自我建构能力。无论采用什么样的学习评价方式,都应当及时把结果反馈给学习者,并做出适当的分析解释。

国外专家学者对网络课程的评价进行了深入的研究,各教育机构、高校或研究单位制定发布了许多网络课程评价标准,如《E-Learning Certification Standards》(《在线学习的认证标准》)、《A Frame work for Pedagogical Evaluation of Virtual Learning Environments》(《虚拟学习环境的教育评价框架》)和《Quality On The Line》(《在线学习质量》),这些标准层次不一,目前尚没有得到广泛认可的网络课程评价标准。

国内专家学者也很早开始对网络课程的评价开展研究,国家教育部于 2000 年 2 月发布了《现代远程教育工程教育资源开发标准(征求意见稿)》,2001 年 6 月成立现代远程教育标准化委员会,着手制定远程教育标准化工作。我军在网络课程评价方面也在积极探索研究,在 2000 年后陆续出台了《电教教材技术规范》《军队现代远程教育资源建设技术规范》《军队院校网络课程评价指标体系》和《网络课程技术规范》等指导性文件,为网络课程的评价提供了依据。

表 5–2 是《网络课程技术规范》中网络课程评价标准,在进行评价时,由专家根据网络课程建设情况对二级指标进行打分,根据打分结果将网络课程分为优秀、良好、合格、不合格四个等级。

表 5-2 网络课程评价标准

一级指标	二级指标	评价标准
教学性 （52分）	1.1 目标定位 （3分）	● 课程在人才培养中的作用和地位定位准确，教学对象明确。 ● 课程标准（大纲）完整，教学要求（知识、能力、素质方面）清楚
	1.2 教学内容 （7分）	● 选（编）用的教材质量好，反映本学科前沿知识和教学改革成果，难易适度，容量适当。 ● 教学内容准确无误，系统完整，逻辑性强，符合课程标准。 ● 便于学习者学习和能力培养，富有启发性。 ● 文字、符号、计量单位和公式符合国家标准
	1.3 框架结构 （8分）	● 课程内容组织及其结构合理，体现课程特点，呈现了清晰的单元教学要求（包括学习目标、课时安排、学习进度、学习方法说明和参考教学资源等）。 ● 媒体选用和信息组合得当，能有效提高学习效果。 ● 知识点关联体系清晰，且与相关资源的关联密切。 ● 总体设计新颖，注意学习者认知主体作用的发挥，体现素质教育、创新教育思想
	1.4 信息展现 （7分）	● 授课教员教学水平高，讲解生动，对课程关键知识点讲解透彻、准确。 ● 教学策略运用得当，有很强的感染力，启发性强，能引导学习者进行积极思考。 ● 能充分使用事例或案例实施教学。 ● 文字叙述、背景资料支持、配音阐述、图片和动画表现、小画面教员授课录像等呈现符合认知规律，便于学习者领会
	1.5 教学资源 （7分）	● 文档、课件、图片、动画和音（视）频资料完整，并提供制作脚本的电子稿教材、教案。 ● 具有丰富的参考资料，有相关资源库，并提供准确、方便和快捷的检索机制。 ● 内容符合保密要求
	1.6 交互与开放 （8分）	● 具有检索、解答问题、自测等人机交互功能。 ● 具有网上讨论、答疑、协作学习等人人交互功能。 ● 可供学习者自主选择学习内容。 ● 可供教员对教学内容进行调整和组合，能对课程内容及时更新、充实和管理
	1.7 练习与实践 （5分）	● 按章节或单元提供必备的练习并能进行自测。 ● 提供引导学习者进行知识整合和能力培养的多种类型综合练习。 ● 当学习者没有成功完成练习时，能提供适当结果或帮助找到正确答案，有助于学习者的理解和改正错误。 ● 有与学习内容相关的必要的实践活动，提供与教学内容相应的网上训练与实验功能

续表

一级指标	二级指标	评价标准
教学性 （52分）	1.8 评价与激励 （7分）	● 具有能全面、科学评价学习结果的课程考核功能。 ● 具有能及时准确了解学习过程（作业提交、指导答疑等）的评价功能。 ● 具有学习者对教学活动提出要求与建议的反馈功能。 ● 体现学习者个性化、人性化要求，能激励学习者的学习动机，有效维持学习者自主学习的兴趣
可用性 （25分）	2.1 导航链接 （6分）	● 导航设计结构清晰完整，界面友好、直观、简明，路径准确，符合学习者认知心理。 ● 链接机制完整、合理，链接清晰、准确、高效
	2.2 方便可控 （8分）	● 安装和卸载技术要求明确，实施方便，课程能自动安装或学习者根据提示能方便地进行安装。 ● 有相应的技术使用说明文档，提供使用说明、疑难技术问题解答或操作功能与特性信息等帮助。 ● 操作简便，反馈提示信息清晰、准确和恰当，资料下载快捷，退出方便。 ● 响应速度与学习者的操作协调一致，且学习者能有效控制媒体播放进度
	2.3 应用效果 （6分）	● 已投入教学实用，使用效果好；或已经过试用，反映效果好
	2.4 记录定位 （5分）	● 学习记录完整、准确，便于查询。 ● 能够准确确定学习者在课程学习中的当前位置。 ● 能对知识点进行查找和定位
技术性 （23分）	3.1 设计规范 （8分）	● 符合中国人民解放军电视教材和多媒体教材相关技术规范。 ● 符合军队现代远程教育技术规范。 ● 能在"军队院校网络教学应用系统"操作平台上运行，兼容性强
	3.2 媒体表现 （8分）	● 媒体表现准确，基于网络运行流畅。 ● 界面布局美观合理，风格协调统一，页面长度适中。 ● 色彩协调、层次分明，字体、字号和色彩适合阅读，图表清晰准确。 ● 画面、声音清晰易懂，动画、模拟仿真生动逼真
	3.3 安全可靠 （7分）	● 权限划分合理，数据安全可靠。 ● 运行过程稳定、可靠。 ● 教学单元、素材、数据或程序模块维护方便

5.3 网络课程教学平台管理

网络课程的教学活动离不开网络课程教学平台的支持,网络课程教学平台直接影响着网络课程教学活动的效果,在设计开发网络课程时,必须高度重视网络课程教学平台的管理。

5.3.1 网络课程教学平台的内涵与发展

网络课程教学平台是支持网上教学与学习活动的软件系统。广义的网络课程教学平台包括支持网络教学的硬件设施和支持网络教学的软件系统。狭义的网络课程教学平台是指建立在互联网基础之上,为网络教学提供全面支持服务的软件系统的总称。

网络课程教学平台在原来教学系统的基础上,从对教学过程(教学组织、教学交互、学习支持和教学评价)的全面支持,到教学的组织管理(用户与课程的管理),再到与网络教学资源库及其管理系统的整合,集成了网络教学需要的主要子系统,构建了一个比较完整的网上教学支撑环境。随着互联网技术、数据库技术、多媒体技术的发展,学习者的参与程度需求的增长,对网络环境下远程学习的理解不断深入,网络课程教学平台的发展可划分为三代:

第一代:点播式教学平台。在网络课程发展初期,点播式教学平台主要实现了教学资源的快速传递,学生可以随时随地点播音频、视频课件,查阅电子教案等教学内容,完成在线作业等。其主要特点是以课件为中心,重点是管理网上各类教育资源,进行教育资源的展示。

第二代:交互式教学平台。交互式教学平台广泛运用即时通信技术,开展在线和离线的教学支持服务,教学平台集成视频会议系统、虚拟教室系统、聊天工具、BBS 讨论系统、内部电子邮件系统,为学习者提供学习导航、在线离线课程、答疑辅导、讨论、在线自测等服务,提高师生之间的互动水平,提升学习者的学习效果。其主要特点是以学习者为中心,加强了教学平台的交互功能,强调为学习者提供及时有效的服务。

第三代:社会化教学平台。互联网技术的迅速发展、全球化趋势的加强以及学习社会化的提出,学习者利用社会化教学平台,通过智能化搜索引擎、RSS 聚合、Blog(利用评论、留言、引用通告功能)、Wiki 以及其他社会性软件等,建立起属于自己的学习网络,包括资源网络和伙伴网络,并处于不断增进和优化状态。其主要特点是社会化,集体智慧的分享与创造,强调学习社会化。

我军网络课程平台目前以第二代为主,正在向第三代发展,网络课程平台运行主要依托军事综合信息网开展,包括国家开放大学八一学院、军队院校远程教育平台等,基本形成了以院校为基地、覆盖全军各军兵种的远程教育体系,为军队院校教育、部队训练实践、军事职业教育三位一体的新型军事人才培养提供有力支持。

5.3.2 网络课程教学平台的功能

网络课程教学平台将丰富的教学资源与教学内容集成在一起,充分利用电子邮件、聊天室等通信手段,提供网络课程教学公告内容的发布、在线教学、在线答疑、测试考核、问卷调查、教学资源上传下载等各种功能,实现个性化学习和协作式学习的目的,一般包括教学、交流和管理三部分功能，如图 5-2 所示。

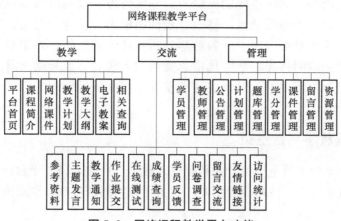

图 5-2 网络课程教学平台功能

教学功能主要包括平台首页、课程简介、网络课件、教学计划、教学大纲、电子教案和相关查询等功能模块。平台首页是网络课程教学的展示页面，也是网络教学功能的入口，平台首页应该简洁明了，符合人们使用习惯。课程简介简要介绍教学平台内的各门网络课程，包括主讲教师、教学内容、课程特色、同比水平、课程规划、教学要求等内容。网络课件是各门网络课程的教学区域，学习者最主要的学习区域，完成网络课程的浏览、学习任务。教学计划具体规定了网络课程开设的顺序、教学进度及课时计划等内容。教学大纲提供网络课程的教学目的、教学要求、教学内容以及讲授和实习、实验、作业的时数分配等。电子教案以数字方式提供网络课程教学目的、重难点、教学准备、教学过程及练习设计等内容。相关查询为学习者提供关键词搜索功能，方便学习者查找相应的资源。

交流功能主要包括参考资料、主题发言、教学通知、作业提交、在线测试、成绩查询、学员反馈、问卷调查、留言交流、友情链接和访问统计等功能。参考资料提供网络课程相关的教学参考资料、平台软件补丁等文件的下载（或提供相应的链接），方便学习者学习网络课程。主题发言可由教师或学习者创建，可以针对网络课程学习过程中的每一个主题进行交流。教学通知发布网络课程教学过程中的一些注意事项，如新课程上线、教学计划变动、成绩发布等。有些网络课程在学习完成时，可以通过测验考核方式来帮助学习者加深对所学内容的掌握和理解，作业提交和在线测试分别完成单元课程作业提交和单元测试的任务，学习者可以通过成绩查询模块查询相关测试考核成绩。学员反馈、问卷调查、留言交流以不同形式收集了解学习者对网络课程的意见和建议。友情链接提供网络课程学习相关的网站地址链接。访问统计对网络课程教学平台有关数据进行统计、分析，以了解网站当前的访问效果和访问用户行为，并发现当前网络课程教学平台中存在的问题。

网络课程教学平台能够正常运行，离不开后台管理人员的精心维护和管理。管理人员登录进入网络课程教学平台后台后，可以完成的管理功能主要包括学员管理、教师管理、公告管理、计划管理、题库管理、学分管理、课件管理、留言管理和资源管理等功能。学员管理完成学习者数据库的维护管理任务，包括学习者记录的增加、修改、查询和删除，学习行为记录等。教师管理完成网络课程教师数据库的维护管理任务，包括教师记录的增加、修改、查询和删除，教学评价记录等。公告管理负责完成教学通知等信息的编辑、修改、发布、删除和置顶等操作。计划管理完成网络课程教学计划的后台管理工作，包括网络课程教学计划的调整、教学进度的控制等。题库管理完成网络课程测试考核试题库的维护管理工作，包括试题的编辑录入、修改、查询和输出，试卷的组卷、管理等。学分管理完成学习者在网络课程学习过程中，各种学分的统计管理工作，方便教师和学习者了解学习情况。课件管理完成网络课程数字化信息资料的上传、修改和删除等工作。留言管理完成教师和学习者交流过程中的各种发言信息管理工作。资源管理完成网络课程相关参考资料的上传等工作。

5.3.3 网络课程教学平台主页

网络课程教学平台主页是学习者和教师进入教学平台的入口，平台主页主要提供用户注册、教学计划、教学公告、网络课程学习、学员评教、测试考核、作业提交、友情链接和在线统计等功能。

用户注册是网络课程教学开始的第一步，这里的用户包括教师和学习者，用户按照要求输入相应的注册信息，在管理员审核通过后，用户就可以通过输入登录信息进入教学平台主页。不同的用户账号可以参加不同网络课程的学习，并获得不同的使用权限。

教学计划列出主要网络课程的教学安排、考核方式、使用教材、教学进度等内容，教师可以根据需要进行更新，及时公布相关教学活动等信息。

教学公告由教师或平台管理者发布，内容主要是最新的教学信息等内容，方便学生快速了解课程的进度及相关变动，从而能够及时跟踪教学计划。

网络课程学习是网络教学的核心，学习者进入网络课程学习界面进行学习，网络课程学习模块一般提供主讲教师信息、教学提纲、讲授视频、PPT 页面、学习进度和参考资料等信息，方便学习者使用。

学员评教是学习者对网络课程教学内容进行评价，这不仅有助于教师了解教学效果，积极改善教学质量，同时也有助于其他学习者快速了解网络课程的教学特色。

测试考核具备相关网络课程试题的浏览、在线测试和成绩查询等功能，可以为网络课程教学提供强有力的支持。

作业提交完成学习者对教师布置的作业进行下载与上传，同时记录学习者作业完成信息，学习者可以通过查看相应的统计信息了解作业完成情况，教师可以对提交的作业进行审阅、批改。

友情链接方便学习者快速进入相关学习网站，获取更多的信息资源，同时可以让搜索引擎更多地收录平台网页，扩大网络课程教育平台的受众面，增加影响力。

在线统计功能便于管理者和学习者了解网站使用情况，为管理者对教育平台进行评价和改进提供依据。

5.4 典型案例

5.4.1 案例一——某部队远程学习平台

2009 年起，为了解决某部队直属单位驻地分散、承担任务繁重、官兵接受教育困难等现实问题，该部队继续教育中心开始探索远程教育平台和网络课程建设。2010年，继续教育中心依托军事综合信息网，开发建设了某部队远程学习平台，如图5-3所示。截止到2014年，某部队利用远程学习平台，开办了多期远程培训班，其中包括IP试验网系列讲座、网络信息安全技术远程培训班、网络信息安全管理远程培训班、全军审计业务竞赛代表选拔培训班、全国职称英语考试远程培训班、军用公文写作培训班等。累计参训人数5 000余人次。新建网络课程包括社科、人文、计算机、通信、网络等类别共计180余门，其中包含精品课程9门，资源数据量达到1.6 T。新建课程设计新颖、要素齐全，在远程培训应用中效果良好。某部队远程学习平台在网络课程建设中重点着力打造了一批精品课程，其中《信息战中的网络攻防技术》于2010年10月获得了第10届全军优秀电教教材二等奖，《网络信息安全技术与应用》获第十四届全国多媒体教育软件大赛一等奖，《C++面向对象程序设计》获2011年全国教育技术理论与实践大赛一等奖。

某部队远程学习平台采取的课堂教学模式分为虚拟课堂、同步课堂、直播课堂三类。虚拟课堂由平台提供非实时的网络课程，模拟现实课堂教学进行学习，它是远程教学的主要模式。同步课堂主要用于配合虚拟课堂教学，采用网络会议的形式组织实时答疑，可以实现交流与互动。该模式还有一个重要的用途是进行网上案例教学。直播课堂主要用于重要课程教学（主讲人水平高、教学内容新、教学对象广泛、教学需求急迫），采用网上直播方式组织，授权用户可以实时获得远程课堂授课的视频、音频。三种课堂教学模式，均提供在线学习、在线答疑、在线练习、在线讨论、在线考核、在线评价功能。其功能结构如图5-4所示。

图5-3　某部队远程学习平台门户网站

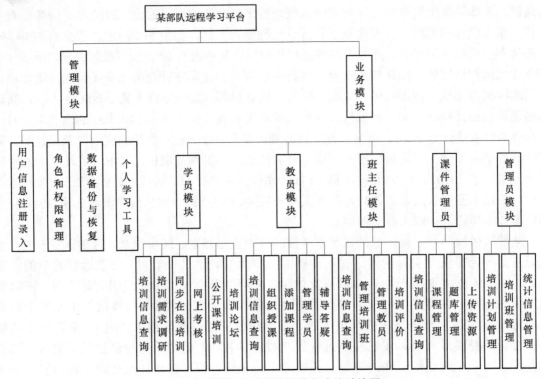

图 5-4 某部队远程学习平台功能结构图

根据军事任职教育的特点和规律,某部队远程学习平台网络课程的建设思路是首先对训练对象定位并分类。根据某部队直属部队的情况,可将教学训练对象分为十三大类:义务兵、初级士官、中级士官、高级士官、初级职务专业技术干部、中级职务专业技术干部、高级职务专业技术干部、初级指挥干部、中级指挥干部、高级指挥干部、初级机关干部、中级机关干部、高级机关干部。对于每一类教学训练对象而言,基础网络课程都可分为共同科目与专业科目两大类。共同科目又分为政治思想、军事素质、通用技能三大部分。专业科目根据从事的岗位专业进行分类。网络课程依据颁布的《科研试验部队军事训练与考核大纲》进行建设,每门网络课程主要包括以下要素:

一是课程介绍说明;

二是教学标准、考核说明、教学设计及实施方案;

三是课程导学、学习方法、学习内容和时间建议;

四是各讲(章)视频讲课资料;

五是各讲(章)知识点;

六是各讲(章)在线练习题及参考答案;

七是各讲(章)典型例题讲解、作业讲评;

八是课程学习效果综合在线评测。

某部队远程学习平台网络课程的页面和网络课程的学习界面如图 5-5、图 5-6 所示。

第 5 章 网络课程

图 5-5 某部队远程学习平台网络课程页面

图 5-6 网络课程学习界面

5.4.2 案例二——"信息战中的网络攻防技术"网络课程

"信息战中的网络攻防技术"是某部队院校开发的一门精品网络课程,该课程在某部队远程学习平台上线运行以来,已经应用在多个培训班教学工作中,受训学员1 000余人。下面以该网络课程为例,简单介绍网络课程的开发过程。

一、教学准备

在培训前,课程开发人员对"信息战中的网络攻防技术"课程受训学员进行了调查了解。受训学员主要是部队中从事网络运行与维护、网络安全的技术人员和机关工作人员,绝大多数受训学员没有系统地学习过网络攻防技术,虽然知道网络安全的重要,但是缺乏相应的技术和能力。

因此,课程开发人员初步确定课程的教学目标是:系统介绍网络信息安全方面的基本理论、体系、方法与技能,以及信息安全学科的发展动向,通过培训使受训学员初步具备网络信息安全分析与实施能力,以及网络安全设计与安全产品使用和维护方面的能力。

二、教学标准及教学内容

根据教学准备情况,课程开发人员拟制了教学标准,明确了"信息战中的网络攻防技术"网络课程的教学内容和教学要求,作为后续课程开发的依据。例如,在信息战与网络安全概述一章中,教学内容主要包括:信息战的概念、信息战的作战模型、信息战的主要形式及保护措施、网络安全模型和网络安全体系结构,教学要求是使受训学员掌握信息战的基本概念、信息战的作战模型、信息战的主要形式及保护措施。

三、教学设计与系统设计

根据教学标准和教学内容,课程开发人员详细列出教学知识点,以及各知识点的教学呈现方式、互动呈现方式和学习效果评价方式等内容。例如,教学内容呈现方式见表5-3。

表5-3 网络课程教学内容呈现方式

教学内容		呈现方式
章节	知识点	
信息战与网络安全概述第1讲	信息战理论	文字、视频讲解、视频资源
信息战与网络安全概述第2讲	网络安全	文字、视频讲解
信息战与网络安全概述第3讲	动态防御安全模型原理演示	Flash演示
计算机实体安全与操作系统安全第1讲	计算机实体安全与可靠性	文字、视频讲解
计算机实体安全与操作系统安全第2讲	磁盘阵列技术原理	Flash演示
计算机实体安全与操作系统安全第3讲	Windows操作系统安全	文字、视频讲解
计算机实体安全与操作系统安全第4讲	Unix操作系统安全	文字、视频讲解
加密技术与通信安全第1讲	密码学基础	文字、视频讲解

续表

教学内容		呈现方式
章节	知识点	
加密技术与通信安全第 2 讲	VPN 技术	文字、视频讲解
加密技术与通信安全第 3 讲	PKI 和 PMI	文字、视频讲解
加密技术与通信安全第 4 讲	身份认证与访问控制	文字、视频讲解
网络攻防技术第 1 讲	网络攻击技术	文字、视频讲解
	网络攻击过程、DDOS 攻击、IP 欺骗、Smurf、SYN、缓冲区溢出攻击、蜜罐与蜜网、特洛伊木马、社会工程攻击	Flash 演示
网络攻防技术第 2 讲	防火墙技术	文字、视频讲解
网络攻防技术第 3 讲	入侵检测系统	文字、视频讲解
网络攻防技术第 4 讲	网络生存技术	文字、视频讲解
网络攻防技术第 5 讲	病毒防范技术	文字、视频讲解
信息安全保障体系第 1 讲	BS7799 简介	文字、视频讲解
信息安全保障体系第 2 讲	BS7799 认证与实施	文字、视频讲解
信息安全保障体系第 3 讲	信息安全管理技术	文字、视频讲解

四、界面设计、导航策略设计和内容结构设计

"信息战中的网络攻防技术"网络课程界面如图 5-7 所示,在课程主页面,初步设计了课程介绍、理论学习、原理演示、实战演练、课程资源、学习评价和交流答疑几个部分,列出了每个部分需要完成的教学任务。

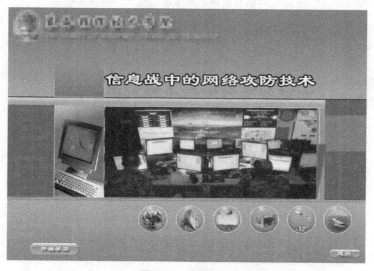

图 5-7 界面设计

五、制作前准备

根据教学内容设计,课程开发人员编写了详细的制作脚本,录制教学视频,收集、制作相应的教学素材,并根据网络课程制作要求,将视频、音频、图片和文本等多媒体素材转换成所需要的格式。

六、网络课程制作

"信息战中的网络攻防技术"网络课程采用了专业网络课程开发工具。专业开发工具能够大大简化网络课程开发工作量,使课程开发人员将注意力集中到课程内容制作上。制作好的网络课程如图 5-8 所示,点击相应的视频讲解按钮将打开三分屏模式的学习界面,如图 5-9 所示。

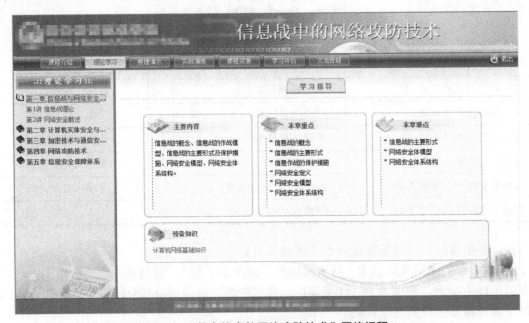

图 5-8 "信息战中的网络攻防技术"网络课程

图 5-9 "信息战中的网络攻防技术"网络课程三分屏学习界面

七、教学活动设计

在正常的网络视频教学之外，还为学员提供了学习资料下载、学习评价和交流答疑功能。学习资料下载部分将相关的学习内容和参考资料（电子版）提供给学员，学员可以根据需要进行下载；学习评价提供学员学习进度数据、作业完成情况和发帖情况；交流答疑为师生交流提供条件，学员在学习中遇到困难，可以通过聊天室或以发帖的形式提出问题，方便师生交流。

八、课程发布与改进

将制作好的网络课程上传到某部队远程学习平台，就可以为学员提供学习服务。同时，根据课程在试运行中出现的问题，及时进行改进处理。

第 6 章　视频公开课

　　互联网技术的发展打造了教育资源的无国界分享，使学习者足不出户就能通过网络视频即视频公开课，聆听哈佛、耶鲁、麻省理工等世界顶尖大学著名教授的精彩课堂授课和深度知识剖析，感受技术的发展和教授们的魅力。那么，视频公开课是怎样出现的？如何设计制作？有哪些教学应用模式？国内外有哪些优秀的视频公开课平台？

　　视频公开课是最早的互联网知识共享与教育开放产物，它的出现使各国高等教育优质资源打破了校园围墙的束缚，免费向全世界开放，开启了在线教育为社会大众服务的大门。视频公开课是在线教育课程资源的重要组成。目前，全球范围内视频公开课的学科领域涵盖面非常广、课程数量庞大，网络获取也十分方便，可满足在线教育的多样性需求。

6.1　视频公开课概论

　　视频公开课是全球开放共享的优质教育资源，它以视频的形式向人们传达了不同的教学理念、教学方法，展示了名校教师上课的"现场"与个人风采，传播了先进的科学、优秀的文化、实用的技能。下面针对视频公开课的起源与发展、基本概念与特点，视频公开课的主要元素、教学应用模式和国内外视频公开课的主要平台进行概括。

6.1.1　视频公开课的发展

　　视频公开课源于英国开放大学，是开放大学提供远距离教学的一种方式。它真正进入大众视野是从 2001 年 4 月美国麻省理工学院校长查尔斯·韦斯特公开宣布将其本科至研究生的全部 2 000 多门课程搬上互联网供全世界免费使用，引发教育资源开放与共享运动。查尔斯·韦斯特认为："我们必须下定决心利用我们的新科技，利用它来对全世界人类赋予知识的力量，让教育更加平民化。我们的使命是协助全世界每个角落的高等教育水平提高。"在这一理念引导下，一种不受版权限制、在知识产权协议下发布的，可供他人免费使用或复制的教学、学习和研究的视频公开课开始出现。

　　2002 年麻省理工学院（MIT）启动了开放课件（OCW）项目，之后卡内基梅隆大学、加州大学伯克利分校、哈佛大学、斯坦福大学、耶鲁大学、约翰·霍普金斯大学、英国开放大学、诺丁汉大学、早稻田大学等全球 250 多所高校和相关教育机构先后加入，并建立了国际开放课程联盟（OCWC），致力于优质教育资源的全球共享，通过互联网向全球开放教学资源，包括课程教学视频、课件、教学讲义、教案、实验手册和报告、课后作业、考试题目、参考书目等。目前，该联盟提供了超过 22 种语言环境下的 14 000 多门课程。

2003年我国加入了国际开放课程联盟，组建了以部分大学和全国省级广播电视大学为成员的中国开放教育资源共享协会（CORE），目的是引进国外优秀的视频公开课、先进的教学技术和手段以提高中国的教育质量，并将中国的优秀课件与文化精品推向世界，促进教育资源的交流和共享，但未引起社会的关注，直到2009年耶鲁大学的"死亡"公开课意外走红，视频公开课程才得到中国社会的普遍关注。2010年11月我国互联网领先企业——网易启动了全球名校视频公开课项目，推出网易公开课；2011年1月网易宣布正式加入国际开放课程联盟，成为其在中国第一个企业联盟成员；同年6月复旦大学也正式加入该联盟，成为加盟的第一所国内高校。

在麻省理工学院启动OCW项目两年后，我国教育部在2003年4月启动了高等教育本科教学质量与教学改革工程精品课程建设工作，明确在全国高校（含高职高专院校）中建立各门类、各专业的校、省、国家三级精品课程体系，推进教育创新，提高教学质量，促进优质教育资源共享。这一活动开始仅面向高等教育，直到2007年国家将网络远程教育类课程进行单列并采用不同的评价体系进行评估，让各级电视大学和网络学院参与国家精品课程的建设。经过多年的建设，至2010年共建成了4 000门国家级精品课程、8 279门省级精品课程和8 170门校级精品课程。2010年后，教育部在"十二五"期间实施了国家精品开放课程建设项目，建设1 000门精品视频公开课和5 000门精品资源共享课，首批课程由"985工程"高校建设。这些精品视频公开课是以高校学生为服务主体，同时面向社会公众免费开放的科学、文化素质教育视频公开课与学术讲座，主要为影响力大、受众面广的高校科学、文化素质教育类课程及学术讲座，建设重点是中国传统文化类、科学技术类和社会热点类课程。截至2016年2月教育部共分8批公布了哲学、法学、教育学、文学、理学、工学、医学、经济学、历史学、管理学十大学科门类992门精品视频公开课，并以"中国大学视频公开课"形式在"爱课程""网易公开课"等网站向社会免费开放。除教育部统一建设的精品视频公开课外，我国的普通高校、开放大学、高职高专院校等也开展了校级、省级视频公开课的建设。

从2003年开始我军的多所院校参与了国家精品课程和精品开放课程的建设，以国防科技大学、原解放军理工大学、原第三军医大学为代表的院校建设了国家精品课程120余门、国家精品视频公开课13门、国家精品资源共享课46门。

6.1.2 视频公开课的概念

迄今为止，学术界对公开课、视频公开课还没有明确的定义。

目前，公开课泛指开放课堂。我国学者认为公开课是对授课教师和听课学生以外的人开放的课。简单地理解"公开课就是对他人公开的课""在公开场合上课、进行教研的一种课型"等。它是一种面向教师、教育管理者、家长或专家等特定人群做正式公开的课程讲授，是教师展示教学水平、交流教学经验的教研形式。欧美国家对"公开课"的理解是站在授课教师和听课学生的立场上，把公开课定位在"课"上，强调"公开"只是形式。

视频公开课是教师在自然教学环境下授课，与真实的学生展开互动，用视频加字幕的形式如实记录完整的课程教学过程，并通过网络广泛传播，与全社会共享，以满足广大社会学习者需求的一种网络教育形式。视频公开课由一堂堂完整的课组成，在网络上以视频的方式呈现。

视频公开课分广义和狭义两种。广义的视频公开课是指以网络为媒介进行传播和共享的公开课，以使更多的人能够通过网络平台共享全球优质的公开教育资源。狭义的视频公开课则主要是指由哈佛、麻省理工、耶鲁等国外一流名校以及国内一些大学推出的，以教育资源共享为主要目的，在网络上公开展示的优质教学和学术讲座视频。本书探究的视频公开课是指狭义的视频公开课，并将世界名校视频公开课与学术讲座、国内精品视频公开课等统称为视频公开课。

视频公开课与传统的公开课不同，它既不是面向特定学习者的示范课，也不是为了解决问题的探索课，而是面向不同阶层人群弘扬文化、激发智慧、调动学习热情的学术和知识传播形式。

6.1.3 视频公开课的特点

视频公开课不是西方大学的独有创新，也不是网络公司创造的新产品，而是网络技术、媒体技术促进下公开课的新形式，在质量、内容、形式、主讲人、制作、传播、使用等方面都具有新特点。

一是面向世界开放，代表高校最高水平。视频公开课对全世界免费开放，更加要求"能够代表高等学校的最高水平"，水平、质量应该是第一位的。高等学校通过开展精品视频公开课建设，实现服务社会和文化传承创新的责任，激励教师积极投入教学和人才培养工作，推进教学理念转变、教学内容更新和教学方法改革，造就一批"名师名课"，进一步提高教育教学水平和质量。

二是传播传统文化，推广科技前沿知识。视频公开课主要是影响力大、受众面广的高校科学、文化素质教育类课程及学术讲座，注重传统文化类、科学技术类和社会热点类课程，其课程内容是学术上的精华。因此，视频公开课多是大众易接受但又精深高雅的课程。视频公开课主要是为了推动高等教育开放，广泛传播人类文明优秀成果和现代科学技术前沿知识，提升大学生及社会大众科学文化素养，服务先进文化建设。从我国首批通过遴选的视频公开课选题看，103个选题分布于37个学科门类，其中历史学类最多，有12门，公共管理类9门，哲学类、艺术学类、中国语言学类、土建类课程有5门，核科学、航空航天类有1~2门课程，体现了我国首批视频公开课以人文素质教育课程为主，重点是中国传统文化类、科学技术类和社会热点类、素质教育课程。

三是形式相对固定，形式先于内容。形式本来是为内容服务的，国家精品课程的形式可以多种多样，但是视频公开课的形式已经相对固定，点击观看视频公开课很像看电视节目，因而视频公开课的"形式"先于内容，"形式"显得特别重要。视频公开课的形式比较接近讲座，类似于百家讲坛，但是又不同于百家讲坛，不仅要求有上课的"现场感"，还要求有师生互动；而百家讲坛是讲座，是一言堂，没有互动，每集均为30分钟左右；视频公开课每讲的时间要求，一般比正常上课每节课的时间短，规定为"30~50分钟"。

四是主讲人无限制，鼓励名家、名师上课。视频公开课在真实的、具有师生互动的教学环境里拍摄，教师在真实的课堂授课，面对真实的学生，随时应对真实的教学问题，完全真实地记录现场授课。视频公开课的主讲人不要求必须是教授，可以是副教授；不要求有课程组，可以只有一位教师，但鼓励名家、名师上课。

五是政府主导，学校建设，商业机构参与。视频公开课采用了"政府主导、高等学校自主建设，专家和师生评价遴选、社会力量参与推广的建设模式"。即高校和主讲教师只负责课程的建设任务，教育部组织专家和师生对建设完成的课程进行再次评价，通过评价后的课程在教育部负责建设的全国统一平台"爱课程"平台和中国网络电视台、网易等特定媒体进行上线发布。这种模式一方面保证了课程网站运营的开放性、稳定性与安全性；另一方面，也有利于减轻主讲教师和所在学校课程后续维护负担，使其有足够精力用于高质量课程的制作。

六是传播渠道开放，课程高度共享。教育部组织建设了统一的视频公开课共享服务平台"中国大学视频公开课：爱课程"，将视频公开课上线发布，并通过论坛等方式收集公众意见。这种使用统一的平台、集合全部的视频公开课的模式，有利于发挥集聚效益，有利于课程的传播与共享。除了教育部建设的"爱课程"网站，教育部还和中国网络电视台、网易两家媒体单位合作，使中国大学视频公开课在公共网络中共享，和国外知名大学的视频公开课在同一个平台上具有相同的话语权。这样不仅高校师生、教育网内用户可以观看，普通大众也可以方便地通过公共网络学习，提高了我国高等教育的开放水平，有利于建设全民学习、终身学习的学习型社会。

但是，目前视频公开课只是一种公开的网络视频资源，一般不包括学习活动，大都以独立形式存在并且不提供学分和证书。部分视频公开课为求真实地还原课堂氛围，仅对传统线下教学的简单复制，一般只使用摄像机对课程进行录制，并对视频稍加剪辑就推上网络，缺乏与网络时代相适应的教学创新。此外，国内视频公开课存在教学设计死板、教学方法老套、课程内容陈旧和共享程度低等问题，成为推广应用的绊脚石，而国外视频公开课在课程内容、教学方式、教师魅力、课程的教学设计等具有很大的优势。

6.1.4 视频公开课要素与要求

视频公开课是网络上以视频方式呈现的课堂完整讲课过程，因此，视频公开课具有讲课和视频两大类要素。

一、讲课要素

视频公开课既然被定位为课，重点是课堂讲课，那么讲课要素就是视频公开课的首要元素。对于讲课要素，要把握好如下几个方面：

（1）教育理念。视频公开课主张课堂以学生为主体、教师为主导，采用对话式、启发式、探究式教学，学思结合，知行统一。强调素质教育、全面育人，课程融入人文素养的教育，既培养学生正确的科学观、技术观，也培养学生正确的世界观、人生观、价值观。强调实践教学，理论与实践相结合，注重能力培养特别是创新能力的培养。

（2）课程设计。视频公开课尽量做到知识性、思想性、趣味性、应用性的统一。在整体安排上要求有必要的铺垫、通俗的引入、概念的解释、问题的界定、素材的组织、鲜明的论点、充分的论据、前后的呼应。在内容安排上要求重点突出、由简至繁、循序渐进、难点突破、结论明确。课程开始最好有一两讲为概述，之后再逐步展开。高职高专的课程，可以实例为线索、问题为导向，展开序言课，作为整个课程的铺垫。在讲授形式上，多采用案例教学、讨论式教学、情景式教学。

（3）内容讲述。视频公开课的内容讲述要求简明、通俗、准确、清楚、生动、利落，语速要适中、不能过快，避免重复、避免口头禅，适当配合肢体语言。

（4）师生互动。视频公开课的师生互动应包括教师发问、学生回答、教师因势利导三个环节，并根据情况增加讨论的环节。教师发问可分为设问、提问、自由问。学生回答可分为自答、举手答、纠正和补充回答、上台答、齐答、形体答。教师因势利导，应鼓励学生举手回答问题，在录像现场要表扬举手回答问题的学生，特别对回答正确的学生要恰当的、实事求是的表扬，用各种不同的词汇表扬。要营造"举手回答问题光荣"的氛围，使更多的学生不紧张，愿意举手。

（5）教学手段。视频公开课的教学手段应尽可能多样、丰富，可以使用PPT、板书、图片、视频、网络、教具、肢体语言。

（6）教师风采。视频公开课主讲教师须注重课程内容的选择和教学方式的创新，善于与学生互动，充分展现个人的教学个性和人格魅力，保证视频课堂的现场教学效果。授课教师要改变传统的授课方式方法，加强创新，突出特色，增强课堂教学吸引力，切忌照本宣科。要做到与学生的互动，留给学习者思考的空间，激发学习者的求知欲与学习内动力。

二、视频要素

视频公开课采用视频的形式展现课程，因此需要了解视频形式中的相关要素，掌握视频形式中的相关规律，精心设计每一讲的授课。

（1）讲课中的视频要素。要有曲折和节奏感，讲课不应是平铺直叙，而应是层层递进，逐渐拨开迷雾见到光明；逐渐揭开神秘的面纱见到真相、见到真理，曲折而又合乎逻辑。如采用问题步步加深、加难、推向高潮的方法，设计一些让人眼前一亮的东西、感觉有所回味的东西、包含某种哲理的东西，设计一些伏笔、比喻，对希望学生特殊关注的地方，讲课中故意出错，后面再发现错误、纠正错误。要能够引人入胜的环节和语言，并适当地留有余地。

（2）摄录中的视频要素。取景时教师、屏幕、黑板三者在画面上应平衡，教师脸的前方要留有适当空间。对教师的"裁身"得当，或者是全身，或者是半身，当教师离开讲台时不要"裁"到胸部或者膝盖。要充分利用镜头的伸缩、摇动，使同一机位的画面显出变化、显得生动，同时要注意镜头变化时的稳、准、变、匀。当教师有较大动作的肢体语言时，摄录尽量用近镜头；教师的表情和肢体语言都比较平淡时，尽量用远镜头。拍摄时，把PPT屏幕上激光教鞭的红色圆点拍摄清楚。

（3）编辑中的视频要素。编辑时几个不同机位的画面及PPT尽量多次切换，画面才比较生动，学习者才不觉得枯燥、平淡，如3分钟里可切换10次左右。应尽量编入比较有表现力的画面，如学生点头表明听懂的画面，应该编入成品。应该能让人明显看出有多个机位在进行拍摄。

6.1.5 视频公开课的应用模式

视频公开课在教学中的应用模式主要有：平行辅助与自主学习模式、相交辅助与嵌入式学习模式、重合辅助与翻转课堂学习模式。

一、平行辅助与自主学习模式

平行辅助学习模式是指学习者对视频公开课的学习和传统课堂的课程学习视为两条平行线，两者的学习内容相似或相辅相成，学习者在传统课堂中的学习和课下自主学习完全独立开来，相互之间没有任何联系。学习者可以在传统课堂上进行正常的学习活动、获得课程学分，也可以在课下完全自主学习视频公开课、获得相应学分，以替代传统课堂的课程学习和学分。

二、相交辅助与混合式学习模式

相交辅助学习模式是指为了学习者加深对授课内容的理解，提高授课效果，在正常的课程教学活动中嵌入与课程相关的视频公开课，即把视频公开课课程作为课程教学的一个插件，穿插到课堂教学活动中，有机地融合到课堂教学的组织中。相交辅助学习模式的整个教学学习过程全部在课堂上来实现，在教学活动中依据课程的教学需要学习视频公开课的内容，辅助老师讲解相应的知识点或问题，促进学生理解。在学习视频公开课时，教师的角色是引导者、启迪者，学生则在老师的指导与启迪下尝试用不同的维度和方法思考与解决问题。

三、重合辅助与翻转课堂学习模式

与平行辅助学习模式相比，重合辅助学习模式并不是把视频公开课完全交给学生独自学习，与课上学习活动没有任何联系，而是利用视频公开课这种优质资源，改变传统课程教学过程中师生之间的角色，实现课前与课中学习时间的再分配。重合辅助学习模式把传统课堂的学习结构和学习过程进行翻转，即课前授课教师让学生利用视频公开课自主学习原本课堂上所要讲授的知识内容，学生通过课前自主学习，发现问题和疑惑，然后带着问题和疑惑到课堂中获得解答或进行讨论，这样课堂就变成了教师与学生间互动的场所，从而达到更好的教学效果。重合辅助学习模式中的课前学习和课中学习是相辅相成、不能截然分开的。

6.1.6 视频公开课的平台

以哈佛、牛津、麻省理工等为代表国外名校建立了平台，在网络上提供其课堂实况录像的视频公开课。国内的互联网企业和教育部门建立的相应平台，提供了大量的优质视频公开课。

一、国外视频公开课平台

目前国内能访问到的国外视频公开课平台主要有麻省理工学院、耶鲁大学、华盛顿大学、加州大学伯克利分校、卡内基梅隆大学、英国开放大学、约翰·霍普金斯大学的视频公开课平台。为便于国内学生学习，这些大学视频公开课多数已被网易公开课平台引进并翻译，增加了中文字幕。

（一）麻省理工学院公开课平台

麻省理工学院（http://ocw.mit.edu/courses）是免费开放教育课件的先驱，麻省理工公开课平台将该校的 1 800 门课程的课件放在网站上，提供课程与作业的 PDF 格式下载。作为一所知名的理工科院校，在它的公开课程访问排行榜上，《物理：经典力学》《计算机科学导论》和《线性代数》排名前三甲。麻省理工学院在中国大陆和台湾地区都建立了镜像网站，把所有麻省课程翻成中文。

（二）耶鲁大学公开课平台

耶鲁大学公开课（http://oyc.yale.edu）为公众提供耶鲁大学课程、讲座和其他资源，课程涵盖人文科学、社会科学、物理和生命科学的本科课程。课程由耶鲁大学杰出的学者和科学家主讲，每门课程包括一套完整的高质量视频的课堂讲座以及课程大纲、建议读物和问题集等，视频可以下载。

（三）华盛顿大学公开课平台

华盛顿大学（http://www.cs.washington.edu/education/coursewebs.html）的计算机工程学是其传统优势，相关的几百门课程目前都已经放到网上，不但本科生能找到所需要的课程，连研究生也能有所斩获。华盛顿大学的公开课网站还提供特色讲座等。

（四）加州大学伯克利分校公开课平台

加州大学伯克利分校公开课平台（http://webcast.bereley.edu）从2001年秋季学期开始提供课程播客和视频讲座，内容涵盖从哲学、人类学到物理学、统计学等多个学科，同一门学科有若干个版本。该平台还提供了跟踪教授布置的作业和课堂笔记功能。

（五）卡内基梅隆大学公开课平台

与其他平台不同，自学者和在校生在页面（http://olinanu.edu）上有不同的入口。卡内基梅隆大学建议造访者在网站上注册，建立自己的资料库，以便于在有限的时间内完成一门课程，还可以参加考试，当然，卡内基梅隆不会提供学分和证书。

（六）英国开放大学公开课平台

英国开放大学（http://openlearn.open.ac.uk/course/index.php）是由英国十几所大学联合组建的。它的视频公开课一大特色，是把课程依难度分为"导论、中级、进阶、研究"四个等级，科目跨文学、法学、商学、教育、理工等领域，甚至还设有技术培训课程，如商业写作技巧、如何做一个演示文稿等。

（七）约翰·霍普金斯大学公开课平台

提供了该学院（http://ocw.jhsph.edu/topics.cfm）最受欢迎的课程，包括青少年健康、行为和健康、生物统计学、环境、一般公共卫生、卫生政策、预防伤害、母亲和儿童健康、心理卫生、营养、人口科学、公共卫生准备和难民卫生等。

二、国内视频公开课平台

（一）网易公开课平台

网易公开课（http://open.163.com）是一个优质教育资源免费共享平台和内容传播平台，以平台模式、产品和内容创新助推全球知识共享与一流教育、知识的传播。它是目前国内公开课视频数量最多、内容最全面的视频公开课平台，为用户提供哈佛、斯坦福、牛津等全球知名高校、可汗学院、TED、BBC等机构的教育视频、图文信息，内容涵盖人文、教育、社会、艺术、科技、健康、创业、金融等多个领域，学习者可根据自身情况选择学习内容。平台拥有超过4万个线上教育视频与资源，其中2万个为网易自费翻译的视频。该平台包括PC平台、移动平台两类，超过4 300万移动端用户。平台提供在线笔记，帮助用户及时收集灵感，同时，学习者可以在平台上跟帖，分享与讨论学习体会。

2010年11月，网易推出"全球名校视频公开课"项目，上线了来自哈佛大学、牛津大学、耶鲁大学等世界知名学府的1 200集公开课视频，其中200多集配有中文字幕。2011年11月，在网易公开课上线一周年后，网易宣布正式推出中国大学视频公开课，首次大规模地上线国内大学视频公开课程，网民只要通过互联网即可享用这些课程。首批上线课程覆盖信息技术、文化、建筑、心理、文学和历史等不同学科，这些课程分别来自北京大学、清华大学等十余所国内著名的高等院校。主讲者中不乏国内名家，如我国著名的信息系统专家、两院院士、北京理工大学王越教授，世博会中国馆设计者、中国工程院院士、华南理工大学教授何镜堂，首届国家级教学名师奖获得者、吉林大学教授孙正聿等知名学者。同时课程也包含一些中国传统文化的内容，如北京大学历史系阎步克教授、邓小南教授的《中国古代政治与文化》、北京师范大学于丹教授的《千古明月》等内容。2016年网易公开课荣获OEC优质公开课教育大奖，成为全球最优质的国际化在线学习平台之一。

目前，网易公开课网站开设了国际名校公开课、中国大学视频公开课、TED 讲座、可汗学院、赏课、公开课策划、态度公开课等栏目，提供文学、数学、哲学、语言、社会、商业、传媒、医学/健康、美术/建筑、工程技术、法律/政治、宗教、心理学等方面的 7 687 门课程、27 926 集视频。网易公开课受众极为广泛，从基础教育到高等教育再到职业教育，几乎任何人都能从中找到自己想学的内容。

（二）爱课程平台

"爱课程"（http://www.icourses.edu.cn）是国家教育部"十二五"期间启动实施"高校本科教育质量与教学改革工程"支持建设的高等教育课程资源共享平台。"爱课程"是高等教育优质教学资源的汇聚平台，优质资源服务平台，教学资源可持续建设和运营平台。它致力于推动优质课程资源的广泛传播和共享，深化本科教育教学改革，提高高等教育质量，推动高等教育开放，并从一定程度上满足人民群众日趋强烈的学习需求、促进学习型社会建设。"爱课程"利用网络技术和现代信息技术，面向社会大众和高校师生，提供丰富的优质教育资源共享和个性化教学资源服务。

2011 年 11 月 9 日，爱课程网站开通，中国大学视频公开课平台上线；2013 年 6 月 26 日，中国大学资源共享课平台上线；2013 年 9 月 30 日，爱课程网站移动客户端发布；2013 年 11 月，爱课程网站校园端发布；2014 年 5 月 8 日，中国大学 MOOC 上线。目前，"爱课程"上线中国大学视频公开课 992 门、7 090 集视频。

（三）梦课平台

国防科技大学军事综合信息网的梦课平台上设置了"公开课"栏目，收集各种课外学习视频资料供广大官兵拓展知识和技能，包括名人演讲、学术沙龙、学员创新活动、科技知识讲座等，公开课不考试、不发放结业证书。

目前，梦课平台上提供了物理学、力学、教育学、计算机、电子科学、数学、语言学、军事学、预防医学等方面的公开课，共 58 门、433 集、682 段视频。视频可以提供下载。

（四）国家开放大学平台

国家开放大学（http://www.ouchn.edu.cn）整合普通高校、电大系统、中高职院校、社会培训机构、教育软件研发机构、港台及欧美教育机构的优质数字化学习资源 20 TB，学历教育及非学历教育课程近 14 000 门。其中，学历教育课程 9 266 门（含国家精品课程 3 912 门，电大系统开放课程 1 024 门，高职高专 714 门，国外公开课 850 门，普通高校及网络学院 2 766 门）；非学历教育课程 4 500 门，视频时长 40 万分钟，包含社区教育 16 万分钟，农村教育 11 万分钟，非学历教育培训 13 万分钟，并且形成了社区教育、农村教育、安全教育、企业管理培训专题资源库。

（五）国家精品课程网

国家精品课程网（http://www.jingpinke.com）是国家精品课程资源中心受教育部委托建立的，共拥有国家级精品课程 3 862 门、44 029 集视频，主要收录教学大纲、电子教案、教学设计、习题等。收录资源免费向公众提供，注册登录后可在线浏览，暂不提供下载。

（六）中国公开课平台

中国公开课（http://opencla.cctv.com）是我国中央电视台中视网的中国公开课平台，它汇集了国内外名校的优质课程、中小学的视频公开课、央视精品栏目视频和专业课堂等。其中，央视精品提供了央视的百家讲坛、讲武堂、百战经典、法律讲堂、科技之光、走进科学等精品栏目的近 1 300 集视频；专业课堂提供了建筑、会计、外语、法律、医学、管理等领域的专业技能视频、研究生入学考试和公务员考试的辅导视频。

（七）新浪公开课平台

新浪公开课（http://open.sina.com.cn）提供了国际名校和中国大学的公开课以及各种机构的公开课，它提供了国内最多最齐的 TED 演讲与讲座视频，共 1 069 集 TED 演讲视频、1 238 集各类讲座视频。

（八）超星学术视频平台

超星学术视频（http://video.chaoxing.com/）是由北京世纪超星公司展示其独立拍摄制作学术视频的平台。超星公司邀请国内知名专家学者、学术权威，将他们多年的学术研究成果通过影像技术系统地记录、保存下来，并通过超星学术视频平台面向社会和校园进行传播，与社会共享。目前超星学术视频包括了历史、文学、哲学、艺术、教育社科、经济管理、工程技术、基础科学、政治法律、医学、农学等系列，共 8 万余部学术专辑，分别由 5 410 位国内外名师主讲，讲授形式包括课堂教学系列、专题讲座系列及大师系列。上万门课程以视频为载体，集成了文本、音频、动画、图片等多种多媒体信息于一体，使得学习者如同在课堂学习一般，不仅能够加深学习者的印象，还能提高学习者的兴趣。

目前，超星学术视频平台提供了超星公司自己制作的 24 门，共 618 堂课的视频公开课，课程涵盖历史、文学、艺术、哲学、理工和文化等系列。

6.2 视频公开课的设计

视频公开课不是传统课堂的简单搬家，目前，视频公开课既有高校实际开设的课程，也有高校课程重组、整合后形成的课程，还有为视频公开课而专门设计的课程。必须针对视频公开课的特点和要求，进行精心设计才能制作出精良的课程。视频公开课如何选题、如何确定主讲教师、课程内容、教学方法和手段、课程效果评价标准，以及课程文案如何编制等，是视频公开课设计的重要内容。

6.2.1 视频公开课的选题

视频公开课选题是视频公开课制作中最关键的环节，选题要贴近受众需求，且符合网络传播的特点，应避免过于专精和过大过泛的两个极端。视频公开课强调普及性和吸引力，可重点从科学技术类、社会热点类和传统文化类中进行选题，或从原有成熟优质课程中选题，以便能够引起学生、社会公众的兴趣。

视频公开课的名称最好大众化，一要通俗易懂、吸引受众，如选用"武器装备的奥秘"而不是"武器装备概论"作为课程的名称；二要有文化气息，凝练、上口、好记，如采用"走进大数据""复杂电磁环境下的指挥问题""颠覆性创新与信息技术"等作为课程名称。

6.2.2 视频公开课主讲教师的确定

视频公开课质量保证的关键是主讲教师，要充分发挥名师的骨干示范作用，引领课程建设。视频公开课的主讲教师不仅需要有精湛的专业造诣，也需要有高超的语言表达能力和各种传播符号的驾驭能力。因此，选择主讲教师时，应在选择优势课程的基础上，尽量选择教学名师、学术大家。

6.2.3 视频公开课授课内容的确定

视频公开课不一定要有很高的理论深度，但一定要有一个好的角度，才能切实提高学习者的知识面和科学素养。因此，视频公开课不能照搬原来的课堂授课，需要重新组织课程内容，精选对公众有吸引力的话题、热点话题或具有代表性的内容进行介绍，并尽量做到知识性、思想性、趣味性、应用性的统一，确保既相对完整，又凝聚精华。

视频公开课授课内容与主题应是学术上的精华，同时，要注重突出特色，关注热点，避免内容过专、过深、过敏感，把好学术关、政治关。教学内容首先要把好学术关，学术观点正确，无争议；其次，要把好政治关，不要出现歧视性观点，避免涉密和敏感性话题；第三，要凝聚精华，引人入胜，讲数和时长适宜，每讲要独立成篇，展现形式要考虑网络传播的特点，让一般受众乐于学习，比较轻松地接受。

6.2.4 视频公开课教学方法的确定

视频公开课强调加强师生互动交流、活跃课堂气氛，教师要脱稿讲课，不要照本宣科，注重语言和形体艺术的运用，可以对现场学生提出问题，这不仅可以形成积极的、热烈的课堂气氛，而且还能保证视频公开课的录制要求。授课教师应注重将生活中的实例融入理论知识，这不仅能够激发学生的好奇心和求知欲，还能引导学生将所学知识应用于实践中。

6.2.5 视频公开课效果评价的确定

视频公开课的效果评价可从技术性、课程内容、教学方法、教师风采、学习者发展、影响力等方面进行评价，其评价指标见表 6–1。

表 6–1 视频公开课的效果评价指标表

一级指标	二级指标	指标说明
技术性	视频	画面清晰，剪辑流畅
	音频	音频和视频画面同步，声音清晰，无杂音干扰，无音量忽大忽小现象
	字幕	字幕和视频、音频同步，无错别字，断句合理
	课件	演示连贯，逻辑清晰，便于理解所讲内容
课程内容	合理性	选题合适，内容难易适中，定位准确，知识点安排合理
	科学性	课程内容包括字幕文字无知识性错误，能启发思考，增长见闻
	先进性	反映学科发展的新动态、新成果、新方法
	丰富性	内容充实，信息量大
	内容组织	理论联系实际，课内外结合，融知识传授、能力培养、素质教育于一体
教学方法	讲授行为	讲解清晰透彻，有利于学习者对知识的掌握
	师生互动	课堂互动适中，通过提问、讨论等调动学习者的学习积极性
	教学手段	根据课程目标运用展示、视频演示、实验实录等各种教学手段和方法提升教学效果

续表

一级指标	二级指标	指标说明
教师风采	口才	讲解深入浅出，幽默风趣，个性鲜明，易于理解
	知识	对学科领域知识和相关学科知识都比较了解，学术造诣高
	能力	教学经验丰富，教学特色鲜明，教学能力强，教学研究成果丰富
	敬业	准备充分，严谨认真，维护师德，充满激情
学习者发展	知识	拓宽了学习者知识面，开阔了学生的视野，学习收获明显
	能力	培养了学习者提出问题、分析问题、解决问题的能力，提升了学习者综合素养
	兴趣	培养了学习者的学习兴趣，激发了学习者自主学习的热情
影响力	点击率	课程上线后网络点击量高
	评论率	学习者积极参与课程评价，互动区内评论数量多

6.2.6 视频公开课课程文案的编制

根据上述确定好的内容，结合相关标准要求，制定视频公开课的课程文案。课程文案包括课程方案、课程教案、课程讲稿、课程脚本等。

一、课程方案

课程方案是视频公开课建设的指导文件，应当予以高度重视，精心制定。课程方案一般包括：

（1）课程构思。描述课程名称、课程选题依据、课程总体内容，分析课程预期社会受众范围，定位课程预期社会受众层面。

（2）课程设计。按照视频公开课制作标准的规定，把课程总体内容至少分解为5讲，规划每一讲的课程内容，使每一讲间的内容衔接紧密、过渡自然，并且每一讲时长控制在30～50分钟。

（3）课程教师。介绍视频公开课的课程负责人基本情况、校内外授课情况、教学研究情况、学术研究情况。简要介绍参与建设的其他教师情况。

（4）课程分工。明确划分视频公开课课程负责人和参与教师的职责分工，确定课程各讲的讲课教师。

（5）课程方式。根据视频公开课选题，确定课程是以授课方式还是以讲座方式进行，并确定课程拍摄的场所。

（6）课程进度。预计完成视频公开课建设的总时间，预计完成课程方案、课程申请、课程教案、课程讲稿、课程脚本、课程拍摄、课程编辑等各项工作的开始时间、完成时间和搭接时间，确定控制视频公开课建设进度的关键性时间节点。

（7）课程制作。说明视频公开课拍摄、课程编辑、视频制作的协作单位和要求。

（8）课程预算。预计完成视频公开课建设所需的全部资金，以及资金来源。

二、课程教案

在课程方案的基础上，课程负责人与课程各讲教师，拟定各讲教案，明确各讲中课程内容的讲授顺序、讲授要点、讲授方式和重点、难点。

三、课程讲稿

在课程教案的基础上，课程负责人与课程各讲教师，起草各讲课程讲稿，深化、细化、优化课程教案。通过起草讲稿，可以较为准确地预计并控制各讲时长，大致可按照正常语速 200 字/分钟来控制各讲的时间长度。在课程拍摄时，主讲教师按照课程讲稿进行讲课，可以使讲课语言规范、讲述流畅、逻辑严密、层次分明、语速稳定，保证讲课质量。

四、课程脚本

视频公开课除片头、片尾外，主要有四个构成要素：教师讲课和课堂画面，教师讲课语音，教师讲课语音的同步字幕，标题、重要内容的提示文字、公式、图形、表格等字幕。为便于学习者理解，应适当安排教师讲课画面和字幕的切换，精心编写课程脚本。

6.3 视频公开课的制作

制作是视频公开课建设是否成功的关键环节，需要课程组教师、视频摄制组人员、教育技术人员以及学生和其他教师的密切配合，并严格按照制作流程和技术标准，充分做好前期准备、严格控制拍摄过程、精细把握后期制作，才能制作出精品的视频公开课。

6.3.1 视频公开课的制作标准

视频公开课的制作标准规定了视频公开课的音视频录制、后期制作和文件交付等基本技术规范，见表 6–2～表 6–7。

表 6–2 视频公开课的录制要求

项目	要　　求
课程时长	每门课程总讲数应不少于 5 讲，每讲时长 30～50 分钟。删除与教学无关的内容
录制场地	录制场地应选择授课现场，可以是课堂、演播室或礼堂等场地，面积在 50 平方米以上。录制现场光线充足、环境安静、整洁，避免在镜头中出现有广告嫌疑或与课程无关的标识等内容
课程形式	成片统一采用单一视频形式
录制方式及设备	拍摄方式：采用多机位拍摄（3 机位以上），机位设置应满足完整记录课堂全部教学活动的要求
	录像设备：摄像机要求不低于专业级数字设备，在同一门课程中标清和高清设备不得混用，推荐使用高清数字设备
	录音设备：使用若干个专业级话筒，保证教师和学生发言的录音质量
	后期制作设备，使用相应的非线性编辑系统
多媒体课件的制作及录制	教师在录制前应对授课过程中使用的多媒体课件（PPT、音视频、动画等）认真检查，确保内容无误，排版格式规范，版面简洁清晰，符合拍摄要求。在拍摄时应针对实际情况选择适当的拍摄方式，与后期制作统筹策划，确保成片中的多媒体演示及板书完整、清晰

表 6–3 后期制作的要求

项目		要　　求
片头与片尾		片头不超过 10 秒，应包括：学校 LOGO、课程名称、讲次、主讲教师姓名、专业技术职务、单位等信息；片尾包括版权单位、制作单位、录制时间等信息
技术指标	视频信号源	稳定性：全片图像同步性能稳定，无失步现象，CTL 同步控制信号必须连续；图像无抖动跳跃，色彩无突变，编辑点处图像稳定
		信噪比：图像信噪比不低于 55 dB，无明显杂波
		色调：白平衡正确，无明显偏色，多机拍摄的镜头衔接处无明显色差
		视频电平：视频全信号幅度为 1 V p–p，最大不超过 1.1 V p–p。其中，消隐电平为 0 V 时，白电平幅度 0.7 V p–p，同步信号 –0.3 V，色同步信号幅度 0.3 V p–p（以消隐线上下对称），全片一致
	音频信号源	声道：中文内容音频信号记录于第 1 声道，音乐、音效、同期声记录于第 2 声道，若有其他文字解说记录于第 3 声道（如录音设备无第 3 声道，则录于第 2 声道）
		电平指标：–2～–8 dB 声音应无明显失真、放音过冲、过弱，音频信噪比不低于 48 dB
		声音和画面要求同步，无交流声或其他杂音等缺陷；伴音清晰、饱满、圆润，无失真、噪声杂音干扰、音量忽大忽小现象；解说声与现场声无明显比例失调，解说声与背景音乐无明显比例失调
母带及素材的保管		保留原始素材与成片母带，直到课程上线

表 6–4 视音频交付文件

项目		要　　求
交付载体		所有视频文件及相应的 SRT 唱词文件请刻录在 CD–R 或 DVD+R 光盘上，并对刻录光盘做封口处理；每张 CD–R 或 DVD+R 光盘可以刻录多讲内容（每一讲内容包括视频文件及相应的 SRT 字幕文件），并在盘面上注明光盘中的内容清单（标记课程名称、讲次及标题、主讲教师、时长等）
视频压缩格式及技术参数	基本要求	视频压缩采用 H.264/AVC（MPEG–4 Part10）编码，使用二次编码、不包含字幕的 MP4 格式
		视频帧率为 25 帧/秒
		扫描方式采用逐行扫描
	视频码流率	动态码流的最高码率不高于 2 500 Kbps，最低码率不得低于 1 024 Kbps
	视频分辨率	前期采用标清 4:3 拍摄时，请设定为 720×576
		前期采用高清 16:9 拍摄时，请设定为 1 024×576
		在同一课程中，各讲的视频分辨率应统一，不得标清和高清混用
	视频画幅宽高比	分辨率设定为 720×576 的，请选定 4:3
		分辨率设定为 1 024×576 的，请选定 16:9
		在同一课程中，各讲应统一画幅的宽高比，不得混用

续表

项目		要　　求
音频压缩格式及技术参数		音频压缩采用 AAC（MPEG4 Part3）格式
		采样率 48 kHz
		音频码流率 128 Kbps（恒定）
		必须是双声道，必须做混音处理
封装		采用 MP4 封装
外挂字幕文件	字幕文件格式	独立的 SRT 格式的字幕文件
	字幕的行数要求	每屏只有一行字幕
	字幕的字数要求	画幅比为 4:3 的，每行不超过 15 个字；画幅比为 16:9 的，每行不超过 20 个字
	字幕的位置	保持每屏字幕出现位置一致
	字幕中的标点符号	只有书名号及书名号中的标点、间隔号、连接号、具有特殊含义的词语的引号可以出现在字幕中，在每屏字幕中用空格代替标点表示语气停顿，所有标点及空格均使用全角
	字幕的断句	不简单按照字数断句，以内容为断句依据
	字幕的公式	字幕中的数学公式、化学分子式、物理量和单位，尽量以文本文字呈现；不宜用文本文字呈现的且在视频画面中已经通过 PPT、板书等方式显示清楚的，可以不加该行字幕
	字幕文字	中文。有条件的高校，除制作中文字幕外，可另外制作英文字幕

表 6–5　交付的课程基本数据文件——课程主元数据表

元数据名称	内容	备　　注
1. 课程名称		
2. 所属学校		
3. 所属专业		根据《普通高等学校本科专业目录（2012年）》，填写课程所属的专业门类及专业类
4. 课程简介		
5. 课程总讲数		
6. 主讲教师（课程负责人）姓名		
7. 主讲教师（课程负责人）基本信息		性别、出生年月、专业技术职务、获奖信息、学术成果、电子邮箱
8. 主讲教师（课程负责人）照片		照片为 800×600 像素，必须为课堂教学照片，要求单独拍摄，不得使用视频截图
9. 制作单位		
10. 版权信息		
11. 语种		缺省为中文
12. 备注		

表 6-6　交付的课程基本数据文件——分讲元数据表

元数据名称	内容	备注
1. 讲次		
2. 本讲标题		应与光盘内容吻合
3. 课程名称		本讲所属课程
4. 本讲简介		
5. 本讲关键词		用于检索的关键词
6. 本讲时长		
如本课程只有一位主讲教师,以下 7~10 的信息与主元数据一致,可不填。		
7. 本讲教师姓名		
8. 本讲教师基本信息		填写本讲老师信息(专业技术职务、获奖信息、学术成果、性别、出生年月、邮箱)
9. 本讲教师照片		照片为 800×600 像素,必须为课堂教学照片,要求单独拍摄,不得使用视频截图
10. 讲课日期		拍摄年月

表 6-7　交付的课程基本数据文件——课程目录

课程名称			
讲　　次	本讲标题	本讲主讲教师	本讲时长

此外,视频公开课制作标准中还对课程的推介词进行了规定。课程推介词是指在课程简介的基础上提炼和升华的课程宣传用语,旨在推广本课程。推介词要求语言生动、形象、具有吸引力,控制在 200 字以内。

6.3.2　视频公开课的制作流程

视频公开课的制作流程,大致经历六个阶段,如图 6-1 所示。

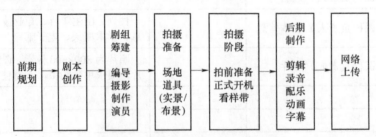

图 6-1　视频公开课的制作流程图

一、前期规划

选出特色鲜明的选题，确定相关的选题计划，如公开课名称，教学对象及相关专业，教学目的要求、内容提要，上课持续时间长度。从课程的内容、编排都需要进行认真策划。课程内容有些相对而言较为形象具体的，可以通过图像音视频资料来讲解，根据需要提前做好素材资料准备，做好相关的演示与示意动画。

二、剧本创作

剧本是视频公开课的蓝图，课程剧本的好坏直接决定视频公开课的质量。视频公开课剧本设计主要是完成课程的构思，即确立教育、教学目标，根据目标选择确定课程内容，根据课程内容确定学习活动，乃至细化到教学过程中的每一句话每一个动作的全部过程。

视频公开课不仅要呈现教师独特而深刻的见解、学生的全神贯注，还要呈现轻松、自由、平等的文化氛围。这种氛围是由活动产生的、由教师组织的、由学生和教师共同建构的。

视频公开课的剧本创建完成后，在剧本中不仅能清晰地看到课程的发展过程，还应看到学习活动的过程。仿佛每一个镜头都呈现在学习者面前。要让学习者觉得这将是一堂非常丰富多彩、富有收获的课程。

三、剧组筹建

在剧本的稿子基本确定后，开始准备建立剧组。剧组包括编导、摄影、录音、灯光、制作、演员。在视频公开课中的主要演员就是教师和学生。视频公开课大多数属于自编自演型。

视频公开课的制作，始于编导找摄影、找制作。摄影制作人员的选择主要受经济的制约，费用丰厚的剧组就能选择技术较好的人员，费用拮据的剧组选择人员时限制较大。无论选择什么样人，有一个技术前提基础必须得到保障，就是拍摄出来的画面必须是清晰的、流畅的，同时保证声音是真实自然的、光线色彩是搭配的、画面构图是合理的，能准确地传达出剧本所要的效果。

四、拍摄准备

剧组人员都确定好之后，紧接着就要为拍摄做准备工作，要让剧组的每个人都知道该做什么。首先，给每个剧组人员发放相同的剧本，全部剧组人员开始工作起来。然后，编导陈列出每个镜头的拍摄顺序，同课程主讲教师一起商讨拍摄地点（场景）。目前视频公开课的拍摄地点一般为教室、礼堂、实验室、会议室和演播室。拍摄地点的选择要以课程剧本为依据，应该有助于教学活动的进行，有助于课堂氛围的建构，有助于学生的思考。而后，摄像师、录音师、灯光师与编导商量使用哪种相应的设备，具体是租借还是买。设备的性能直接决定了视频公开课的视听效果。因此，不要以降低课程的质量为代价，降低设备的性能指标。

五、拍摄阶段

拍摄阶段包括三个主要方面的工作：

（1）开机前的准备。编导组织召开制作协调会议，下达拍摄任务，查看拍摄场景，检验各种服装、道具。开机前，所有拍摄制作人员要到实地场景进行走场，确认和记住自己在不同的镜头拍摄中所要做的工作内容。拍摄制作人员应与授课教师进行全面沟通，包括授课内容、运用教具、与学生的互动等各个环节，以便尽最大可能地配合教师的授课来安排和准备拍摄工作。授课PPT应仔细核对，做到色彩搭配恰当，内容精炼，插入图片清晰，没有错别字，链接的视频格式正确、可以正常播放。授课教师的衣着应大方得体，展现出教师的个人风采，色彩搭配美观并与课程内容有一定的呼应，不穿着带条纹或者无法佩戴话筒的衣服。

正式拍摄之前，教师应进行一次试讲，对服装、语速、音量、教案、教具等进行调整，同时更好地适应灯光、摄像机等设备对授课的干扰，做到自然大方、不紧张，音量控制稳定、语调抑扬顿挫，能够以合理的节奏控制教学内容的进度，能够自如地进行沟通互动，展现授课风采和良好精神风貌。

（2）开机拍摄。课堂环境、授课教师、听课学生、摄录人员积极准备、充分合作，才能将课堂教学活动成功、优质地记录下来，并为后期制作提供优质全面的素材。拍摄过程是记录整个教学过程的重要环节，只有全过程把握、注重细节才能全面真实地反映授课过程，将最优质精彩的内容传递给学习者。

（3）查看样带。编导、摄像师、录音师、灯光师，对当天拍摄的录像进行查看和检查，及时修改和提出修改意见和见解，这样有利于获得质量较好的视频公开课。

现在国内视频公开课的录制，为保证录制质量和课堂效果，一般都采取集中录制拍摄的方式，也就是所谓的"摆拍"，这种拍摄方法虽然录制效果较好，教师课前准备较充分，但是教师讲课不自然，造作痕迹较强，教学效果受到一定影响。

为了保证视频公开课的最佳教学效果，课程的录制应建立在正常的授课过程之上，按照课程的实际进度进行拍摄录制。在经费和时间允许的情况下，应通过录制一个课程周期或更多的课程周期不断地进行资料梳理、整合，对教法与内容进行修改，最后采取对同一节课多次授课视频的进行剪接，完成后期的制作与发布。

六、后期制作

后期制作是对授课视频精雕细琢的阶段，也是对授课视频进行再次创作的重要阶段，是视频公开课艺术上、工艺上、技术上的编辑与制作过程。即在所有拍摄任务完成后，对所拍摄的视频进行除噪声处理、创建动画、配上音乐效果，完成视频的视觉效果处理。把每个环节都剪切得恰到好处，然后进入混合录音，由字幕制作人员编辑字幕，完成整个视频的编辑与制作。

目前，我国视频公开课的加载形式类似于电视剧的加载形式，都是以"集"的形式进行加载的。通常包括片头、课堂内容、片尾三大部分。片头通常包括课程名称、课程的主要内容、授课教师与课程所属院校等信息。片头是反映课程的重要信息，学习者会根据片头信息初步判断出是否选择观看。因此，片头的设计不仅要反映课程的一些基本信息，还需要引起学习者观看的兴趣。

课堂内容作为视频公开课的主要内容，其剪辑的主要依据是课程脚本。根据课程的发展顺序将各个活动编排好，每一个活动都要根据剧本所要呈现的内容选择合理的镜头。镜头需要传达出脚本所要传递的内容，包括学习内容和课堂氛围。如果在编辑过程中找不到合适的镜头就要对此镜头重新进行拍摄。也许有人会说，一个镜头不到位没有关系，不会影响课程的整体效果。但是，我们要清晰地认识到，受众在大量观看过网络上的课程后，会对课程的整体水平有更高层次要求；同时，由于学习者的需求层次是多种多样、对课程的兴趣点也各不相同。在无人监督或者无学习伙伴陪同的情况下，学习的持续时间将更加短暂，可能由于一个失败镜头就可能导致学习者失去学习兴趣，导致视频公开课建设的目标无法实现。所以要求拍摄、编辑制作人员要非常认真地对待每一个镜头，精确传达课程内容。

片尾涉及的内容通常主要是课程的拍摄编辑制作人员、赞助单位等信息。这一部分是必要的，不仅仅是对制作团队和参与部门的工作介绍，也反映了对他们工作的认可。所以在设计视频公开课片尾时要全面呈现课程制作团队及各部门的参与人员。

6.3.3 视频公开课的制作团队

视频公开课制作同样也是由一个团队共同合作完成的,团队的人员配置见表 6-8。

表 6-8 视频公开课制作团队人员配置表

角色	构成	任 务
课程负责人	教学主管	视频公开课选题与申请、团队组建及协调、课程设计、课程质量控制、资源调用
课程主讲教师	教学名师	视频公开课专题选题、教学内容与教学活动设计、主讲授课
剧组	编导、摄影、录音、灯光、编辑、编辑制作与演员	视频公开课剧本创作、视频拍摄与后期制作。演员为教师和学生
技术支持	教育技术和信息技术人员	视频公开课设计与制作的相关技术咨询和操作支持

6.3.4 视频公开课制作的注意事项

视频公开课的制作过程中,有一些需要特别注意的事项。

一、教学理念方面的注意事项

要贯彻素质教育的思想,体现正确的教育教学理念。如体现"学生为主体""上课不仅教知识,更加重要的是育人,是培养学生的能力和素质"等理念,变灌输为启发,变督促为引导,变"让我学"为"我要学"。此外,在课堂这个舞台上,学生既是教学的对象,又是教学的主体,既是演员,又是观众,要让学生融入其中、身临其境。

二、调动积极性方面的注意事项

要充分调动摄录、编辑人员高度的责任心和认真细致的工作态度。视频公开课的制作,不是主讲教师一个人的事情,必须调动一切积极因素。各人都有自己原来的一摊工作,常常难以全力以赴地投入精品视频公开课的制作工作,态度不认真,经验不足,考虑不周,技术不过硬,时间不充足,临时"换人",都可能影响视频制作的效果。视频公开课与传统的公开课不同,由于网络环境的特殊性,一个小的失误可能被放大,以致掩盖了主要方面。因此,画面、剪辑、字幕,每个环节都要重视,千万不能以其"事小"而掉以轻心。反过来,视频技术如果用得好,可弥补讲课中的不足,也可能改善讲课的效果。

三、课件设计的注意事项

PPT 课件设计应图文并茂,使用图片要贴切,勿用小动画、小装饰;PPT 上的字数不应太多,字号不应太小;标点符号不应位于某行的最左侧;左引号、左书名号不应位于某行的最右侧;色彩搭配对应视觉效果合理,慎用音频和视频。PPT 后期的修改会在输出成品时费大量时间,因此,前期应该尽量保证 PPT 的质量,使后期尽量不修改。

四、拍摄时的注意事项

① 课堂语言。尽量做到清楚、通俗、生动、准确、洪亮。要全景开场,交代环境,特别是实习、实训类课程,尤其要注意。

② 拍摄备用镜头。拍摄一些备用镜头，在课堂前 10 分钟学生精神比较好时，多拍摄一些学生镜头；可分别拍摄 5~7 个人的特写镜头，每个 5~8 秒。

③ 师生互动。在课堂录制过程中，授课教师提问要尽量控制在小范围内。学生回答问题时，要注意摄像机位置的调整，不要形成三点一线，互相遮挡、干扰；摄像机临时反打学生听课时，画面中不要出现另外的摄像机和摄制人员；实验、实训课的操作对象不要被教师挡住。

④ 着装仪态。在镜头前，授课教师的形象要大方得体，穿深色衣服较好。学生的服装要符合学生的年龄、身份，以颜色多样、活泼为佳，化妆不要太浓艳。学生上课时眼睛不看摄像机，保持良好的精神状态，维持好课堂纪律。

⑤ 拍摄位置。教师走动时不能太快，以便于摄像机调整跟上教师的步伐，不要在摄像机放置位置前走动。可根据拍摄要求对学生进行分组，将平时发言较好的学生放中间，将写字好、动手能力强的学生安排在摄像机附近，将好动的学生安排在远离摄像机的位置。

⑥ 现场拾音。不要用摄像机上的话筒拾音，教师必须佩戴无线话筒，学生回答问题可用手持话筒。

五、后期制作的注意事项

PPT 的剪辑点要准确，停留时间要满足网络学习的需要；适时插入学生镜头，反映课堂效果；师生互动时，师生间的镜头切换要合理；每节课结束时要有结束画面；末尾要有鸣谢，包括素材的来源、参考书籍和同行交流，对此表示感谢。

6.4　视频公开课的典型案例

"精确制导新讲"是 2014 年年底上线的一门视频公开课，由国防科技大学付强、何峻、范红旗 3 位教师共同完成。课程共 8 讲、视频总长度超过 5 小时，旨在引导公众了解精确制导武器和技术常识，强化国防观念和意识；同时，在授课中坚持师者"传道、授业、解惑"的定位，在介绍制导武器和技术的同时，也讲讲正道、讲讲哲理。该视频公开课在我军的梦课平台，以及网易公开课平台、爱课程平台上线以来，已有 14 098 人次点击观看，180 余人次跟帖发表自己的学习收获和心得。

6.4.1　"精确制导新讲"的教学设计

"精确制导新讲"在教学设计上具有独特的地方，它让学习者感受到教学不仅仅是知识的传递，还有独立思考和创新意识。

一、教学内容

"精确制导新讲"公开课从导弹武器"绰号"与"学名"的命名，导弹"五脏六腑"的组成与功能，精确制导技术的基本概念和导引头、制导方式等原理，制约精确打击的战场环境因素，精确制导武器的技战术反制措施，实战案例分析，精确打击作战体系等方面展开，从看热闹提取大家的兴趣开始到进入门道，由浅入深、由表及里地一步步引导学习者思考关于导弹构造和作战应用的基本以及难点问题，并通过剖析典型案例，提出如何适应战场环境、管好用好精确制导武器。教学内容通俗易懂又不失学术深度，不仅讲解原理和技术，还结合案例讲解其作战应用；不仅讲了新武器、新技术，还传授了哲学观点和做人道理。

课程分5讲共8节课,每一讲都有清晰明了的标题,每课的标题由简短的词语组成,帮助学生快速了解课程的内容。表6-9所示是该视频公开课的课程目录。

表6-9 "精确制导新讲"课程目录

题目	说明
第1讲 导弹绰号有趣,大侠威震江湖	主要介绍导弹的"绰号"和"学名"(命名方式),透视导弹的"五脏六腑"(内部组成),了解导弹武器系统概貌
第2讲 精确制导技术,成就武器神功	从技术角度讲解精确制导武器为什么具有"神功":首先解析精确制导技术的定义,然后讲解制导武器的"耳目"(传感器),最后讲解导弹上的"脑袋"(导引头),分析常用的制导方式,揭开精确制导武器和技术的奥秘
第3讲 战场环境复杂,制约精确打击	从自然环境/电磁环境/作战对象三个方面分析复杂战场环境对精确制导武器作战运用的影响,讲解制导武器和技术如何在矛盾斗争中发展
第4讲 剖析典型案例,做足实践功课	案例教学,通过剖析2个典型案例(对地打击、长空论剑),从技战术角度综合分析精确制导武器如何与作战对象进行较量;通过剖析1个典型案例(制电磁权),介绍系统仿真技术,讲解精确制导武器如何在实践中提高技术性能和技术水平
第5讲 欲穷千里目,更上一层楼	体系概览,包括:精确打击作战体系、精确制导技术学科知识体系、钱学森现代科学技术体系;运用普遍联系的哲学观点讨论有关精确制导的学术问题

上述课程内容是基于主讲教师编著的《精确制导技术应用丛书》,为在校学生和社会大众讲授精确制导武器和技术常识。

二、教学方法

"精确制导新讲"综合应用了PPT、板书、图片、视频、动画等教学手段。如课程第1讲开始通过"爱国者""飞毛腿"等国外导弹的图片和视频引入课程,然后通过导弹的"绰号""学名""五脏六腑""各个器官"等,用一个个简单、生动的实例延伸出导弹的分类、典型导弹的结构组成与各部分的功能,并结合动画演示导弹结构和工作原理,帮助理解深奥的内容。在关键内容处,主讲教师还采用板书的形式进行重点讲解。

课程的每一讲控制在30~50分钟内,但并不是主讲老师一个人唱独角戏,而是在教授过程中适时穿插师生的互动,主讲教师通过不断地问话、应答、反驳和追问,引导学生独立思考,从而一步一步得出正确的结论。同时,还采用讨论式、案例式教学形式,教师引出问题和概念,学生通过自答、纠正和补充,解决问题或加深对概念的理解。

"精确制导新讲"公开课精心设计教学环节,让学习者学习知识就像打电子游戏一样,一级一级地"通关",通过这种寓教于乐的"电游模式"有效提升受众的科技人文综合素养。

三、授课教师

"精确制导新讲"公开课是由一个教师团队建设完成的。课程负责人是国防科技大学的教授、博士生导师付强先生。付强教授担任过原军兵种部组织的《精确制导技术应用丛书》(全套7本)执行主编,负责本课程第1、2、5讲内容的讲授。

课程主讲教师范红旗，是国防科技大学副教授，博士学位，负责课程的第 3 讲的讲授。

课程主讲教师何峻，国防科学技术大学副教授，博士学位，负责课程的第 4 讲的讲授。

四、教学对象

在整个课程教学中，国防科技大学的学生主动思考，主动回答老师提出的问题。学生所具有的思辨、思考和互动等与老师的教学方式相配合，师生的互动与交流贯穿于整个教学过程。学生根据教师的问题，提出自己对问题的独特见解，同教授争论，从而引发师生共同思考，明辨是非，达到最优化教学。

6.4.2 "精确制导新讲"公开课的制作技术

"精确制导新讲"公开课是在一个多媒体教室录制完成的，该教室是一个标准的多媒体教室，具有 72（3×4×6）个座位，教师在讲台上授课，位置相对固定在讲台的左上区；学生集中在教师的右上区听课。

一、高清摄像机同步拍摄

"精确制导新讲"公开课的全部视频都是 16:9 宽高比画面，图像色彩纯正、焦点清晰准确，是采用广播级高清摄像机拍摄的，根据主讲人与回答问题学生的位置选取拍摄画面的景别，拍摄画面稳定、人物捕捉快速，由专业的摄像师操作摄像机。根据现场师生之间的互动交流，各种景别和机位的变换，可以看出最少有两个机位同步拍摄。教室后方一个主机位（一号机），拍摄剧场正面的大景和教师正面特写；教室左（右）侧为辅机位（二号机），拍摄全体学生正面和抓拍学生回答问题。教室拍摄机位的布局如图 6-2 所示。"精确制导新讲"公开课的同步拍摄如图 6-3 所示。

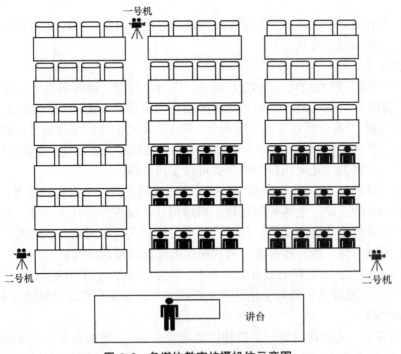

图 6-2　多媒体教室拍摄机位示意图

图6-3 "精确制导新讲"公开课的同步拍摄

二、专业话筒现场拾音

公开课所有视频中，无论是教师讲授、学生回答问题的声音都非常清晰，这与采用专业的录音话筒、专业的调音台和专业的调音扩音分不开。教师和回答的学生都采用不受移动限制的微型领夹式无线话筒。现场至少有2路话筒，多路的声音信号需要小型调音台混合送到录像机和现场扩音音箱，必须有专业的调音师来控制现场的声音效果，才能保证现场录音和扩音的质量，避免现场话筒产生回授啸叫。"精确制导新讲"公开课的现场拾音如图6-4所示。

图6-4 "精确制导新讲"公开课的现场拾音

三、拍摄现场的灯光

"精确制导新讲"公开课的视频拍摄教室具有充足的顶部照明,可以满足教师讲授和学生课堂记录等各种状态的呈现、教师和学生之间的视线交流,又要保证摄像师能够清晰地拍摄到教师主讲和学生关注、回答问题的画面。如图6-5所示。

图6-5 "精确制导新讲"公开课的现场灯光

四、视频后期编排制作

在"精确制导新讲"公开课视频的后期制作中,添加了片头与片尾,配上相应的音乐,在课程开始就很引人注目。为了保证最佳的效果,教师的讲授内容有部分删减,剪掉了学生拿无线话筒耽误的时间,添加了学生反应镜头,使整个视频表现丰富又不失重点,镜头组接流畅。拍摄时,多数时间把讲台上的投影画面也拍摄进入视频,但在后期处理时仍进一步补充上教学课件的电子版图片、视频资源,片尾添加了资源来源说明等。如图6-6所示。

图6-6 "精确制导新讲"公开课的后期制作

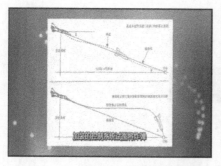
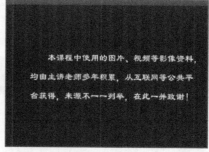

图 6-6 "精确制导新讲"公开课的后期制作(续)

第 7 章 慕 课

近年来,慕课凭借几乎为零的学习门槛和海量免费优质的教学资源,迅速吸引了数千万用户参与学习,成为目前世界上最受瞩目也最为成功的在线教育模式。美国斯坦福大学校长更将其比作教育史上的一场"数字海啸"。那么,到底是什么特点使慕课能迅速脱颖而出?对学习者而言都有哪些慕课平台和课程可以学习?对于教学者而言该如何设计制作出优秀的慕课课程呢?

慕课由于其开放、在线、大规模和个性化等特征,成为在线教育发展最快、推广最成功、应用最广泛的一种课程模式。多样化的慕课平台、多维的受众需求和先进的慕课设计理念为慕课实践和改进提供了广阔的舞台,也为慕课的深化发展提供了可能。

7.1 慕课概论

7.1.1 慕课概念与特色

2007 年,美国犹他州立大学教授大卫·威利(David Wiley)基于维基发布的开放课程"开放教育导论",以及加拿大里贾纳大学亚历克·考罗斯(Alec Couros)教授的"媒体与开放教育",可被视为慕课在线教育模式的雏形。2008 年,慕课概念正式由加拿大学者戴夫·科米尔(Dave Cormier)和布赖恩·亚历山大(Bryan Alexander)提出。斯蒂芬·唐斯和乔治·西蒙斯(George Siemens)则设计和领导了第一门真正意义上的慕课课程——"连通主义与连接性知识",有 2 300 多名来自世界各地的学习者在线免费参与了课程学习。然而,此后慕课并没有很快得到发展,直到 2011 年秋,斯坦福大学的慕课试验才真正掀起了慕课风暴,2012 年甚至出现慕课井喷的繁荣景象,因此,2012 年也被称为"慕课元年"。慕课的授课内容和质量为其赢得了很好的口碑,吸引了众多的学习者。Coursera 和中国大学慕课等国内外慕课平台迅速崛起,与哈佛大学、清华大学等知名高校合作,为用户提供数以千计的课程,涵盖理工文史哲艺等几乎所有学科领域,可以满足绝大多数人的学习需求。

慕课(MOOC,Massive Open Online Course),即大规模在线开放课程,是指通过互联网面向所有人开放的一种网络教学课程。慕课有三大典型特点:一是开放,任何人不分年龄、性别、学历、地域都可以参与到慕课的网络课程学习中,对学习者几乎没有任何门槛和要求;二是在线,全世界的人只要有计算机,能够连接上网,就可以利用网络资源进行课程学习;三是大规模,不但体现在参加学习的人数规模上,也体现在参与教学的人数规模上。

相比视频公开课、微课等其他在线教育模式,慕课具有以下特色:一是严格规定的上课时间，慕课课程规定有严格的学习时间，课程上传完成后，学习者必须准时完成章节学习及其配套的作业、考试和互评等；二是精心准备的教学资源，与视频公开课直接摄制教学场景不同，慕课课程教学资源包括在线视频和配套资源成体系建设，需要专门精心准备；三是正式的考评认证机制，与其他网络教育模式不同，慕课课程的考评机制比较正规，因此可为学习者提供学习成果的相关认证，在院校、企事业单位等具有很高的认可度。

7.1.2 慕课学习与认证

慕课学习可以学到几乎任何想学的东西，甚至还能获得相关学习成果认证，并且学习灵活便捷，已成为现代人们学习的重要途径之一。

一、国内外主要慕课平台

国内外有很多慕课平台为学习者提供了慕课学习机会，产生较大影响的主要有以下几个：

（1）Coursera。"Course Era"的缩写，意为"课程时代"。Coursera 合作院校超过 149 所，提供课程 2 000 多门，涵盖 180 多个专业方向，平台注册人数已超过 2 500 万，是目前最大的慕课平台。Coursera 上的学习资源大部分都是免费的，即便是收费资源，也可以免费观看视频、浏览作业材料，如果希望评估成绩并获得证书，则需要缴纳一定费用。

（2）edX。非营利性慕课平台，与诸如麻省理工、哈佛等众多名牌大学合作，面向全球免费提供高标准、跨领域的优质课程，开设的课程涵盖了法律、历史、哲学、工程、商科等多个领域。edX 平台提供超过 650 门课程，有超过 1 700 名兼职或全职的教职工。北京大学和清华大学也是 edX 的合作伙伴。

（3）Udacity。始建于 2012 年，其课程不由教师自行设计，而是由谷歌或者微软等公司共同设计推出的。与 edX 和 Coursera 不同，Udacity 走的是面向职业需求的培训路线，根据公司需求提供职业教育课程及增值服务，以学习者更好的职业发展为目标，属于营利性机构。

（4）中国大学慕课。由网易公司和高等教育出版社联手开发，是目前资源最丰富的中文慕课平台之一，课程总数超过 1 000 门，提供电子版和纸质版学历证书。

（5）学堂在线。由清华大学主办，课程数量与"中国大学慕课"相差无几，也提供电子学历证书。"学堂在线"课程约 50%来自清华大学，约 30%由 edX 高校教育联盟共享，约 20%由国内其他高校提供。

（6）好大学在线。由上海交通大学开发的开放式在线教学平台，目前课程数目还不多，大多数由上海交通大学制作提供。

（7）梦课平台。由国防科技大学面向部队全体官兵推出的在线课程学习平台，立足于服务部队官兵的常态化、长期化学习。在梦课平台上，不仅有课堂、师生、学习资源，还有负责考试、监管、颁发证书等事务的教务保障部门。一旦攒够学分，还可以拿国防科技大学颁发的证书。

二、慕课学习认证

慕课学习成功完成后，很多课程还提供一定的学习成果认证。不仅对慕课教学有积极作用，而且还具有一定的技能鉴定功能，同时具有教育价值和社会价值。学习认证主要有非学分和学分认证两种。

（一）非学分认证

（1）课程证书。通常情况下，学习者成功完成慕课后会得到一个数字证书。如完成 edX

课程后会得到一个"Certificate of Mastery",完成 Coursera 课程后会得到一个"Statements of Accomplishment"。课程证书不仅有表明学习者已完成该课程学习的证明,还有学习者获得的成绩,包括总分数及各部分分数,甚至还会列出课程内容大纲。还有的证书设有标准证书、优秀证书等不同等级,优秀证书需达到高于标准证书的学习要求或完成额外的学习任务才能获得。

（2）项目证书认证。在单门课程基础上,慕课平台开始提供由系列课程组成的项目。因此,在单个课程证书认证基础上又出现了基于系列相关课程的项目证书认证。项目证书可看作是一种微型文凭或学位,项目证书也比课程证书更有证明价值。

（3）自我认证。自我认证是指学习者对自己的慕课学习成果进行自我评价和认证的形式。这里分两种情况,一是有的慕课课程不提供任何形式的完课证明,学习者只能进行自我认证；二是很多人出于学术研究、实现个人志向、学习新知识等理由参加慕课课程学习,学习过程中完成的作业、创作的作品,乃至自我感觉等都是自我认证的重要体现。

（二）慕课的学分认证

学分认证是对慕课学习结果更加权威的一种认证,即将慕课学习结果认证为大学学分。慕课学习者可简单分为在读学生和在职人员两类。在读学生和有计划继续深造的潜在学生对慕课学分认证有较大需求,即期望通过慕课学习获取学分来满足大学某专业或某教育项目的学分要求。对于不以文凭为目标的在职人员而言,其学分认证并无必要,但无疑是对其学习结果更有效力的一种证明。学分认证是慕课学习成果认证的理想模式,但因存在较大现实困难,目前尚处于探索之中。

我国教育部已计划在国内慕课平台中择优遴选几家优秀公共服务平台,并鼓励平台之间实现课程资源和应用数据共享。教育部也正在指导部分高校探索建立高校内部或高校之间具备考核标准的慕课学分认证机制,"教育行政部门要组织专家加强研究和指导,发挥高校自主性,探索建立高校内部或高校之间具备考核标准的在线学习认证和学分认证机制。在保证教学质量的前提下,开展在线学习、在线学习与课堂教学相结合等多种方式的学分认证、学分转换"。

7.1.3 慕课应用领域

一、高等教育

高校在慕课可持续发展中发挥着极其重要的推动作用。有些高校甚至为本校的慕课授课教师提供专门的设计制作环境,鼓励他们提高慕课课程质量,针对不同学习者开设相应慕课课程,扩大课程受众。慕课是在高等教育领域发端的,对高等教育管理、教学活动、课程设置、师资队伍、学习结果的考核与评估等许多方面,甚至包括大学的形态,都将会产生一系列重大而深远的影响。

（1）作为传统高等教育的有益补充。有人认为,"慕课通过网络穿越了大学的围墙,将大规模替代目前面对面讲授的课程并引起大学的重新洗牌,将促成自大学产生以来最大的一次高等教育革命"；有人则认为,"电脑显示屏永远只是一个好的大学课堂的影子"。我们认为,慕课不可能真正替代高等教育,但可作为传统高等教育的有益补充,正如美国圣地亚哥州立大学副校长 Ethan Signer 博士所说:"任何技术都会影响学习,但这些技术是否能从根本上重塑高等教育,却是另一个问题。"

（2）促进教育公平。慕课课程主要来源于高校,可以让全世界任何人都能接触到世界上最好最优质的教育资源，让那些因各种原因没有机会进入大学的人接受高等教育，让任何一个高校学生都可以通过慕课辅修学习世界一流名校的课程，得到学术领域最著名教授指导的机会，最大限度促进了教育的公平。

二、职业教育培训

职业培训机构部门面对的是散布于全国乃至世界各地的学习者，既要确保培训传达信息的一致性，也要个性化制定培训方案以适应不同学习者的多样化学习需求。与传统在线学习视频课程不同，慕课是一个拥有课程设置、学员体验和效果反馈的有机体，最能够满足这种职业培训需求，因此也迅速成为目前职业教育在线化最为常见的形式。

应用慕课改进培训质量，需要发挥政府和市场合力：一方面，培训机构应在微观上基于自身需求、慕课与互联网特质和人类学习规律，不断完善内容策划、课程设计、运营管理、效果评估等一系列程序；另一方面，政府在宏观上推动一些行业巨头和高校、第三方慕课平台的互动合作，提供能够代表行业标准的培训课程和成熟的运行传播渠道。政府与市场的合理分工，是成功将慕课应用于职业培训实践、进而打造与培训机构整体战略相匹配的成熟培训体系的可行路径。

慕课时代的来临表明远程教育发展到了一个新的高度，也为军事远程职业教育的发展提供了契机，为军事远程职业教育的改革提供了可供借鉴的思路和技术。梦课平台就是军队远程职业教育紧紧抓住信息技术高速发展的历史机遇的最新成果，可作为军队远程职业教育变革的动力和助推器，实现军队远程职业教育的跨越式发展，为培养高素质军事人才打下坚实基础。

7.2 慕课课程设计

慕课平台就像是一个充分竞争的商品市场，学习者和课程设计者就是市场中商品的买方和卖方。其中，学习者可以结合自身需要，自由选择学习的科目、课程及数量，而课程设计者除了可以依靠自身硬件资源（如学校名气等）来吸引学习者参与，更主要的还是要靠优秀的课程设计来"笼络"住参与者。

7.2.1 慕课课程教学模式设计

教学模式是在一定的教学思想或教学理论指导下，为实现预定的教学目标而设计或发展起来的相对稳定的教学流程及方法体系，主要有讲授型、探究型、协作型、社会交互型和自主学习型五种。其中，讲授型强调知识从教学者到学习者的单方面传授；探究型强调对未知知识的研究探究；协作型强调知识学习过程中学习者之间的合作与互助；社会交互型强调知识学习过程中学习者与社会的交互；自主学习型强调的是学习者个人的自主学习。

教学模式的选取或设计应该根据授课内容、授课对象、教学者能力及可用资源等来确定。一般来说，慕课教学要想达到理想的效果，教学设计须从始至终贯彻"以学习者为中心"的思想，谋划好以下几个方面：

一是要明确课程教学目的，充分分析课程预期对象的需求，从而实现在教学内容选取和框架结构设计上，都能最大限度地引起预期对象的学习兴趣，进而将预期对象转变为课程学习者。

二是要在慕课教学中不断完善教学内容形式、提高教学水平及能力，以能够满足学习者兴趣和需求的方式进行授课。学习者的大规模和多样性使课程存在很多的未知，也许真正选课的学习者与课程团队的预期相差较远，因此课程需要具备一定的灵活性，根据学习者的反馈调整课程内容、教学进度和方式等。

三是要做好充分的交互，以便能及时解答学习者的疑问，并在教学中能够将学习者感兴趣的知识融会到整个教学过程中，使其潜能得到最大化的激发。

四是设置好课程权限。慕课平台的课程权限涉及访问权限和学习权限两种。访问权限是指学习者在课程"开课中"或"课程结束后是否可随时浏览"，它是学习者进入课程的许可凭证，是课程参与的基础；学习权限是指学习者在课程开课中以及课程结束后除了访问外，是否可以参与学习活动的权限，它是对学习者能否成为课程注册学习人员的限制条件。

7.2.2 慕课课程学习资源设计

在慕课课程建设过程中，学习资源的设计和建设非常关键。慕课和其他网络课程的一个重要区别在于，慕课的学习资源具有完整性，具备完整的配套体系，例如课程考核测评体系、辅导答疑等部分。而其他网络课程，如中国大学视频公开课的在线学习资源（例如视频、课件等）并不一定是完整的，而且某种程度上也可说是配套性质的，可以作为面授教学的有效补充。由此可见，慕课学习资源的地位和其他网络课程学习资源的地位是有区别的。

慕课课程的学习资源主要包括在线视频资源和辅助学习资源，辅助学习资源主要包括课件、参考资料等。慕课的在线视频资源可以说是慕课学习资源的核心，是慕课传播信息的主要渠道。在线视频资源建设无疑是慕课教学资源建设中工作量最大的环节，在线视频建设质量的好坏将直接影响慕课课程的教学质量，也在很大程度上决定了慕课课程能否取得成功。

慕课课程的学习资源多以微课程的形式展现，记录教师围绕某个知识点或问题而开展的教与学活动的全过程。微课程的基本构成可以用"4+1"来概括。"1"是指一段精彩的教学视频（一般为5分钟左右，最长不宜超过10分钟），是微课程最为核心的资源。"4"是指四个与这段教学视频相配套的、或密切相关的教与学辅助资源，即微教案（或微学案）、微课件（或微学件）、微练习（或微思考）、微反思（或微反馈）。这些资源以一定的结构关系和呈现方式在网络上"营造"了一个半开放的、相对完整的、交互性良好的教与学应用生态环境。根据国内外主流慕课平台的学习数据统计结果，6分钟左右的视频片段往往更受学习者青睐，甚至1～2分钟的超短视频形式将来可能更能满足学习者的需求。

7.2.3 慕课课程学习评价设计

慕课课程注重学习者对知识和能力的掌握，其课程评价理念聚焦多元目标体系，突出享受学习，符合终身教育理念要求。因此，在学习评价设计方面更注重对学习者的形成性评价，以评价引导学习、促进学习深度和提升学习效果。学习评价主要有以下几种方式：

一、视频内嵌互动

视频内嵌互动并不仅仅只是几道简单的测试题，而是真正在视频中穿插各类教学互动，是课堂教学互动的在线展示形式，可帮助实现灵活的师生互动学习。视频内嵌互动的主要类型如下：

（1）视频前测，用于检测学习者是否已掌握该视频内容，如果学习者已经熟练掌握，则可以选择直接进入下一部分课程学习；

（2）提问，课堂一对一提问的在线形式，检测学习者对授课内容知识点的掌握程度；

（3）引导性、开放性问题，引导学习者对授课内容的思考或了解学习者对某一问题的认识与观点等；

（4）对比性互动，即对学习者在课程某知识点学习之前与学习之后观点的对比，发现学习者主观认识上的变化，同时也可以促进学习者的反思；

（5）在授课过程中，需要学习者在其他页面完成预设的活动，再返回完成视频观看，活动与内容相结合，为学习者提供更好的理解。

二、在线测试

慕课课程的在线测试一般有两种呈现形式：一是线型模式，视频后设置对该视频教学内容的测试；二是模块模式，阶段课程内容结束后提供对该阶段内容的整体测试内容。在线测试的设计要体现以学习者知识和能力的掌握为基础的核心理念，具体表现在：

（1）明确测试时长、计分方式和评价标准等基本信息；

（2）采用系统自评方式，能够即时反馈测试成绩；

（3）允许学习者多次尝试；

（4）为学习者展示在线测试的详细信息，如测试时间、分数、正确与错误的题目等，学习者可以看到自己学习和掌握的程度；

（5）在学习者回答错误时，可以为学习者提供提示，帮助学习者理解和掌握重点内容。

测试不是为了考倒学习者，而是作为其学习成果的反馈和指示器，显示学习者应该聚焦的重点内容，目的是让学习者最终真正掌握知识与提升能力。

三、课程作业

慕课的课程作业类型多样，尤其是文史类课程，可要求学习者以视频、音频、PPT、PDF等多样化媒体形式展示作品。即使是理工类课程，在作业设计时也融入了趣味性，如概率课的作业，将故事与数学相结合，在情境中完成计算。在作业设计方面也体现出了开放思想，不单纯要求学习者识记课程内容，而旨在体现出学习者对课程内容的反思、内化，结合实践整合并完整表达出自己的观点。同时，考虑到学习者来源的多样性，课程也为不能完成实践的学习者提出了其他作业完成选项。

四、同伴互评

同伴互评是慕课为应对大规模学习者而采用的一种评价方式。根据规定的评分标准与要求，学习者对他人的作业或作品进行个人评判，除了打分外，还需要给出自己扣分的理由和对作品的评价。同伴互评为学习者提供了向他人展示自己作品的机会，为学习者带来荣誉感和成就感。慕课学习者来自世界各地，通过评价同伴的作业，学习者可以开阔眼界，感受不同文化背景之间的思想碰撞，开阔思维，从他人的作业中反思自己的作品，促进知识与能力的内化和提升。

慕课的课程评价类型开放、灵活、多样，评价主体多元，包括教师评价、同伴评价、自我评价等；评价方式多元，包括视频内嵌测试、在线测试、作业、期中期末考试等。多样化的评价不仅为学习者提供了自我监控与评价的基础，多次尝试机制还可使学习者进行自我补救学习，而互评机制和学习分享使学习者之间建立良好反馈和互助关系。

7.2.4 慕课课程交互设计

慕课课程的交互包括学习者与教学者之间、学习者相互之间、学习者与内容之间的交互。与其他在线学习一样，慕课学习者也存在缺少面对面交流、缺少及时指导和反馈等问题，所以课程开放期间促进师生交流、同伴互助合作、学习者与内容的互动对于提升学习效果非常重要。对于课程设计者而言，提升课程交互水平是一项考验能力的工作，本书从教学模式、学习支持和学习评价等三个方面来简要谈谈如何提升课程交互水平。

一、不断创新慕课教学模式

课程建设者要真正了解慕课教学模式特点，摒弃传统精品课程、视频公开课的建设思路。尽量少利用传统的讲授型的教学模式，多利用探究型和协作型的知识传授模式。现在，不少人利用翻转课堂等方式进行慕课课程建设和应用，结果证明对课程交互和学习效果有促进作用。因此，课程建设者们应当继续深入创新课程教学模式，从教学目标和学习者分析等角度出发，根据在线教学的特质对慕课教学模式进行深入探索研究，并不断推陈出新。

二、重视全过程学习支持

学习支持是在线教育教学的重要环节，学习指南、信息提醒和集中答疑等学习支持活动可以对教学交互起促进作用。但是，现在大多数慕课课程交互不够，其原因主要来自两方面：一是部分课程教学者对于学习支持重要性缺乏足够认识；二是慕课平台的学习支持手段过于简单，普遍依赖的论坛在交互的时效性等方面存在先天缺陷。全面的学习支持需要将能有效促进信息聚合、分享、交流和协作的交互工具纳入其中，但是，传统的论坛很难解决信息沟通交流的实时性问题，新兴的微信、微博则很难满足大规模课程学习者的信息交流需求。功能日渐强大的视频直播为慕课教学中师生进行实时交互提供了一种解决方案。

三、利用课程的形成性评价促进交互

作为在线课程，慕课学习能够产生大量数据。这些过程性学习行为数据和内容数据能够成为有效评价的基础，因此，有条件也有必要将基于这些数据的形成性评价作为慕课学习结果评价的重要方式。学习分析和机器学习等研究领域的技术进展可以一定程度上有助于实现形成性评价的自动化，可为教学干预提供依据。

7.3 慕课课程制作流程

慕课课程制作不是"一个人的战斗"，而必须要"团队作战"。听课的学习者也不是带上耳朵就行，而是要一边听讲，一边做练习，还要在论坛里与授课团队和同学互动讨论。慕课课程的设计、制作与视频公开课的制作不一样，有自己独特的运作流程。

7.3.1 确定设计制作团队

项目经理：慕课课程制作的总协调和总监工。主要职责是协调学校有关部门、监督项目的进度、协调和组织项目组各岗位的工作。

授课团队：由授课教师组成，是慕课课程的总设计师和主演。主要负责制定课程的教学大纲、确定授课风格和授课内容、担任课程主讲人。同时还要在论坛与学生进行互动交流、答疑解惑。最后还要对学生的学习效果进行评价。

助教团队：收集课程相关文档、图片、视频等教学资料；配合授课教师完成课程设计，先行测试课程；将授课课件上传到慕课平台，管理论坛，与学生互动交流，答疑解惑；负责调动一切手段，对课程进行宣传推广。

课程志愿者：可选取学过该课程的学生组成，提前体验课程，测试课程效果；配合助教管理论坛，及时反馈学生的意见和建议。配合助教进行慕课课程的宣传推广，提高课程人气。向课程注册学生发送邮件（包括课程预告、提醒开课时间等）。

制作人：领导摄制团队完成授课视频的制作，同时密切配合授课教师确定课程内容、教学方法和授课风格，找到最适合该课程的镜头语言来呈现课程，体现专业水准。

摄制团队：包括摄像、剪辑、字幕、二维或三维特效等岗位，完成视频单元的制作。

网络工程师：负责完成课程的网络模块设计以及课程内非视频单元（含板书、PPT、练习、论坛等）的设计、制作及网页维护。

7.3.2 确定课程构成要素

授课团队根据授课内容和授课目的，精心梳理确定课程内容的组织架构、拟采取的授课方式。将其中部分内容的知识点归纳整理，并按照慕课课程的特点和要求重新进行教学设计，再进行串联，以便制作成微课程。制作一门慕课课程需要花费很多精力，如果是 10 个小时的视频，需要录制 20 个小时的素材，以及大量非视频模块的设计制作，最后进行剪辑。课程主要由以下要素构成：

（1）课程基本情况。
① 课程简介；
② 课程类别及适用对象；
③ 课程开设时间；
④ 课程标准，包括课程的主要内容，可以章节的形式呈现，也可以讲座次序或每周内容提纲的形式呈现；
⑤ 授课教师团队介绍；
⑥ 参考资料；
⑦ 讨论论坛。

（2）在线学习资源。
① 课程视频（核心部分）；
② 视频里的测验（最好每节课的视频里都有测验，问题尽量短小，目的主要是让学习者保持注意力）；
③ 阶段作业及课程考试（注明评分方式等）。

7.3.3 设计制作课程学习资源

慕课课程学习资源一般可分为两个模块：一是视频单元模块，主要是课程知识点的讲解视频；二是非视频单元模块，主要是指配套的测试、讨论资料。

一、视频单元模块

慕课不是传统课堂的简单重放，而要根据讲授知识的需要，摆脱教学场地及设备的局限，对慕课课程的视频内容和形式进行有创意的编排和设计。课程制作人、网络工程师与授课团队讨论确定视频单元与非视频单元的内容、拍摄场景和制作风格。摄制组形成视频拍摄脚本及课程预告片的策划方案，并按照脚本进行拍摄和制作。从目前来看，慕课课程视频主要有如下几类：出镜讲解、手写讲解、实景授课、动画演示、专题短片、访谈式教学等。

出镜讲解：授课教师对着平行机位的摄像机镜头讲授，这一方式很容易抓住学习者的注意力，形成一对一授课的亲切感觉。多数慕课课程都可以采取这样的形式，特别是那些不需要多少推导过程的课程。出镜讲解可以直接站在黑板、白板、演播室的蓝布或绿布前（后期进行抠像处理），然后再把幻灯片的授课内容加到视频当中。

手写讲解：更适合那些涉及大量的推导过程、公式演算等理工科课程、经济金融类的课程。这种讲解方式一方面大大吸收了传统课堂中的板书讲解的全部优点，另外一方面还可以通过后期剪辑，剪去那些不必要的拖沓镜头，提升讲解的效率。具体操作时，可以配置一台带有电子书写笔的平板电脑或者具有手写功能的显示屏，通过录屏的形式保存下书写内容，再通过后期剪辑进行精加工。

实景授课：理论上教学者可以到任何理想的场所进行授课，例如，需要讲解相关实验，就可以到实验室中边实验边讲解，需要讲解名家名画，就可以到博物馆实景地进行讲解，还可以到工厂车间、金融交易市场等地方进行讲解，让学习者一边感受实地氛围，一边更好地掌握知识。利用好实景授课，可以极大地发挥慕课授课的优势和魅力，达到更好的教学效果。

动画演示：通过二维或三维动画，将抽象的知识形象化，生动活泼，易于理解，增加课程的趣味性。目前二维动画运用得较多，成本较三维动画低，也可以进行简单的手绘画，或者 Flash 动画。文科、理工科及商科的课程都可以运用。

专题短片：以短片的形式快速地介绍背景资料，很容易将学习者尽快地带入课程，集中注意力，便于对知识点的深入了解。

访谈式教学：将访谈类电视节目的形式运用在慕课课程中，通过访谈的形式传递知识，可以让学习者接触到更多的知识空间，吸引学习者的注意力。这种形式更适用于人文艺术学科。

二、非视频单元模块

在慕课课程中，每一个学习单元都相对独立，一般都包括视频与非视频模块。如果说授课视频像是一幕一幕戏的主体内容，非视频单元则是幕与幕之间的起承转合。把二者做精做细，才能让戏跌宕起伏，引人入胜，使学习者即使远在课堂之外，依然可以身临其境。

常见的非视频单元模块包括练习（选择题与填空题）、投票、阅读材料、讨论区等，非视频模块的创意空间也很大。目前，有些慕课课程也在尝试一些新的形式，比如一些化学或工程类的课程可以尝试在线仿真实验、计算机学习类课程可以进行程序测评等，目的就是调动学习者的互动情绪和参与热情，使课程更加精彩。

最后将设计制作的视频单元模块素材和非视频单元模块素材根据预先确定的课程标准和教学模式有机组合在一起，就制作出了慕课课程，然后可以上线发布，供学习者选择参与学习。

7.3.4 慕课课程典型案例

"航天发射系统"是航天工程大学依托国防科技大学的梦课平台开发的慕课课程，以航天发射系统为教学主线，重点讲授航天器与运载器、航天发射场、卫星发射、载人航天发射、航天发射发展等内容，是普及航天发射知识的入门课程。下面以该课程为例，讲述慕课课程的设计与制作流程。

一、慕课设计制作团队组成

课程的摄制团队由专业的制作公司承担。设计制作团队组成如下：

项目经理：由制作公司人员担任。负责慕课课程制作的总协调和总监工。

授课团队：由长期从事航天发射相关工作的教员组成。

助教团队：由从事航天发射相关工作的骨干年轻教员组成。

课程志愿者：由相关专业学科方向的硕士、博士研究生担任。

制作人：制作公司专业人员。

摄制团队：制作公司专业人员。

网络工程师：授课教师、助教团队及信息中心专业人员共同组成。

二、课程目标定位

（一）课程层次

普及型课程。

（二）课程标准

"航天发射系统"课程是普及航天发射知识的入门课程，以航天发射系统为教学主线，重点讲授航天器与运载器、航天发射场、卫星发射、载人航天发射、航天发射发展等内容。通过课程学习，学员能够了解世界各国的主要航天器与运载器，熟知国内外主要航天发射场建设及发射情况，了解卫星发射和载人航天发射概念、测试发射过程及发射事故的应急处置，展望未来的航天发射趋势。

（三）课程教学时长

20 学时。

（四）对学员的要求

初中以上文化程度。

（五）对教学内容的要求

一是坚持以航天发射系统为主线，增强学员对航天发射相关知识的理论与实践活动的认知能力；二是坚持理论与实践相结合，确保课程教学内容对教学对象具有指导性；三是坚持理论体系完整性与鲜明时代特征相结合，保证课程教学内容的先进性。

（六）对教学实施的要求

一是遵循标准，科学设计，严格实施，保证授课的规范性；二是综合运用研究式教学、案例式教学等现代教学方法，充分调动学员的主观能动性，营造翻转课堂的互动氛围，使学员成为学习的主体；三是综合运用图表、动画、视频等多媒体教学手段，增大授课的信息量，提高教学的生动性，保证教学效果。

（七）对教学保障的要求

建设覆盖航天发射领域、数量充足的教学资料，保证教员教学和学员学习的资料需求。

三、教学内容和人员选取

（一）注重配套教材的权威性

选用崔吉俊主编，中国宇航出版社 2010 年 12 月出版的《航天发射试验工程》作为配套教材。该书作者多年从事航天测试与发射工作,有着丰富的工程实践经验与理论基础。作者系统总结了我国航天发射试验工程多年来的实践经验,使传统的航天发射理论得到新的拓展与延伸。主要内容涉及发射场建设、运载火箭和航天器的测试发射、飞行测量控制与数据处理、发射试验组织指挥与管理以及技术勤务保障等内容。该书从系统工程高度,将试验理论与工程实践相结合,阐述航天发射试验工作的全过程,内容全面,工程实用性强,对于拓展航天发射系统基础知识,具有较强的指导作用。

(二)择优遴选优秀授课教员

授课教员团队由大学相关专业学科教研团队骨干成员组成。教员团队结构合理,老中青搭配,既有长期从事教学科研一线工作的专家教授,又有多年主持航天发射领域科研实践的技术骨干,教学科研成果丰硕、影响大,在全军同领域处于先进水平。

四、框架结构设计

(一)课程内容结构

本课程按照基础知识和前沿动态相结合、理论教学和案例分析相结合、知识学习和实践研究相结合的总体思路设计课程内容,教学内容结构见表7-1。

表7-1 教学内容结构

序号	讲	节	知识点	视频数量
0	概述	航天发射系统概述	航天器发射系统(0-1)	1
1	航天器与运载器	1.1 航天器	航天器(1-1)	1
			人造卫星及其应用(1-2)	1
			空间探测器(1-3)	1
			载人飞船(1-4)	1
			航天飞机(1-5)	1
			空间站(1-6)	1
		1.2 运载器	火箭与宇宙速度(1-7)	1
			运载火箭的组成(1-8)	1
		1.3 国外著名的运载火箭	屡创佳绩的苏联运载火箭(1-9)	1
			闻名遐迩的美国运载火箭(1-10)	1
			异军突起的欧洲"阿里安"运载火箭(1-11)	1
			独立自强的亚洲运载火箭(1-12)	1
		1.4 中国的长征系列运载火箭	概述(1-13)	1
			CZ-1运载火箭(1-14)	1
			CZ-2运载火箭(1-15)	1
			CZ-3运载火箭(1-16)	1
			CZ-4运载火箭(1-17)	1
			新一代运载火箭(1-18)	1
		1.5 本讲小结	航天器与运载器小结(1-19)	1

续表

序号	讲	节	知识点	视频数量
2	航天发射场	2.1 航天发射场的功能作用	航天发射场的概念（2-1）	1
			航天发射场的任务（2-2）	1
		2.2 航天发射场的区域划分	技术区功能和组成（2-3）	1
			发射区功能和组成（2-4）	1
		2.3 航天发射场的选址条件	哪里可以建立发射场，为什么？（2-5）	1
		2.4 世界著名的航天发射场	美国的航天发射场（2-6）	1
			俄罗斯的航天发射场（2-7）	1
			欧洲的航天发射场（2-8）	1
			日本印度巴西的航天发射场（2-9）	1
			海上发射平台（2-10）	1
		2.5 我国的航天发射场	酒泉卫星发射中心（2-11）	1
			太原卫星发射中心（2-12）	1
			西昌卫星发射中心（2-13）	1
			海南发射场（2-14）	1
		2.6 小结	航天发射场小结（2-15）	1
3	卫星发射	3.1 卫星发射概述	卫星发射的概念（3-1）	1
			卫星发射的组织指挥（3-2）	1
			卫星发射基本流程（3-3）	1
		3.2 卫星和火箭测试	卫星发射场操作（3-4）	1
			火箭技术区操作（3-5）	1
			火箭发射区操作（3-6）	1
		3.3 火箭加注发射	卫星发射窗口（3-7）	1
			卫星发射的测控保障（3-8）	1
			卫星发射的气象保障（3-9）	1
		3.4 卫星发射事故与应急处置	测试发射突发事件及处置机制（3-10）	1
			澳星发射事故分析（3-11）	1
			卫星发射发展趋势（3-12）	1
		3.5 本讲小结	卫星发射小结（3-13）	1
4	载人航天发射	载人航天发射前言（4-1）		1
		4.1 阿波罗登月计划中的航天发射	登月计划的历史背景（4-2）	1
			运载火箭需求的确定（4-3）	1
			冯·布劳恩（4-4）	1
			无与伦比的土星5号（4-5）	1

续表

序号	讲	节	知识点	视频数量
4	载人航天发射	4.2 航天飞机天地往返系统	航天飞机系统的组成（4-6）	1
			航天飞机上的关键技术（4-7）	1
			发射与返回（4-8）	1
		4.3 我国的载人航天发射	中国载人航天工程概述（4-9）	1
			CZ-2F火箭与神舟飞船（4-10）	1
			发射前的准备工作（4-11）	1
			航天员的应急救生（4-12）	1
		4.4 本讲小结	载人航天发射小结（4-13）	1
5	航天发射发展	5.1 太空探索发展趋势（5-1）		1
		5.2 核动力火箭	核动力火箭的分类（5-2）	1
			猎户座计划（5-3）	1
			代达罗斯计划（5-4）	1
			ICAN-Ⅱ计划（5-5）	1
		5.3 帆推进	帆推进的基本原理（5-6）	1
			帆推进的发展（5-7）	1
			非太阳光驱动的帆推进（5-8）	1
		5.4 曲率引擎和虫洞（5-9）		1
		5.5 本讲小结	航天发射发展小结（5-10）	1
合计				71

（二）知识点关联关系

航天发射系统是将飞船、卫星、空间站等航天器送上太空，并确保其精确入轨、稳定飞行的系统。要了解航天发射系统首先需要了解航天发射系统的对象及运载工具，这部分内容在第一讲中进行讲授。第二讲需要掌握航天发射系统是在哪里将飞船、卫星、空间站等航天器送上太空的，也就是要了解航天发射场的基本情况。第三讲以卫星发射为研究对象，讲述典型航天发射系统在卫星发射中的支撑作用。第四讲以载人航天发射为研究对象，讲述典型航天发射系统在载人航天发射中的支撑作用。最后围绕未来的航天发射展望未来火箭的发展、发射方式的发展及先进的推进技术。本课程五部分知识点相互联系，相互补充，围绕航天发射系统开展课程设计，突出主题内容。在具体内容上进行了反复的论证，使之更加突出当今航天发射系统的发展与应用之间的关系。

（三）教学策略设计

1. 内容特点分析

理论与实践结合。航天发射系统的主要任务是统一协调航天工程各系统在发射场的各项工作，高标准、高质量、高效益地完成航天发射任务，将航天器送入预定轨道。教学内容尽量突出航天发射系统的实践性，将发射理论与发射实践相结合，同时兼顾国内外最新的航天发射前沿理论与成果。

2. 教学目标分析

通过课程学习，学员能够了解航天发射系统对象与运载工具——航天器与运载器，熟知国内外主要航天发射场建设及发射情况，了解卫星发射、载人航天发射的概念、测试发射过程及发射事故的应急处置，展望未来的航天发射，将航天发射系统的知识点以通俗易懂的形式向广大学员以微课程的形式进行展示。希望通过本课程的学习，能够拓展广大学员对航天发射系统的认知，以适应岗位需要。

3. 学员特点分析

本慕课课程面向广大航天爱好者和相关从业人员，由于教学对象的层次、专业差别很大，一定要做好课程设计，不管学员的教育背景如何，他们对于航天发射对象及航天发射运载工具、航天发射场的基本情况、卫星及载人航天发射过程、航天发射的最新进展等问题有浓厚的兴趣，在航天方面知识领域知识面的拓展有一定的需求。

4. 教学组织策略

① 教学内容。内容设计在"课程内容结构"中已经明确。

② 教学方法。按照"讲—节—知识点"的结构进行组织，其中"讲"可以看成是大的知识单元，是由一系列相对完整的知识主题组成，"节"可以看成传统课堂教学中的一节课，"知识点"对应微视频，每段微视频的知识点相对独立并且完整，以适应慕课学习的灵活性。课程中穿插考查点，方便对学习情况进行评估，引导学员掌握学科思维和学习方法。

③ 学习指导策略。知识学习指导：注重培养学生知识获取和知识运用的能力；思维方法指导：培养学生的理论分析能力、理性思辨能力，培养学生发现、分析、解决现实问题的能力，培养学生的批判精神和创新精神；研究方法指导：培养学生掌握学科常用的研究方法，包括理论分析、调查研究、资料分析、案例研究、比较研究等；心理素质指导：培养学生的意志品质、学习品质、职业道德养成等。

五、内容呈现设计

（一）教学信息设计

信息呈现形式：每个知识点都以微课程的形式进行展现，每个微课程的教学时间控制在3~5分钟，教学内容相对完整，方便学员灵活利用零碎的时间进行学习。在每个微课程中，利用PPT显示关键文字，利用图形及框图展示知识结构，利用高清照片展示实物，利用适当的网络视频资源展现关键知识点的展开说明。

此外，本慕课课程提供丰富的网上数据资源。网络服务器上存放有大量最新的航天发射领域信息数据，学员可通过搜索引擎搜索关键字，并且搜索引擎支持多种搜索方式。搜索结果以超链接方式提供，学员点击后即可浏览或下载。

（二）媒体应用设计

依托梦课学习平台，遵从在线课程建设规范，本课程主要包括两个单元：视频单元和非视频单元。

视频单元是由通过电视艺术呈现的课程内容知识点的微视频组成，每个微视频一般3~5分钟。

非视频单元主要包括网上数据资源、练习测试题和作业。

六、交互训练设计

"航天发射系统"慕课课程依托梦课学习平台,本教学系统采用网络慕课教学形式,教师与学生之间可以实现远程实时交互,充分利用网络的跨时间、跨地域性,实行灵活的异地、异时/同时网上教学,网上研讨,充分利用了网络资源特性和多媒体优势,学生可利用本系统实现在线答疑、论坛交流、布置批阅作业、自测等应用功能。

(一)答疑

答疑是系统教学过程中一种常见的教学活动。学员在慕课自学的过程中,有任何疑问,可随时向教员提出。教员可定期对学生的提问进行解答。

(二)试题库建设

试题库建设,是慕课课程建设中的重要内容。试题库建设的优劣,直接关系到课程的建设质量与网络教学的效果。在系统中,试题库中的试题与知识点相联系。

(三)作业布置与批阅

教员可利用作业功能模块来布置、批阅作业。还可以设置作业完成的截止时间,如果学员在指定的时间内没有完成作业,那么系统的自动分析功能将默认该学员没有完成本次作业。作业分为学生互评和老师评阅两种模式。对于完成比较好的作业,可以将其设置为优秀作业。

(四)考试系统

考试系统基于试题库建设的基础之上,可应用于自测或者网络在线考试。设置考试的名称、考试开始时间、考试时间,点击"确定"按钮,考试发布成功,等待学员参加网络在线考试。

(五)讨论交流

课程论坛是学习者发表个人见解、学习体会及学习疑问的地方,不分主次。任何人都可以发表观点也可以对某观点发表自己的看法。

七、教学资源收录

教学资源主要包括文字资料、图像资料、视频资料、音频资料等,可上传至梦课学习平台的参考资料专区供学员下载学习,见表 7-2。

表 7-2 教学资源收录

种类	名称	作者	出版单位
教材(文字)	航天发射试验工程	崔吉俊	中国宇航出版社
	奔向太空	编写组	科学普及出版社
	……		
期刊	某院校学报		
	军事学术		
	……		
法规标准(图片/文字)	载人飞船航天工程术语		
	航天发射场低温推进剂泄回准则		
	……		

续表

种类	名称	作者	出版单位
学术论文（文字）	"外文科技文献 AD 报告库";"军事期刊总库"部分资源;……		
专业图片	航天装备、武器试验图片库		
专业视频	"神十"飞天航天科普大讲堂特别节目		
	太空竞技"龙"飞船接棒航天飞机		
	……		
专业音频	航天发射领域专题讲座、报告会、讲课录音		

7.4 慕课 VIP——SPOC

慕课学习所伴随的碎片化、微型化、多任务等现象，给学习带来多样性和便利性的同时，容易出现学习深度缺乏、完课率不高等问题。因此，以小规模和限制性准入等特点著称的 SPOC（small private online course）开始流行起来，SPOC 即小规模专有在线课程，相对慕课中的"Massive"和"Open"，SPOC 中的"Small"指学习者规模小，"Private"指设置限制性准入条件。如果可以将慕课比作公共汽车，那么 SPOC 就是小汽车。

7.4.1 SPOC 优势

SPOC 概念最早是由美国加州大学伯克利分校阿曼多·福克斯（Armando Fox）教授在 2013 年提出的，它将慕课教学资源如微视频、学习资料、训练与测验、系统自动评分、站内论坛等应用到实体教学机构的小规模学习团体中的一种课程教育模式。SPOC 与慕课的主要区别见表 7-3。

表 7-3 SPOC 与慕课、传统课堂的区别

类别	慕课	传统课堂	SPOC
课程性质	网络课程	实体课程	网络课程与实体课程结合
价值取向	将优质教育资源传递给每个人	知识传递	利用在线教育资源，改进实体教学，提高教学效果
开放性	完全开放	限制性参加	限制性申请
考评形式	在线测验、系统评判、同伴互评	课堂评价	在线测验、系统评判与课堂评价相结合
完成率	较低	取决于教学质量	很高
学习成本	几乎免费	费用很高	费用较高
学习性质	线上自学	线下学习	线上与线下混合学习
学习效果	取决于学生意志	取决于教学者水平	最优

SPOC 是一种将慕课课程资源与实体课堂教学结合的混合学习模式,可实现在适当时间,通过应用适当的学习技术,向适当的学习者传递适当的知识和能力,从而达到最优化的学习效果。相比慕课而言,SPOC 的优势主要体现在以下几个方面:

一是能满足特定用户的特定需求,使在线教育从"公众普惠"走向"私人定制"。SPOC 通过筛选和细分学习申请者,使学生知识层次相似,更有利于教学者因材施教,为学习者提供更有针对性和个性化的指导。

二是实现了实体课堂和在线教育混合的教学模式。慕课使教学者能够服务全球学习者,在专业领域产生影响。相对而言,SPOC 让教学者更多回归小型在线课堂,回归教室。通过组织学习者线上和线下的学习、研讨,随时为学生提供个性化指导,共同解决遇到的问题。

三是先修条件和规模限制提高了 SPOC 完成率。从申请者中筛选出一定规模的学习者。入选者要保证学习时间,参与在线讨论,完成作业并参加考试,通过者将获得课程学习证书。相对慕课,SPOC 通过筛选申请者,为他们提供有区别且力度更大的专业支持,避免慕课的高辍课率和低完成率。SPOC 对学生的评价更为严格,因此课程证书和学分认证更具有含金量。

四是 SPOC 兼具慕课的实时互动、关联学习、协同评价等优点。老师把慕课视频资料作为作业提前布置给学生,在课堂了解学生知识吸收情况,存在哪些问题,进行互动来解决问题。老师可根据学生要求和自身偏好调控进度、节奏和评分系统。相对传统课堂,SPOC 使用慕课视频比指定教材和阅读资料更能激发学生的参与度和积极性。

SPOC 将网络化学习和传统学习方式的优势巧妙地结合起来,有效弥补慕课与传统教学的不足,既发挥了教学者引导、启发和监控教学过程的主导作用,又体现了学习者作为学习主体的积极性与主动性的原则,能大大提升学习的深度和有效性。SPOC 课程立足于小规模特定人群,易于服务高效教学,满足学生个性化的学习需求,能够吸引相应学习者的参与。就军事教育而言,SPOC 的先修条件和规模限制特点使其能精准对接不同军兵种、不同岗位、不同层次的专门需求,提高军事职业教育的针对性和含金量。

7.4.2 SPOC 课程

传统的课堂教育是学生先上课听讲,后思考做习题;翻转课堂教育将教师课上的"教"和学生课下的"学"的次序进行颠倒,使学生先"学"而老师后"教"。慕课等线上教学课程的出现为学生课前的"学"提供了物质基础,从而使翻转课堂教育真正成为可能。SPOC 课程通过将网络课堂与实体课堂有机结合实现完整的翻转课堂教学流程,通过设置限制性准入条件实现因材施教,从而提升学生学习效果。大致而言,SPOC 翻转课堂课程可以分为线上课前教学与线下课内教学两个阶段,如图 7-1 所示。

一、线上课前教学

SPOC 课程线上课内教学主要目的是使学习者通过完成线上视频观看和相关测验作业,对要学习的新知识能够有全面系统的把握和思考,实现传统课堂老师教学的功能。

① 学习新知识。学生按要求注册、登录 SPOC 平台选课,根据自己时间安排,在规定期限前完成 SPOC 线上课程相应章节的学习,并完成视频中或视频后设置的测试题或作业,部分测验结果系统自动实时反馈。

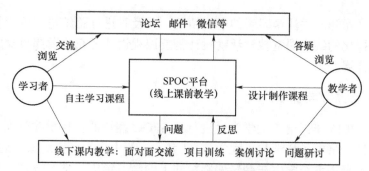

图 7-1 基于 SPOC 的学习模式

② 师生、生生交流。自主学习过程中，对于自己未能理解的知识点和问题，学习者也可以通过 SPOC 论坛或电子邮件、即时通信工具等途径与教学者或其他学习者交流探讨。对于难以通过网络解决的问题，整理后带至课堂，面对面地交流解决。

二、线下课内教学

线上课前教学基本达到了新知识传递的目的，从而可使线下课内教学专注于将学习引向深入、发散和创新领域。因此，线下课内教学可分为问题解答、课堂研讨两个阶段。

① 问题解答。首先，教学者通过 SPOC 平台的学习过程记录与统计分析功能，了解学生课前视频学习的整体情况，对重点、难点、热点问题进行归类整理总结。然后，有针对性、有侧重地对这些问题进行点拨或精讲，解决学习者的疑问。

② 课堂研讨。教学者根据授课内容，设计课堂研讨训练内容。可以模拟企业工作团队将学习者分组，以小组为单位进行项目训练、合作探究与问题研讨。对训练过程中遇到的问题可以通过独立思考、相互交流、共同研讨的方式解决，教学者注意引导学生提出、思考、解决更深层次、更有挑战性的开放性问题，最终真正实现对知识的深入把握和融会贯通。

③ 知识总结。教学者需要对课堂研讨涉及的问题、内容、知识点等进行归纳总结，区分重难点，以便于学生进行整体性的了解掌握，同时也能大大帮助个别课堂活动参与度较低或没有很好跟上课程教学进度的学习者。

7.4.3 SPOC 课程建设

SPOC 课程建设可分为线上课程资源建设和线下课堂教学活动设计两个方面。其中线上课程资源建设与慕课课程建设并无二致，甚至也可以直接选用国内外知名大学的慕课课程资源，结合自身教学目标、受众需求等进行适当取舍。这样不但可以充分利用世界优质教育资源，有效解决由于教学者能力水平不够可能导致的知识技能学习把握不好的问题，而且也可以大大降低 SPOC 课程建设成本。

线下课堂的学习行为是一个知识内化的过程。教学活动的设计关键就在于如何使学习者内化在 SPOC 课程中独立学习到的知识。学习者更适合以问题或任务为驱动的自主、内在的学习方式，因此需要设计多样化的课堂教学活动。一种可供选择的模式是：首先，通过提出问题、解决问题等方式刺激学习者回忆在 SPOC 课程中学习到的内容；其次，根据学习者学习特点的分析运用多样化的教学模式，指导学习者进行交流互动，进而自主解决问题，加深知识的内化理解；再次，要求学习者根据自身学习情况进行总结反思，从而针对其中的问题进行系统化的重点复习；最后，教学者根据学习者在学习过程中的表现对其进行以激励为主的整体性评价，注意随时关注学习者的学习情况，并及时进行总结与评价，从而达到个性化教学的目的。多样化的线下课堂教学活动设计需要课程设计者充分发挥自身的创造能力，并且结合实际情况开展。

7.4.4 SPOC 课程教学案例

从 2014 年到 2015 年，南京大学尝试进行了 SPOC 翻转课堂教学改革项目，以"电路分析基础"课程为例，将电子科学与工程学院 37 名大一新生作为研究对象，通过结构性问卷、访谈、慕课平台数据等调查学生在翻转课堂模式下的学习经历、学习方式、学习效果及其影响因素，研究结果证明 SPOC 翻转课堂教学效果明显优于传统教学模式。

一、SPOC 课程建设

2014 年春季，经南京大学教育研究院引荐，电子科学与工程学院与清华大学于歆杰老师共同商讨 SPOC 翻转课堂计划。南京大学电子科学与工程学院结合本院实验体系整合利用现有资源，院长亲自顶层设计，一名熟悉继续教育的老师作为主要负责人，南京大学网络中心建设 SPOC 课程平台。在课程平台的基础上，又进行三部分改革：

① 课程教学改革。课程视频资源主要引用清华大学"学堂在线"于歆杰老师的"电路原理"慕课视频进行线上课前教学。线下课内教学主要由"电路原理"授课老师负责，课堂的环境由协作式小组课桌、滑轮椅、无线投影、三面黑板+一面白板，还在每个圆桌上配备了电子实验必备的实验器材，环境布置旨在消除"以教师为中心"的刻板印象。

② 实验体系改革。实验课由实验老师负责，开放实验室、提供在线指导，将理论课与实验课交叉进行，与传统课程安排相比，更能够将理解、应用、创造联系起来，更有利于培养学生的创新思维和动手能力，保证翻转课堂实施。

③ 学生管理改革。主要由学生书记负责，南京大学教育研究院教育技术学专业的研究生协助老师做好学生导学工作，开展新生零年级计划、分析学生学习行为、学习效果调查、翻转教学模式等方面的研究，开展优才培养计划，为培养国际一流人才提供数据分析。

二、SPOC 课程教学过程

为了更好地开展 SPOC 翻转教学，首先进行了一次 SPOC 翻转课堂宣讲会，让大家知晓什么是 SPOC 翻转课堂，并清楚教学模式与传统教学有哪些不同，会给学生带来哪些方面的提高，其中可能会遇到哪些困难和挫折。宣讲效果很好，很多同学都被新型教学模式吸引了，当时报名参加 SPOC 翻转课堂的学生将近 99%。以自愿报名为前提，按城乡比例和男女比例最后选出 37 名同学，并分为 6 个小组，每个小组配备一名导学。

（一）课前学生自学

课前是学生自学的天地，学生可利用碎片化时间看微课程，并结合课本进行进一步归纳。学生既可利用笔记本电脑、手机、平板等都多种学习工具，也可到学院的开放实验室 24 小时免费使用。SPOC 翻转课堂的学习资源丰富多样，大致可分为两类：一是南京大学 MOOC 课程平台和《电路分析基础》教材，二是浩瀚的网络和图书馆资源。学习资源多样性锻炼了学生的信息搜索、筛选、整合能力，更提升了学生的规划和时间管理能力。

（二）课堂活动组织

课前学生自主学习是基础，学生在课前基本理解即将学习的内容，课上可腾出大量的时间进行师生研讨，增加小组之间的协作和沟通。课上第一环节，首先是任课老师将课前收集到的问题抛出来，引导学生交流讨论，学生可通过到黑板上展示，也可通过无线投影在自己电脑上展示，通过辩论与求证解决问题；第二环节，任课老师利用问题驱动、探究式教学法或案例分析的方式，充分利用数字化协作式学习空间，引导同学们共同研讨，并形成小组竞赛氛围，促进深层学习的发生；第三环节是课上内容的总结与归纳，有利于知识点的归纳与升华，同时也帮助学生进行知识建构。

（三）学习评价

学习评价是检验学习效果的标准，评价方式不同得出的学习效果自然不一样。SPOC课程不同于传统课堂，传统课堂的评价主要看重期末考试成绩，辅助平时的考勤、作业，但是SPOC课程分为两个部分：课前和课上，学生不是单枪匹马作战，而是小组协作而战，考核不仅注重考试成绩，更看重过程性数据，全方位、多层面考核翻转课堂下学生能力的进步与提升。因此，本课程考核内容分为四部分：MOOC课程平台上的得分（10%）+课堂表现（20%）+课后作业（10%）+期末成绩（60%）。

三、SPOC课程教学效果

（一）学习经历整体化弱于传统课堂

翻转课堂学习经历主要分为六个维度调查：良好的教学、清晰的目标、适当的压力、适当的评价、学习投入和学习环境。该实践研究发现，总体来讲，翻转课堂班级学生的学习经历体验良好。但是同时也存在知识点零碎、思维混乱；学习投入量大、时间缺乏规划；组员陌生，协作不多等问题。

（二）学习方式偏向深层学习

学习方式主要分为深层动机、浅层动机、深层认知、浅层认知四个维度来分析。其中，深层动机是指学生学习课程出自内在的动机，浅层动机是指学习课程出自外在的动机；深层认知是指学生学习注重理解、思考和自我反思，浅层认知指学生学习注重背记、机械执行、不加反思。从整体水平来看，SPOC课程和传统课堂在"深层动机"和"浅层动机"层面有显著差异。

（三）学习效果明显优于传统课堂

学习效果主要从团队协作能力、分析能力、解决问题能力、规划学习能力、外语阅读能力、研究性学习、专业学术能力、时间管理能力等方面考查学生除成绩之外综合能力的进步与发展。该研究对比SPOC课程和传统课堂发现，SPOC课程同学对翻转课堂教学模式整体满意度远远高出传统课堂同学对传统课堂教学模式的满意度，普遍认为SPOC翻转课堂教学模式的性价比很高。尤其是在团队协作能力、规划学习能力、分析问题能力、外语阅读能力、时间管理能力、解决陌生问题能力方面，这两种教学模式的差异极其显著，充分说明了SPOC翻转课堂教学模式能够带给学生更好的发展和进步，更好地提升团队协作能力、时间管理与规划能力、问题分析与解决能力。

总而言之，南京大学SPOC课程教学改革实践研究结果表明，SPOC课程教学能够实现"以学习者为中心"的学习，易于实现多元化、过程性评价，能够培养小组协作能力，改善学习体验和提高学习效果，很可能将成为未来教学改革的重点方向。

第 8 章 微 课

在信息与通信技术迅猛发展的大背景下,以微课、慕课、公开课为代表的教育技术创新应用备受业界瞩目。全国不少地方的教育行政部门、各级各类学校、行业协会等,都在积极推动微课的建设与普及,使得微课设计开发水平与实际应用都取得了可喜的成绩。那么,微课到底是什么?它的特点又是什么?我们应当如何灵活运用这个教育手段?

微课作为一种有别于传统的新型教学资源,具备相当灵活且短小精干的形式。传播微课的相关知识,推广微课的应用范围,展望微课发展趋势,深化微课研究与应用,对推动教育教学模式创新和丰富在线教育资源建设具有重要而深远的意义。

8.1 微课概论

微课既有别于传统教学课例和教学课件等教学资源,又是在其基础上继承和发展起来的一种新型教学资源。微课既能够作为传统课堂教学的有力补充,也能够成为一种独立的教学手段。

8.1.1 微课的基本概念

在定义微课的概念时,不同学者有着不同的研究角度,理解可能也会有一定差异。我国学者对微课的定义,可以分为三大类:第一类要突出"课"的概念,认为微课应是一种短小的教学活动;第二类则是要突出"课程"的概念,应包含课程计划、课程目标、课程内容和课程资源等内容;第三类是对应"教学资源"的概念,需要制作微课数字化学习资源包以及在线教学视频等。这三类概念在内涵上有着共同点,如结构完整、内容短小、以微视频为载体以及面向学习者、针对性强等。

在对"微课"的概念进行了相应的分析后,可以认为微课实际上就是一种能够直接贯穿教师的"教"以及学生的"学"的新型课程资源,而"微课程"就是由微课和微目标、微练习、微讲义以及微教案等与之相匹配的因素共同组成的。当教师借助于微课进行教学时,教师与学生之间可以在课前及课后,对于精练的课程内容进行良好的交互,这就形成了有意义的教学活动。

教师在教学中应用微课时,可以采用的形式有很多。而教师在设计和应用微课时,要想最大限度地保证微课的针对性和有效性,就必须对教学重点进行全面的梳理、分析和总结。在研究微课的教学应用时,我们应主要从以下三个方面来分析,即微课应用的教学阶段、组织形式和教学目标。

一、微课的教学阶段

微课是目前发展最为迅速的在线教育教学形式之一，具有完善的内在结构，作为教师应提前制定好微课各个阶段的教学目标，对教学内容和形式进行精心设计，选择最具针对性的教学内容和最合理的表现手法。

当一个系列的微课具备很好的整体课程规划、对于难点提供了细致的解决手法，那么学生就可以进行独立、个性化的学习。反之，如果课程内容分布松散、结构化不强，在微课有限的时长内无法彻底解决难点要点，那么教师就不得不额外对学生进行指导，或者互相协作学习或集体学习。还有一些微课，是专门为课前或课后辅导学习而设计制作，学生处在没有教师指导、独立学习的环境中，那么，对这类微课的规划和设计就有着更高的要求。而对于在课堂环境下，用于辅助课堂教学的微课，有时则并不需要进行太大的整体规划，只需根据特定的需要进行设计和制作即可。学生在学习的过程中遇到疑难问题和困惑时，教师也可以及时地进行指导和讲解。

二、微课的组织形式

微课有三种教学组织形式较为常见：

（一）独立学习

学生根据自身的情况有计划地通过学习微课来完成教师预设的任务，解决学习过程中遇到的困惑和问题。这种方式在课前、课中和课后都是适用的，应用较为广泛。

（二）协作学习

这种教学组织方式往往应用在课堂的教学过程中，是一种学生之间相互协作的学习模式。因为微课篇幅较短，对部分难点问题，可能会讲述过快或者不够细致。如果由学生在课下个人独立理解，可能会形成学习阻力。但是放在课堂环境中，通过学生互助和课后研讨的方式，则能更为容易地消化理解。其常见的学习形式有创设情境和小组讨论等。

（三）集体学习

通常情况下，教师在课堂上是无法完成全部的教学内容的，有些教学内容也是需要重复讲解和演示的，那么，应用微课就可以替代教师的现场演示和讲解。在教学的过程中应用微课，其最主要的目的就是实现对学生的特色化教学，以便更好地吸引学生注意力，更生动形象地解决难点。

三、微课的教学目标

应用微课主要有三个教学目标：

一是学习新知识。教师若需要更具针对性地来讲解一些知识点，可借助于微课来促使学生预习新知识，从而为学生的学习提供教学支持，这样学生在预习新知识的过程中也能自主地思考问题并提出问题。

二是处理教学难点。教师往往都会总结学生们会重复出现的典型问题和错误，教师有时也需要重复演示那些过程性的内容，对于那些特别难以理解的教学内容，教师应能够创设相应的问题情境。

三是巩固和拓展。不同学生的学习程度是参差不齐的，如果学生的学习程度较高，那么所安排的微课应主要以拓展为目的，而对稍差的学生则应重点分析和讲解难点问题，对试卷或作业的题目进行分析和讲评，解决学生学习过程中出现的各类困难。不同的教学阶段一定就会有不同的教学应用目标，一般情况下，课前都是学习新知识，课中教师应注重解决学生所遇到的重点和难点问题，课后则应突出巩固知识和拓展。

微课从开始发展至今，概念及应用越来越广泛，未来肯定也会出现各种新的、不同的教学组织形式，也会对应着更广泛的各类受众。这样对微课的设计规划、表现形式都会有着更高、更细致的要求。但归根结底，微课最主要的作用就是实现教师多样化的教学和给予学生个性化的学习模式，因此为了适应学生不断提高的学习需求，在当前微课教学模式的基础上，我们还应不断地探索实践并进行归纳总结，找到方法更新、效率更高的微课应用模式。

8.1.2 微课的教学应用模式分类

一般情况下，可以将微课的教学应用模式主要分为翻转课堂教学、课内差异化教学、课外辅导答疑和校外服务型教学等四种。

一是翻转课堂教学应用模式。教师应根据教学的实际要求在课前和课中安排好微课，先学后教是其最主要的特点，也就是在教师讲授知识和组织探究问题之前，学生就可以先行通过微课学习了。而学生学习完成后，教师要想制定更准确的后续教学决策，就应安排一定的预设任务，从而了解学生掌握微课内容的程度。

二是课内差异化教学应用模式。进行课堂教学时，教师通常都会为学生安排课堂任务，然而学生的学习程度是参差不齐的，那么一部分学生就无法顺利完成课堂任务，他们就应先学习好微课，然后再完成教学任务。

三是课外辅导答疑应用模式。在学生的课余时间，也会遇到一些疑难问题，那么教师就应根据以往的经验将这些题目的答题方法制作成微课，从而帮助学生更好地进行自主学习。所以，应用微课时应主要遵循两个原则：第一，微课的学习应更适合学生进行独立学习；第二，微课的学习应尽可能安排在课前和课后。

四是校外服务型教学应用模式。所谓校外服务型教学指的是学校为社会上的学习者提供多专业性的微课教学，这些校外学生将按照自身的工作岗位知识需求及自身拓展性学习进行选择性的学习，这种应用模式目前可以应用到高校的顶岗实习环节中，将顶岗实习平台与微课相结合，研究和开发学生在实习期间及就业后实用的微型课程，以保证教学的完整性与延续性，丰富顶岗实习平台资源，创新学生实习期间老师的教学模式、手段、资源和学生实习成果，从而可以大大地提高顶岗实习质量。

8.1.3 微课的特色

"微课"具有七大特色：

一是教学时间较短。教学视频是微课的核心组成内容。根据学生的认知特点和学习规律，"微课"的时长一般应为5～8分钟左右，最长不宜超过10分钟。因此，相对于传统的40或45分钟一节课的教学课例来说，"微课"只算得上是"课例片段"或"微课例"。

二是教学内容较少。相对于较宽泛的传统课堂，"微课"则将焦点集中，更适合教师提炼课堂精华的需要。"微课"主要是为了突出课堂教学中某个知识点（如教学中重点、难点、疑点内容），或是集中展现课堂中某个教学环节、教学主题的教与学活动，相对于传统一节课要完成的复杂众多的教学内容，"微课"的内容更加精简，因此又可以称为"微课堂"。

三是成品容量体积较小。从大小上来说，"微课"视频及配套辅助资源的总容量一般在几十兆左右，视频格式往往采用支持网络在线播放的流媒体格式（如 RM，WMV，FLV 等），师生可流畅地在线观摩课例，查看教案、课件等辅助资源；也可灵活方便地将其下载保存到终端设备（如笔记本电脑、平板电脑、手机等）上实现移动学习，非常适合于教师的观摩、评课、反思和研究。

四是资源组成/结构/构成"情景化"。"微课"选取的教学内容一般要求主题突出、指向明确、相对完整。它以教学视频片段为主，用以表现教学设计（包括教案或学案）、课堂教学时使用到的多媒体素材和课件、教师课后的教学反思、学生的反馈意见及学科专家的文字点评等相关教学资源，构成了一个主题鲜明、类型多样、结构紧凑的"微教学资源环境"。可以看出，"微课"实质上具有视频教学案例的特征。广大教师和学生在这种真实的、具体的、典型案例化的教与学情景中易于实现"隐性知识""默会知识"等高阶思维能力的学习，并实现教学观念、技能、风格的模仿、转移和提升，不仅仅能够迅速提升教师的课堂教学水平、促进教师的专业成长，也可显著提高学生学业水平。就学校教育而言，微课不仅成为教师和学生的重要教育资源，而且也构成了学校教育教学模式改革的基础。

五是主题突出、内容具体。就微课的内容来讲，往往一节微课只包含一个重点，或者说一节微课一件事；研究的问题来源于教育教学具体实践中的具体问题，或是生活思考，或是教学反思，或是难点突破，或是重点强调，或是学习策略、教学方法、教育教学观点等具体的、真实的、自己或与同伴可以解决的问题。

六是草根研究、趣味创作。正因为课程内容的微小，所以，人人都可以成为课程的设计者、制作者。正因为课程的使用对象是教师和学生，课程研发的目的是将教学内容、教学目标、教学手段紧密地联系起来，而不是去验证理论、推演理论，所以，决定了研发内容一定是教师自己熟悉的、有把握的、感兴趣的、有能力解决的问题。

七是成果简化、多样传播。因为微课内容具体、主题突出，所以，研究内容容易表达、研究成果容易转化；因为课程容量微小、用时简短，所以，传播形式多样（网上视频、手机传播、微博讨论）。

8.1.4 微课的核心特征

"面向学习者"是微课区别于其他以往资源的核心特征。传统教学资源主要面向教师，有时会较为脱离教学实际，在有效为学习者服务方面有所欠缺，而"微课"的诞生恰恰弥补了这个缺陷，"面向学习者"使其能够真正做到为学生的学习服务。

一、传统教学资源无法有效为学习者服务

以往建设的资源库，无论是课件、教案、习题，还是教学视频，根本上来说，面向的是教师而不是学生。课件、教案、习题等资源，显而易见是给教师参考或上课时使用的，并不是直接给学生用的。课堂教学视频，尽管人们也宣称它可以给学生观看，但实际上无论从制作成本还是建设机制方面来分析，拍出来的这些课堂视频都没有把学生作为主要或首要观众。

传统课堂教学视频的制作，从成本上来说是较高的，一节课的制作，通常都要用到双机拍摄以及后期剪辑，还要考虑灯光、录音等各种环境，即使不算授课教师以及听课学生的人力成本，单从技术制作角度而言，没有几千元是做不出一节课的。尽管现在有自动录播系统，但其智能化程度和拍摄效果仍未达到专业水准。

因此，一般教师并不会轻易去拍摄自己的课堂录像，大部分都是为了评奖或展示才会请人来拍课，这也是多数教学视频资源库建设常用"以评促建"方式的重要原因。而"以评促建"的一个负面效果就是，大部分拍课的教师为了迎合评审的需要，多在视频中展示自己的教学风采以体现自己的教学功底如何深厚、教学技艺如何高超、教学理念如何科学、教学方法如何先进，对于如何支撑学生的学习过程（如学习内容的呈现等）反而重视不够甚至有意摒弃，这样制作出来的教学视频如何能满足学生学习的需要呢？实际上，也很少有学生去看教师拍摄的课堂教学视频，这些视频主要还是用来给同行学习和借鉴。

尽管面向教师的资源有其自身的价值，但其价值却因借鉴过程中的两次衰减而大打折扣。现有的资源使用逻辑是，教师通过观摩和借鉴优秀教师的作品，改善自己的教学，从而提升学生的学习成效。这个逻辑看起来很好，实施起来则不一定能达到预想的目标，甚至相去甚远。一位优秀的教师将其教学中使用的教案、课件乃至视频等共享出来供其他教师观摩学习，但观摩学习的教师能在多大程度上理解优秀教师的想法？即使观摩的教师能完全理解优秀教师的设计意图，又能在多大程度上将所学转化到自己的教学中去？在这个"学习-转化"的过程中，每一个环节都存在衰减，其实际产生的效果（即对学生学习的支持度）并不令人乐观。

二、微课相比传统教学资源更贴近学习者

既然在"学习-转化"的过程中存在着效果严重的衰减现象，那何不由优秀教师直接为学习者做一节课？省去了"学习-转化"的中间环节，也就避免了衰减的问题，这样对学习者的帮助是最直接、最有效的。这就是微课"面向学习者"的核心特征，也是微课区别于以往教学资源的最本质特征。

微课强调的是对学习者学习支撑的效果，一节微课是否优秀，最关键在于它的效果是否到位，是否能解决学习者的困惑。通俗点说就是，学生遇到难点学不懂，看了你的微课后就明白了，这样的微课就是好微课。微课的其他要素均为此核心特征服务，是实现这一目标的基础和支撑。

"面向学习者"这一特征，也会导致微课建设其他一些方面的变化，如会吸引更多的企业和社会资本参与到微课资源建设中来，这对微课的发展大有裨益。微课面向的终端用户是学生，尽管学生没有太多消费能力，但家长可是愿意花钱的，只要你的产品可以既直观又有效地提升学生的成绩。因此，微课势必吸引众多的企业和社会力量加入这个市场中来，这些资本和力量的引入，对于微课的建设和应用并不是件坏事。

"面向学习者"这一特征，还会促使微课制作门槛和成本的降低，使得教师动手亲自制作微课成为可能。以往的课堂教学视频，由于要展现教师的风采以及教学理念，因此需要拍摄教师讲课的镜头，还要拍摄学生活动或问答的镜头，这就需要专业的团队来拍摄和编辑。而微课的目的在于讲清楚一个问题，重点在于教学内容的传递，因此完全可以不出现教师或学生的形象。

教师可以事先制作好 PPT，一边播放 PPT，一边讲解，然后用录屏软件将 PPT 播放的过程和讲解的声音同步录制下来，直接生成视频。这种微课制作的技术门槛和成本近乎零，就把教师从技术的束缚中解脱出来，从而聚焦于教学的设计和实施。国外风靡的可汗学院的授课视频，也大多是用录屏软件录制的。这是微课得以流行的另一个原因——制作简单易行。

综合上述分析，通过理解微课的核心特征，就可以认识到微课发展的最终目标，即真正为学生的学习服务。

8.1.5 微课的影响力

就学校教育而言，微课不仅成为教师和学生的重要教育资源，而且也构成了学校教育教学模式改革的基础。它无论是对于学生的学习、教师的教学实践以及教师的专业发展，都具有重要的现实意义。不仅如此，微课的发展也必定将引发新一轮的教育数字化教学改革。

一、微课对课堂教学效率提高有帮助

对于教师的课堂教学实践来说，常常需要一些短小精悍的教学视频用于课堂教学过程中的讲解和演示。而以往的在线视频往往冗长，经常需要再加工之后才能为教师使用。这不仅增加了教师的使用难度，而且浪费了宝贵的课堂时间。微课视频因其本身就是围绕某一个知识点，或者一个例题，或者一个现象，或者一个案例来展开的，因此，它天然地为教师的课堂教学应用创造了便捷条件。

根据美国的一份调查报告显示，在面对面教学、在线学习以及混合学习三种教学模式中，混合学习是最高效的。在推进混合学习的过程中，学校与教师面临的两大困难：一是教学平台；二是教学资源。教学平台可通过采购或使用开源平台搭建加以解决，而资源的问题便成了一个重要瓶颈。

二、微课对教师的自我提高有帮助

微课的价值还体现在对教师专业发展的影响上。教师自身的学习更重要的是向同行学习，在实践中学习，在反思中学习，在与同行的交流中学习。在教师实践社群中，通过与来自全国乃至世界各地的教师交流切磋，分享彼此的经验，把隐性知识转化为教师自己的显性知识，并运用于自己的教学实践与专业发展过程之中。教师制作的微课，其中包含了教师的教学思想和教学设计，是教师教学经验和教学智慧的结晶。在教师实践社群中，教师之间彼此通过微课，分享的不仅是彼此的教学资源，同时也是各自的教学智慧。这对于教师的专业发展而言，也是极为宝贵的财富。

最近两年，随着微课的兴起，不少在线教育企业开始尝试微课的商业应用。面向特定人群的在线基础教育往往有着刚性需求，或涉及自学考试、职称考试、岗位培训等，这些在线课程多以技能训练为主。而面向公众的技能分享，因更多的涉及日常生活技能，因此课程资源更方便以微型视频的形式表现。这些在线教育企业，试图通过线上、线下的结合，或单纯借助在线的模式，把相关的知识与技能以微型教学视频的形式呈现出来，营造一个在线的知识、技能分享与学习的环境，开展形式多样的在线教学活动。

微课的设计、开发与应用，总体来说，会面临诸多挑战。微课开发的主体应该是教师，而教师的微课设计、开发与应用技能是一大挑战，一些企业和研究人员也在积极尝试开发新型工具、软件和技术来降低教师微课设计制作的门槛。微课的质量涉及科学性、技术性和艺术性，质量问题是微课发展的另一个挑战。不仅如此，微课应用模式的创新也是未来微课发展的一个重要问题。只有解决了微课设计开发的技术门槛，提升了课程的质量，并能加以创造性的应用，微课的未来一定会更加美好。

8.2 微课的设计

微课的设计思路不同于传统课堂，需要对教育内容多加提炼。良好的前期规划，决定了一系列微课的具体走向和整体水平。而制作微课的过程，对于教师自己来说也是一种重新学习的过程。

8.2.1 微课的选题

微课的选题是微课制作最关键的一环，不好的选题使得微课不值得一看。微课的选题应当优先考虑以下几个方面：

一是尽量选择教学中的典型、重点和难点问题。这些知识点，是传统教学中不能很好解决或解决不好的问题。它可以是教材解读、题型精讲、知识归纳，也可以是方法传授或技能展示等。

二是要适合多媒体表达。微课作为一种媒体，内容的设计要适合使用多媒体来展现，对于不适合使用多媒体表达的内容，制作的结果是徒劳且没有意义的（因为使用传统教学效果可能会更佳），同时也会使教学过程平庸无奇，令观看者失去学习欲望。因而微课选题要适合使用多媒体表达，适合加入丰富的图形图像、多姿的动画、声色兼有的视频。

三是知识点的选择要精练，5～10分钟内能够讲解透彻。现在是快节奏时代，好比微博，追求快捷精炼；学生课程多，疑问多，微课时间过长，学生没有那么多时间看，也不利于学生集中注意力。一节微课能否设计得好、教学效果佳，知识点的选择和分析处理非常重要。因此，在设计每一节微课时，首先要慎重选择知识点，并对相关的知识点进行科学分析和处理，使它们更符合教学的认知规律，学习起来才能达到事半功倍的效果。

8.2.2 微课目标的确定

微课是信息时代的产物，它还处于不断探索与实践的过程之中，一位教师要实现什么样的教学目标当因教学内容而定、因学生的接纳程度而定。

一、结合《课程标准》定目标

《课程标准》从培训对象、培养目标、课程设置、教学实施、课程评价五个方面提出了详细的要求。因此，微课的目标可以结合《课程标准》来定。

二、结合教材单元定目标

教材都由一个个单元组成，每个单元都有一个教学主题，可以从这个主题中定出微课的目标。一般每个单元的开头，用一两段文字写这个单元的学习专题、学习要点和学习方法等内容，这段话就是单元导语。但就是这样重要的文字，却常常被老师们忽视了，往往写得比较敷衍。其实单元导语是十分重要的资源，它对课程内容具有关键的引导性和指向性。在微课制作中，必须要充分发挥其作用。

三、研究教材内容定目标

叶圣陶先生说："教材无非是个例子，凭这个例子要使学生能举一而反三。"不管哪一门学科，都有自己的教材，充分挖掘教材，从中定出合理的目标。

四、依据学生能力定目标

制作微课是一个系统工程，单单一两节微课无法对学生的学习起到太大的帮助作用，因此，要预先制定详细的微课制作方案。要决定微课怎样制作、以怎样的形式制作，其中重要的一点就是老师必须对自己学生的能力和水平有较深的了解。这样在制定微课教学目标和预判教学效果的时候，才能有所依据。

8.2.3 微课内容的确定

微课有着时间短、内容精、针对性强的特点，为学习者迅捷地掌握知识提供了有益的帮助。但其自身仍存在一些限制，尤其是对于微课内容的甄选至关重要，切忌在很短时间内阐述的内容太多太杂。应当根据主题，尽量优中选精，提升每节微课的含金量，以促进微课更好地为学生学习服务。

一、微课与传统课堂的教学不同

在传统教育中，学校的一节课是40~50分钟，而每段微课的时间只有5~10分钟；从教师的课堂教学活动来看，过去是教师面对一个班的学生上课，而录制微课的环境中只有教师自己，面对摄像机，讲授一段内容；从教师的实际授课过程来看，在面对一个班的学生上课时，教师可以综合运用讲授、启发、提问的方式推进教学活动，师生之间随时处在互动状态中。而微课所有的教学环节都是由教师完成。这些新变化在一定程度上成为教师录制微课时所面临的棘手问题。

二、微课内容设计需要注意的环节

（一）时间紧凑

微课的时间短、节奏快，这就要求教师在备课的过程中，要明确所准备的应该是能用正常的语速在规定时间内讲完的内容。根据正常语速，一个人一分钟可以讲120字左右，那么准备7~8分钟讲稿的文字就应控制在840~960字。超出或不足都会影响讲课的节奏。

只有教师准备的一个完整教学内容适合在较短的时间内讲授，微课的录制才能正常进行，预期的教学效果才能得以实现。

（二）内容甄选

在时间一定的条件下，如何遴选教学内容成了教师必须精心考虑的问题。其实，在课堂教学中，不同类型知识的传授过程是有区别的。有的适合讲授，有的适合启发提问，有的适合展开讨论。微课作为只有教师独自在场的一种授课形式，更多的应是关注那些适合通过讲授完成的教学内容。

比如，介绍一个概念，讲述一段史实，分析一个问题。而对于那些需要学生实时互动的教学内容，诸如提出一个开放性的问题，组织学生的小组讨论等则不适合作为微课的主要内容。因此，在有限的时间内，选择恰当的教学内容是教师需要关注的问题。

（三）结构观念——完整的知识结构和教学结构

在真实的课堂中，教学过程的推进是由师生双方共同完成的，即教师引导，学生思考，并逐步帮助学生建构起新的知识。而在微课中，所有内容的推进都是由教师一人完成。因此，在明确了具体的教学内容后，对于如何在较短的时间内，特别是在没有面对真实的课堂情境时，讲授完一段微课就需要教师对教学内容的结构进行分析与重构。

在微课的讲授中，教师要把握两种基本结构，即知识结构和教学结构。一块教学内容是一个完整的知识结构，一段微课也是一个完整的教学结构。把握知识结构，需要教师对所要讲授的这段内容进行基于学科逻辑的分析与重组，以呈现给学生一个合乎学科思维逻辑的内容体系；而把握教学结构，则是整个教学流程对教师提出的要求。只有把握好知识结构和教学结构，微课的制作才能在重视知识建构的同时，兼顾教学认知过程。

8.2.4 微课表现形式的确定

微课的表现形式与微课要教授的内容密切相关。

一、讲课录像

讲课录像适合于教师对知识点进行讲解。录制地点可以在课堂进行，利用黑板一边讲解一边板书，以板书来辅助讲解。录制设备可以采用便携的视频录制设备，例如手机、普通DV等。

如果要录制高标准的讲课视频，则需要在专用的录播室进行。录播室一般配备可手写大屏幕，录像时使用固定机位的一台高清摄像机。为了保证视频中的声音质量，一般在教师胸前别上无线麦克，用于拾音。在拍摄时，对环境、灯光均有较高的要求。一般拍摄前，由专业的摄像师进行调光，以保证拍摄效果。

教师着装上也有一定要求。一般着较为正式的职业装，以体现教师的风采。讲课时，要使用普通话，声音清晰，无咳嗽、无错误。讲话连续顺畅，动作舒展自然。教师可以一边讲，一边用记号笔在屏幕上书写。

大屏幕上用作背景的PPT也有一定的要求：一是字体清晰，字号较大；二是留出一定的空白位置，用于教师站位，免得教师挡住PPT中的有效信息；三是颜色合理，不要与教师着装有较大反差，以免教师在屏幕上留下背影。

拍摄的授课视频经过简单剪辑加工即可以使用。

二、操作演示录像

操作演示录像适合于操作技能的演示。例如，维修工人对操作设备的检修。操作演示录像一般在实习车间、操作演示作业台、生产厂房等地进行。为了避免背景过于杂乱，一般选择较为开阔的室内进行拍摄。拍摄时要布置好工具、操作对象等。

拍摄时一般采用双机位，以展示操作的细节或难以理解的环节。由一台固定拍摄中景或远景，一台跟拍近景和特写。跟拍时，灯光往往要跟随，保证视频画面清晰。

为了保证操作演示的准确性，以及后期剪辑工作的顺利进行，一般在演示操作时，有指导教师在镜头外进行提示，演示人员根据指导教师的提示，一步一步操作。部分镜头，要求拍摄人员重复演示或暂停，以方便拍摄人员跟拍近景或特写镜头。

拍摄的视频要经过剪辑加工，将不同景别的镜头进行穿插，以更好地反映出操作要点。同时，由于拍摄现场背景音的存在，指导教师的现场提示不能直接作为音频，往往需要提供解说词后，由专业配音人员进行配音。

三、表演录像

表演录像适合于对有一定故事情节的内容进行演绎。为了保证拍摄效果，一般要求有专业的剧本人员来编写脚本，对拍摄场景、演员的动作和对话做出详细的描述，以便于拍摄时参照执行。

表演类的视频不仅对脚本有要求，对表演人员、场景的选择和布置，都有较高的要求。因此拍摄难度较大。

四、计算机操作录屏

对于计算机操作，像计算机办公软件、平面设计软件使用等的讲授，则可以使用录屏的形式，将教师在屏幕上的标准操作以视频的形式录制下来，同时配合后期加工制作，配合上教师讲解的音频，形成完整的教学视频。

五、平板电脑上的手写录屏

随着平板电脑的普及，平板电脑上也有了录屏软件，从而将平板电脑上的操作录制成为视频。除了录屏外，平板电脑还可以当作手写板来使用，教师在平板电脑上书写，同时结合书写进行讲解。录屏时，不仅可以录制平板电脑上的书写内容，还可以录制教师的讲解视频。平板电脑的录屏，需要使用专用的应用程序，如 Screenshot。

六、原理动画

原理动画用来展示某一事物的原理，主要是针对教学内容的需要而制作的动画。例如，汽车发动机汽缸的活塞运动动画、植物成长动画、胳膊屈伸的肌肉和骨骼变化动画、月亮圆缺动画等。动画进行的节奏应符合观看者的接受能力；动画传达的概念应正确、清晰，易于理解。

七、剧情动画

剧情动画有一定的故事情节，由剧本作者编写脚本。动画设计人员根据脚本，设计人物造型和相关场景。在人物设计获得认可后，根据剧情、场景来进行动画制作。例如，外出务工动画、返乡创业动画。

八、效果动画

效果动画和微课内容关联不大，多用来增加视听效果，吸引学习者的注意，引发学习动机。例如，片头动画、过场动画、选单动画、按钮动画、操作界面动画等。效果动画只是用来提升微课的娱乐效果，因此，不可喧宾夺主。

8.2.5 微课效果评价的确定

微课效果的评价标准见表 8-1。

表 8-1 微课效果的评价标准

一级指标	二级指标	指标说明
选题设计	选题准确	针对该门课程涉及的重点和难点确定系列微课，每个微课针对知识点、例题/习题、实验活动等环节进行讲授、演算、分析、推理、答疑等教学选题；尽量"小（微）而精"，建议围绕某个具体的点，而不是抽象、宽泛的面
	设计合理	应围绕教学或学习中的常见、典型、有代表的问题或内容进行针对性设计，要能够有效解决教与学过程中的重点、难点、疑点、考点等
教学内容	科学正确	教学内容严谨，不出现任何科学性错误
	逻辑清晰	教学内容的组织与编排，要符合学生的认知逻辑规律，过程主线清晰、重点突出，逻辑性强，明了易懂
作品规范	结构完整	具有一定的独立性和完整性，能体现导学功能。作品必须包含微课视频，还应该包括在微课录制过程中使用到的辅助扩展资料（可选）：微教案、微习题、知识结构图、微课件、微反思等，以便于其他用户借鉴与使用

续表

一级指标	二级指标	指标说明
作品规范	技术规范	微课视频时长一般不超过10分钟，视频画质清晰、图像稳定、声音清楚（无杂音）、声音与画面同步；微教案要围绕所选主题进行设计，要突出重点，注重实效；微习题设计要有针对性与层次性，设计合理难度等级的主观、客观习题；知识结构图的目的是让学习者清楚该知识点在整个系统中的地位与作用、与相邻知识点以及与实践的关系；微课件设计要形象直观、层次分明；简单明了，教学辅助效果好；微反思应在微课拍摄制作完毕后进行观摩和分析，力求客观真实、有理有据、富有启发性
	语言规范	语言标准，声音洪亮、有节奏感，语言富有感染力
	风格规范	具有艺术性，能使学生乐学
教学效果	形式新颖	构思新颖，教学方法富有创意，不拘泥于传统的课堂教学模式，类型包括但不限于：教授类、解题类、答疑类、实验类、活动类、其他类；录制方法与工具可以自由组合，如用手写板、电子白板、黑板、白纸、PPT、Pad、录屏软件、手机、DV摄像机、数码相机等制作
	趣味性强	教学过程深入浅出，形象生动，精彩有趣，启发引导性强，有利于提升学生学习的积极主动性
	目标达成	完成设定的教学目标，有效解决实际教学问题，促进学生思维的提升和能力的提高
网络评价	网上评审	发布后受到欢迎、点击率高、人气旺，用户评价好，作者能积极与用户互动。根据线上的点击量、投票数量、收藏数量、分享数量、讨论热度等综合评价

8.2.6 微课脚本的设计

在选好微课要讲解的知识点后，应当开始教学设计。而微课的教学设计不同于传统的教案，确切地说，是教学内容的微处理。围绕所选的"点"（或重点，或难点，或疑点，或易错点……），可以从多个角度、用多种方法，考虑学生最需要帮助的地方，以最易于学生理解并掌握的方式展开设计。微课的教学设计是后续制作PPT和编写录制脚本的依据。

教学设计的文本确定以后，就可以开始制作PPT。这其中当然包括微课中所需素材的收集整理加工的过程，接下来，就要进行录制微课的脚本设计。

一般来说，在录制之前要写好完整的脚本，逻辑清晰的脚本是微课顺利录制的重要保证。这也是高效录制视频，尽量保证一次成功的诀窍。

脚本结构一般包括：PPT编号、页面描述、配音内容、时长、备注等，备注主要是一些特殊的、需要提醒制作者或者授课教师注意的操作事项。

在这个过程中，要反复推敲教师要讲述的每句话。写脚本的时候，有时还要根据具体情况修改PPT。

8.2.7 微课版面的设计

首页与封面设计：最好采用PPT的首页作为封面，这样可以一目了然地知道知识点与作者。第一张 PPT 作为微课的"脸面",应当有以下清晰的"五官"。

额头:如果是系列微课,可以在此说明;

眼睛:简明扼要的微课标题;

鼻子:作者及单位;

嘴巴:学科学段、章节及教材;

耳朵:边饰,缺少边饰则显得有些古板、单调。

背景:就好似人的皮肤,尽量以素雅为主,能烘托字体。

中间页:最顶上可以写着知识点的小标题,要简洁大方,让人一目了然,中间则放置主题内容,右下角或左下角留出空白,以放置教师画面,同时不挡住文字。背景应当比首页更加简单,但是不推荐没有背景或是某种纯色的背景,太素颜也不好。

尾页设计:可以加入感谢语、微课题目、欢迎观看其他微课等语言,此页不建议加入教师画面。

整个 PPT 当中,应当 50%文字,20%图片,30%空白;文字颜色不要超过三种,最好只使用两种;上下一致,左右协调,PPT 的上半页与下半页内容数量差不多,不出现头重脚轻,不要出现一边重一边轻的现象,左半页与右半页协调。

翻页动画可以有数种,但是不能太多,2~5 种翻页效果是合适的,不易产生审美疲劳,不要出现连续的好几张都全部是图片或者全部是文字。

8.3 视频微课的创作与开发

微课的创作开发是一个系统工程,团队合作的实力必然强于个人。熟悉多媒体摄、录、编的一系列流程是创作视频微课的基础。

8.3.1 微课的创作团队与分工

微课的开发应该是由一个团队共同承担的合作性工作,如果立足于院校,应当申请学校对此进行正式立项,以得到校方各部门良好的资源支持。

微课创作团队的具体人数不做限制,为达到理想的运作效果,应按照表 8-2 所示进行人员配置。

表 8-2 微课的创作团队与分工

角色分工	人员构成	承担任务
团队领导者	教学或信息化主管	经费的申请、软硬资源调用、团队组建及组员协调分配、参赛支持
项目主持者	德高望重的教学名师	微课选题、教学设计、主讲授课、团队成员的具体分工协调、参加教学竞赛的具体组织等
团队成员	各学科的中青年教员	具备一定实际学科教学经验,同时应具备一定的微课基础知识,掌握微课相关软硬件的实用知识
技术支持	教育技术和信息技术人员	提供微课设计和制作相关技术的咨询与操作支持,包括相关硬件设备的提供与准备

8.3.2 视频微课的全程录制

一、专业视频工具拍摄

专业视频工具拍摄主要以摄像机拍摄授课人,通过使用黑板或电子白板授课或者穿插多媒体课件的方式进行。

（一）主要工具

摄像机、照明设备、黑板（电子白板）、尺笔等教具、其他教学演示工具及课件。

（二）基本方法

使用一台或者多台摄像机,对授课人的教学过程进行同步摄像。完成后,再通过后期数字化加工形成最终的微课成品。

（三）拍摄过程

（1）针对微课主题,进行详细的教学设计,形成教案,并准备好相关授课教具及课件；

（2）布置好充足的光源,利用黑板（电子白板）作为授课主体进行教学演示,利用摄像机将整个教学过程拍摄下来；

（3）通过电脑软件对视频进行适当的后期制作,可以进行必要的编辑和美化。

优势：授课教师可以按照日常习惯讲课,无须改变习惯,黑板上的内容与教师画面同步。

不足：需要专门的演播环境,设备成本相对较高,往往需要多人合力才能完成微课的拍摄,精力投入较大,后期编辑需要有一定的基础。

二、手机拍摄

有很多对于电脑微课录制及视频后期编辑操作不很熟练的新手,可以选择相对简便的手机录制方法来制作微课。

（一）工具与软件

包括进行视频摄像的手机、手机支架、一打白纸、几只不同颜色的笔、课程相关道具、相关主题的教案。

（二）基本方法

使用手机对课程的教学过程、实际操作、课件演示等进行同步解说和录制。

（三）拍摄前期准备

（1）针对微课主题,进行详细的教学设计,形成教案；因为手机拍摄效果与专业摄像机差距较大,所以在力所能及的情况下,要保证拍摄环境具备充足的光照条件。

（2）在稳定的位置上,用手机支架固定好手机,尽量使用横拍模式拍摄,不建议使用竖拍。调整光源位置,尽量避免拍摄过程中光线突然发生明暗变化,同时最大限度地避免拍摄位置产生阴影。拍摄对象要尽量简洁,调整好手机距离拍摄主体的最佳距离,随后通过手机屏幕观察好拍摄范围（可在拍摄范围边缘适当做一些标记）,在录制过程中务必不要超出此画面范围。如果手机摄像头性能允许,务必手动对焦在拍摄主体上,并且固定好白平衡,以免拍摄过程中相机自动调整焦点和白平衡,导致画面突然模糊或者偏色。

如不打算进行专业后期处理,可以先把必要的标题、作者信息、版权内容等打印或者书写在纸张上,在拍摄画面中进行展示,代替字幕的作用。另外可以预先准备好相关的背景音乐或者音效,在录制过程中根据需要随时播放。

（四）正式录制

（1）在手机拍摄范围内，进行手绘展示讲解或者进行手工演示讲解。过程尽量保持连贯，解说要尽量流畅清晰。

（2）如果录制过程中遇到意外中断，那么即可以从头重新录制、也可以从中断处靠前一点的部分开始继续录制。如果选择后者，那么务必需要对录制视频进行后期剪辑。

（五）手机录制其他注意事项

尽量避免画面的抖动，保持对焦清晰，同步录制的讲解声音要响亮清晰，语速平稳，连贯，背景音乐要相对柔和。

保证录制画面内的简洁，出镜的人物、手、纸笔、背景等要尽量整洁干净，只拍摄必要的内容，不需要抢眼的装饰物。

如果课程内容需要进行移动手机拍摄，应当让手机在移动中尽量保持平缓并避免磕碰、摩擦，以免录入多余杂音和抖动。

制作者有兴趣对微课进行简单后期处理，那么可以安装相关的手机软件。苹果手机可以选择如 iMovie、美摄等；安卓手机可以选择如乐秀、美拍、小影等。

（六）上传及分享

手机微课作品一般应保存为 MP4 格式，可以直接上传到各类微课制作平台或者视频网站，如优酷、腾讯视频等。给希望观看的人分享视频链接，就可以让大家在各种网络终端上观看学习。

优势：拍摄工具随手可得，门槛低投入少，不需要很多多媒体专业知识即可独立完成。

不足：录制效果相对粗糙，声音和画面品质较差，往往没有添加特效，难以制作精品课程。

其他需要额外注意的是，手机本身是个连接互联网的开放平台，信息极其容易外泄。如果拍摄重要的、非公开的、拥有版权的课程内容，则不要选择这种方式。

三、电脑屏幕录制

屏幕录制是通过电脑屏幕录制软件对电脑画面进行录制，期间可以随时穿插授课人和 PPT 等课件的画面。

（一）工具与软件

电脑、耳麦（附带话筒）、视频录像软件 Camtasia Studio 等录屏软件、PPT 软件。

（二）基本方法

启动录屏软件后，对 PPT 演示进行屏幕录制，辅以相关音效和字幕。

（三）录制过程

（1）预先针对所选定的教学主题，搜集教学材料和媒体素材，制作 PPT 课件。

（2）在电脑屏幕上打开视频录像软件 Camtasia Studio 等录屏软件、PPT 课件，授课人带好耳麦，调整好话筒的位置和音量，设定好 PPT 界面和录屏界面的位置后，单击"录制"按钮，开始录制。执教者一边演示一边讲解，可以配合标记工具或其他多媒体软件或素材，尽量使教学过程生动有趣。

（3）使用后期软件对录制完成后的教学视频进行必要的处理和美化。

优势：录制微课较快捷方便，展示内容清晰，贴近课堂环境。硬件要求不高，在个人电脑上即可轻松实现。

不足:Camtasia Studio 等录屏软件的应用较复杂,如要实现各种特效和展示手段,还需安装各类相应的软件。不但对于操作者个人技巧要求较高,而且各个软件往往互不关联,统一性和兼容性存在隐患。

四、专业制作工具录制

微课专业制作工具录制是采用电脑搭配专业制作工具(如手写录屏宝)录制微课的方法。它应用灵活,可支持多种场景制作方式。

(一)工具与软件

电脑、耳麦、手写录屏宝及相关课件。

(二)方法

通过手写录屏宝微课制作工具对教学过程进行讲解演示,并通过录屏软件同步录制,可以实现片段式的录制。

(三)录制过程

场景一,录制 PPT。

(1)针对微课主题,进行详细的教学设计,形成教案 PPT。

(2)打开 PPT,进入 PPT 幻灯片模式,直接利用手写录屏宝 PPT 插件即可对 PPT 进行标注书写,执教者带上耳麦同步对 PPT 进行演示讲解。

(3)通过手写录屏宝录屏功能同步录制教学过程。

(4)通过手写录屏宝视频编辑功能对录制的视频进行后期编辑美化,可进行后期配音、切分、合并、封面封底制作、扩音等。

场景二,录制白板(可汗模式)。

(1)进入手写录屏宝白板工具(可以自定义设置白板的背景颜色);在白板上对教学过程进行板书演示讲解。

(2)通过手写录屏宝功能同步录制教学过程。

(3)通过手写录屏宝视频编辑功能对录制的视频进行后期编辑美化,可进行后期配音、切分、合并、封面封底制作、扩音等。

场景三,通过录制高拍仪,录制真实试卷。

(1)将高拍仪连接到电脑上,将试卷放置在高拍仪下方。

(2)打开手写录屏宝微课制作工具高拍仪功能,将试卷图像导入电脑屏幕。对电脑屏幕上的试卷进行讲解演示,可同步在屏幕上标注板书。

(3)通过手写录屏宝功能同步录制教学过程。

(4)通过手写录屏宝视频编辑功能对录制的视频进行后期编辑美化,可进行后期配音、切分、合并、封面封底制作、扩音等。

场景四:通过外接高拍仪或专业录像设备,录制实物展台。

(1)将录像设备连接到电脑上,将设备摄像头对准展台区域。

(2)通过手写录屏宝高拍仪中的录像功能对实物展台进行同步录制。

(3)通过手写录屏宝视频编辑功能对录制的视频进行后期编辑美化,可进行后期配音、切分、合并、封面封底制作、扩音等。

优势:手写录屏宝是集屏幕录制、电子白板、手写板、PPT 插件、视频编辑、绘画板于一体的专业微课制作工具,提供微课制作一体化解决方案,无空间局限性,可以在任何地点实现微课制作。使用风格符合用户习惯，操作简单易上手。

不足：需要购买录屏宝、摄像头等相关设备，安装较为烦琐，调试过程复杂。虽然录制过程中可展现微课制作者头像，但是难以像录播教室一样展现完整人像。

8.3.3　视频微课的后期处理

在微课制作前期，即拍摄过程中如果水准较高，那么，后期处理将是一件较为简单的工作。在后期处理中，主要需要弥补拍摄过程中出现的瑕疵和遗憾，同时对于画面和声音的特效进行处理。

后期编辑可以采用 EDIUS 等非线性编辑系统实现，在实际拍摄中，即便是相同内容、相同场景和机位的镜头在后期拼接中仍然有可能看出画面切换中的细微变化，而适当插入 PPT 全屏画面就能够掩盖这种图像跳跃现象。遇到不同信号源色彩还原不一致、场景转换色调不统一的情况，可运用非编系统内的 YUV 曲线、色彩平衡、三路色彩校正等视频滤镜对画面中亮调、暗调、中间调的不同区域进行色彩微调。调整亮度、色度、饱和度、对比度时应参考画面的直方图以及斑马纹，防止画面出现色彩和亮度超标现象。

对于音频的处理要适度，参考音频波形进行音频剪辑，运用调音台对音频轨道调整音量，将音量参考电位设为–20 dB，每一音轨可以采用写入、触及和锁定模式进行音量的实时调整，参考音量电位指示器对音量进行适当放大缩小，防止出现音量过冲或过弱的现象。

8.4　动画微课的创作与开发

动画微课是各类微课展现形态中，最易被学生关注的模式，往往能取得更好的教学效果。动画微课具有易编辑、易修正的优势，但是对于前期规划、多媒体制作水平，甚至对于硬件设备以及后期加工能力都有着更高的要求。

8.4.1　动画微课的开发流程

动画微课的开发流程与传统微课基本一样，但是以动画形式对课堂内容予以表现要更加生动。总之，微课制作不仅要重视质量有"内涵"，还要在乎观感有"颜值"。

在选题期间就应考虑到该主题是否适合以动画的形式表现，如果适合，那么，就要考虑在整节微课中，是全部以动画表现还是用实际画面和动画相结合。当确立了这一点后就该据此开始教案的编写。动画微课的教案实际上也相当于剧本，如果有一定美工功底的话，可以适当画出分镜图（如图 8–1、图 8–2 所示），从而有利于动画制作者对微课整体结构的认识和对最终呈现效果的预判。

教案兼剧本确立之后，就要对其中涉及的素材进行收集和制作。素材的收集要广泛而充实，确保在动画制作过程中能够有足够的储备，以便随时实现一些特别的创意。

接下来可以使用诸如万彩动画大师、Focusky 动画演示大师等容易上手并且功能强大的软件按照脚本进行制作，前期准备的素材库对于制作的精细及丰富程度起着至关重要的作用。由于动画微课全部在电脑上完成，因此制作过程包含了后期特效以及配音的流程，这需要制作者有足够线性的思维来串联非线性的素材。

在线教育理论与实践

图 8-1　动画分镜表格式图

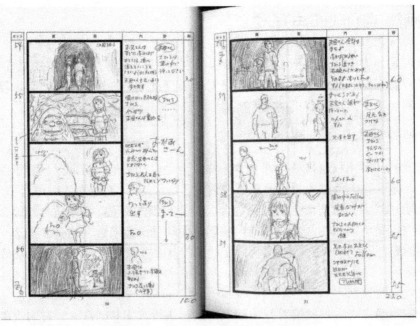

图 8-2　动画片《千与千寻》分镜图

8.4.2　动画微课的制作技巧

传统的微课制作通常采取录屏的方式，采取的手段主要是 PPT 结合录屏软件，然而用这种方式做出来的微课不大容易出彩，学生们容易产生审美疲劳，而且作为连续录制的课程，需要维持完好的连贯性，很难在录制后再次编辑更改内容，如果要进行较大的调整，往往需要从头重新录制。

微课是一门发展中的授课技术，其手段也在推陈出新。动画微课就克服了微课制作完成后内容难以补充和更正的难题，由于主题完全由软件制作完成，特效也可以很轻松实现，内容更是可以根据需要随时调整。因此动画微课已经成为微课制作的一种主流形式。

下面主要通过介绍动画微课软件的基本使用方法，让读者了解这方面的制作技巧。

以万彩动画大师为例，它内置了各种模板和场景，比如室内室外、现代古代、医疗健康、节日主题等，多样且实用。教师既可以直接套用合适的模板轻松完成微课制作，也可以选择自己喜欢的场景给微课定下基调，同时配以多样的场景切换方式，然后在上面添加相应的微课内容即可。

可以添加很多元素物体，包括图形、图片、文本、SVG、气泡、音乐、视频、SWF、特殊符号，以及 Flash、PNG、GIF 角色等。教师可以直接在自己录制的视频上添加这些特效元素而不用另外单独准备 PPT 教学课件，这样就省了很多工序；通过添加这些精美丰富的图形素材和音效素材，使得微课演示更生动有趣，不至于乏味。

在编辑制作过程中，灵活运用时间轴会让制作过程轻松很多：比如编辑镜头，添加元素物体的进场、强调和退场效果，能够让微课的趣味性更强；调整各类物体的进出场顺序，以随时编辑更改微课内容；添加字幕与配音等特效，也是微课制作的必备要素。

微课完成后，需要输出成为可播放的文件。文件格式设定理想的话，播放起来就可以很流畅。我们可将微课输出到云空间，然后分享到微信；也可直接输出成视频文件，包括 720×576（576P）、1 280×720（720P HD）、1 920×1 080（1 080P HD）等多种分辨率，以及 MP4、WMV、AVI、FLV、MOV、MKV 等多种输出格式。分辨率代表着画面的大小以及清晰度，原则上数字越大画面的原始尺寸也就越大、相对也更清晰，当然对应的视频文件也就更大。而输出格式则代表着该视频的适用范围以及整体效果的好坏，其中，MKV、MP4、WMV、AVI 格式更适合本地播放，FLV 和 MOV 格式对视频压缩较大，文件较小，更适合在线播放。在实际操作中，教师可以将同样的微课输出成几种不同的分辨率及格式，以应对不同的使用方式及场合。

8.4.3 动画微课的配音

微课的表现形式就是视和听，配音是非常重要的一个环节，直接影响微课质量的好坏。微课的音频制作包括音频（配音）的脚本设计、录制、插入和编辑。

脚本主要用于规划微课制作的整体思路及实施流程。在动画微课制作中，势必需要声音对于内容进行诠释和解说。设计者应当提前制作好一个音频脚本，提前规划好每部分画面的配音词。制作声音脚本关系到课程的整体安排，有时课程的解说效果不佳，并非配音人的问题或者是音质的问题，而是最初脚本没有设计好，或者是没有安排脚本。

脚本准备好，就需要根据需求进行配音的录制。音频录制与编辑涉及的方面很多，诸如要熟练使用电脑和录音软件以及周边设备，要具备一定的声学知识，甚至还要具有一定的艺术修养等，这里就不再一一叙述。我们主要是通过讲述音频录制与编辑软件的一些基本的操作和使用技巧（主要是人声录制），结合软件实际操作，使大家尽快掌握音频录制与编辑的一些基本方法。

一、音频录制系统的基本构成

音频录制系统构成的规模可大可小，设备可多可少，一般主要是根据工作的实际需要以及资金的情况来构建音频录制系统，主要的基本设备包括：电脑（PC 或 Mac、台式或笔记本）、音频录音与编辑软件、音频接口（声卡）、录音话筒、话筒放大器（现在很多外置音频接口都自带放大器）、监听音箱、监听耳机及放大器、调音台或监听控制器、信号处理器、对讲系统等。其设备连接及信号流程：话筒→放大器→音频接口→电脑（录音软件）→音频接口→调音台（监听控制器）→监听音箱（监听耳机），也可以按话筒→调音台（带话筒放大器）→音频接口→电脑（录音软件）→音频接口→调音台→监听音箱（监听耳机）。如图 8-3 所示。

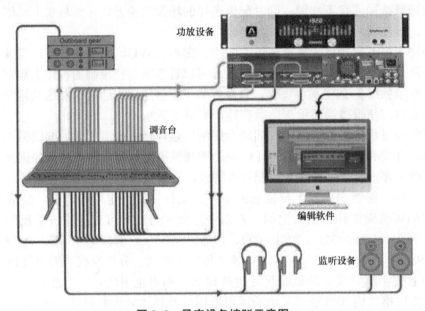

图 8-3　录音设备接驳示意图

另外，应当具备一个良好的录音环境，也就是我们常说的录音棚或录音室，至少也得具备一个环境噪声较小和稍微有一点吸音功能的环境。

二、录音准备

为了保证录制工作能够顺利进行，在正式录音之前还要进行一些相应的准备工作。

（一）选择声源

根据工作要求，选择合适的声源。在微课配音中，声源就是微课的主讲者，需要做到配音的音调能满足课程的表现力。嗓音要尽量清澈，尽量不带不必要的口音。

（二）协助人员

协助人员最好是由脚本和配音文稿的创作者来担任。这项工作的目的就是为了让配音效果能够更好地、更准确地表达和体现作者以及撰稿人的思想意图。

（三）话筒摆放

话筒的摆放涉及声音拾取的声场、声像是否准确、合理，拾取的声音信号是否过载或太小。如果是针对单人的录制，只需要一支话筒录成单声道，话筒与声源的距离以及话筒左右高低位置，要根据声源的声音强度大小和声源发声的位置等实际情况进行合理调整摆放。距离太近，拾取的声音可能会出现过载而产生爆音，也会使一些不必要的声音被拾取进来。距离过远，则可能拾取的声音信号太小而造成信噪比较差。话筒的左右高低位置是否合理，也会关系到拾取的声音是否真实、有效。一般来说，话筒与声源之间的距离在 50～100 cm，话筒左右高低位置则必须根据现场情况而定。如果是针对同时多人录制，最好是使用两支或两支以上的话筒进行立体声拾音，话筒数量以及话筒的高低左右位置可根据人数的多少和声部的排列等情况而定，话筒距离相对于单人录制的要大，但也要根据声源的声音强度大小来进行适当调整。总之，话筒的摆放是灵活多变的，应综合实际情况进行调整。

三、配音软件的使用方法

以动画微课制作软件万彩动画大师（如图 8-4 所示）为例，介绍配音软件的使用。

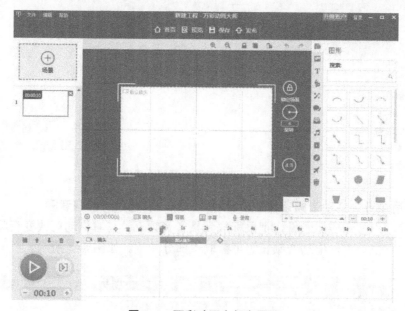

图 8-4　万彩动画大师主界面

（一）新建场景→点击录音按钮→开始录音

打开工程，新建场景，点击录音按钮，倒计时结束后进行录音。如图 8-5 所示。

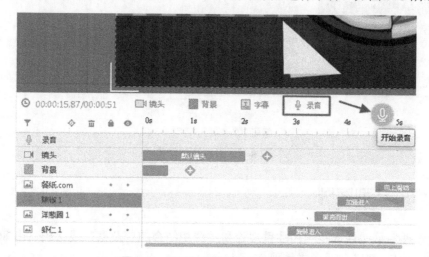

图 8-5　通过万彩动画大师开始录音

（二）停止录音→播放/重新录音/应用

录音完成后，按停止键暂停录音（如图8-6所示），然后选择该录音直接播放、重新录音或直接应用到场景中。

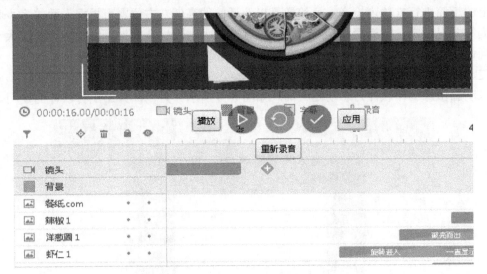

图8-6 万彩动画大师停止录音

（三）应用录音→拖动音频条调整录音时长→双击音频条→截取音频

点击"应用"按钮应用录音，把鼠标放到录音音频上，左右拖动可改变音频时长。双击音频条，在弹出窗口中，拖动音频长短可截取该部分音频。如图8-7所示。

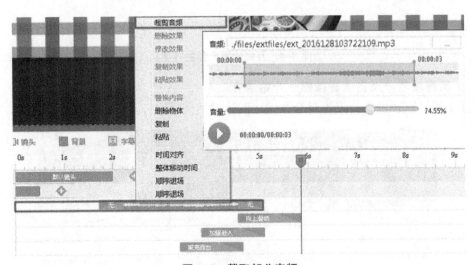

图8-7 截取部分音频

8.5 微课的典型案例

"质量管理"慕课课程是一门注重理论和实践相结合的普及型在线课程，由86个知识点构成，每个知识点都以微课形式呈现。

8.5.1 微课内容设计

要制作好"质量管理"这门慕课课程,对其构成的每一个知识点形成的微课都要精心设计。在此以课程中的第 1 个知识点"质量"为例,介绍微课设计的实战过程。

一、选题分析

装备建设是一项高技术、高投入、高风险的事业。回顾我军装备发展历史,我们清楚地认识到:要推动装备发展,必须高度重视质量管理,始终将质量作为生命工程。所以,质量是装备建设非常关注的热点话题。

装备质量是质量概念的引申,要弄懂装备质量,首先要透彻理解质量的内涵,所以将"质量"这个知识点作为微课选题非常必要的。

二、学习者分析

由于慕课课程"质量管理"定位为普及类课程,受众面广,学习者既有干部,也有士兵;既有高学历人员,也有初、高中文化程度人员。所以微课内容要由浅入深,语言通俗易懂,微课目标设计为通过学习,学习者能掌握质量的内涵,真正认识到质量的重要性。

三、梳理教学内容

每个知识点都不是独立存在的,与其他知识点具有一定的逻辑关系,如包含、相交、层级、并列等关系。下面采用可视化分析方式分析"质量"的逻辑关系,如图 8-8 所示。

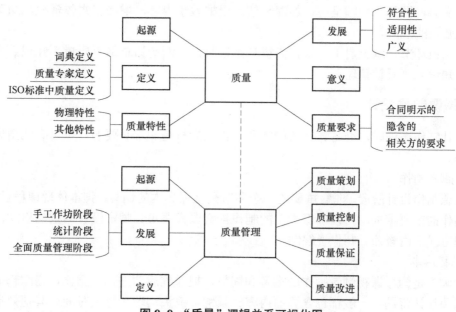

图 8-8 "质量"逻辑关系可视化图

四、精选微课内容

知识点"质量"的相关内容非常多,并不需要都作为微课内容,如"质量管理"应该是另一个知识点,目前 ISO 标准中的质量定义广为认可,词典中质量的定义和不同质量专家定义可以放置在微课中。

8.5.2 微课教学设计

网络环境下的微课教学活动与传统课堂中的教学活动是不同的,设计微课要从学习者特征、学习内容类型两方面分析。

一、学习者特征、学习内容类型分析

慕课课程"质量管理"的学习者包括部分普通岗位人员和士兵,他们的学习兴趣和学习动机不会很高,在教学活动设计中要注意课程时长的控制,讲解浅显易懂,以案例讲理论,视频下部增加字幕等。知识点"质量"属于陈述性知识,学习者在学习时容易感觉枯燥,产生疲劳感,在教学活动中要充分考虑多媒体技术的运用和多种讲课技巧的运用。

二、教学活动设计

(1)课程导入环节,即刻抓住学习者的眼球。在微课"质量"导入环节,通过一段3~4个关于国内外因产品质量造成巨大损失案例的警钟视频阐述质量的重要性,并引出课程内容。视频内容具有一定的冲击性,可以立刻引起学习者注意,调动学习兴趣。

(2)概念解析环节,使用问句引出概念。"既然质量在我们的工作生活中这么重要,那到底什么是质量呢?"停顿3秒,留给学习者短暂思考时间,同时也提醒学习者注意,接下来将讲解课程重点。

(3)难点多用案例,轻松学习。质量特性是比较难懂的知识,每个特性有案例,帮助学习者易于理解。

(4)文字、图片、视频呈现,加深理解。根据教学内容,增加多媒体资源,加深学习者对陈述性知识的理解。

(5)结束环节,承上启下。知识点讲解结束时,一两句话总结"质量"知识点内容,过渡到下一知识点"质量管理"。

8.5.3 微课制作设计

在设计制作微课时,准备详细的脚本和丰富的素材是非常必要的,可以有效指导后续的制作工作。

一、脚本制作

在微课制作设计阶段,非常重要的一个环节是微课脚本的编写。脚本体现课程设计意图,是微课制作的重要依据,可以确保微课的制作符合课程要求。脚本没有固定的格式,依据不同的录制方式,由教师、制作者编制。

1. 拍摄脚本

拍摄脚本是为微课视频录制作的准备和铺垫,把课程活动进行视觉化,它编辑的是对微课的构思和设计蓝图,一般都包含画面内容、景别、镜头运动、持续时间、其他效果(包括声音、备注)等元素。"质量"微课拍摄脚本见表8-3。

表8-3 "质量"微课拍摄脚本

序号	画面内容	景别	镜头运动	持续时间	其他效果
01	微课名称"质量"+背景视频	全景	静止	5秒	无

续表

序号	画面内容	景别	镜头运动	持续时间	其他效果
02	教师讲解	全景到近景	推镜头	10 秒	无
03	警钟视频	近景	静止	60 秒	无
04	教师讲解+PPT"质量的重要性"	近景	静止	10 秒	无
…					

2. 讲稿脚本

讲稿脚本是为了微课在后期制作时将录制的视频片段、PPT 等素材可以很好地融合在一起,并且将教师讲稿内容字幕化所做的工作,主要包括字幕、画面、PPT(或仅提供 PPT 中文字、图片、动画等素材)及备注,见表 8-4。

表 8-4 "质量"微课文字脚本

序号	字幕	画面	PPT 序号或内容	备注
01		微课名称"质量"+背景视频		
02	同学们好,我们今天一起来学习"质量",什么是质量?它在人们的工作、生活中占据什么地位,请大家先看一段视频	教师讲解		
03		警钟视频		
04	大家观看了前面的视频,这些印证了世界著名质量专家朱兰博士的预言"21 世纪将是质量的世纪",我们在给出"质量"的定义前,先了解一下质量的发展	教师讲解+PPT"质量的重要性"	PPT 中文字"21 世纪将是质量的世纪" PPT 中图片 图片下方标注"美国质量专家 朱兰博士"	
…				

二、素材准备

微课中内容单一的呈现方式过于枯燥,可以选择多种多样的呈现方式。在"质量"微课中,"起源"和"发展"使用图片;"定义"比较正规,选用文字;"质量特性"和"质量要求"用案例,配有相应的文字+图片,帮助理解;"意义"选择视频方式呈现,更能敲响警钟。

获取素材的途径主要有两种:通过网络下载和自制素材。根据编写好的视频脚本,对微课开发过程中涉及的图片、视频、动画、声音等素材进行收集、制作和再编辑等处理,为知识的表征和阐释提供良好的支持。

三、现场拍摄

"质量"微课采用专业视频工具,由专业微课制作团队在录播室拍摄的方法制作。

拍摄前，专业微课制作团队熟悉"质量"微课拍摄脚本；准备好录播室拍摄环境，调整好摄像、录音设备、教师授课时所用的计算机和投影设备；授课教师再次熟悉授课内容，并调整好情绪。环境、设备、人员都准备好后，进行微课拍摄。

四、后期制作

授课教师将前期收集、制作和再编辑好的素材交给专业微课制作团队，专业微课制作团队按照"质量"微课讲稿脚本，将素材、录制的视频和脚本中的解说词进行合成，形成微课视频，调整达到最优效果后，保存输出文件，定稿发布。

第 9 章 翻转课堂

教育改革的形式是多样的,有将教学内容从理论向实践应用靠拢,有将教学场所从教室搬到网上,还有教学者与学习者角色的互换……那么什么是翻转课堂?如何设计和实施翻转课堂?翻转课堂又为教育带来了什么革新?

翻转课堂是一种颠覆传统的学习模式,也是一种混合式学习模式,它将传统教学优势和在线学习优势结合起来,优势互补,获得更好的学习效果。

9.1 翻转课堂概论

每个学习者迈进学校大门后就非常熟悉的学习方式是,先上课听讲,后思考做习题。而翻转课堂将打破学习者的传统学习习惯,将教师课上的"教"和学习者课下的"习"的次序进行颠倒,使学习者先学而后教,进而也给"教"与"学"赋予了新的定义与内涵。

9.1.1 翻转课堂基本概念

根据翻转课堂的教学模式,它还有其他的名称,如颠倒课堂、颠倒教学、翻转教学,等等。到底什么是翻转课堂?

一、翻转课堂定义

翻转课堂是一种教学模式,它将课程的集体教学从课堂转移到线上个体学习空间,并将课堂转变为一种教师引导学习者应用理论,并创造性地进行主题学习的动态交互学习环境的一种教学形态。

翻转课堂的教学形式是:学习者上课之前,根据个人情况自学慕课或其他在线课程,利用学习资料补充知识缺陷;进入课堂中,学习者可以与教师或其他学习者一起研讨、答疑,解决学习中的疑难问题。翻转课堂借助网络,重新调整课堂内外的时间,将学习的决定权从教师转移给学习者,改变了教师传授知识的方式。

翻转课堂更加注重课上学习,教师要精心设计课上内容,将课堂时间最大化利用,创建以学习者为中心的学习环境,采取以学习者为中心、学习者主动学习的教学策略,学习者在课上能够获得教师、学习同伴更充分的学习支持,使学习者获得较高难度的学习内容,达到更高层的学习目标,最终实现对深度学习的促进。

二、翻转课堂集传统课堂和在线学习的优势

翻转课堂本质上是教学者赋予学习者更多的自由,把知识传授的过程放在教室外,让学习者选择最适合自己的方式接受新知识,而把知识内化的过程放在教室内,以便学习者之间、

学习者和教师之间有更多的沟通和交流。这样既吸收了传统课堂和在线学习的优点，又摒弃了它们的缺点。学习者在网络上可以随时学习、反复学习在线课程，摒弃了传统课堂中一时没听懂，满堂发蒙的情况；学习者带着问题参与课堂合作学习，摒弃在线孤独学习状态；学习者在课堂教学中感受到教师就在身边的亲切感，摒弃在线学习师生的隔阂感。好的翻转课堂学习，能将以学习者为中心、基于问题的学习以及合作学习等教育理念发挥到淋漓尽致，最大程度上发挥传统课堂和在线学习的优势。学习者课前自主学习，监测学习进展，不断反思学习过程，逐步改进自我学习策略，对自己的学习负责，教师只在启发和支持学习者自主学习方面发挥重要作用。课上在教学者指导下合作学习，能进行更多高层次的推理，更深入理解和批判性地思考问题，更能从他人的角度看待问题，以及培养更强的社交能力等。所有这些优势和好处都是仅仅依靠传统课堂或单一的在线学习难以企及的。

9.1.2 翻转课堂特点

翻转课堂独特之处在于它为教师和学习者提供了更深入、广泛的学习条件和环境，改变了传统的教学模式，为教育事业注入了新的活力。与传统教学相比较，主要有以下突出特点：

第一，翻转了教学理念。不似在传统教学中要紧跟教师的节奏，翻转课堂中学习者有更多的自主性，更加突出"以学习者为中心""因材施教"，实现个性化学习。一是学习者在课外，可以自己掌握学习时间和进度，易学部分或自己原来就掌握的内容，可以快速通过，而对于难学难理解部分，可以进行线上课程的反复学习，从而提高学习效果。二是能调动学习者学习研究的主动性，学习者在线上的学习过程中，必然会产生大量的问题，其中部分问题是学习者自身难以解决的，在课堂上，学习者可以就学习中遇到的疑惑，与教师、同学积极地探讨，避免了在传统课堂教师刚讲完课程就询问学习者有没有问题，学习者在知识还没有消化的情况下沉默不语的现象。三是进入教学课堂，完全是以学习者为中心，解决学习者的问题，教师也可以为了让学习者更好地或更深入地掌握课程内容，提出若干研讨题目，以学习者为主体进行讨论研究，教师对学习中遇到困难的学习者可以个别辅导。

第二，翻转了教学流程。传统课堂的教学，教学流程基本上是先课堂，后课外。学习者在课堂上听讲，学习新课程知识，在课外回家复习、做作业，消化知识。翻转课堂的教学流程基本上是先课外，后课堂。学习者课前自主学习，通过观看教师事先制作的线上课程学习知识，在课堂中通过做作业、解惑、讨论研究等活动帮助学习者消化知识，掌握和学习运用课前学到的新知识与技能。由于课堂上答疑、解惑、研究知识有教师和同学的帮助，学习者掌握知识更深入，提升能力更快捷。

第三，翻转了师生主体角色。在传统教学中，教师站在高高的讲台上，往往被认为是知识的"权威"，负责将知识传播下去，而学习者被动地听，这种上课方式，抑制了学习者的主观能动性，也削弱了学习者的学习积极性。在翻转课堂学习中，课下学习者以自己的学习需要和能力为基础，主动学习；课上，无论在学习小组还是班集体，主要是学习者在研讨发言，学习者在课内和课外的学习过程中，都占据主动地位，而教师在其中只是起到组织、指导、帮助、督促的作用。在学习过程中，学习者一直是学习的主体。

第四，翻转了教学模式。由传统课堂的教与学，转变为由网络技术和课堂双支持的教与学，并且将知识传授和知识内化进行了优化。在翻转课堂中，教师课前把帮助学习者学习的学案、课程 PPT、教学视频、测试题等各种学习资源共享到线上学习平台，学习者可以随时随地进行学习；上课时，学习者和教师集中在线下的课堂中实时交流。利用信息技术的混合学习模式将在线学习和面对面的教学有机结合起来。

9.1.3 翻转课堂要素

翻转课堂具有传统课堂和在线教育的基本教学要素，但是内涵却是有差异的。

一、教学者与学习者要素

在任何教育培训中，教学者与学习者都是非常重要的一对要素。一直以来，传统课堂都是以教学者为中心，教学就是教师站在讲台上给学习者讲课，由于教师要在课堂上完成规定的教学任务，教师和学习者深入交流探讨的时间非常有限，教师对学习者的指导是有限的；而对于在线教育形式的教学活动，教师和学习者就是陌生人，存在距离感，教师对学习者的指导很难深入；在翻转课堂中，教师走下讲台，从内容讲授者变成学习促进者时，课堂变成一个学习交流中心，而这个中心的焦点变成了学习者自己，教师对学习者的帮助是面对面的、深入的。

二、学习资源要素

翻转课堂学习资源非常丰富，微课视频、慕课课程、网络课程、视频公开课等在线课程，都可以作为翻转课堂的课前学习资源，但使用比较普遍的是微视频和慕课课程，因为微视频或慕课课程知识点时间一般控制在 15 分钟以内，讲授的教学内容是针对某个知识点或教学环节而精心设计开发的一种情景化、可视化的数字化学习资源，具有可重复播放、可暂停、反复观看、不受教学进度约束等特点，便于学习者个性化自主学习。翻转课堂学习资源另一个主要要素是学案，由教师或教学团队编写，是用以指导学习者进入翻转课堂学习的指导手册。翻转课堂资源还包括帮助学习者建构知识体系、加深课程理解的拓展学习资料，如教材、书籍、视频、其他教师的相关网络课程等。

三、学习流程要素

翻转课堂具有与传统学习不同的教学活动流程，主要是在学案指导下，学习者个体进行课前课程内容的自学、课程相关知识结构的查缺补漏；课中以学习者为主体，学习者集体在教师的引导下，深入内化知识，解决知识难点，研究相关问题，探索创新知识应用；课后巩固拓展知识的一系列教学活动。而其他在线教育的学习流程与传统教学是一致的，不同的是将上课课堂由线下搬到了线上。

四、教学环境要素

（一）学习平台

翻转课堂需要一个网络平台作为支持环境，目前国内外现存的网络平台很多，而由澳大利亚教师开发的 Moodle 平台非常适合翻转课堂，它可以管理课程、组织教学内容、为教学提供评价支撑，可以帮助教学管理人员创建新课、为教师授权、管理教学事务；可以帮助教师进行教学设计，增加、修改课程，引导学习者自主学习，检查学习者学习活动记录，解答问题，以及督促学习；可以帮助学习者浏览、下载学习微课视频和资料，上传作业，研讨交流和学习评价。Moodle 平台为教师创建一个灵活实用的教学活动社区，为学习者提供方便的在线学习服务。我国翻转课堂平台主要利用的还是"慕课"平台以及各院校的校园网平台，课下学习者自学各类在线课程，课上教师再组织学习者深化课程研究。

（二）"学"与"教"的环境

"学"的环境是指学习者课前基于在线学习平台（Moodle 平台、慕课平台、校园网平台）的自学环境；"教"的环境是指课堂研讨环境和多媒体教学演示环境。

9.1.4 翻转课堂影响力

翻转课堂对于学习者知识的掌握和教师能力的提升都有较大的影响力。

一、提升课堂时间价值

在传统的课堂教学中，教师为完成当天的教学任务，从上课起始到下课铃响，一刻不停地在讲，很难顾及学习者的反应，加之现在技术手段比较先进，教师很少板书，大都使用 PPT 授课，如果教师上课语速比较快，PPT 上又充满文字，学习者在听课过程中，只能忙于记笔记，并不能实现真正深入地理解课程内容。学习者在听课过程中没有听明白，也没有提问的机会，后续的课程也就在糊里糊涂中过去了，课堂理解掌握课程内容的效率大打折扣。而翻转课堂学习过程中，学习者在课下，跟随教师讲课视频学习，记录笔记，不理解的部分反复听，还可以借助补充资料查缺补漏、拓展学习内容。所以学习者在进入课堂前，已经基本掌握了课程内容，对于自己在课程视频中没听懂的地方了然于心，课堂提问、回答问题和研讨，也更加有的放矢，课堂中比较注重解决课程中的疑难问题、巩固课程知识，或者加强课程知识的应用，课堂效率大大提升。

二、翻转课堂使得个性化学习得以真正实现

在翻转课堂中，学习者真正成为学习主体。课外学习者自己掌控学习进度，学习者观看视频的节奏快慢全在自己掌握，懂了的快进跳过，没懂的倒退反复观看，还可停下来仔细思考或笔记，知识短板处主动查找资源进行学习，是知识的主动建构者。课上学习时则积极向教师及学习同伴提出疑问，师生可以为某个学习者的疑惑进行答复、研究，学习者的课堂学习变得更愉悦、更有效、参与度更高。个性化的学习，使学习者紧紧跟上教学进程，达到教学目标。

三、提升教师的多种能力

一是翻转课堂要求教师集体备课，进行教学设计、内容设计、课程视频录制等，在集体备课过程中向课程组教师学习，提升教学水平；二是教师需要编写学案，学案的编写要站在学习者的角度，提升了以学习者为中心的教学理念；三是教师制作教学视频，视频以知识点为单元，既要精练、准确，还要生动、直观，既提升了教师知识重构的能力，也提升其信息化水平；四是教师要组织课堂研讨，与学习者一起研究问题，这一过程既提升教师的课堂管理能力，又提升其理论指导实践能力。

9.1.5 翻转课堂的发展

翻转课堂的到来使得信息技术与课程更加深度融合，有效促进教育的改革与创新。

一、翻转课堂的起源

翻转课堂最早由美国科罗拉多州的"林地公园"高中的乔纳森和萨姆斯两位教师创造。他们使用 PPT 录制课堂教学视频，上传到网上供缺席学习者在线或者下载观看来补课。发现效果不错后，将该模式推广。2012 年，林地公园高中举办了第一个"翻转课堂开放日"，将翻转课堂介绍给更多师生，使其理解翻转课堂的教学理念、运作模式以及学习者在该模式下

的学习状况等。

2007年成立的可汗学院则正式打开翻转课堂的大门。该平台的每个视频长度均在5~10分钟，利用教学黑板系统教学，记录每一个学习者完整的学习过程。通过查看学习记录，教授者可以很方便地了解学习者的学习状况，也可以及时调整教学任务。2010年可汗学院在加利福尼亚州选取两个班级进行翻转课堂试验，结果表明这两个班级学习者学习成绩明显进步，体现了翻转课堂的优点。

二、国内翻转课堂的实践

翻转课堂在我国也受到了高度关注，大学、中学和职业培训院校等都对其进行了探索实践。重庆市的江津聚奎中学翻转课堂实验走在全国前列，运用信息技术整合手段探索新型教学模式，总结出适合本校的"课前四步骤""课中五环节"的翻转课堂模式；山东省昌乐一中在吸收课堂教学改革已有成果的基础上，充分整合利用软硬件资源，架构数字化教学平台，开发、使用微课等教学资源，将数字化、信息化技术运用于常态教学，积极探索形成了适用于全部学科的"二段四步十环节"翻转课堂教学模式，旨在"先学后教"，真正实现了学习者的自主学习、个性化学习，培养了学习者的创新能力；南京市的九龙中学根据翻转课堂的模式和理念，运用多种教学方法实现了"课前学习、课中互动、课后巩固"的教学过程，在电子白板、校园无线网和微视频等方面的探索实践也取得了一定的效果；上海市仙霞高中开展翻转课堂专题培训，针对重点班级和学科进行翻转课堂教学实践；上海市的曹杨实验小学、卢湾一中心小学等进行了名为"云课堂"的翻转课堂试验；等等。

由此表明，翻转课堂在国内的研究应用已取得了不少成绩，但对翻转课堂的研究和实践仍处于初始阶段，高等院校采用翻转课堂教学的还比较少，因此翻转课堂的应用和发展的空间还是很大的。

三、翻转课堂在军事教育中的推广

（一）军事教育中的困惑

军事教育一直以来就坚持"以学习者为中心"的宗旨，要求教师不能满堂灌，特别是军事任职教育，有的院校对教师课堂讲授时间做了明确的规定，只能占课堂时间的20%，学习者研讨、想定作业、案例教学、演练等实践性教学时间要占课堂时间的80%，这一标准作为衡量教师教学质量的尺度之一。但是学习者对这种教学模式也有一些反映：一是他们虽然来自工作岗位，已积累了不少工作经验，但是由于当今世界科学技术飞速发展，他们平时工作较忙，没有时间系统学习最新技术知识，特别是不少人从事的岗位专业与大学所学专业相差较远，所以回到院校迫切想向一直跟踪先进技术的教师和专家学习系统的理论知识。二是他们现在的经验多数来自实践，缺乏专业理论支撑，要想在工作中进一步提升能力水平，需要在院校补充管理与专业技术理论知识。三是课堂学习中班里二三十名学习者在一起研讨，相互学习、相互借鉴，对提升工作能力非常有效，但是如果持续几个月进行课堂研讨，学习者就会感觉自身被掏空了似的，在课上有些无话可讲了。

（二）翻转课堂在军事教育中的应用

信息革命对教育的方方面面、各个环节都会产生颠覆性的变革。它正在改变我们的学习习惯和学习方式，也在改变学校的教学模式。翻转课堂在军事教育中的应用，可以说是一个机遇，也是一个挑战。

1. 翻转课堂适应军事教育的要求

军事教育明确要求"以学员为中心""问题为导向"。现阶段，各类军事教育多数还是采取教师讲、学习者听的教学模式，虽然在任职教育培训中加入了大量案例（战例）课、想定作业、现地教学、演练等实战类课程，力求发挥学习者的主观能动性，但是学习者的全程学习活动与军事教育要求的差距还很大。翻转课堂课下的在线课程教学、自主的理论学习，课上学习者团队探讨问题、实现答疑解惑，这样一种先学后教、先学后研的教学模式，是一种自主性、互动式、个性化的教学模式，更是一种以学习者为主导、师生积极互动的教学模式，这种教学模式与军事教育的要求及学员需求相匹配。

2. 翻转课堂在各类军事教育培训中的应用

军事教育按培训类型主要分为学历教育、任职教育、在职轮训、远程职业教育。军事学历教育分为本（专）科初级学历教育和研究生高级学历教育，虽然翻转课堂的起源是中学教育，目前在国内外中小学和本科教育中应用相对广泛，但是由于军事教育中的专科学习者多数为士官，他们的学习基础和自学能力相对较弱；而本科学习者一是没有岗位工作经历，二是中学和大学的教学方式和每堂课的信息量有很大差异，他们对课程知识的理解存在或多或少的困难。因此对于军事初级学历教育只部分适合采用翻转课堂模式，课下学习者在线学习（预习）课程内容，课上教师讲解课程难点、重点，以及个人面对面答疑。对于研究生类高级学历教育，可以采用翻转课堂，课下学习者自学微课程理论视频，课上向教师请教课程中的疑难问题，探讨更深层次的学术问题。

任职教育和轮训班的学习者都是来自工作岗位，大多数有丰富的工作经验，参加培训的目的明确，主要是为了补充理论知识、学习者之间交流工作经验、解决工作难题、提升岗位任职能力，自主学习能力也比较强，所以非常适合采用翻转课堂模式。

参加远程教育的学习者虽然也有丰富的工作经验，参加培训的目的明确，但是由于他们在岗学习工作牵扯比较多，在固定时间集中讨论不易保障，学习者之间的关系密切性差、协作性差，所以不太适合采用翻转课堂模式。

由此可见，翻转课堂这种教学模式，应结合军队院校的办学条件、学习环境、课程特点、学习者学情等多方面的因素加以考虑，恰当采用才会取得良好的教学效果，翻转课堂的教学模式可以为军事教育提供很好的借鉴和参考，也能够有效促进军事教育教学的改革创新。

9.2 翻转课堂的设计

翻转课堂可以帮助学习者更加深入地掌握课程知识，提升教师的教学技能，那么如何在教学中推进翻转课堂就成为关键。总体来说，设计好教学目标、教学内容，厘清教学实施过程，是建设好和上好翻转课堂课程的基础。

9.2.1 翻转课堂教学目标

教学目标是教学活动实施的方向和预期达成的结果，它是一切教学活动的出发点和归宿。

一、教学目标及划分

教学目标通俗地讲就是要通过教学活动培养出什么样的人，预测将要达到什么样的结果，学习者在学习前后掌握的知识技能将发生什么样的变化等。实际上，在进行教学活动之前，人们对于学习者通过学习在知识技能掌握程度方面的变化，在观念上会有某种预期的结果和理想的想象。20世纪50年代，美国教育学家布鲁姆将教育目标划分为认知领域、情感领域和动作技能领域三个领域。认知领域的教育目标从低到高划分为六个层次：知道—领会（理解）—应用—分析—评价—创造，情感领域的教育目标从低到高划分为五个层次：接受（注意）—反应—评价（价值化）—组织—价值与价值体系的性格化，动作技能领域的教育目标从低到高划分为六个层次：反射动作—基础性基本动作—知觉能力—生理能力—技能动作—有意活动。

归纳起来，实际上教育对学习者产生的结果一是使其学会认知，就是教育应该向学习者传授大量及有效的知识，不断提升学习者的知识和技能，实现对知识从掌握到应用的认知。二是学会做事，就是通过教育，提升工作技能，从简单盲目地做，到用脑去做，提高工作效率与质量。三是学会协作与配合，就是在学习教育过程中，培养学习者相互沟通，相互配合，相互协作，共同研究，共同提高，共同发展的意识与能力。

二、翻转课堂教学目标水平

传统教育和在线教育都要求院校和教师将教学目标具体化，希望学习者在完成1堂课、1个课程单元以及1门课程的学习活动后，在认知、情感、行动和身体诸方面能达到某些具体目标。课堂教学目标比课程目标更具体，是课程目标在具体教学过程中的体现。一般情况下，课堂教学目标不会预定很高，如传统课堂教学目标是学习者在完成1堂课的学习活动后，能理解掌握课上教师所讲的知识，对照布鲁姆教育目标标准，只能达到认知领域教育目标第二级，即"领会（理解）"，情感领域教育目标第二级有所"反应"，动作技能领域教育目标第二级即能够开展"基础性基本动作"。因为教学时间有限，而知识的关联和深度都在不断发展延伸，所以想通过短暂的教学活动，就使学习者不仅掌握知识，还能深入研究、分析、综合甚至运用于工作实践，实现起来是非常困难的。对于慕课、网络课程等其他在线教育模式的教学目标，更是因学习者的学习过程不能被教师直接掌控，而不能预定太高。

翻转课堂的教学目标应该高于传统教学以及其他在线教育教学模式的教学目标。翻转课堂为学习者提供了深入学习研究的可能，学习者课下观看教师提供的课前教学视频、相关资料，形成课程相关的知识体系，达到对课程内容基本领会理解，再通过思考解决教师布置的题目达到对知识应用的初步反应。这样学习者课前就能达到教学目标认知领域、情感领域和动作技能领域的初、中等级。进入课堂之后，在教师引导和同学集体讨论下，学习者进入深度学习状态，对知识重构，从理解、掌握、运用，并上升为个人工作能力，逐步达到教学目标认知领域、情感领域和动作技能领域的中、高等级。翻转课堂很好地帮助学习者实现教学目标。

9.2.2 翻转课堂学习内容

学习内容指的是要求学习者必须掌握的东西，包括知识、技能以及情感态度价值观等。它主要解决的是学习者"学习什么"的问题，也是教师进行教学的依据。若按学习顺序，可将学习内容划分成课前自我学习内容，包括在线学习课程及与之相关的拓展知识；课上研究性学习的内容，包括分析、研究、解决问题和创新协作的实践知识。

一、课前自我学习的内容

（一）课前在线学习课程

课前在线学习课程可以是网络上公开的比较优秀的教育资源，也可以是授课教师亲自录制的课程。例如，国防科大梦课平台上的课程或全军优秀网络课程，国外哈佛大学、耶鲁大学的公开课、中国国家精品课程、学堂在线上的课程等，都可以作为课前学习的课程。授课教师可以挑选与教学内容相吻合的线上视频资源作为课程的教学内容，使优秀教学资源的利用率得到提高。另外，教师也可以根据具体的教学目标、学习者的特点，结合学习者需求和教师的教学经验，自行录制教学视频，教师在制作教学视频时要考虑几方面的问题。

一是重难点突出和讲解通俗易懂。由于在线课程与传统课程不同，不能连续讲解40~50分钟，必须梳理录制教学内容，突出重难点。再者，学习者在课前自学新知识，讲解一定要由浅入深，让听者听懂，才能提升学习者课前学习的效果。

二是视觉效果和视频的时间。学习者在课堂外没有教师监督，学习精力不易集中，所以要特别注意视频视觉效果，让学习者自学时不感到枯燥，一般视频持续15分钟左右，注意力不会分散。还可以在视频下部加入字幕，帮助学习者理解。

（二）课前思考题

课前思考题的作用是帮助学习者理解掌握视频内容。学习者观看视频学习后，还要完成课前思考题，以加深学习者对知识的理解。对于课前练习的难易程度及数量，教师要合理设计，还要特别注意思考题要能引导学习者思考理论知识如何与工作实践相结合。学习者课前除了自主学习外，还可以通过教学平台设计的讨论区、聊天室等与同学、教师交流，把自己的收获与疑问分享给大家。

（三）课前相关资料

课前相关资料的作用是帮助学习者查缺补漏或拓展知识。像军队院校短训班的学习者在岗人员较多，各类人员知识技能差异很大，表现在：一是他们中部分人员学习的课程不属于他们学历教育学习的专业范畴；二是他们离开院校时间较长，过去学习的知识部分老化；三是许多工作岗位所需知识是一个跨多学科的知识集合，因此学习者缺乏课程本领域及相关领域的基础理论知识、领域最新前沿技术，而课前在线课程时间有限，不能补充他们的知识缺陷，所以需要在教师指导下，学习教师提供的补充资料，或者去图书馆、网络上查找相关知识资料，查缺补漏或拓展知识，搭建课程知识体系。

二、课堂创新研究的实践应用

课堂的学习内容是课程的深入与拓展，教师要根据课程教学目标和课前学习情况，精心设计有效的课堂学习研究活动。在课堂上，学习者之间讨论问题，查找根源，分享思路与经验，借鉴先进理念与技术，学习者和教师一起探讨理论知识的实践应用，教学相长、学学相长，达到理论与实践的结合、能力与素质的提升。

（一）课堂学习主要内容

1. 解决课前学习中的疑难与困惑

学习者在课前自学过程中，无论是观看在线课程，还是阅读补充资料，不免会遇到难懂或有疑问的地方，在课上可以独立向教师提问得到解答，或与班上其他学习者交流协作探究。

2. 学习研究创新能力

大多数学习者经历传统教育，特别是军队学习者，服从意识很强，久而久之，思维的开创性较弱，在课堂讨论时，要培养学习者的批判性思维与创新性思维，在理论知识指导下，进行实践创新。

3. 学习沟通协作技巧

在课堂研究过程中，常常以学习小组为单位协作交互学习。讨论交流中，既能提出独到的见解，让他人接受，又能注意倾听，吸取他人建议，还要处理好意见冲突，最后形成小组方案。其中，每个学习者都能学到人与人之间沟通协作的技巧。

（二）课堂内容设计

教师要对课堂的教学内容和活动进行精心设计，要使课堂内容饱满、深入，研究气氛热烈。课堂内容的展开，一种是以问题导入，教师围绕课程内容，由浅至深，抛出问题，学习者在研究解决问题的同时，达到学习的层层深入。另一种是情景设置，以案例或想定作业为背景，学习者在研究案例和完成想定作业的同时，提升了用课前知识解决实际问题的能力。

三、课后巩固拓展知识

学习者要在课后继续巩固知识，进一步拓展研究，扩大知识面，教师要将各组完成的研究成果进行整理，最后给出点评，与全班学习者进行分享，对于个别有困难的和有事未能按时上课的学习者，还可利用教师课前和课后提供的学习资源进行补救学习，使每个学习者都能学有所获。

9.2.3 翻转课堂的教学时间

翻转课堂的教学时间主要指学习者学习的时间，可划分为两个阶段，一个是课前学习阶段（即自学阶段），另一个是课上学习阶段（即研究探讨阶段），每门课程的翻转课堂一般都要经历这两个阶段，两个阶段相互结合构成一个完整的翻转课堂过程。

一、课前学习阶段

课前学习阶段是学习者的自学阶段，按照学习者在此期间学习的内容不同，也可将其划分为两个部分。一部分是在线课程学习时间，主要观看由教师录制或者是引入其他院校的课程教学视频。由于军事教育很大部分是针对在岗人员的培训，所以每门课程视频数量比大中专院校翻转课堂的课程要多。学习者观看视频的学习时间依据学习者原有基础、学习能力自己确定，容易理解的地方可以快进和跳过，难理解的地方可以反复观看。另一部分是查缺补漏时间，主要通过自学课程相关书籍、资料、网络链接知识，补充完善学习理解课程需要的相关知识，建构课程知识体系，学习的时间长短不限，也是依据个人基础、能力而定。

翻转课堂倡导学习者学习方式的个性化，给学习者提供足够的时间，以便他们以自己的方式进行学习和思考。因此，教学安排上必须留给学习者足够时间进行课前学习。

二、课上学习阶段

课上学习阶段也就是研究探讨阶段，这个阶段的时间较为固定，一般都会制定相应的教学计划。这个阶段主要是答疑解惑和研究提高，首先教师要针对学习者自学阶段尚未解决的疑难问题，进行答疑解惑和问题剖析；当学习者完全理解了课程内容后，在教师的引导下，学习者们合作交流，研究探讨如何利用课程知识，解决岗位问题，将课程学习引向深入。

9.2.4 翻转课堂的学习环境

环境是指存在于某一事务或活动周围的一切情况和条件。学习环境是指在学习过程中能够影响或作用于学习方式、学习过程、学习效果等方面，进而影响教学系统及其活动的诸要素的总和。众所周知，在教学活动中，教学环境是必不可少的条件，起着非常重要的作用。翻转课堂与传统教学不仅在学习步骤、学习方式上不同，在学习环境上的要求也不相同，下面从软、硬两方面对翻转课堂的环境进行分析。

一、硬件学习环境

翻转课堂硬件学习环境主要包括：一是课下学习环境，应该在学习者宿舍、自习室或图书馆配有能接入校园网或互联网的多媒体计算机，计算机的数量应能够满足每一个学习者一台，便于学习者课下视频课程的学习。二是课上学习环境，课上学习环境应是配有多媒体计算机的教室，安装有扩音设备和大屏投影仪；教室内部的布置应该适应"以学习者为中心"的要求，课堂布置注重互助式、互动式、讨论式学习的格局，每组学习者座位的安排呈"U"形安排，所有"U"形口冲向讲台，如图9-1所示。这种座位安排有利于小组成员进行相互交流合作，使小组成为真正意义上的"研究群体"。如果教室空间有限，学习者座位可以安排成一个大的"U"形，讲台设置在"U"形口前方，便于教师与学习者之间以及学习者与学习者之间进行交流，如图9-2所示。每一个学习者座位配置一台接入校园网的多媒体

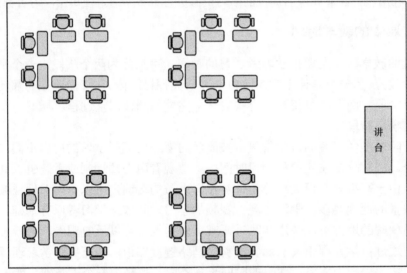

图 9-1　多 U 形座次讨论教室

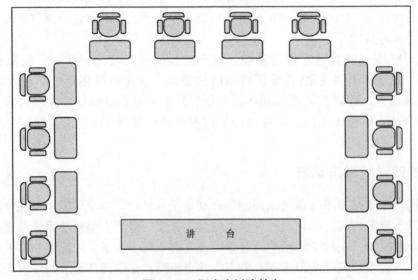

图 9-2　U 形座次讨论教室

计算机；教室满足学习者能够独立自主进行学习以及能够共同协作学习的环境要求。这些硬件设备能为翻转课堂教学的实现提供基本保障。

二、软件学习环境

翻转课堂的软件学习环境有：课程视频、电子教材和学案、网络课程、习题库等学习资源以及在线学习平台。这些软件资源能够保障学习者随时随地下载视频并进行自主或协作学习，学习平台为翻转课堂教学提供了必要条件。

9.2.5 翻转课堂学习者

翻转课堂对学习者的自主学习和研究学习能力要求很高，具有一定学情结构和学习能力的学习者，才能在翻转课堂学习中有大的收获。

一、翻转课堂学习者的特性

（一）自主性

翻转课堂的学习者须具有高度的自主意识，能意识到自己是学习的主体，而不是被动接受知识的客体，对自己的学习目的、任务、计划、弱点有清晰的认识。学习的主动性更强，能独立确定自己的学习目标，制订学习计划，课前能自觉完成在线课程的学习；并针对自己的课程短板，主动探求学习资源，学习教师提供的资料；在课堂上，独立思考，积极主动表述观点，发现并善于利用学习资源，善于从他人那里得到帮助，又能持有主见而不随波逐流。翻转课堂的学习者具有内在的高度自觉性和积极性，不需要别人的监督催促，能自觉自愿地独立求知学习。

（二）自控性

自控性是指对学习过程的自我调节和控制。翻转课堂的学习者要能主动、自觉地对自己的学习过程进行监控、反馈与调节。学习活动前能对自己学什么、如何学及时间如何安排等有计划；学习活动中能清楚地意识到自己的学习目标和任务，能控制自己去执行学习计划，排除干扰，保证学习的顺利进行；学习活动后能对自己的学习结果进行检查、反馈与评价，并根据反馈结果对自己的学习缺漏采取补救措施。自我调控贯穿整个学习过程的始终。

（三）过程性

翻转课堂的学习者将整个学习活动实施的过程看得比结果重要（特别是任职教育的学习者），因为已在岗位上任职，对学习的分数并不看重，看重的是学习过程中的感受与体验，看重的是提升了哪些任职能力。他们在学习活动过程中体会学习的艰辛与快乐，通过自学和研究学习材料，掌握多方面获取信息的渠道与方法，从而学会不断地调整学习策略及方法，获得高效的学习成效；课上的研究过程，更能提升分析问题、解决问题的岗位任职能力。

（四）反思性

翻转课堂的学习者在完成课前在线课程后，要在课堂上与他人探讨研究，并在讨论过程中发表自己的观点，所以他们在学习过程中要不断对自己的学习活动进行反思与自查，反思自己的目标是否达到，反思自己的学习计划是否切实可行，反思自己选用的学习策略和方法是否恰当而高效，反思自己的学习态度、学习心理是否调整至最佳，反思知识的掌握程度，反思能力是否得到提升，在反思过程中不断获得自我认知，不断发现问题，不断提高自我管理和学习研究能力。

二、学习者的情况分析

在翻转课堂的教学过程中，学习者既是受教育的对象，也是教学过程中的主体。教学目标能否实现，能够通过学习者在学习活动中的具体表现分析出来。可见，对学习者的情况分析是非常重要的。

通常从三个方面来对学习者的基本情况进行了解。首先，要了解学习者的岗位职责和学习目标，翻转课堂可以实现个性化学习，每个学习者都有他自己的岗位职责需求和自我设定的学习目标，在翻转课堂中，教师应该帮助学习者达到他自己的学习目标，而不是为每个学习者设定相同的学习目标。其次，要了解学习者在学习特定的学习内容之前，掌握了哪些知识和技能，除此之外，还要清楚学习者对学科内容的认识和所持态度的情况，这些都是学习者的初始能力，翻转课堂可以实现差异化学习，教师可以针对初始能力不同的学习者，开展层次教学，使每个学习者都有收获。最后，要了解学习者所具备的外显的信息能力和内隐的信息意识，以及在情感和态度方面具备的信息素养，教师可以提前帮助学习者扫除学习障碍，提升学习主动性和自觉性。

9.2.6 翻转课堂的组织者

翻转课堂的组织者主要是指组织翻转教学的教师，在这里将他们称作组织者而非教学者或授课者，因为他们在翻转课堂的教学过程中所担负的职责与传统教学中教师的职责是不同的，同时对其能力素质的要求与传统教学和其他在线教育中对教师的要求也是有差异的。

一、组织者的职责

翻转课堂中，教师由传统教学内容的传授者、课堂教学的主导者变为学习的组织者、指导者，他们在翻转课堂中的工作职责是：

（一）负责课程的设计

依据培养方案和教学目标要求，集体备课，编制课程标准、设置课程内容、制订教学计划。在课程设计中，无论是课前自学过程还是课上研究过程，教师都要重视培养学习者独立自主学习和深入学习的能力，多采用问题引导和情景设置方式，启发和引导学习者独立思考、深度研究，学会知识的灵活运用与创新。

（二）负责课程资源的设计制作

收集分析课程相关的知识与信息，并进行筛选、分类、汇总，形成课程拓展学习资料。根据课程标准和教学大纲，编写教案，个人或教学小组负责课程需要的幻灯片、多媒体课件的基本建设，以及录制在线课程。

（三）负责学案的编写

编写符合课程教学目标要求的学案，引导和帮助学习者制订个性化的学习计划，让他们运用学习工具进行自主协作学习。要有针对性地培养学习者自主学习的能力，善于引导学习者掌握解决问题的方法，形成良好的思考习惯。

（四）负责教学活动的组织

在翻转课堂教学活动中，教师针对教学中的重点、难点问题要引导学习者开展讨论并讲评，根据练习情况及时调整教学目标、教学进度、教学方法，做到有的放矢。要调动学习者学习的积极性、主动性，引导学习者独立思考，积极参与小组协作交流学习。做到人人参与，积极发言，不断同伙伴探讨，最终得出合理的方案。当然，教师还要随时注意观察每位学习者的表现与反应，适时给予有困难的学习者指导，使课堂活动顺利进行。最后引导学习者对知识及学习方法进行归纳、总结，完善学习者的学习活动。

（五）负责学习者的评价

教师要对学习者学习成果进行小结，给出合理的评价。评价是多方面的，不仅要评价学习过程，还要对结果进行分析；教师不仅要评价单个人，还要评价整个小组的完成情况；课程结束后，教师要对学习者进行定性和定量的评价，并分析评价结果。

（六）负责课程的质量改进

在课后，教师要向学习者收集意见，对本次教学活动进行反思评价，对于翻转课堂课程全程出现的各种问题，在下一轮的教学设计中进行修改。

二、组织者的能力素质

（一）具备精深专业知识

组织翻转课堂教学的教师要精通课程内容，对国内外专业领域的发展趋势、课程各部分的内容都要有透彻的理解，对专业领域相关知识范畴也要非常熟悉。无论是制作课前的在线课程，提供给学习者的参考资料，还是在课堂中解答学习者的问题、引导深度学习，都需要教师对专业领域发展前沿和课程内容了如指掌。

（二）具备较强的课程设计能力

翻转课堂中教师要按照课程目标、学习者学习的差异化需求，遵照以学习者为中心的宗旨，充分重视学习者原有的知识认知和社会经验，抓住课程重点，注重理论与实践融合，补充前沿和复合知识，形成有效知识体系，指导学习者对原有认知进行扩充。

（三）具有综合的教学技能

翻转课堂中教师要参与录制课前在线课程，还要指导学习者自学、组织学习者课堂研讨等多个教学环节，各个教学环节中又具有不同的组织形式，有讲授理论、有组织研讨、案例分析、想定作业和综合演练，这些教学活动内容需要教师具有扎实的教学基本功，良好的语言表达能力和课堂管理能力，以及优秀娴熟的运用现代信息技术的能力。

（四）能够适应课堂中的非线性工作

在传统授课的过程中，教师可以利用教案"照本宣科"，但在翻转课堂中，教师需要具备很强的灵活性。他们可能前一分钟还在帮助学习有困难的学习者，而后一分钟却需要解答尖子生的问题，因此他们的思维需要做出快速的转换。

（五）教师教学遵循"授之以渔"之道

在翻转课堂中，教师要学会放手，并致力于把学习者培养成能够进行自我管理的学习者。在当今信息爆炸的时代，教师能够面对面传授给学习者的知识只是冰山一角，学习者是一个独立的个体，他们应该有足够的自主权来决定他们需要学什么和怎么学。在这个过程中，教师需要通过引导，让学习者找到适合自己的学习方法，并学会掌握自己的学习进度。

总的来说，实施翻转课堂对教师的综合素质提出了很高的要求，教师需要在实践中不断学习、不断尝试、不断改进。

9.2.7 翻转课堂的学案设计

如果翻转课堂仅仅是将教师传统意义上的课堂录制视频在课前交给学习者学习，学习者在课上完成作业，或教师仅仅解答教学视频中的难点，这样翻转课堂的意义不大。要使学习者完成课程学习后真正达到深度学习，必须从学习者的认识、理解、内化知识的角度，进行精心的教学设计。

一、学案及其作用

学案是教师在充分调查了解学情、分解课程标准、分析教学内容的基础上，根据学习者学习需求和教学的要求，从学习者的角度出发，为学习者设计的引导学习者自主学习的方案。

学案既是非常关键的翻转课堂教学设计文件，也是重要的学习者学习资料。

学案在学习者学习过程中有指导、辅助和检查的作用：一是指导学习者学习活动的"路线图"，学案在学习者翻转课堂开始前随学习资料一起发给学习者，学习者面对一大堆学习资料可能会手足无措，但是按照学案的指引，开始自学、研究，就可以完成学习的全过程。二是以问题为牵引，翻转课堂的出发点是解决问题，问题主导教、学全过程，学案将知识问题化，学习者带着问题学习，减少学习过程中的盲目性，同时，学习者在解决问题的过程中掌握了知识，提升了能力。三是学习者和教师的"测试器"，学案中的测试题可以帮助学习者检查自学视频后是否真正掌握了知识点，而学习者将学习记录反馈给教师，帮助教师检查课程设计和在线课程质量，辅助教师不断改进。

二、学案内容

学案包括"基础部分""自学部分""课堂研究部分"和"总结反思"四个部分，"基础部分"阐述了翻转课堂在线课程的题目、学习目标和学习重点。"自学部分"一是提出问题，以问题为导向，让学习者带着问题去学习；二是告诉学习者应该学习哪些视频和资料；三是学习测试，检查学习者自学后掌握知识的程度；四是学习记录，学习者要记录每段课程视频学习所用时间、翻看次数、质量评价以及学习心得。"课堂研究部分"提出了课堂上需要研究的主要问题。"总结反思"也是提出问题，建议学习者反思掌握了哪些知识和能力，学习是否主动，知识如何运用，等等。

三、学案与教案的关系

传统教学中常见的是教案，教案是教师为顺利开展教学活动，根据教学大纲或课程标准，以课时或专题为单位，对教学内容、教学步骤、教学方法等设计的具体教学方案，主要包括基本内容（课程或专题题目、教学目的、教学内容重点和难点、教学形式、教学保障、课程进度）、讲授内容及活动、底页（板书设计、资料链接、学员评价、课后总结）等内容，教案是上课的重要依据，常见的教案模板见图9-3。

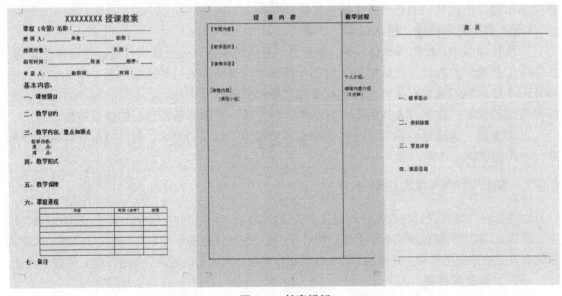

图9-3 教案模板

由教案模板可以看出，教案主要是为教师的"教"而设计的，而忽视了学习者的"学"。教案与学案的区别在于：一是教案编写的目的是为教师上好课做准备，学案是为学习者的自学提供指导；二是教案使用的对象是教师，学案使用对象是学习者；三是教案的使用时间是课堂教学时间，学案使用时间是学习者翻转课堂的全过程；四是在功能上，教案仅用于课堂教学内容准备以及具备很少的课程效果评价功能，并且教案是不与学习者见面的，学习者对课堂讲解的具体内容是不知晓的，学案不仅指导学习者的学习全过程，而且学习者可以边学习边记录学习心得，同时对在线课程、补充材料、讨论情况等进行评价，在学习的节点教师可以查阅学习者的学案，发现学习薄弱点。

四、教案、学案一体化设计

教案是教师教学活动的书面材料，学案是学习者学习活动的书面材料，虽然教案与学案有诸多区别，但是它们并不矛盾，也不能相互脱离，它们的目标是完全相同的，就是完成好教学任务，更有效提高学习者的学习成效。教案、学案合一的教学计划，学习者课前可以充分了解课程的学习目标、学习内容、课前学习、课堂活动等要求，帮助学习者和教师顺利完成课程教学。

教案和学案应该一起设计，教案是学案设计的依据，学案是教案的补充，使得"教"与"学"达到高度统一。首先学案的设计要以教案为依据，围绕教案设计学习者课前、课内学习的内容和计划，以及自学测试题、研讨思考题等，帮助翻转课堂教案实施；同时，教案中不能直接实现的教学内容，如拓展学习内容等，可以在学案中详细设计，帮助学习者构建完整的知识结构。

9.2.8 翻转课堂教学评价

教学评价是教学工作中不可或缺的部分，也是教学过程中的最后一个环节，它是检验和衡量教学与管理质量和发展水平的重要指标。不断深入研究教学评价的理论和实践，对教育的改进和良性发展，有着深远的意义。

一、翻转课堂教学评价及内涵

（一）翻转课堂教学评价

教学评价是依据教育的根本目的和课程教学目标对教学过程及结果进行价值判断，并为教学改进服务的活动，是对教学活动现实的或潜在的价值做出判断的过程。教学评价是研究教师的"教"和学习者的"学"的价值的过程。教学评价对教学工作进行质量测量、分析和评定，目的是促进教与学不断向前发展。

翻转课堂只是教学形式较其他教学形式发生改变，因此其教学评价目标与其他教学的评价目标是一致的，但是评价内容和评价标准与其他教学的教学评价存在差异。

（二）翻转课堂教学评价内涵

对翻转课堂教学评价有几层含义：

第一，教学评价是以一定教学目标以及与目标相一致的价值观为依据。无论课程采用何种形式、教学内容是什么，教学评价都要以教育总目标和课程设计时提出的教学目标为标准，检查评估课程与培养合格人才的总目标的一致性，以及与课程的教学目标的一致性。

第二，教学评价由教学过程评价和教学成果评价两部分构成。教学过程评价，主要是通过一门课程或一个专题教学的教师水平和学习者学习过程的表现来体现教学质量。对教师的教学过程评价,不能仅评价课堂上组织指导的情况,还要评价课前教学准备情况;对学习者的学习过程评价,也要考虑其课前学习和课中研究情况的评价。教学成果评价,主要是通过学习者学力水平来体现教学质量。虽然过程评价和成果评价两者的角度不一样,但其着眼点是一致的,都是对课程的教学质量进行评价。

第三,教学评价标准具有特殊性。翻转课堂的教学评价标准,不能以统一的标准,如教师是否严格按教案授课、学习者问题是否全部按正确答案回答、课堂纪律是否严格遵守等情况的简单判定。翻转课堂的教学评价标准应注重每个学习者教学目标达到的程度,学习者参与学习的程度,学习者能力提升的程度,等等。

第四,教学评价的手段要科学。教学评价主要是根据教学目标,采用一些可行的科学方法和技术作为评价手段,收集信息,测定效果,做出决策,最终促进学习者、教师的全面发展。

二、教学评价的原则

第一,倡导发展性教学评价,淡化甄别与选拔,实现评价功能的转变。发展性教学评价重视评价的激励、导向、反馈功能,强调运用多样化的评价方法实现对教师、学习者的全面评价。通过评价,帮助教师发现问题,不断提高其教学质量;通过评价,促进学习者自觉、积极、创新、主动地学习,促进学习者全面而有个性地发展。发展性教学评价的价值取向与传统学习评价中存在的重知识轻能力、重结果轻过程、重鉴别轻发展等价值取向有着鲜明的对比。

第二,倡导过程性教学评价,密切与教、学过程的联系,实现评价重心的转移。即从过分关注结果逐步转向对教、学过程的关注。关注结果的终结性教学评价是面向"过去"的评价,而关注过程的诊断性、形成性的教学评价是面向"未来"的评价。关注结果的教学评价往往只要求学习者提供问题的答案,而对教师教的过程、学习者获得答案的过程漠不关心,使得学习者获得答案的思考与推理、假设的形成与证据的应用等都被摒弃在教学评价视野之外。这种教学评价难以引导教师和学习者关注科学探究的过程,难以养成科学探究的习惯和严谨的科学态度,难以指导教师和学习者发现教学中的问题,进而改进教学,促进发展。

第三,倡导综合性教学评价,关注学习者的个体差异,实现评价指标的多元化。即从过分关注学习成绩评价逐步转向关注对学习者综合素质的评价。学习成绩曾经是评价学习者发展的重要指标,但随着社会的发展,人们认识到仅仅掌握知识与技能已远远不能适应学习者发展的要求,于是教学评价中,在关注学习成绩的同时,人们开始关注学习者的其他方面,如积极的学习态度、创新精神、分析与解决问题的能力、合作与沟通能力,以及正确的人生观、价值观、世界观等,从评价学习者学到了什么,到对学习者是否学会学习、学会研究、学会合作、学会做事等进行综合评价。

第四,倡导质性评价,强调定性与定量相结合,实现评价方法的多样化。即从过分强调量化逐步转向关注质的分析与把握。随着评价内容的综合化,以量化的方式描述与评价教学的过程和结果,表现出僵化、简单化和表面化的特点。质性评价的方法以其全面、深入、真实再现教师翻转课堂教学的复杂性和学习者能力的提升趋势,成为客观反映翻转课堂教学情况的评价方法。质性评价方法除了考试测验外,还包括课前学习行为记录、课堂行为记录、教学活动、调查报告、作业等的记录,返回单位工作跟踪记录,以及谈话记录,学习日记,教师、学习者互评评语等方法。定性评价常常与量化的评价结果整合应用，体现定性评价与定量评价相结合的特点。

第五，倡导自评与他评相结合，强调参与、互动，实现评价主体的多元化。即教师、学习者从被动接受评价逐步转向主动参与评价。改变以往领导或专家对教师评价、教师对学习者评价的单一评价主体的现象，形成了教师、学习者、专家、同行共同参与、同为主体的交互过程，确保评价的科学有效。

三、评价方案设计

为确保教学评价的科学、准确、有效，翻转课堂教学评价应提倡评价方案多元化，即评价对象多元化、评价主体多元化、评价方法多元化、评价手段多元化。

（一）评价对象多元化

翻转课堂教学评价要从"教、学、管"三个方面进行评价，不仅评价学习者，也要评价教师，还要评价教学管理。不仅要评价教学效果，还要评价教学过程。对教师的评价有多个方面，要评价其课前准备情况（包括教学目标、教学需求分析、教学文件、在线课程、教学资料）、课程中教学情况（对学习者的引导能力、教师的表达能力、课堂的组织能力、学识水平）、教学效果（学习者对知识的理解、学习者能力提升的帮助）；对学习者的评价也有多个方面，要评价其课前学习情况（学习态度、自学情况）、课堂学习情况（学习积极性、参与度、思考深度、创新性）、学习效果（课程考试）；对教学管理的评价范围主要包括教师管理、学习者学籍管理、教学平台管理、教学课程管理、教学设施设备管理、教学成绩管理、听查课管理、教学评价管理等。

（二）评价主体多元化

翻转课堂教学评价过程中提倡评价主体的多元化，即对学习者的评价，评价者可以有专家、教师、学习者的同学和学习者本人的自我评价；对教师的评价，评价者可以有专家、学习者、教师的同事和教师本人的自我评价；对教学管理者的评价，评价者有专家、学习者和教师，如图9-4所示。

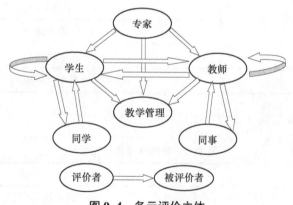

图9-4　多元评价主体

（三）评价方法多元化

教学评价方法应该采取多样化形式，如采用问卷、座谈、德尔菲法、听查课、现场考查、考试等多种方式，才能多方面了解教学的情况，特别是成人继续教育中，一部分学习者本身就是管理者，他们对教学中出现的问题，把脉准确，而且还会提出很好的改进建议。

教学评价的时间设置也不能仅仅放在课程结束之后，课程后的评价只是对以后班级的教学改进有帮助，课程评价应该及时，在翻转课堂的开课前，学习者自学在线课程和补充材料过程中，就可以进行评价，或者利用学案中学习情况记录和学习平台采集的学习情况，也可以进行教学评价分析，辅助教师及时调整教学内容。

（四）评价手段多元化

评价手段多元化就是指评价既要有定性评价，也要有定量评价，定性评价主要通过文字性的评语来实现，定量评价用分数实现。教学平台的互动评价活动模块及后台的大数据分析模块能够支持评价方法多元化。

（五）教学评价指标

教学评价指标是对翻转课堂教学质量进行评价、研究的依据与标准，它是根据教学目标和标准、翻转课堂特点，有组织、有计划地对翻转课堂进行检查、评价和诊断的系统。分为学习者学习评价指标、教师教学评价指标和教学管理评价指标三类。

（1）学习者学习评价指标（见表9-1）

表9-1　学习者学习评价指标

一级指标	二级指标
学习者素质	政治思想
	知识能力素质
	任职能力素质
课前学习过程	在线课程学习
	教学拓展资料学习
	学习态度
课堂学习过程	学习积极性
	学习参与度
	思考深度
	创新能力
学习效果	课程考核成绩

（2）教师教学评价指标（见表9-2）

表9-2　教师教学评价指标

一级指标	二级指标
教学设置	教学目标定位
	内容设置
	教学方法
	教学手段
	教学研究
	需求分析

续表

一级指标	二级指标
教学准备过程	在线课程内容（学习者对课程评价见学案评价）
	教学拓展资料
	学案编写
	教学文件
教学实施过程	教学组织
	理论实践结合
	教学引导
	表达能力
	学识水平

（3）教学管理评价指标（见表9–3）

表9–3 教学管理评价指标

一级指标	二级指标
学生管理	学籍管理
	成绩管理
教师管理	教师资质管理
	听查课管理
	教学评价管理
	学习教材、资料齐备管理
教学保障管理	翻转课堂学习环境保障（教室）
	翻转课堂学习设施保障（学习者自学用计算机）
	翻转课堂平台保障

9.3 翻转课堂案例

为了更好地理解翻转课堂在军事教育中的实践应用，本节以课程"装备精细化管理"为例，介绍翻转课堂课程建设具体实施流程。

9.3.1 课程定位

"装备精细化管理"课程是部队管理干部任职岗位中质量管理系列课程之一。对于装备建设来说，保质量就是保成功，质量管理是装备建设的生命工程、基础工程。装备建设任务系统复杂，关联度高，任何一点疏忽纰漏都可能影响装备质量，甚至导致失败。将国际先进的精细化管理理念与方法引入装备管理中，是非常必要的。精细化管理应贯穿于装备管理的全过程、全要素，贯穿于装备管理的各个层面、各个角落以及所有人员。从装备建设的全过程到其中的每个环节、岗位、阶段的具体工作必须做到严格细致，精益求精。

因此，管理干部树立精细化管理的理念，掌握精细化管理的工具方法，提升质量管理能力，是非常必要的。

9.3.2 教学对象分析

本课程设置在任职教育课程中，培养对象为部队管理层人员，毕业后将回到部队，承担部队管理工作，同时也承担本单位质量管理工作。对学习者的学情分析从三个角度看：

一是从专业基础来看，基础理论薄弱，知识结构差异大。所有学习者 80%为理工科专业毕业，没有管理专业基础，更没有质量管理的专业基础，目前他们质量管理的知识一般可以分为两类，一类是质量管理体系知识，由于部队依据《武器装备质量管理条例》要求，已建立了质量管理体系，并通过了审核认证，在单位质量管理体系建设与运行过程中，学习掌握了相关的质量管理知识；另一类是在部队质量管理历史的传承和他们个人在工作中积累的质量管理知识，如"双想""双五条归零"等。由于没有系统学习过管理及质量管理理论知识体系，相关的知识体系在他们头脑中并未系统建立。但是，部分学习者所在单位质量管理体系建立比较早，抓落实比较严，精细化管理的做法在工作中有意无意之间有过一些应用，质量管理和精细化管理知识掌握得多一些，相反，其他人这方面的知识就欠缺一些。

二是从岗位需求来看，岗位需求强。在其任职岗位上质量工作包括：贯彻执行单位质量方针、质量目标；负责本单位质量管理工作的组织控制；督促检查本单位的质量管理工作；负责组织本单位内部质量检查评价，等等。因此可以看出学习者在岗位上肩负着本单位质量管理的职责，需要全面了解质量管理知识，并采用先进质量管理方法解决工作中重、难点问题。

三是从学习兴趣看，社会认知能力强，实践经验足。由于管理干部在工作岗位上已经工作了多年，具有一定的业务能力和岗位工作经验，所以对于他们任职岗位有帮助的课程，具有强烈的学习动机，学习指向性较强。

9.3.3 教学目标分析

为适应学习者任职岗位质量管理能力发展的需要，设定"装备精细化管理"课程目标。

一、总体目标

通过本课程的学习，学习者能够理解精细化管理的有关前沿理论知识，了解精细化管理的核心思想、工具方法，以及国际上精细化管理的典型案例，研究工作中质量管理的重点、难点和热点问题，探讨运用所学精细化管理理论知识解决质量管理现实问题，提高质量管理能力,适应部队管理人员任职岗位的需要。此外,通过学习,学习者对互动式、实践性教学持认同态度,能够按照教学要求主动学习,积极开展研究性学习,进一步养成善于思考、勤于钻研的良好习惯;始终处于乐学状态,并在成功解决现实问题中实现自身价值,树立正确的价值观。

二、分类目标

知识与技能:通过翻转课程学习,学习者能够对精细化管理的有关重点、难点和热点问题有全面正确的认识,掌握国内外精细化管理前沿理论知识和精细化工作的方法技术,能够在实际工作中熟练运用所学知识,分析研究、解决现实问题,为岗位质量管理工作打下坚实基础。

过程与方法:课程学习采用翻转课堂教学模式,通过翻转课堂,学习者在经历课下理论学习、资料研读,课上问题研讨、案例教学等教学环节中,学会发现问题、交流观点、求证理论和解决问题,掌握精细化管理基本理论和解决工作过程中现场质量管理问题的方法。

情感态度与价值观:通过课程学习,学习者能够积极接受精细化管理理论知识,切身体验工作中精细化管理环境氛围,保持乐观向上的情绪和乐学状态,养成善于思考、勤于钻研和勇于实践的良好习惯,树立正确的价值观,热爱本职工作,培养对工作精细化管理不懈追求的精神。

9.3.4 教学内容分析

一、课程设计

"装备精细化管理"这门课程是管理干部任职岗位课程中的质量管理课程之一,该课程兼有管理理论和实用技术双重性质,既有精细化管理理念与核心思想的理论,又有精细化管理技术工具,它涉及多学科技术的集成,学习者应该在掌握相关理论和技术方法的基础上,研究精细化管理如何在工作中有效运用。但是如果学习者没有掌握质量管理和精细化管理相关理论知识和技术方法,教师在课上两个学时时间介绍这些相关内容,就没有精力与学习者共同探讨精细化管理在实践中的应用问题;反之,课上直接研究精细化管理在工作中的应用问题,又会导致学习者研讨过程中很多概念、工具不了解,课堂出现讨论不下去的尴尬情况。比较理想的教学效果是,学习者在课下学习精细化管理的相关理论与技术知识,课上深入研究精细化管理在工作中的运用问题。

二、内容分析

(一)内容体系构建

学习者要深入研究精细化管理在工作中的运用,就首先要掌握精细化管理的概念与内涵、精细化管理的工具、精细化管理在部队工作中的实践应用。要掌握精细化管理的概念与内涵,就要掌握精细化管理的概念、起源与发展、核心思想;要掌握精细化管理的工具与方法,就要掌握价值流管理、6S管理、可视化、改善、防错、U型单元、作业检查单、标准作业等工具方法;学习者要研究精细化管理如何在部队管理实践中应用,首先要提升推行精细化管理的认识,再研究部队管理中在哪些方面可以实施精细化管理。精细化管理知识图谱构建见图9–5。

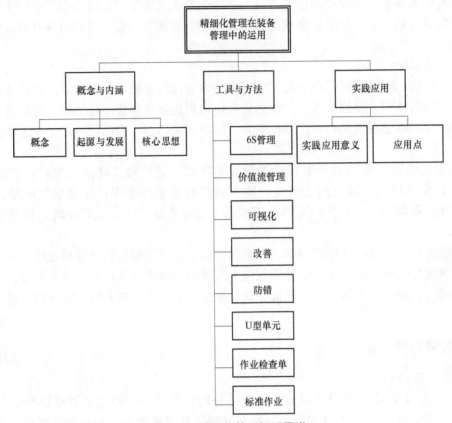

图 9-5 精细化管理知识图谱

（二）补充学习资料构建

为了学习者能更好地掌握精细化管理的理论与技术，也为了帮助质量管理知识基础薄弱的学习者充实相关理论知识，教师要围绕课程内容补充学习资料。

为深刻理解精细化管理概念、发展与核心思想，补充学习《丰田生产方式》《工匠精神》《细节决定成败》；为准确掌握精细化管理的工具与方法，补充学习《6S+C 管理》《企业生产现场可视化管理全案》，电子资料《海尔 6S 大脚印》；为提升质量意识，深入研究精细化管理如何在部队实践应用，补充学习视频《国内外航天发射失败案例》，电子资料《美国空军的精细化管理》，书籍《航天发射质量工程》《装备试验质量管理》《全面质量管理》《质量管理制度与表单精细化设计》《质量管理各岗位职责与精细化考核》《质量管理文书与方案精细化设计》《质量管理流程与节点精细化设计》《质量管理关键点精细化设计》，以及《GJB 9001C 质量管理体系要求》等。

9.3.5 课程学案设计

根据"装备精细化管理"课程的内容结构以及学习者的认知情况，充分体现"学习者主体"和探究性学习原则，学案设计见表 9-4。

表 9-4 《装备精细化管理》课程学案

专题	装备精细化管理	编制人	
		审核人	
目标导学	1. 了解精细化管理的起源发展,掌握精细化管理的概念和核心思想		
	2. 掌握精细化管理各种工具和方法,了解国内外企业精细化管理及工具的运用情况		
	3. 了解我国装备质量管理现状,思考装备管理中引入精细化管理的重要意义,借鉴美国空军精细化管理的经验,研究在装备管理中如何引入精细化管理		
重点难点	精细化管理核心思想;精细化管理工具方法;精细化管理在装备管理中的应用		
自学部分			
	自学内容与测试	学习者学习笔记	
		视频学习时间/次数	心得
第一部分 精细化管理的概念与内涵	问题提出: 1. 精细化管理的概念与内涵? 2. 精细化管理起源于哪个企业? 3. 精细化管理的核心思想是什么? 4. 装备管理中存在哪些做法可归纳在七种浪费之中?		
	视频 1:精细化管理的概念		
	视频 2:精细化管理的起源发展		
	视频 3:精细化管理的核心思想		
	参考学习:《丰田生产方式》《工匠精神》《细节决定成败》		
	检查测试: 1. 精细化管理的概念? 2. 精细化管理的四项原则、四个阶段是什么? 3. 丰田定义的七种浪费是什么?		
第二部分 精细化管理工具和方法	问题提出: 1. 精细化管理的工具和方法有哪些? 2. 精细化管理的工具和方法主要应用在何处? 3. 哪些企业实施精细化管理,给我们什么启示?		
	视频 1:精细化管理工具和方法 1		
	视频 2:精细化管理工具和方法 2		
	参考学习:《6S+C 管理》《企业生产现场可视化管理全案》,电子资料《海尔 6S 大脚印》		
	检查测试: 1. 各类工具的特点是什么?作用是什么? 2. "海尔的 6S 大脚印"说明了什么?		

续表

自学内容与测试		学习者学习笔记	
		视频学习时间/次数	心得
第三部分精细化管理在装备管理中的实践应用	问题提出： 1.《国内外航天发射失败案例》列举了哪些案例，哪些是由于小失误引发的？ 2. 装备质量管理现状？ 3. 美空军如何实施精细化管理？		
	视频1：《国内外航天发射失败案例》		
	参考学习： 电子资料《美国空军的精细化管理》，书籍《航天发射质量工程》《装备试验质量管理》《全面质量管理》《质量管理制度与表单精细化设计》《质量管理各岗位职责与精细化考核》《质量管理文书与方案精细化设计》《质量管理流程与节点精细化设计》《质量管理关键点精细化设计》，以及《GJB 9001C 质量管理体系要求》		
	课堂研究		
研究题目	1. 美国空军在哪些方面实施精细化管理？给我们哪些启示？ 2. 装备管理中哪些环节和地方可以实施精细化管理？ 3. 作为单位领导，你认为引入精细化管理的重点问题在哪儿，引入的步骤是什么？ 案例研究"一次试验失败引发的思考"，研究案例中造成装备试验失败的原因，在试验文档、试验现场等哪些方面可以实施精细化管理？		
	自我反思		
	1. 课程的知识点我是否已经理解？ 2. 课堂中是否全面投入？ 3. 我管理的工作中哪些方面可以实施精细化管理？		

9.3.6 教学组织实施

一、课程准备

（一）课程研究

课程组教师集体备课，依据课程目标、课程标准及课程内容结构，设计学案，针对课程知识点，设计在线课程脚本，确定在线课程讲授教师，并共同收集各类课程参考资料。

（二）录制微视频

主讲教师根据脚本制作相关 PPT 课件，准备教案，录制确定在线课程；并编辑自测题目，题目难度成梯度，既能检验学习者自主学习的程度，又能引发学习者的思考。

（三）课程把关

在开课前三周，课程组教师再次以集体备课形式，对在线课程、学案、参考资料进行研究，提出修改建议，进行改进。

开课前一周将完善后的教学资源上传至校园网教学平台。

二、课前学习

学习者在课程开课前一周接受教师布置的学习任务，根据学案要求，观看微视频、课件，阅读参考资料进行自主学习，并用自测题目自我检查学习效果。

三、课堂学习

（一）答疑解惑

在课程开始的前 20 分钟，教师对课程内容的框架进行系统的知识介绍，学习者针对在自学微视频及参考资料过程中产生的问题，向教师提问，教师解答疑问。

（二）小组讨论

将培训班学习者分为 10 人左右 1 组，进行小组教学。小组间通过讨论交流，进行知识汇总及深入研究。此环节主要采用讨论法，即以小组为单位围绕研究问题相互探讨、辩论和启发，实现思想碰撞，并形成小组解决方案。

（三）小组展示

各小组选派一名代表向全班同学汇报小组研究成果，同小组成员可以补充。其他小组认真聆听，可以对其进行提问，其他各小组长对该小组的汇报进行打分，计入本小组得分，最后统计各小组得分情况。通过小组汇报讲解、打分环节，教师可以进一步充分了解学习者的掌握程度，学习者或聆听，或汇报，对知识的掌握更加深入。

（四）教师总结环节

教师对各小组的汇报进行点评，指出学习者对知识的理解偏差并进行纠正，创新内容要予以肯定进行鼓励。

附1 省级精品在线开放课程建设标准（试行）

一、课程建设总体要求

1. 教学内容与资源

根据预设教学目标、学科特点、学生认知规律及教学方式，围绕学科核心概念及教学内容和资源间关系，碎片化组织教学内容及资源、设置教学情境，形成围绕知识点展开、清晰表达知识框架的短视频模块集。每个短视频以5～15分钟为宜，针对各模块知识点或专题应设置内嵌测试的作业题或讨论题，以帮助学习者掌握学习内容或测试学习效果。每门课程应有负责人介绍、课程介绍、教学大纲、预备知识、教学辅导、参考资料、考核方式、在线作业、在线题库和在线答疑等。课程设置应与本校课堂教学的要求相当。

2. 教学设计与方法

要遵循有效教学的基本规律，结合在线开放课程教学的特征与需求进行整体的教学设计。围绕教学目标精心设计教学活动，科学规划在线学习资源，明确学业评价策略和学习激励措施。课程设计、教学安排和呈现方式符合学习者移动学习和混合式教学的需求。开展在线学习与课堂教学相结合、翻转课堂等多种方式的课堂教学模式，优先支持具有混合式学习等改革实践经验的课程。

3. 教学活动与评价

要重视学习任务与活动设计，积极开展案例式、混合式、探究式等多种教学模式的学习，通过网页插入式在线测试、即时网上辅导反馈、线上线下讨论、网上作业提交和批改、网上社区讨论等，促进师生之间、学生之间进行资源共享、问题交流和协作学习。

建立多元化学习评价体系，探索线上和线下融合，过程性评价与终结性评价相结合的多元化考核评价模式，促进学生自主性学习、过程性学习和体验式学习。课程成绩由过程性考核和终结性考核综合评定。

4. 教学效果与影响

要注重对教学效果的跟踪评价并开展教学研究工作。基于大数据信息采集分析，全程记录和跟踪教师的教学和学生的学习过程、内容、反馈，全面跟踪和掌握每个学生的个性特点、学习行为，改进学校及教师的教学质量，促进因材施教。

充分发挥课程共享作用，推进在线开放课程学分认定和学分管理制度创新。支持各高校之间在合作、共赢、协议的基础上实现在线开放共享课程的互认。课程的初始学分由推荐该课程的高校设定，其他高校可在双方协议的基础上，根据本校专业设置和课程学分设置标准自行认定学分。

5. 团队支持与服务

课程建设负责人应为高校正式聘用、具有丰富的教学经验和较高的学术造诣的教师，课程组成员均在教学一线长期承担本课程教学任务。支持和鼓励教学名师、知名专家主讲开放课程。除主讲教师外，还需配备必要的助理教师和现代教育技术人员，能长期在线服务课程建设、承担课程内容更新、在线辅导、答疑等。课程正式运行后，能保证每学年都对外校开放。课程团队应负责课程相关教师的培训及教学研讨工作。通过在线开放课程建设，形成一支教学、辅导、设计和技术支持等结构合理、人员稳定、教学水平高、教学效果好、资源设计和制作能力强的优秀课程教学团队。

6. 信息安全及知识产权保障

严格遵守国家网络与信息安全管理规范，依法依规开展教学活动，实施对课程内容、讨论内容、学习过程内容的有效监管，防范和及时制止网络有害信息的传播。重视版权和知识产权问题，构建课程内容所使用的图片、音视频等素材应注明出处。相关高校、课程建设团队均须签订平等互利的知识产权保障协议，明确各方权利和义务，切实保障各方权益。

二、课程视频制作规范

（一）视频内容

（1）屏幕图像的构图合理，画面主体突出。人像及肢体动作以及配合讲授选用的板书、画板、教具实物、模型和实验设备等均不能超出镜头所及范围。

（2）演播室使用的背景采用彩色喷绘或电脑虚拟、实景等背景。建议采用彩色喷绘背景。背景的颜色、图案不宜过多，应保持静态，画面应简洁、明快，有利于营造课堂气氛。

（3）摄像镜头应保持与主讲教师目光平视的角度。主讲教师不应较长时间仰视或俯视。

（4）使用资料、图片、外景实拍、实验和表演等形象化教学手段，应符合教学内容要求，与讲授内容联系紧密，手段选用恰当。

（5）选用影视作品或自拍素材，应注明素材来源。影视作品或自拍素材中涉及人物访谈内容时，除应加注人物介绍外，还应采用滚动式同声字幕。

（6）选用的资料、图片等素材画面应清楚，对于历史资料、图片应进行再加工。选用的资料、图片等素材应注明素材来源及原始信息（如字画的作者、作者生卒年月，影视片段的作品名称、创作年代等信息）。

（7）动画的设计与使用，要与课程内容相贴切，能够发挥良好的教学效果。

（8）动画的实现须流畅、合理、图像清晰，具有较强的可视性。

（二）视频技术规格

1. 视频信号源

（1）稳定性：全片图像同步性能稳定，无失步现象，CTL 同步控制信号必须连续；图像无抖动跳跃，色彩无突变，编辑点处图像稳定。

（2）信噪比：图像信噪比不低于 55 dB，无明显杂波。

（3）色调：白平衡正确，无明显偏色，多机拍摄的镜头衔接处无明显色差。

（4）视频电平：视频全信号幅度为 $1V_{p-p}$，最大不超过 $1.1V_{p-p}$。其中，消隐电平为 0 V

时，白电平幅度 $0.7V_{p-p}$，同步信号 $-0.3\ V$，色同步信号幅度 $0.3V_{p-p}$（以消隐线上下对称），全片一致。

2. 音频信号源

（1）声道：中文内容音频信号记录于第1声道，音乐、音效、同期声记录于第2声道，若有其他文字解说记录于第3声道（如录音设备无第3声道，则录于第2声道）。

（2）电平指标：$-2\sim-8\ dB$ 声音应无明显失真，无放音过冲、过弱。

（3）音频信噪比不低于 48 dB。

（4）声音和画面要求同步，无交流声或其他杂音等缺陷。

（5）伴音清晰、饱满、圆润，无失真、噪声杂音干扰、音量忽大忽小现象。解说声与现场声无明显比例失调，解说声与背景音乐无明显比例失调。

3. 视频压缩格式及技术参数

（1）视频压缩采用 H.264/AVC（MPEG-4 Part10）编码、使用二次编码、不包含字幕的 MP4 格式。

（2）视频码流率：动态码流的最低码率不得低于 1 024 Kb。

（3）视频分辨率：

前期采用标清 4:3 拍摄时，请设定为 720×576；

前期采用高清 16:9 拍摄时，请设定为 1 280×720 或 1 920×1 080。

（4）视频画幅宽高比：

分辨率设定为 720×576 的，请选定 4:3；

分辨率设定为 1 280×720 或 1 920×1 080 的，请选定 16:9。

（5）视频帧率为 25 帧/秒。

（6）扫描方式采用逐行扫描。

4. 音频压缩格式及技术参数

（1）音频压缩采用 AAC（MPEG4 Part3）格式。

（2）采样率 48 kHz。

（3）音频码流率 128 Kbps（恒定）。

（4）必须是双声道，必须做混音处理。

5. 封装

采用 MP4 封装

（三）演示文稿（PPT）制作规范

1. 制作原则

（1）演示文稿（PPT）要求集文字、图形、图像、声音以及视频等多种媒体元素于一体，一般不使用纯文字的演示文稿（PPT）。

（2）页面设置要求符合高清格式比例，幻灯片大小为"全屏显示 16:9"。

（3）整体效果应风格统一、色彩协调、美观大方。

2. 字体与字号

字体与字号参照下表：

类型	大标题	主讲信息	一级标题	正文	字幕
字体	大黑、时尚中黑、大隶书	黑体	黑体、魏碑、大宋	雅黑、中宋	雅黑
字号	50～70磅	36～40磅	36～40磅	24～32磅	32磅
应用	上下左右居中	左右居中	左右居中	左对齐或居中	左右居中

3. 版心与版式

每页四周留出空白，应避免内容顶到页面边缘，边界安全区域分别为左、右130像素内，上、下90像素内。

4. 背景

（1）背景色以简洁适中饱和度为主（颜色保持在一至两种色系内）。

（2）背景和场景不宜变化过多。

（3）文字、图形等内容应与背景对比醒目。

5. 色调

（1）色彩的选配应与课程科目相吻合。

（2）每一短视频或一系列短视频在配色上应体现出系统性，可选一种主色调再加上一至两种辅助色进行匹配；

（3）同一屏里文字不宜超出三种颜色。

6. 字距与行距

（1）标题：在文字少的情形下，字距放宽一倍体现舒展性。

（2）正文：行距使用1行或1.5行，便于阅读。

7. 配图

（1）图像应清晰并能反映出内容主题思想，分辨率应上72 dpi以上。

（2）图片不可加长或压窄，防止变形。

（3）图形使用应通俗易懂，便于理解。

8. 修饰

（1）细线条的运用比粗线条更显精致。

（2）扁平式的装饰更接近时代审美。

（3）有趣味的装饰通常更能吸引人。

9. 版权来源

素材选用注意版权，涉及版权问题须加入"版权来源"信息。

附2 多媒体技术及工具软件介绍

多媒体是传统媒体在数字化技术的支持下产生的，不仅具有传统媒体（报纸、图书、广播、电影电视等）的信息传播功能，还能够在数字存储设备中保存、复制、修改完善，不仅处理起来非常方便，而且更加环保和节省能源。因此，多媒体比传统媒体具有更多优点和更广阔的发展前景。

在信息技术领域，多媒体是指文本、声音、图像、动画、视频等多种媒体信息的组合使用。一般将多媒体看作"多媒体技术"的同义语。因此，多媒体不仅指多种媒体的本身，还是指处理它的一整套技术。即用计算机对多种媒体信息进行加工处理，并在各种媒体之间建立一定的逻辑连接，形成一套具有集成性、实时性和交互性的系统综合技术。

一、图形、图像处理
（一）常用的图形图像文件格式

一般来说，不同的图像压缩编码方式决定数字图像的不同文件格式。了解不同的图像文件格式，对于选择有效的方式保存图像，提高图像质量，具有重要意义。

1. BMP 格式

BMP 格式是 Bitmap（位图）的简写，是 Windows 系统的标准图像文件格式，应用广泛。Windows 环境中的几乎所有图文处理软件都支持 BMP 格式。采取无损压缩或不压缩的方式，包含的图像信息丰富，但文件容量大。支持黑白、16 色、256 色和真彩色。

2. PSD 格式

Photoshop 的基本文件格式，能够储存图层、通道、蒙版、路径和颜色模式等各种图像信息，是一种非压缩的原始文件格式。PSD 文件容量较大，但由于可以保留几乎所有的原始信息，对于尚未编辑完成的图像，最好选用 PSD 格式进行保存。

3. JPEG（JPG）格式

目前广泛使用的位图图像格式之一，属于有损压缩，压缩率较高，文件容量小，但图像质量较高。该格式支持 24 位真彩色，适合保存色彩丰富、内容细腻的图像，如人物照、风景照等，是目前网上主流图像格式之一。

4. GIF 格式

无损压缩格式，分静态和动态两种，是当前广泛使用的位图图像格式之一，最多支持 8 位及 256 种彩色，适合保存色彩和线条比较简单的图像，如卡通画、漫画等。GIF 图像支持透明色，支持颜色交错技术，是目前网上主流图像格式之一。

5. PNG 格式

可移植网络图形（Portable Network Graphic）的英文缩写，是专门针对网络使用开发的一种无损压缩格式。支持透明色，但与 GIF 不同的是，PNG 格式支持矢量元素，支持的颜色多达 32 位，支持消除锯齿边缘的功能，因此可以在不失真的情况下压缩保存图形图像，发展前景非常广阔，被认为是未来 Web 图形图像的主流格式。

6. TIFF 格式

TIFF 格式应用非常广泛，主要用于在应用程序之间和不同计算机平台之间交换文件。几乎所有的绘图软件、图像编辑软件和页面排版软件都支持 TIFF 格式；几乎所有的桌面扫描仪都能生成 TIFF 格式的图像。TIFF 格式支持 RGB、CMYK、Lab、索引和灰度、位图等多种颜色模式。

7. PDF 格式

PDF 格式是可移植文档格式（Portable Document Format）的英文缩写。适用于各种计算机平台，是可以被 Photoshop 等多种应用程序所支持的通用文件格式。PDF 文件可以存储多页信息，其中可包含文字、页面布局、位图、矢量图、文件查找和导航功能。PDF 格式是 Adobe Illustrator 和 Adobe Acrobat 软件的基本文件格式。

8. WMF 格式

WMF 格式是 Windows 中常见的一种图元文件格式，全称 Windows Metafile Format，属于矢量文件格式。整个图像往往由多个独立的图形元素拼接而成，文件短小，多用于图案造型，但所呈现的图形一般比较粗糙。

9. CRD 格式

CRD 格式是矢量绘图大师 CoreDRAW 的源文件格式，一般文件容量较小，可无级缩放而不模糊变形。CRD 格式在兼容性上较差，只能被除 CoreDRAW 之外的极少数图形图像处理软件打开或导入。

10. AI 格式

AI 是著名的矢量绘图软件 Adobe Illustrator 的源文件格式，其兼容性优于 CRD 格式，可以直接在 Photoshop 和 CoreDRAW 等软件中打开，也可以导入 Flash。与 PSD 文件类似，AI 文件也是一种分层文件，用户可以将不同的对象置于不同的层上分别进行管理，区别在于 AI 文件基于矢量输出，而 PSD 文件基于位图输出。

（二）常用的图形图像处理软件

1. Photoshop

Photoshop 是美国 Adobe 公司推出的一款专业的图形图像处理软件，广泛应用于影像后期处理、平面设计、数字相片修饰、Web 图形制作、多媒体产品设计制作等领域，是同类软件中当之无愧的图像处理大师。Photoshop 处理的主要是位图图像，但其矢量绘图功能也非常强大，几乎可以与 CoreDRAW 等矢量绘图大师相媲美。

2. CoreDRAW

CoreDRAW 是由加拿大 Core 公司推出的一流的平面矢量绘图软件，功能强大，使用方便。集图形设计、文本编辑、位图编辑、图形高品质输出于一体。CoreDRAW 主要用于平面设计、工业设计、CIS 形象设计、绘图、印刷排版等领域。

3. Illustrator

Illustrator 是由美国 Adobe 公司开发的一款重量级平面矢量绘图软件，是出版、多媒体和网络图像工业的标准插图软件，功能强大。Illustrator 在桌面出版领域具有明显的优势，是出版业使用的标准矢量工具。Illustrator 能够方便地与 Photoshop、CoreDRAW、Flash 等软件进行数据交换。

4. AutoCAD

AutoCAD 是美国 Autodesk 公司推出的计算机辅助设计软件，用于二维绘图和基本三维设计，是众多 CAD 软件中最具影响力、使用人数最多的一个，主要应用于工程设计与制图。

5. 3ds Max

3ds Max 是由美国 Autodesk 公司开发的三维矢量造型和动画制作软件，主要应用于模拟自然界、设计工业品、建筑设计、影视动画制作、游戏开发、虚拟现实技术等领域。在众多的三维软件中，由于 3ds Max 开放程度较高，学习难度较小，功能比较强大，完全能够胜任复杂图形与动画的设计要求，因此，3ds Max 成为目前用户群最庞大的一款三维创作软件。

二、数字音频处理

（一）数字音频的分类

根据多媒体计算机产生数字音频方式的不同可将数字音频划分为 3 类：波形音频、MIDI 音频和 CD 音频。

1. 波形音频

波形音频是通过录制外部音源，由音频卡采样、量化后存盘而得到的数字音频（常见的如*.WAV 格式的文件）。这是多媒体计算机获取声音的最直接、最简便的方式。

2. MIDI 音频

MIDI 是数字音乐的国际标准，它规定了设备间相互连接的硬件标准和通信协议。它将电子乐器键盘的弹奏信息（键名、力度、时间长短等）记录下来，以*.MID 文件格式存储在计算机硬盘上。

3. CD 音频

CD 音频是以 44.1 kHz 的采样频率、16 位的量化位数将模拟音乐信号数字化得到的立体声的音频，以音轨的形式存储在 CD 上，文件格式为*.cda。CD 音频记录的是波形流，是一种近似无损的音频格式，它的声音基本上是忠于原声的。

（二）常用的音频文件格式

数字音频是用来表示声音强弱的二进制数据系列，其压缩方式决定了数字音频的格式。一般来说，不同的数字音频设备对应着不同的音频文件格式，这些文件格式又分为有损压缩格式（MP3、RA 等）和无损压缩格式（MIDI、WAV 等）。

1. WAV 格式

WAV 格式是微软公司开发的一种无损压缩的声音文件格式，被 Windows 平台及其应用程序所支持，目前在计算机上广为流传。支持多种压缩算法，支持多种采样频率、量化位数和声道数。多数音频卡都能以 16 位的量化精度、44.1 kHz 的采样频率录制和播放 WAV 格式的音频文件。其优点是音质好，与 CD 相差无几，能够重现各种声音；缺点是文件太大，不适合长时间记录。

2. MP3 格式

MP3 格式诞生于 20 世纪 80 年代的德国，采用 MPEG 有损压缩技术，是目前风靡全球的数字音频格式，其音质接近 CD，但大小仅为 CD 音频的十二分之一。MP3 格式保持声音的低音频部分基本不失真，同时牺牲声音中 12～16 kHz 间的高音频部分以换取较小的文件大小。MP3 格式的缺点是没有版权保护技术。

3. WMA 格式

WMA（Windows Media Audio）格式由微软公司开发，技术领先，实力强劲，其音质强于 MP3，但数据压缩率更高，可达 1:18。WMA 格式不仅可以内置版权保护技术，还支持音频流技术，因此比较适合在网络上使用。使用 Windows Media Player 就可以播放 WMA 音乐，而 7.0 以上版本的 Windows Media Player 具有把 CD 音频转换为 WMA 声音文件的功能。

4. AU 格式

AU 格式（*.au）是 UNIX 操作系统下的声音文件，是网络上应用最为广泛的声音文件格式。AU 音频不仅压缩率高，而且音质好（音质可与 WAV 格式相媲美，但文件容量要小很多），因此非常适合在网络上使用。

5. MIDI 格式

MIDI 文件（*.mid）并不是一段录制好的声音，它记录的是有关音频信息的指令而不是波形，因此文件非常小；其播放效果因软硬件的不同而有所差异。当播放 *.mid 文件时，计算机将其中记录音频信息的指令发给音频卡，音频卡中的合成器按照指令将乐器声音波形合成出来。

6. CD 格式

CD 格式（*.cda）是目前音质最好的音频格式。*.cda 文件中记录的只是声音的索引信息，其大小只有 44 字节；因此不能将 CD 光盘上的 *.cda 文件直接复制到计算机硬盘上播放。可使用一些软件（如超级解霸、Windows 的媒体播放机等）将 *.cda 文件转换成 *.wav 和 *.wma 等格式的文件再进行播放。标准 CD 音频的采样频率为 44.1 kHz，传输速率 88 Kbit/s，量化位数 16。CD 音轨近似无损，音效基本上忠于原声。

7. RealAudio 格式

RealAudio 格式是一种流媒体音频格式，主要用于网络在线音乐欣赏和网络传播。目前主要有 *.rm、*.ra 等文件格式。RealAudio 格式可以根据网络用户的不同带宽提供不同的音频播放质量，在保证低带宽用户享有较好的播放质量的前提下，使高带宽用户获得更好的音质。同时，RealAudio 格式还可以根据网络传输状况的变化随时调整数据的传输速率，以保证不同用户媒体播放的平滑性。

RealAudio 音频的生成软件在对声音源文件进行压缩时，以丢弃人耳不敏感的频率极高与极低的声音信号为代价获得理想的压缩比；同时根据不同的音质要求，保留较为完整的典型音频范围，能够提供纯语音、带有背景音乐的语音、单声道音乐和立体声音乐等多种不同的声音质量。

（三）常用的音频编辑软件

数字音频的编辑处理主要包括录音、存储、剪辑、去除杂音、添加特效、混音与合成、格式转换等操作。常用的音频处理软件有 Ulead Audio Editor、Adobe Audition、Cakewalk、Samplitude 2496 等。

1. Ulead Audio Editor 是一款准专业的单轨音频编辑软件，是友立公司推出的数码影音套装软件包 Media Studio Pro 中的软件之一，不仅可以录音，还拥有丰富多彩的音频编辑功能和多种音频特效。

2. Adobe Audition 可提供专业的音频编辑环境，主要为音频和视频从业人员设计，其前身是美国 Syntrillium 软件公司开发的 Cool Edit Pro，使用简便，功能强大，具有灵活的工作流程，能够高质量地完成录音、编辑、特效、合成等多种任务。

3. Cakewalk 是美国 Cakewalk 公司开发的一款专业的计算机作曲软件，功能强大，学习方便。主要用于编辑、创作、调试 MIDI 格式的音乐，在全世界拥有众多的用户。

4. Samplitude 2496 是德国 SEKD 公司开发的非常专业的数字音频工作站型软件，其强大的功能几乎覆盖音频制作与合成的各个领域，被誉为音频合成软件之王。

三、数字视频处理

（一）常用的视频文件格式

不同的压缩方式决定了数字视频的不同文件格式。常用的数字视频文件格式包括 AVI、MOV、MPEG、DAT、RM 和 WMA 等多种。这些文件格式又分为两类：影像格式和流格式。

1. AVI 格式

AVI 格式是一种音频-视频交错（audio-video interleaved）格式。所谓"音频-视频交错"，是指将视频信号和音频信号混合交错地储存在一起，以便同步播放。AVI 格式是 Windows 系统中的通用格式，属于有损压缩格式，质量较好，但文件太大。由于其通用性好、调用方便等优点，应用十分广泛。

2. MOV 格式

MOV 格式原本是 Apple 公司的 QuickTime 软件的视频文件格式，后来随着 QuickTime 软件向 PC/Windows 环境的移植，导致了 MOV 视频文件的流行。MOV 格式属于有损压缩格式。与 AVI 相同，也采用了音频、视频混排技术，但质量要比 AVI 格式好。

3. MPEG 格式

MPEG 格式（*.MPEG、*.MPG）压缩比高，质量好，又有统一的格式，兼容性好，成为目前最流行的视频压缩格式，几乎被所有的计算机平台所支持。

MPEG 标准已经成为一个系列，自从颁布之日起，已陆续出台了 MPEG-1、MPEG-2、MPEG-4 等多种压缩方案。平均压缩比为 50:1，最高可达 200:1。

4. DAT 格式

DAT 是 VCD 数据文件的扩展名。DAT 格式采用的也是 MPEG 有损压缩，其结构与 MPEG 格式基本相同。标准 VCD 视频的单帧图像的大小为 352×240（像素），和 AVI 格式或 MOV 格式相差无几。由于 VCD 的帧速率要高得多，加上有 CD 音质的伴音，使得 VCD 视频的整体播放效果要比 AVI 或 MOV 视频好得多。

5. RM 格式

RM（real media）格式是 Real Networks 公司开发的一种流式视频格式，其扩展名为 RM、RAM 等。Realplayer 工具是播放 RM 视频的最佳选择，使用该工具在网上收看 RM 视频时，采用的是"边下载边播放"的方式，克服了传统视频"只有将所有数据从服务器上下载完毕才能播放"的缺点。由于传输过程所需带宽很小，RM 视频已被广泛用于网络上。

6. WMV 格式

WMV（windows media video）格式是 Microsoft 公司开发的一种流式视频格式，它所采用的编码技术比较先进，对网络带宽的要求比较低，同时对主机性能的要求也不高。WMV 格式能够实现影像数据在因特网上的实时传送。WMV 是 Windows 的媒体播放机所支持的主要视频文件格式。

（二）常用的视频处理软件

数字视频信息的处理包括视频画面的剪辑、切换、抠像、滤镜、运动等特效的施加，标题与字幕的创建和配音等。

1. Ulead Video Editor

Ulead Video Editor 是友立公司推出的数码影音套装软件包 Media Studio Pro 中的软件之一，是一款准专业的数码视频编辑软件。Video Editor 提供了强大的视频编辑功能和丰富多彩的视频特效，学习起来也非常简便，有立竿见影之功效。

2. Ulead Video Studio

Ulead Video Studio 即绘声绘影，是一款专门为个人及家庭设计的比较大众化的影片剪辑软件。绘声绘影首创双模式操作界面，无论是入门新手还是高级用户，都可以根据自己的需要轻松体验影片剪辑与制作的乐趣。

绘声绘影提供了向导式的编辑模式，操作简单、功能强大；具有捕获、剪辑、切换、滤镜、叠盖、字幕、配乐和刻录等多重功能。可方便快捷地从 MV、DV、TV 等设备拍摄的如个人写真、旅游记录、宝贝成长、生日派对、毕业典礼等视频素材，剪辑出具有精彩创意的影片，并制作成 VCD、DCD 影音光碟。

3. Adobe Premiere

Adobe Premiere 是 Adobe 公司推出的专业的视频编辑软件，功能强大。该软件可用于视频和音频的非线性编辑与合成，特别适合处理由数码摄像机拍摄的影像；其应用领域有影视广告片制作、专题片制作、多媒体作品合成及家庭娱乐性质的计算机影视制作。不仅适合初学者使用，而且完全能够满足专业用户的各种要求。

4. Adobe After Effects

Adobe After Effects 是目前比较流行的功能强大的影视后期合成软件。与 Premiere 不同的是，它比较侧重于视频特效加工和后期包装，是视频后期合成处理的专业非线性编辑软件。主要用于电影、录像、DV、网络上的动画图形和视觉效果设计。能够与 Adobe 的其他产品 Photoshop、Premiere 和 Illustrator 进行很好的集成。另外，还可以通过插件桥接，与 3ds Max、Flash 等软件通用。

附3 在线教育平台介绍

在线教育平台,是指建立在网络基础之上,为在线教学提供全面支持和服务的软件系统,具有教育资源汇集和教学管理功能,是教师开展在线教学和学生参加在线学习的基本环境。教师可以利用平台有效地管理课程,编辑教学内容,创建和布置作业,进行答疑,评价和监控学习者的学习情况;学习者可利用平台进行课程学习和讨论,完成作业、测验和考试。所有的教与学的活动都在此平台上进行,不受时间和空间的限制。一个完善的在线教育平台的主要功能包括:课程管理、在线教学、用户管理、学习管理、讨论管理、学习评价、信息整合、统计分析、学分认证等。

(一)国外慕课平台

美国高校最早开始慕课实践。自2011年以来,美国相继推出影响全球的三大在线平台,即Udacity、Coursera和edX。

1. Udacity

2012年1月,斯坦福大学巴斯蒂安·特龙(Sebastian Thrun)宣布辞职,与辞去弗吉尼亚大学(University of Virginia)终身教职的戴维埃文斯(David Evans)等人,组建了Udacity这个营利性教育机构,号称"21世纪大学"(21st Century University)。Udacity的发展方向以问题解决型课程为主,希望将价格实惠、高质量、可参与教育资源分享给全世界学习者。运行之初,便吸引了来自190多个国家160 000多名学习者,注册学习Udacity首门在线课程——人工智能导论(Introduction to Artificial Intelligence)。完成在线课程学习,并通过在线考试的学习者,将获得Udacity提供的在线学习证书。

同其他尝试普及高等教育的课程不同,Udacity不仅提供课堂录像还有课堂互动环节。Udacity课堂中,在教授简单介绍问题后,学习者需积极自主地解决问题,可见课程互动性极高。Udacity还拥有自己的学习管理系统,内置论坛和社交元素等。2012年3月,为了提高Udacity上考试的信任度以及解决让大规模学生参加考试的问题,Udacity与电子考试公司Pearson VUE建立了合作关系。Udacity特点总结如下:

(1)可以使用Twitte或Facebook登录,更加方便。

(2)课程没有开课日期与完成日期,学习者可自主掌握学习节奏。

(3)课程互动性高。

(4)课程标明所需技能等级,初级(Beginner)、中级(Intermediate)、高级(Advanced)三种。

(5)拥有相对灵活、完善的学生评价制度。

(6)为了提供考试的可信度,部分课程提供监考(需付费)。

2. Coursera

2012年4月,斯坦福大学吴恩达(Andrew Ng)和达芙妮·科勒(Daphne Koller)共同建立了Coursera营利性教育科技公司。Coursera同全球一流大学合作,提供免费在线课程,由高校教授任课,致力于普及全球最好的教育。Coursera拥有来自全世界顶级教育机构提供的数百门课程。与Coursera合作的首批院校有斯坦福大学、宾夕法尼亚大学、密歇根大学、普林斯顿大学等多所美国名校。2013年10月,Coursera进驻中国,北京大学、上海交通大学、复旦大学、南京大学等高校加入。

Coursera要求其合作伙伴提供课程的结业证明书(verified certificate),以便日后提供给需要的雇主。这种课程证明书被看作是Coursera的"签名认证(Signature Track Certificate)"。经过调查,提供"签名认证"前,每门课程的平均完成率在0~4.5%,而实施后每门课程的平均完成率几乎为原来的20倍,即为0~85%,"签名认证"的实施为课程带来了更大的持久性,也为学习者提供了学习经历一种证明。

Coursera课程涉及了艺术与人文、商务、计算机科学、数据科学、生命科学、数学和逻辑、个人发展、物理科学与工程、社会科学、语言学习10大门类,点击所选课程门类,网站将呈现出课程简介。网站还向浏览者提供课程筛选功能,学习者可以根据自己的需要进行有针对性的选择。

截止到2016年2月24日,Coursera吸引了来自全球190多个国家和地区的17 937 441名注册学生,拥有138个合作伙伴,1 813门在线课程。Coursera期待在未来,人人都可以获得全球高品质教育,希望教育能够改善人们的生活,改善社区人文环境。Coursera的特点总结如下:

(1)课程涵盖领域广泛。
(2)所有课程均提供课程简介。
(3)课程附有多个国家语言字幕的选择。
(4)具有规定的开课班次和课程学习时间。
(5)专项课程分为在线课程(各专项课程所含在线课程门数不同)、毕业项目、证书三个部分组成。大部分课程均提供在线签名认证。
(6)在线课程简介清晰明了,包括课程信息、授课大纲、先修知识、班次、符合条件、授课教师、课程类型、参考资料、授课形式、常见问题、相关课程等信息。

3. edX

2012年5月2日,麻省理工学院与哈佛大学联手创建了非营利性组织edX。edX的建设,旨在扩大全球学习者进修学习机会,提高传统教学质量和在线教学质量,推广在线教育。edX提供的高含金量和高知名度的在线课程,来源于美国麻省理工学院、哈佛大学、加州大学伯克利分校(University of California-Berkeley)和得克萨斯大学系统(The University of Texas System)和其他高校的在线课程。完成在线课程学习的学生,将获得由edX提供的证书,作为掌握在线课程知识的一种证明。据高等教育纪事(Chronicle of Higher Education)报告,edX平台将提供开源代码,将其视为一个信息交流中心,其他高校和机构都能在edX提供自己的开放课程。

edX平台提供了大量在线课程,供学习者免费学习,学习者足不出户便可以享受全球顶尖级高校的优质课程。在线学习者完成所选课程知识的学习，并达到及格标准，将获取在线证书。在线证书只代表学习者已成功地完成了在线课程知识学习，没有特定等级之分。edX 特点总结如下：

（1）课程涵盖学科领域广泛。

（2）课程形式贴近现实大学课程，给人以真实感。

（3）课程无须学费，为学习者减轻了经济负担。

（4）在线课程简介清晰明了，涵盖了课程学习时间、学费、所属学科、课程级别、授课语言、字幕语言等信息。

（5）在线课程长度在 10～12 周，耗时短。

（6）edX 以开源软件形式发布，各高校可以自行托管其平台，或者帮助其改进和增加功能。

（二）国内慕课平台

从 2012 年发展至今，我国慕课平台已粗具规模，从高校、企业单独创建慕课平台，到地区联盟性和校企合作性慕课平台的不断涌现，为我国不同类型的学习者提供了丰富而广泛的慕课学习机会。

1. Ewant 开放教育平台

由我国 5 所交通大学（包括上海交通大学、西安交通大学、西南交通大学、北京交通大学及台湾新竹交通大学）于 2013 年共同发起、台湾新竹交通大学负责设计建构的开放教育平台。以全球华人为主要服务对象，为所有想学习的华人提供免费的课程及学习资源。

学习者可以依照自己的兴趣及时间弹性选修课程，突破时间与空间的限制，从而随时、随地、随兴趣取得学习资源。

Ewant 目前所提供的课程资源皆为免费开放使用，但其他服务（例如，实体认证考试或企业服务）则可能会酌情收取费用，未来也会考虑开放办理各大学认可学分的收费服务方案。相关规定及计费方式，将会在此类服务或计划开放实施之前尽快公布于平台上。所有营收将全部再投入 Ewant 及开放教育的推动工作。

2. Sharecourse 平台

Sharecourse 平台又称学联网，是台湾中原大学、台湾"清华大学"等加盟，捷鎏科技开发的致力教育资源共享和学分共享的开放教育平台。Sharecourse 平台于 2012 年发起，目前已有 62 个合作伙伴，是我国最早独立运营的慕课平台。平台课程主要是通识课程、实用课程和大学课程等，个别课程需要收费。

3. 顶你学堂

顶你学堂（Utop.com）是过来人教育集团于 2012 年 10 月推出的中国首个正式商业运营并且拥有完全自主产权的大规模开放在线教育慕课平台，平台立足促进教育公平、探索教育创新及帮助青年人就业。先后与清华大学、北京大学、中国科学技术大学、香港大学、台湾大学等一流大学合作，并且与 100 多所高校合作推行慕课学分，把一流的中文课程内容带给全世界。同时，也将世界一流大学的在线课程带到中国。

平台分为在线学习系统和课程管理系统。学生通过注册登录可自由选课、听课和参与社区讨论，系统会根据听课进度给出练习题目及评分；教师则可通过系统上传上课视频、添加教学资料及练习题，并能及时查看学习反馈情况。

顶你学堂可为高校服务，提供慕课制作、慕课运营和慕课平台建设等服务。

4. 开课吧

开课吧是慧科教育于2013年创建的，是首家中文泛IT在线教育平台，专注前沿科技，创新人才培养模式，并积极探索在线教育模式创新。前沿科技类IT系列课程有移动云计算、大数据、互联网营销、交互设计、物联网等；基础操作类IT课程有编程语言、软件开发工具、设计工具、办公软件等。

开课吧不断面向个人、高校和企事业单位提供在线产品研发咨询服务、在线课程制作服务、慕课平台服务、导学服务和认证服务等综合在线教育解决方案。

面向企业：在线课程企业用户批量许可；批量授权公司员工学习"开课吧"课程资源库中的所选课程；与企业HR内训管理系统、IP网络的身份认证系统进行整合，便于协同管理；提供公司整体和员工的课程使用报告。

面向高校：在线课程高校用户（学生、教职工）批量许可；批量授权高校内的学生和教职员工学习"开课吧"课程资源库中的所选课程；与现有高校的教学系统、身份认证方式和IT环境进行整合；对"开课吧"网站系统的页面风格进行定制。

面向个人：按单门课程和订阅方式购买付费课程；海量免费公开课程；付费课程可以按单门课程或固定时长订阅的方式进行购买；符合条件可以申请课程结业证书，若被"开课吧"合作院校录取，可凭结业证书置换学分。

5. 网易云课堂

网易云课堂是网易公司倾力打造的在线实用技能学习平台，于2012年12月正式上线，主要为学习者提供海量、优质的课程，课程结构严谨，用户可以根据自身的学习程度，自主安排学习进度。云课堂的宗旨是，为每一位想真正学到实用知识、技能的学习者，提供贴心的一站式学习服务。

网易云课堂提供大学计算机、互联网职业技能、金融等专业完整的课程体系，并呈现课程之间的关系，同时针对用户期望从事的具体行业（如Android开发工程师、产品经理、幼儿园教师等）开设一整套收费课程；网易云课堂还提供微专业，微专业是由网易云课堂联合各领域知名专家，以就业为导向，精心打造的职业培训方案。

6. 智慧树

智慧树是全球知名的学分课程服务平台，隶属于上海卓越睿行数码科技有限公司，实现"以学生为中心"的在线自主学习讨论、跨校大课堂直播互动、学分认证及学位支持，包括政府、联盟、学校达成优质课程资源共享。目前，智慧树的会员已囊括近200所大学，包括百强大学中的80所；覆盖近300万大学生；正在帮助以北大、复旦为首的数百所高校进行教学方法改革、教学质量提升，致力于以技术推动教育进步、以教育推动社会进步，共享优质教育资源，促进教学方法改革，提升中国人才培养质量，成为全球最值得信赖的中文教育运营服务平台。

7. 中国大学MOOC

中国大学MOOC是网易与高等教育出版社2014年5月携手创建的在线教育平台，承接教育部国家精品开放课程任务，向大众提供中国知名高校的慕课。中国大学MOOC的特色优势在于丰富的名师名校课程、广泛的证书认证机制、良好的教学体验和全新完整的再现教学模式。

8. MOOC 中国

MOOC 中国是由奥鹏远程教育中心开发运营,并与高校教师和知名创业者合作授予课程的开放教育平台,平台致力于慕课理念的实践和传播。2015 年开发上线,课程涉及科技、工学、艺术、创业等领域,每门课程都保持长期合作。

9. 成人高校 MOOC 联盟

为推进全国成人教育优质教学资源的建设和共享,促进成人教育机构间的学分互认,带动成人教育机构内部教育教学改革,中国成人教育协会教学改革专业委员会联合 47 家会员单位共同发起,组建了"成人高校 MOOC 联盟"。"成人高校 MOOC 联盟"的课程面向所有社会学习者开放。

10. 好大学在线

好大学在线是由中国最高水平大学慕课联盟组建的开放式合作教育平台,为公益性、开放式、非官方、非法人的合作组织。旨在通过交流、研讨、协商与协作等活动,建设具有中国特色的、高水平的大规模在线开放课程平台,实现中国高水平大学之间的教学资源共享及学分互认;向中国其他大学提供优质课程,提高中国高等教育质量;向社会公众提供在线课程教学服务,提升公民的科学和文化素养;向全球华人和相关需求者开放,弘扬优秀中华文化。

附4 国内主要在线教育配套基本属性比较

平台	建设动机	组织方式	学习资源	是否收费	交互工具
Sharecourse	自我发展；共享	高校自建	视频；讲义；教材	免/收	讨论区、虚拟讨论室、群组
Evant	全球影响力；免费共享；助企业选才	高校自建	视频；教材；延伸资源	免	讨论区、问卷、社交网络
学堂在线	全球化；国际一流；在线教育研究；普及免费的优质、系统教育	高校自建	视频；教材；延伸资源	收	Wiki、讨论区、社交网络
好大学在线	内部使用、教育公平；提供优质资源、传播中华文化	高校自建	视频；资料	收	讨论交流、问卷
顶你学堂	教育公平与创新、助推就业；面向世界	企业建立	视频；资料	免/收	讨论组、学习社区
网易云课堂	实用技能；海量优质资源、一站式服务	企业建立	视频	免/收	讨论区
智慧树	最值得信赖的中文平台；共享优质资源、一站式服务	企业建立	视频；资料	免/收	讨论区
开课吧	泛IT；前沿科技、创新人才培养；在线教育模式创新	企业建立	视频	免/收	评论
中国大学MOOC	汇聚精品课程；提供免费优质高等教育	企业建立	视频；资料	免	讨论区
慕课中国	促进教学；在线教育	企业建立	视频；资料	收	讨论区

续表

平台	建设动机	组织方式	学习资源	是否收费	交互工具
成人高校MOOC联盟	优质资源共建共享；内部教育改革的合作；推动学习型社会建设	开发大学	视频	收	小组讨论
华文慕课	服务全球华人；免费高质量；追求因材施教；校内使用	校企合作	视频；资料	收	课程互动

参 考 文 献

专著类

[1] 格兰特·威金斯，杰伊·麦克泰格. 追求理解的教学设计［M］. 2版. 上海：华东师范大学出版社，2017.

[2] 黄光雄，蔡清田. 核心素养：课程发展与设计新论［M］. 上海：华东师范大学出版社，2017.

[3] 凯·M·普赖斯，卡纳·L·纳尔逊. 有效教学设计：帮助每个学生都获得成功［M］. 4版. 北京：中国人民大学出版社，2016.

[4] 海天电商金融研究中心. 一本书读懂在线教育［M］. 北京：清华大学出版社，2016.

[5] 杨剑飞. "互联网+教育"：新学习革命［M］. 北京：知识产权出版社，2016.

[6] 让·查尔斯·庞马隆，［法］伊夫·埃佩尔布安，克莱尔·图里. 如何设计优质慕课：探索慕课未来的商业模式［M］. 北京：中国人民大学出版社，2016.

[7] 魏顺平. 在线教育学习分析研究［M］. 北京：中央广播电视大学出版社，2016.

[8] 维克托·迈尔−舍恩伯格. 与大数据同行：学习和教育的未来［M］. 上海：华东师范大学出版社，2015.

[9] 迈克尔·B·霍恩，希瑟·克莱顿·斯特克. 混合式学习：用颠覆式创新推动教育革命［M］. 北京：机械工业出版社，2015.

[10] 焦建利，王萍. 慕课：互联网+教育时代的学习革命［M］. 北京：机械工业出版社，2015.

[11] 乔纳森·哈伯. 慕课：人人可以上大学［M］. 北京：中国人民大学出版社，2015.

[12] 乔纳森·伯格曼，亚伦·萨姆斯. 翻转学习：如何更好地实践翻转课堂［M］. 北京：中国青年出版社，2015.

[13] 吕森林. 在线教育微课修炼之道［M］. 北京：人民邮电出版社，2015.

[14] P·J·开普希，托德·威特克尔. 以学生为中心的翻转教学11法［M］. 北京：中国青年出版社，2015.

[15] 刘万辉. 微课教学设计［M］. 北京：高等教育出版社，2015.

[16] 贺耀敏，丁建石. 职业教育十大热点问题［M］. 北京：中国人民大学出版社，2015.

[17] 金陵. 翻转课堂与微课程教学法［M］. 北京：北京师范大学出版社，2015.

[18] 王晨，刘男. 互联网+教育：移动互联网时代的教育大变革［M］. 北京：中国经济出版社，2015.

[19] 杨孝堂，陈守刚. 泛在学习的理论与模式［M］. 北京：中央广播电视大学出版社，2012.

[20] 武法提. 目标导向的网络课程设计（修订版）［M］. 北京：中央广播电视大学出版社，2011.

[21] 王金霞. 有效课堂教学的实施与策略［M］. 石家庄：河北人民出版社，2010.

[22] ARobert，Reiser. 教学设计和技术的趋势与问题［M］. 上海：华东师范大学出版社，2008.

[23] R·M·加涅. 教学设计原理［M］. 上海：华东师范大学出版社，2007.

[24] 李芒. 技术与学习——论信息化学习方式 [M]. 北京：科学出版社，2007.
[25] 刘云飞，全江涛，丛蓉. 网络课程理论的设计与实践 [M]. 北京：海潮出版社，2007.
[26] 邢振昌，仰礼友. 军队现代远程教育理论与实践 [M]. 北京：解放军出版社，2006.
[27] 陈海林，李海霞，李斌. 网络课程设计与案例赏析 [M]. 北京：清华大学出版社，2005.
[28] 皮连生. 教育心理学 [M]. 上海：上海教育出版社，2004.
[29] 南国农. 信息化教育概论 [M]. 北京：高等教育出版社，2004.
[30] 唐清安，韩平，程永敬. 网络课程的设计与实践 [M]. 北京：人民邮电出版社，2003.
[31] 乌美娜. 教学设计 [M]. 北京：高等教育出版社，1995.
[32] 萨尔曼·可汗. 翻转课堂的可汗学院：互联网时代的教育革命 [M]. 杭州：浙江人民出版社，2014.
[33] 张福涛. 翻转课堂理论研究与实践探索 [M]. 济南：山东友谊出版社，2014.
[34] 乔纳森·伯格曼，亚伦·萨姆斯. 翻转课堂与慕课教学：一场正在到了的教育变革 [M]. 北京：中国青年出版社，2014.
[35] 赵国栋. 微课、翻转课堂与慕课实操教程 [M]. 北京：北京大学出版社，2015.
[36] 张一春. 精品微课设计与开发 [M]. 北京：高等教育出版社，2016.

学位论文类

[37] 袁丽容. MOOC 教学视频中的动机激发策略研究 [D]. 深圳：深圳大学，2017.
[38] 范君彦. 中美在线教育课程开发与设计研究 [D]. 武汉：华中农业大学，2016.
[39] 白宇杰. 基于 MOOC 翻转课堂教学模式的设计与应用研究 [D]. 锦州：渤海大学，2016.
[40] 桑宇霞. 基于"SPOC"的翻转课堂大学生学习经历和学习效果研究——以《电路分析基础》为例 [D]. 南京：南京大学，2015.
[41] 李隆帜. 基于大数据技术的 MOOC 教学质量评测系统 [D]. 大连：大连理工大学，2015.
[42] 于萍. MOOC 视频资源的设计与开发 [D]. 石家庄：河北大学，2015.
[43] 明娟. 信息技术支持下的"翻转课堂"教学过程特征分析 [D]. 武汉：华中师范大学，2014.
[44] 张忠. 大规模开放在线课程设计研究 [D]. 武汉：华中师范大学，2014.
[45] 赖珍珠. 在线教育经营模式的研究 [D]. 厦门：厦门大学，2014.
[46] 娄智华. 信息化环境下教学结构改革的案例研究 [D]. 上海：上海师范大学，2013.
[47] 狄晓暄. 以混合式教学改善远程教学效果的研究 [D]. 北京：首都师范大学，2011.

学术论文类

[48] 崔林蔚，李玲，李佳潞，等. 国内外图书馆参与 MOOC 课程建设实践综述 [J]. 图书情报工作，2017（02）.
[49] 李晓明，张绒. 慕课：理想性、现实性及其对高等教育的潜在影响 [J]，电化教育研究，2017（02）.
[50] 张萍，DINGLin，张文硕. 翻转课堂的理念、演变与有效性研究 [J]. 教育学报，2017，13（01）.
[51] 林雯. 微课教学设计的原则与三个关键问题探讨 [J]. 中国教育信息化，2016（06）.
[52] 阎秋娟. 国内慕课（MOOCs）研究进展 [J]. 图书馆理论与实践，2016（01）.

[53] 王朋娇,段婷婷,等. 基于SPOC的翻转课堂教学设计模式在开放大学中的应用研究[J]. 中国电化教育, 2015（12）.

[54] 曾明星,李桂平,等. 从慕课到SPOC：一种深度学习模式建构[J]. 中国电化教育, 2015（11）.

[55] 王承博,李小平,赵丰年,张琳. 大数据时代碎片化学习研究[J]. 电化教育研究, 2015（05）.

[56] 严继昌. 关于开放大学、在线教育、继续教育的几个热点问题[J]. 天津电大学报, 2015（03）.

[57] 胡铁生. 大数据告诉你：什么样的在线教育课程最受欢迎[J]. 中国远程教育, 2014（8）.

[58] 严继昌. 在线教育与MOOC的比较分析[J]. 江苏开放大学学报, 2014（05）.

[59] 温玉婷. 大规模开放在线课程—MOOCs研究综述[J]. 广州广播电视大学学报. 2014（04）.

[60] 申灵灵,韩锡斌,程建钢. "后MOOC时代"终极回归开放在线教育——2008—2014年国际文献研究特点分析与趋势思考[J]. 现代远程教育研究, 2014（03）.

[61] 杨劲松,谢双媛,朱伟文,等. MOOC高校知识资源整合与共享新模式[J]. 高等工程教育研究, 2014（02）.

[62] 唐叶钦. 在线教育的"后MOOC时代"——SPOC解析[J]. 清华大学教育研究, 2014（02）.

[63] 高策理;刁庆军;吴志勇. 高等学校继续教育创新发展的思考[J]. 继续教育, 2013（10）.

[64] 李小刚,靳素丽,王运武. 教学视频支持下的网络时代个性化学习研究[J]. 中国远程教育, 2013（07）.

[65] 李曼丽. MOOCs的特征及其教学设计原理探析[J]. 清华大学教育研究, 2013（04）.

[66] 王颖,张金磊,张宝辉. 大规模网络开放课程（MOOC）典型项目特征分析及启示[J]. 远程教育杂志, 2013（04）.

[67] 刘和海,张舒予,朱丽兰. 论"慕课"本质、内涵与价值[J]. 现代教育技术, 2012（12）.

[68] 潘基鑫,雷要曾,等. 泛在学习理论研究综述[J]. 远程教育杂志, 2012（02）.

[69] 杨孝堂. 泛在学习：理论、模式与资源[J]. 中国远程教育, 2011（06）.

[70] 刁庆军,严继昌,李建斌. 我国普通高校开展非学历继续教育的现状研究[J]. 继续教育, 2010, 24（03）.

[71] 古丽萍. 泛在网络及U-China战略[J]. 中国无线电, 2009（10）.

[72] 朱沛胜,段世惠. 泛在网络发展现状分析[J]. 电信网技术, 2009（07）.

[73] 李卢一,郑燕林. 泛在学习的内涵与特征解构[J]. 现代远距离教育, 2009（04）.

[74] 潘海燕,王三红. 网络课程开发工具的比较与分析[J]. 现代教育技术, 2007（12）.

[75] 付道明,徐福荫. 普适计算环境中的泛在学习[J]. 中国电化教育, 2007（07）.

[76] 徐光祐,史元春,谢伟凯. 普适计算[J]. 计算机学报, 2003（09）.

[77] 乔爱玲. 网络教学中的教学策略[J]. 吉林粮食高等专科学校学报, 2001, 16（04）.

[78] 丁兴富. 教学设计理论和远程教学系统开发[J]. 中国电化教育, 2001（05）.

网上资源类

[79] 课程开发的几种常见模型[EB/OL]. 简书, 2016-11-28.

[80] 2015在线教育用户行为研究报告[EB/OL]. 百度文库, 2015-11-27.

重要术语索引

ADDIE 模型 ………………………… 42
B2B 型在线教育模式 ……………… 23
B2B2C 型在线教育模式 …………… 25
B2C 型在线教育模式 ……………… 24
C2B 型在线教育模式 ……………… 24
C2C 型在线教育模式 ……………… 25
SAM 敏捷迭代模型 ………………… 43
SPOC ……………………………… 189

B
比较测量法 ……………………… 117

C
出镜讲解 ………………………… 182

D
动画演示 ………………………… 182
动画微课 ………………………… 209

F
翻转课堂 ………………………… 219
翻转课堂特点 …………………… 220
翻转课堂教学目标 ……………… 224
泛在计算 ………………………… 84
泛在学习 ………………………… 81
非学分认证 ……………………… 175

H
后现代远程教育 ………………… 86
互联网+ …………………………… 1

J
教学管理客体 …………………… 92
教学管理模式 …………………… 93
教学管理主体 …………………… 92
教学者 …………………………… 8
教育公平理论 …………………… 71

K
课程资源 ………………………… 9

L
联通主义理论 …………………… 65

M
模糊型教学管理模式 …………… 93
模糊评价法 ……………………… 118
慕课 ……………………………… 174
慕课平台 ………………………… 175

S
实景授课 ………………………… 182
视频公开课 ……………………… 150
视频公开课平台 ………………… 155
视频公开课设计 ………………… 158
视频公开课要素 ………………… 153
视频公开课制作 ………………… 161
数字化学习 ……………………… 85
随机型教学管理模式 …………… 93

T
同伴互评 ………………………… 179

W
网络课程 ………………………… 125
网络课程开发 …………………… 128
网络课程开发平台 ……………… 136
网络课程构成 …………………… 126

网络课程设计……………………132
网络教学平台……………………127
微课………………………………194
微课设计…………………………199
微课特色…………………………196
微课效果评价标准………………203

X

形成性评价…………………………53
学案………………………………231
学分认证…………………………176
学分银行……………………………31
学习评价管理………………………96
学习行为管理………………………96
学习者…………………………………6

Y

引领式在线学习……………………67

Z

在线教学平台………………………11

在线教育………………………………3
在线教育教师管理…………………97
在线教育教学策略…………………56
在线教育教学管理…………………91
在线教育教学目标…………………52
在线教育教学设计…………………44
在线教育教学系统…………………44
在线教育教学需求…………………46
在线教育课程开发…………………53
在线教育商业模式…………………23
在线教育特点…………………………3
在线教育质量保证………………107
在线教育质量管理………………106
在线教育质量评估………………112
在线教育质量认证………………120
在线学习支持服务…………………73
终身教育理论………………………65
专题短片……………………………182
自主式在线学习……………………66